耘耕宋庄

菡士澍题

北京市通州区政协教文卫体委员会
北京市通州区宋庄镇人民政府 编

团结出版社

《耘耕宋庄》编委会

前　言

　　宋庄镇地处通州区的东北部，西部与北京市朝阳区接壤，北部与北京市顺义区毗邻，东部与河北省廊坊市三河市燕郊镇隔潮白河相望。温榆河、小中河与潮白河三条河流穿境而过，这也让这片本就丰饶、秀美的土地更增加了一抹灵动之气。

　　不知道什么时候开始，这里吸引到了一些书画艺术界知名人士的关注，陆续有一些书画艺术界名家，把自己的工作室搬到了宋庄，并逐渐形成规模。截至目前，据不完全统计，落户宋庄地区的书画艺术家已接近2万名，从事书画艺术相关职业的从业人员更是多达数万人。当今，书画艺术界对于"中国宋庄"这一品牌更是耳熟能详，用享誉国内、驰名中外形容确是一点也不觉得过分。

　　2022年，启动编撰《耘耕宋庄》这本地区文史专刊时，有的同志就笑问我，以《耘耕宋庄》作为书名是不是有"笔耕墨耘"之意？我亦笑答："有，但不完全是。"

　　我是眼见了这二十多年来，"中国宋庄"的发展与变迁，并借"中国宋庄"一隅，亲身经历目睹了改革开放以来，中国文化事业、文化产业，乃至意识形态领域的发展变化，以及走过的坎坷与崎岖、是非与曲直。

　　有时，我在想，书画艺术界的人们，他们心驰神往、纷至沓来的通州宋庄，究竟是哪里吸引了他们。他们是退隐乡野的隐士？亦或是追求艺术梦想的奋斗者，也或许只是为了追逐名利的名利客，亦或者就是单单为了奔生活，或许，或许是都有些吧。

在孔子眼中，世人基本可以分为两类，一类是避人之人，而另一类则是避世之人。避人之人其实讲的就是孔子自己，准确地解释，也可以说是孔子自己的思想主张。在《论语》中就有这样的记述，"益者三友，损者三友。友直、友谅、友多闻，益矣。友便辟，友善柔，友便佞，损矣。"交友要交正直、谦虚和博学多闻的朋友，而更主要是要远离那些遇事就想着走邪门歪道、花言巧语，或者表面奉承、谄媚逢迎而背后诽谤、善使阴谋诡计的人。孔子是这么说的，也是这么做的。所以，当时世人称其为避人之人。

《论语》中这样记述，"长沮、桀溺耦而耕。孔子过之，使子路问津焉。长沮曰：'夫执舆者为谁？'子路曰：'为孔丘。'曰：'是鲁孔丘与？'曰：'是也。'曰：'是知津矣！'问于桀溺。桀溺曰：'子为谁？'曰：'为仲由。'曰：'是鲁孔丘之徒与？'对曰：'然。'曰：'滔滔者，天下皆是也，而谁以易之？且而与其从辟人之士也，岂若从辟世之士哉？'耰而不辍。子路行以告，夫子怃然曰：'鸟兽不可与同群，吾非斯人之徒与而谁与？天下有道，丘不与易也。'"

很显然，孔子就是避人之人，长沮、桀溺为代表的则就是避世之人。简单地理解，其实这种思想主张的不同，也就是儒家思想与道家思想在看世界、看社会、看人生等不同视角理解不同的体现。儒家倡导修身为本，齐家、治国、平天下为要，明明德、亲民、止于至善为纲，而正心、诚意、格物、致知则为基本的实现路径。道家则倡导天人合一，治身为本，无为而无不为，与天地共生，用之不勤。

精理成文，秀气成采，宇宙观、世界观、社会观与价值观的不同，形成的不同的思想主张，共同构成了五千年中华文明绚丽的色彩。

孔子说："鸟兽不可与同群，吾非斯人之徒与而谁与？"宋代周敦颐之《爱莲说》中则这么说："菊之爱，陶后鲜有闻，莲之爱，同予者何人？"而范仲淹则在《岳阳楼记》中这样写到："不以物喜，不以己悲。居庙堂之高则忧其民，处江湖之远则忧其君。是进亦忧，退亦忧。然则何时而乐耶？其必曰：'先天下之忧而忧，后天下之乐而乐乎！'噫，微斯人，吾谁与归？"明代王阳明先生则在《答毛宪副书》中这样说："君子以忠信为利，礼义为福。苟忠信礼义之不存，虽禄之万钟，爵以侯王之贵，君子犹谓之祸与害；如其忠信礼义之所在，虽剖心碎首，君子利而行之，自以为福也。"

跨越千年，他们都是儒家思想创立、传承与发展的重要代表人物，且千百年来始终占据着中华文化的主导地位，成就了中华五千年历史的灿烂文明。

习近平总书记在党的二十大报告中指出："中国共产党已走过百年奋斗历程。我们党立志于中华民族千秋伟业，致力于人类和平与发展崇高事业，责任无比重大，使命无上光荣。全党同志务必不忘初心、牢记使命，务必谦虚谨慎、艰苦奋斗，务必敢于斗争、善于斗争，坚定历史自信，增强历史主动，谱写新时代中国特色社会主义更加绚丽的华章。"

说到这，广大读者可能已经理解了，我借此书书名《耘耕宋庄》想要表达的主张。面对当今百年未有之大变局加速演进，面对习近平总书记亲自谋划、亲自部署、亲自推动的京津冀协同发展重大国家战略，面对北京城市副中心日新月异、蓬勃发展的勃勃生机，你是想做退隐乡野的避世之士，还是想做甘于世俗名利与浮华的追逐客？是想做追求艺术梦想的梦想家，还是想将自我发展融入到这千秋伟业与崇高事业的实践者、奉献者。

是啊，百年未有之大变局已不再为我们留出象陶渊明笔下那样"善万物之得时，感吾生之行休"的感慨空间，也容不得我们象苏轼《赤壁赋》中那与苏子泛舟偕游之客"哀吾生之须臾，羡长江之无穷"的懈怠与牢骚。我们是不是应该有如屈原《离骚》文中那"老冉冉其将至兮，恐修名之不立"的紧迫。

耘耕宋庄，耘耕副中心，耘耕西东，耘耕南北，耘耕天下，耘耕宇内。在全球发展、全球文明的大格局中，播撒中华文明的种子。宋庄的朋友，通州的同志，中华的同胞，苟趣舍之殊涂，庸讵识其躁静，您是"客"？还是"友"？

同予者何人？宜乎众矣。宜乎众矣。

程行利

2023 年 7 月

目 录

历史沿革

乡土风情

红色文化

民俗传说

文物古迹

人物春秋

艺术兴镇

民生琐记

历史沿革

宋庄镇历史沿革

■ 刘正刚 孙连庆

宋庄镇位于北京市通州区东北部，为通州区辖镇。东隔潮白河与河北省三河市燕郊镇相望，西傍温榆河与朝阳区为邻，南邻行政办公区、通州区潞城镇、潞邑街道、永顺镇，北靠顺义区。全镇总面积115.2平方公里，辖47个行政村，域内常住人口12.1万，其中户籍人口6.76万，流动人口5.36万。常住人口由汉族、满族、蒙古族、回族、朝鲜族、土家族等32个民族组成。

上古时代镇域属幽州（幽陵、幽都）域。夏、商及周初，镇域先属冀州，后隶幽州，再改属为周武王分封帝尧之后的诸侯国——蓟国之地。西周中期，燕灭蓟，镇域属燕国。

春秋时，燕都北迁至蓟城（今北京城区西南），镇域成为燕畿重地，扼制蓟辽的咽喉。燕昭王二十九年（前283）开拓北部疆土，共设置五郡，镇域属渔阳郡所辖。秦代实行郡县制，全国分设36个郡，镇域仍属渔阳郡。

汉高祖十二年（前195），在渔阳郡南部设置"路县"，治所设在潞城镇古城村，镇域随属路县。初始元年（9）王莽篡汉，将路县改称通路亭，镇域随属通路亭。王莽地皇四年（23），通路亭又复称路县，镇域仍属路县。

东汉建武元年（25），路县改称"潞县"，镇域随属潞县。建武五年（29）春，潞县城里发生大火后，治所东迁到现三河市燕郊镇南城子村，渔阳郡治所复迁回密云县的梨园村，镇域为渔阳郡潞县所辖。建安六年（201），废除渔阳郡，在幽州蓟城设立广阳郡（今北京城区西南），镇域随潞县属之；不久，曹操征服乌桓，恢复渔阳郡，镇域随潞县复属渔阳郡。

魏文帝黄初元年（220）废除渔阳郡，在幽州蓟城设置燕国，镇域随潞县而上属。后赵石勒元年（319）废除燕国，复设渔阳郡，郡治所仍设在今密云县梨园村，镇域随潞县复隶属渔阳郡。后赵石虎太宁元年（349），慕容俊废除渔阳郡，在蓟城设立燕郡，史称"前燕"，镇域随潞县改属前燕的燕郡。前燕建熙十一年（370），前秦皇帝苻坚仍设燕郡于蓟城，镇域随潞县属之。前秦帝苻丕太安元年，即后燕燕元二年（385），慕容垂攻占幽州，沿袭前燕郡县建制，镇域随潞县改属后燕燕郡。后燕帝慕容盛长乐元年（399），北魏道武帝拓跋珪率军攻破燕都，废除燕郡复设渔阳郡，镇域随潞县易属北魏渔阳郡。天平元年（543）十月，镇域随潞县改属东魏渔阳郡。

天保元年（550）五月，镇域随潞县入北齐。天保八年（557），渔阳郡治所从雍奴北迁到今通州旧城北部区域，潞县治所也西迁到此，镇域随属。北周武帝宇文邕建德六年（577），渔阳郡、潞县设置及其治所仍旧，镇域上属依然。

开皇元年（581）二月，镇域随潞县、渔阳郡入隋。隋开皇三年（583），隋文帝下诏罢除诸郡只存州、县两级行政机构，镇域随潞县直属幽州。隋炀帝杨广大业三年（607），朝廷改州为郡，在幽州蓟城设置涿郡，镇域随潞县改属涿郡。

唐高祖李渊武德二年（619），在潞县城中设置玄州，镇域随属潞县为玄州治下。析潞县东部置临沟县，上隶河北道幽州，领潞、临沟、渔阳（今天津市蓟县）、无终（今河北省玉田县）四县。唐太宗李世民贞观元年（627）撤销玄州，将临沟县裁革复划归潞县，上属幽州。镇域隶属关系未变。天宝元年（742），玄宗下诏州级政权均改为郡，幽州改称范阳郡，镇域随潞县上属范阳郡。唐肃宗乾元元年（760），范阳郡复称幽州，镇域随潞县再隶属幽州。

后梁乾化元年（911），刘守光称帝，号"大燕"史称"桀燕"，镇域随潞县入桀燕。后梁乾化三年（913），桀燕被晋王吞并，镇域随潞县入晋。后唐同光元年四月（923），镇域随潞县易隶于后唐幽州。

后晋天福元年（936），镇域随潞县改属后晋幽州。天福三年（938），燕云十六州（也称蓟云十六州）正式划入契丹国土。契丹在南京（北京西南处）蓟城设置南京道幽都府，镇域随潞县改隶属契丹南京道幽都府。

辽（由契丹改称）圣宗耶律隆绪开泰元年（1012），南京道幽都府易名为南京路析津府，镇域随潞县隶属辽南京路析津府。辽天祚帝耶律延禧保大二年（1122），宋、金联合共同灭辽，夺回燕云十六州，镇域随潞县改属宋朝燕山府。宋宣和七年（1125），金国南侵，在燕京（原北京西城区一带）设置永安路析津府，镇域随潞县改隶金永安路析津府。

金海陵王完颜亮天德三年（1151）在潞县城中设置通州。镇域随潞县上属通州。贞元元年（1153），金国都城从黑龙江迁至燕京（今北京），燕京改称"中都"，将永安路析津府改名为中都路大兴府，镇域随潞县改隶中都路大兴府通州。

金宣宗完颜珣贞祐三年（1215），即蒙古乞颜部大可汗铁木真十年，蒙古铁骑攻破长城，占领通州和中都，在中都燕京设置燕京路大兴府，镇域随潞县改属蒙古燕京路大兴府通州。元世祖忽必烈至元元年（1264）、九年（1272）先后将燕京路大兴府易称为中都路大兴府、大都路大兴府，镇域随潞县依次上属。

明洪武元年（1368），改大都路为北平府，同时将潞县并入通州，潞县称谓至此消失，镇域改属通州直辖区。明成祖永乐元年（1403），北平府改称顺天府。镇域随通州隶属明顺天府。

清朝顺治元年（1644），沿袭明制仍设顺天府，镇域随通州改属清顺天府；康熙二十七年（1688），顺天府在通州城设置顺天府东路厅同知署，镇域随通州上属。

民国元年（1912）建立中华民国，仍在北京地区设顺天府，但裁撤了东路厅，镇域随通州直属中华民国顺天府。1914年，通州改称通县。同时，顺天府改称京兆特别区，镇域随通县上属京兆特别区。1928年，京兆特别区易称北平市，直隶省改为河北省，镇域随通县隶属河北省。

1933年，国民政府将冀东地区划分为两个非武装战区，即滦榆、蓟密非战区，镇域上属蓟密非战区范围。1935年11月25日，大汉奸殷汝耕在日寇特务机关操纵下，网罗勾结一小撮卖国贼，在通州文庙内拼凑了一个具有政权性质的"冀东防共自治委员会"，12月25日，又改称"冀东防共自治政府"，辖冀东22县和唐山市、秦皇岛海港。1936年，伪冀东防共自治政府把通县五个专区划分五个警区管理，镇域内村庄均属第二警区。1938年，伪冀东防共自治政府与华北临时政府两个日寇傀儡政权合并，设置伪河北省冀东道，镇域随通县伪政权改属伪河北省冀东道。1940年，汪精卫公开投敌，伪政府在北平市内设置燕京道，镇域随通县伪政权上属日伪政权河北省燕京道。1944年6月，设置伪河北省冀东特别行政区，镇域随通县伪政权改属伪冀东特别行政区。

1944年夏，冀东抗日民主政权分别成立三（河）通（县）香（河）、三（河）通（县）顺（义）抗日联合县，现镇域京榆旧线以南村庄划为三通香抗日联合县第三区；京榆旧线以北的村庄划入三通顺抗日联合县第五区。1945年1月成立怀（柔）顺（义）抗日联合县，现镇域西北部村庄划入怀顺抗日联合县第六区。1945年10月，中共冀东区委十四地委撤销三通香联合县，通县民主政府在西集成立，通唐公路以南为其辖域。

1945年8月15日，国民党河北省政府在通县设立第五专区，镇域随通县上属河北省第五专区。同时，在镇域内设大兴庄乡、双埠头乡，域内大部分村庄归属大兴庄乡、双埠头乡管辖，东南部的几个村庄则归属胡各庄乡管辖。

1958年4月1日，通县、通州市合并成立通州区并划归北京市，镇域随属通州区。1960年2月撤销通州区，恢复通县建置，镇域随属通县。1997年4月撤销通县，恢复通州区建置，镇域随属通州区。

1948年12月通县全境新中国成立后，在农村下设九个区，现镇域京榆旧线以南村庄划归通县一区；京榆旧线以北村庄划归顺义五区。1950年6月，原属顺义县第五、第九、第十区所辖宋庄、平家疃、管头等76个行政村（107个自然村）划归通县，设置通县一区，区政府设在宋庄村。1952年今镇域西部各村属通县第九区所辖，1955年属楼梓庄区所辖。1956年为徐辛庄乡、尹各庄乡、翟里乡、辛店乡、邢各庄乡所辖。1958年属宋庄人民公社辖区。1960年，东部各村属北寺庄、高辛庄人民公社辖区，1965年合并为宋庄人民公社。1961年10月，西部各村为属徐辛庄、尹各庄人民公社辖区，1965年合并为徐辛庄人民公社。1983年撤销人民公社建制，分别设立宋庄乡、徐辛庄乡。1990年"乡"改"镇"建制，分别称宋庄镇、徐辛庄镇。2001年12月，撤销徐辛庄镇，其行政区域并入宋庄镇。下辖47个行政村至今：关辛庄、郝各庄、西赵村、港北、南马庄、高各庄、翟里、北寺庄、小杨各庄、白庙、任庄、喇嘛庄、辛店、大兴庄、宋庄、小堡、疃里、六合村、后夏公庄、前夏公庄、邢各庄、丁各庄、高辛庄、菜园、小邓各庄、大邓各庄、师姑庄、北刘各庄、摇不动、平家疃、大庞村、小营、内军庄、徐辛庄、沟渠庄、双埠头、富豪、尹各庄、草寺、岗子、北窑上、王辛庄、寨里、寨辛庄、葛渠庄、吴各庄、管头。

（孙连庆，通州区史志办原史志科科长，通州区政协特邀文史委员；刘正刚，通州区宋庄镇政府原史志办主任，通州区政协特邀文史委员）

新中国成立后宋庄乡村的行政归属

■ 刘正刚

　　1949 年 10 月新中国成立之后，通县在区划上实行设区管理，下辖 8 个区。分别为：第一区，区公所驻地南刘各庄；第二区，区公所驻地西集；第三区，区公所驻地大柳树、马头；第四区，区公所驻地永乐店；第五区，区公所驻地牛堡屯；第六区，区公所驻地田家府；第七区，区公所驻地马驹桥；第八区，区公所驻地双树。现宋庄镇域京榆旧线（路）以南的村庄归属通县一区管辖，京榆旧线（路）以北、温榆河以东的村庄归属顺义县五区、九区管辖。以今天的镇域面积来考量，当时宋庄的乡村一半属通县管辖，另一半为顺义县所辖。

　　1950 年 5 月 13 日，中共通县地委、通县专署为贯彻执行河北省委关于"整编指示"精神，将顺义县五、九、十区管辖的 76 个村庄划归通县。1950 年 6 月，通县区划重新调整，由 8 个区改设 7 个区、1 个镇，全县共有 655 个行政村。

　　一区：区公所驻地宋庄村；二区：区公所驻地西集；三区：区公所驻地最初在朝阳区金盏，后移至尹各庄，又移至楼梓庄；四区：区公所驻地永乐店；五区：区公所驻地牛堡屯；六区：区公所驻地张家湾；七区：区公所驻地马驹桥；1 个镇为通镇（内称城关区）。在这个区划阶段内，现镇域内西北部的村庄划入三区，其余村庄均归属在一区区划之内。

1952年9月，通县县委、县政府为便于推进领导工作，在七个区的基础上进行调整，又增设两个区，即第八区，区公所先设在双桥、后设那同坟地；第九区，区公所设楼梓庄。富豪、尹各庄、寨辛庄、寨里、葛渠、吴各庄、管头、草寺、岗子、窑上、王辛庄、双埠头、沟渠庄、徐辛庄、大庞村、小营、内军庄改为第九区管辖，一区区划在调整中没有大的变化。

1953年5月至6月，根据上级指示精神，在全县分两批次进行民主建政和区下划乡工作，全县当时设128个乡，辖518个行政村。

一区（区委、区公所设宋庄村）下辖16个乡。

1. 宋庄乡：管辖宋庄、大兴庄、小堡、白家坟。

2. 平家疃乡：管辖平家疃。

3. 翟里乡：管辖翟里。

4. 高各庄乡：管辖高各庄、港北、南马庄、关辛庄、西赵村、郝各庄。

5. 北寺庄乡：管辖北寺庄、小杨各庄、辛店、喇嘛庄。

6. 白庙乡：管辖白庙、任庄。

7. 古城乡：管辖古城、霍屯、杨庄、魏庄、召里、堡辛。

8. 六合村乡：管辖六合村、常屯、后屯、疃里。

9. 大台乡：管辖大台、胡各庄、前北营、后北营、辛安屯、杨坨、郝家府。

10. 焦王庄乡：管辖焦王庄、刘庄、刘坨、苏坨、李庄。

11. 大营乡：管辖大营、小营、庙上、夏园、刘庄。

12. 龙旺庄乡：管辖龙旺庄、小路邑、王家场、耿庄、孙各庄。

13. 邢各庄乡：管辖邢各庄、丁各庄、高辛庄、菜园、前夏公庄、后夏公庄。

14. 师姑庄乡：管辖师姑庄、沙窝、北刘各庄、摇不动、大邓各庄、小邓各庄。

15. 南刘各庄乡：管辖南刘各庄、八各庄、黎辛庄、七级、东堡、西堡。

16．前榆林庄乡：管辖前榆林庄、后榆林庄、大甘棠、小甘棠。

以上 16 个乡按一区（区委、区公所设宋庄村）的区划所记述的，现镇域西北部的乡区划设置为：

1953 年 5 月，通县第九区（区委、区公所设楼梓庄）下设涉及县域内村庄 6 个乡。

1．富　豪　乡：管辖马庄、范庄、富豪、尹各庄。

2．葛　渠　乡：管辖寨辛庄、寨里、葛渠、吴各庄、管头。

3．岗　子　乡：管辖草寺、岗子、窑上、王辛庄。

4．双埠头乡：管辖双埠头、沟渠庄。

5．大庞村乡：管辖徐辛庄、大庞村。

6．小　营　乡：管辖小营、内军庄。

当时乡的管辖范围比较小，规模较大、人口较多的村庄其实就是乡村一体，所以当地干部群众在回顾这一历史时期区划时，习惯地把它称为"设小乡"阶段。

1955 年 3 月，上级决定通县下属的各区由数字序列命名改为以各区委、政府驻地命名。由此可以看出，过去不管通县设立一至七个区还是一至九个区的行政区划，都是以数字序列命名的。所谓一区区委、区政府驻地宋庄村，宋庄在这里不过只是区直机关办公驻地的符号。通县一区改为"宋庄区"后，从这时起才成为新中国成立后的正式建置区域，可以理解为广义上的宋庄正式出现。

1956 年 7 月，为适应农业合作化运动发展的需要，根据河北省人民委员会 1956 年 5 月 13 日关于并乡撤区的通知精神，通县采取"先并乡，后撤区"和"整乡合并，个别调整"的办法，于本年 7 月 15 日开始至 8 月中旬结束，撤销了原有的九个区级机构，将 120 个乡（原为 128 个乡，此前先后划出 8 个乡）合并为 44 个乡。宋庄区划下的 16 个乡作如下调整。

1．将榆林庄乡、大营乡、南刘各庄乡共计 15 个村合并，成立南刘各庄乡。

2．将原邢各庄乡管辖的邢各庄、丁各庄、高辛庄、菜园、前夏公庄、后夏公庄；师姑庄乡管辖的师姑庄、沙窝、北刘各庄、摇不动、大邓各庄、小邓各庄共计 12 个村合并，成立邢各庄乡。

3. 将古城乡、大台乡共计 13 个村合并，成立古城乡。

4. 将龙旺乡、焦王庄乡、六合村乡共计 14 个村合并，成立龙旺庄乡（六合村、疃里在其内）。

5. 将原宋庄乡管辖的宋庄、大兴庄、小堡、白家坟；北寺庄乡管辖北寺庄、小杨各庄、辛店、喇嘛庄；白庙乡管辖白庙、任庄共计 10 村合并，成立辛店乡。

6. 将原高各庄乡管辖的高各庄、港北、南马庄、关辛庄、西赵村、郝各庄；翟里乡管辖的翟里村；平家疃乡管辖的平家疃等 8 个村合并，成立翟里乡。

楼梓庄区（九区）区划在 1956 年 7 月作如下调整。

1. 将楼梓庄区（九区）富豪乡管辖的马庄、范庄、富豪、尹各庄；葛渠乡管辖的寨里、寨辛庄、葛渠、吴各庄、管头；岗子乡管辖的草寺、岗子、窑上、王辛庄共计 13 个村合并，成立尹各庄乡。

2. 将楼梓庄区（九区）双埠头乡管辖的双埠头、沟渠庄；大庞村乡管辖的徐辛庄、大庞村；小营乡管辖的小营、内军庄共计 6 个村合并成立徐辛庄乡。

1958 年 3 月 7 日，国务院全体会议第 72 次会议决定，将通县和通州市划归北京市领导。1958 年 3 月 29 日，北京市人民委员会（58）市张字第 76 号命令决定，自 4 月 1 日起将原通县和通州市合并改为北京市通州区。自此，通州区区划进行小幅度调整，由 1956 年 7 月全县管辖的 44 个乡调整为全区管辖的 45 个乡，与宋庄地区有关联的乡区划基本没变。

1. 古城乡　　2. 邢各庄乡　　3. 龙旺庄乡　　4. 辛店乡

5. 翟里乡　　6. 尹各庄乡　　7. 徐辛庄乡　　8. 南刘各庄乡

然而，仅仅一个月时间，上述的区划就被打破。1958 年 5 月，通州区委、区人委按照"调整乡级区划"意见及县、市合并时的并乡方案。

除了把 45 个乡中的楼梓庄、公主坟、长营、咸宁候划归给朝阳区外，将其余的 41 个乡合并调整为 23 个乡。与镇域有关联的 8 个乡被调整为 3 个。

人民公社成立时盛况（文献资料）

1．宋庄乡：将原龙旺庄乡、辛店乡和邢各庄乡管辖的邢各庄、前夏公庄、后夏公庄、丁各庄、高辛庄、菜园共计 30 个村合并，成立宋庄乡。

2．徐辛庄乡：将原尹各庄乡、徐辛庄乡和翟里乡管辖的翟里、高各庄、西赵村、关辛庄、南马庄、港北、郝各庄等 27 个村合并，成立徐辛庄乡。

3．南刘各庄乡：将原邢各庄乡管辖的师姑庄、沙窝、北刘各庄、摇不动、大邓各庄、小邓各庄合并，成立南刘各庄乡。

这个短暂的时期被当地俗称设"大乡"阶段。说它短暂，是因为这个阶段仅仅维持不到 6 个月时间，就被人民公社化运动中的"人民公社"建置取代。

1958 年 9 月，通县县委根据上级指示，撤销乡的建置，全区 23 个乡、1 个镇（通镇）合并调整后，成立 9 个人民公社。1958 年 9 月，通县将宋庄乡、徐辛庄乡、南刘各庄乡的 44 个高级社合并，成立"宋庄人民公社"。

由于人民公社区划的管辖范围较大，为便于领导，宋庄人民公社下设 8 个管理区。

1. 徐辛庄管理区：管辖小营、双埠头、岗子、大庞村等 10 个村。

1958 年徐辛庄水库落成后，1959 年底成立了通县国营徐辛庄渔场，替代了徐辛庄管理区机构并行使职权，平家疃村并归渔场管理。水库作废后，1961 年 7 月徐辛庄渔场改称徐辛庄公社，但保留渔场牌子。1962 年 1 月渔场撤销。

2. 尹各庄管理区：管辖尹各庄、葛渠等 9 个村。

3. 南刘各庄管理区：管辖南刘各庄、大营、小营等村。

4. 古城管理区（后改胡各庄管理区）：管辖古城、杨庄、魏庄、霍屯等村。

5. 高辛庄管理区：管辖高辛庄、菜园、邢各庄等村。

6. 大兴庄管理区：管辖大兴庄、白庙、小堡、辛店等村。1960 年 3 月，大兴庄管理区办公驻所迁往北寺庄，同时改称为北寺庄管理区。

7. 苏坨管理区：管辖苏坨、龙旺庄、小路邑等村。

8. 翟里管理区：管辖翟里、高各庄、郝各庄、西赵村、南马庄、关辛庄、港北、高各庄、平家疃 8 个村。1959 年底平家疃归属徐辛庄渔场。1960 年 3 月，翟里管理区并入北寺庄管理区。

1961 年 7 月，根据《农村人民公社工作条例（草案）》（简称六十条），通县对公社的体制和规模进行调整。除通镇公社外，全县其他 7 个公社统一改制为 7 个农村工作委员会，宋庄农村工作委员会为其中之一，当时简称"宋庄工委"。工委下设公社，由于这个时期所设的公社比 1958 年 9 月成立的人民公社规模小，所以被当地群众习惯地称为"小公社"时期。

宋庄工委下设 6 个人民公社。

1. 苏坨人民公社　　　　　2. 高辛庄人民公社
3. 北寺庄人民公社　　　　4. 尹各庄人民公社
5. 徐辛庄人民公社　　　　6. 胡各庄人民公社

1965 年 5 月，以社会主义教育为主要内容的"四清"运动基本结束，全县进行调并公社工作。将北寺庄人民公社、高辛庄人民公社合并，加上从苏坨人民公社分划出来的六合、疃里两村，组建成立宋庄人民公社。公社下辖翟里、高各庄（管辖港北、西赵、南马庄、郝各庄、关辛庄5个自然村）、小杨各庄、北寺庄、辛店、喇嘛庄、大兴庄、疃里（辖

宋庄人民公社办公机关旧址（档案资料）

八十亩地自然村）、小堡、六合村、宋庄（辖白家坟自然村）、任庄、白庙、前夏公庄、后夏公庄、邢各庄、丁各庄、高辛庄、北刘各庄、摇不动、菜园、大邓各庄、师姑庄（辖沙窝自然村）、小邓各庄共计24个生产大队（行政村），87个生产小队。

在1965年5月的区划调整中，徐辛庄公社和尹各庄公社合并组建徐辛庄人民公社，下辖平家疃、富豪、寨辛庄、寨里、双埠头、管头、沟渠庄、大庞村、徐辛庄、草寺、吴各庄、葛渠、尹各庄、小营（管辖小庞村）、窑上、王辛庄、内军庄、岗子18个生产大队（行政村）。马庄、范庄划归城关人民公社（今永顺镇）。

1983年5月，撤销人民公社建置和生产大队称谓。5月24至25日，宋庄人民公社召开第八届人民代表大会第五次会议，讨论通过建立宋庄乡人民政府的决议，同年8月得到北京市正式批复，宋庄人民公社改称宋庄乡人民政府；农村生产大队改称为村，经村民投票选举产生村民委员会。宋庄乡人民政府管辖24个村民委员会，即24个行政村。

1983 年 7 月，徐辛庄人民公社也通过人民代表大会表决形式，讨论通过建立徐辛庄乡人民政府的决议，并在同月得到北京市正式批复。徐辛庄乡人民政府下辖 18 个村民委员会，即 18 个行政村。

1990 年 3 月，根据上级有关文件精神，宋庄乡人民政府和徐辛庄乡人民政府分别改为宋庄镇人民政府、徐辛庄镇人民政府建置，各自所辖的村民委员会个数及称谓不变。

1998 年 3 月，为了加强统一管理，便于经济核算，推动经济发展，宋庄镇对所辖村的行政隶属关系进行了微调。关辛庄、郝各庄、南马庄、西赵村、港北五个自然村从高各庄行政村析出，分别升格为行政村，按正式程序选举产生本村的党支部和村委会。自此，宋庄镇管辖的行政村从 24 个增加到 29 个。

伴随着跨入新世纪的钟声，2001 年 12 月，根据北京市民政局《关于调整郊区部分街乡镇行政区划的批复》和通发 [2001]56 号文件精神，一个具有划时代意义的宏伟区划正式落地，徐辛庄镇并入宋庄镇。合并后的宋庄镇镇域面积 115.2 平方公里，下辖 47 个行政村，12 万常住人口。强强联合的发展互补，良好的区位优势，广阔的镇域面积，丰富的自然资源，健全的基础设施，浓厚的艺术氛围为

徐辛庄人民公社办公机关旧址（档案资料）

合并后的宋庄镇行政区划图

宋庄镇的经济以及各项社会事业发展提供了可靠
的保障。一个充满生机与活力的、新的宋庄镇展
现在世人面前。

"宋庄"出现在何时

■ 刘正刚

据《通县地名志》记载，宋庄村成村在明朝，但成于明朝哪个年代并无详细诠释，为弄清这个问题，我查阅和分析现有史料，努力从现在宋庄镇各村成村的时间与村名形成规律上寻求答案，并引以文史学家学术观点进行佐证。

宋庄村在明代末期已有人居住并从事农耕生产活动，但规模极小，尚未有"宋庄"的称谓。这种现象在宋庄镇各村庄形成过程中不为罕见。如丁各庄、邢各庄、吴各庄等这类村名，应该说均是有人定居在先而并无村名，外来移民对早来者表示尊重，且容易区分识别以便于交流，便将这一群体中某个有代表性的姓氏，附加尊称为丁家哥庄、邢家哥庄、吴家哥庄，后逐渐去繁就简，演化为现在村名。

宋庄，清代初期以后称为宋家庄，民国时期倡导语言、文字简约，"家"字被逐渐隐去。根据史学专家对通州地名形成规律的研究来看，凡被称之为"某家庄"的村，多为清代初期所成，是清朝入关实行"圈地"政策的产物。

清朝入关定都北京之后，出于巩固政权的需要，使八旗官兵得到切实的经济利益，从根本上安抚军心，大规模推行圈地归旗人的政策。当时宋庄一带尚属地广人稀，加上一些当地汉人为躲避清兵杀戮，搁置土地，逃往他方，以致闲置土地增多，均被清朝军士所圈占，拥有百亩甚至千亩以上土地者不为少见。这就是当地老一辈儿人口口相传的"跑马占圈"。

清顺治元年（1644）五月二日，多尔衮率后金兵攻破通州。十二月初，清廷开始实施圈地政策，首先从京畿周边然后逐步向河北隶属的二十多个地方扩展。很快，通州的民地被圈占 47 万余亩，占当时土地总数量 74.1% 之

〔民国〕通县编纂省志材料

多，许多汉人不但失去土地，同时也失去了居所。

"圈地"政策推行以后，清廷又诏令"满汉分居，各理疆界"。满族人习惯于游牧狩猎，却不善理农耕，就把土地租给失去家园的贫困汉人耕种。许多汉人沦落为"旗奴"、佃户，聚居在旗地周边渐成村落。

从目前掌握的史料来看，宋庄村成村后一个漫长时期内，姓氏结构比较简单，人口规模也不大。民国时期，宋庄村曾一度作为它的东邻——任庄村的附属村。据民国二十一年（1932）的《〔民国〕通县编纂省志材料》记载，自清光绪三十三年（1907）始，通州分为城区及农村 9 个乡。现宋庄镇域内的 47 个行政村（包括附属的自然村）当时分别为燕郊乡和尹各庄乡所辖；民国五年（1916）通县改分为 13 个区，现域内的村庄一部分属第八区（治所设尹各庄）所辖；一部分属第 12 区（治所设诸葛店）所辖；一部分属第 13 区（治所在燕郊镇）所辖；民国

十八年（1929），通县把13个区合并为8个自治区，实行编乡管理。现镇域内村庄被划为第七区（区公所设燕郊）、第八区（区公所设尹各庄）管辖。任家庄（现称任庄）被列为第7区53联合编乡，宋庄村是任家庄的附（副）村。

另据民国三十年（1941）编纂的《（民国）通县志要》记载：民国二十三年（1934）通县改为5个自治区，将各乡重新编号，但仍然按主村、副村管理；民国二十四年（1935）伪冀东防共自治政府成立，逾年将5个自治区改为5个警区管理，每区划分独立乡、联合乡。任庄作为第2警区第53联合乡，宋庄村仍是任庄的附村。

进入民国以后，宋庄村"王"姓家族经济发展和人口繁衍鼎盛，王姓家族部分门户渐成该村首富，并先后建起成片的连体宅院。现被列为区级文物保护单位"平津战役指挥部宋庄旧址"遗址的两座院落，就是当年王姓家族多所院落的其中一组。

王姓家族人口数量从过去到现在，基本一直占居村中人口总量的65%左右。这使不了解情况的人经常产生一种困惑，依照"大姓（人口多的家族）"成村的常例，宋家庄为何不叫"王家庄"的疑问。对此，宋庄村还流传这样一个成村的版本。说是最早时有

〔民国〕通县志要

王姓男子挑着箩筐自河北省香河县王家摆投奔到宋庄，由于生计所致一直给人家看坟（宋庄村民比较普遍认为是鞑子坟），并无偿耕种坟墓周边的田地。旧时把看坟守墓的人家称为"坟奴"，社会地位比较低下，欲以"王"姓成村，宋姓人家不服甚至两姓闹得对簿公堂，最终以"宋"姓成村。

可以说，这个版本多有牵强附会成分。因为旧时一个村子的名称，往往是先被周边居住群体称叫开来且被逐渐认可，村名流传于前，官府备案在后。另外，至今尚未发现历朝历代有对从事某种职业的姓氏禁止冠以村名的典律。再有，王姓家族从来到宋庄至今，论"字"排辈儿有13代之多（婴、少儿辈不计），按20—25年为一代人的时间推算，王姓家族在宋庄村约有260—325年的生存历史。如果我们把镜头回放，王姓家族初到宋庄应在公元1693—1758年，而清朝顺治元年（1644）也正是清人关后开始"圈地"之时。这就可以间接说明，王姓家族到来时，宋庄已有宋姓旗人大户。而且，宋姓人家的坟地又被村里人称为"鞑子坟"。"鞑子"正是历史上汉人对北方蒙古族、满族和其他少数游牧民族的一种特殊称谓。再退一步讲，即使我们在年代推算上有一定误差，王姓家族来到此处时，宋庄还尚未产生村名，但王姓当时初来乍到，人单势孤，并不具有以姓成村的社会影响力。因此，这种版本从根本上难圆其说，宋（家）庄以宋氏旗人之姓成村在清代初期是可信的。

1950年5月13日，根据中共河北省通县地委、通县专署指示，将隶属顺义县五区、九区、十区的76个村庄划为通县管辖。同年6月，通县由8个区委合并为7个区委1个镇委（通州镇），通县一区区委、区公所设在宋庄村，但这不能认为广义概念的宋庄。因为当时通县行政区域是按数字序号排列，所标注村的名称只是向社会公布区直机构所在的办公地点而已，不属于建置上的概念。广义上宋庄的出现，应是1955年3月通县正式把一区命以"宋庄区"。之后，1958年9月成立宋庄人民公社；1961年7月改称宋庄工作委员会（简称宋庄工委），直至1965年5月经重新区划组建的宋庄人民公社；1983年改为宋庄乡；1993年改称宋庄镇，都是新中国成立后以宋庄命名的行政建置称谓，属广义概念上的宋庄。

京榆故道的前世今生

■ 丁兆博

京榆旧线位于北京市东部，西起京通快速路西马庄收费站，横穿通州区永顺镇、宋庄镇北部，经三河入蓟州，汇京抚线后经玉田、丰润、卢龙、抚宁，到达榆关镇，东延至山海关，是连接北京到辽西走廊山海咽喉的重要通道，也使通州成为联结东北地区与北京之陆路门户。此路的意义，从近处着眼，它是新中国建设所需能源等物资输入的动脉；从远处着眼，它是中华民族共同体形成的重要融合通道。它的历史意义与现当代价值不亚于大运河：从资源输入角度上看，如果说大运河是北京历史上物资输入的主要通道，那么京榆旧线则是新中国成立后能源物资输入北京的主干道；从历史和文明上来看，大运河是沟通中原南北、融合南北差异的人文通道，而京榆旧线则是汉文化输出、胡人内附的不同文明融合碰撞之通道。

一、"榆关"讹误辨

顾名思义，京榆旧线即是联结"京""榆"的道路。"京"，自然好理解，就是北京，那么"榆"呢？清代纳兰性德有一首词：

《长相思·山一程》

山一程，水一程，身向榆关那畔行，夜深千帐灯。

风一更，雪一更，聒碎乡心梦不成，故园无此声。

其中"榆关"就是"榆"的所在，纳兰性德生活的时代，榆关即指代山海关。其实细细想来，榆关是清军入中原之咽喉，满人本是关外人，出榆关乃是返乡。而到了纳兰性德这里，出榆关反倒成了"远离故乡"之举，居然还激发了他"聒碎乡心"思恋故园之情，真是"反认他乡是故乡"了。

其实"榆关"并非"榆"关，最早榆关也并非山海关。历史更加悠久的"榆关"在今河南省中牟县南。[1]其实诗词中的榆关自古一向称作"临渝"和"临渝关"。长城历史学者艾冲认为，"渝关"成为"榆关"是一种严重的讹传，将山海关等同于"榆关"也是严重的错误，山海关勉强和"渝关"有关系，但也不能完全替代。[2]

（一）渝关与山海关的讹误辨

清朝地理学者梁份考证，山海关自明洪武年间始设，隋朝设置的临渝镇在其西向，唐称之为渝关，渝关东北向的古长城是燕、秦所筑，距渝关较远。[3]这说明"临渝镇"或"渝关"和长城上的关隘性质不同，是设置在大路上的关口，镇守的就是辽西走廊这条滨海大道。隋唐乃至以前的长城延至辽东鸭绿江边，北齐长城入海处也在辽西葫芦岛，因此设防之关隘以路径为要，并非以长城为标准。明朝初期的防卫形势、政治军事格局、防卫思想完全不同，因此明朝修复长城，选择了燕辽古道最窄处使长城入海形成闭合边界，并设置山海关截断这条道路，只是凑

1　《史记·楚世家》："〔悼王〕十一年，三晋伐楚，败我大梁、榆关。"司马贞索隐："此榆关当在大梁之西也。"

2　艾冲："榆关"和"渝关"，《中国方域：行政区划与地名》，1998年第四期，P20-22

3　《清史稿》卷四百八十四列传二百七十一：梁份，字质人，南丰人。其论山海关，谓："关自明洪武间始设，隋置临榆于西，唐为榆关。东北古长城，燕、秦所筑，距关远，皆不足轻重。"

巧与历史上的渝关相近，就被讹误了。

《隋书》（列传第十六 长孙览从子炽 炽弟晟）记载："……至开皇元年，摄图曰：'我周家亲也，今隋公自立而不能制，复何面目见可贺敦乎？'因与高宝宁攻陷临渝镇……"表明在隋朝初年此地应为临渝镇。

《隋书》（卷三十志第二十五）："大业初置北平郡。有长城。有关官。有临渝宫。"在隋炀帝东征高句丽过程中在此建有驻跸行宫，因地名命名为临渝宫。

《新唐书》（卷三十九 志第二十九地理三）："平州，北平郡下。初治临渝，武德元年徙治卢龙。……石城，本临渝，武德七年省，贞观十五年复置，万岁通天二年更名。有临渝关，一名临闾关；有大海关。有碣石山；有温昌镇。"表明唐朝称其为"临渝关"。

（二）"渝关"和"榆关"讹误辨

《旧唐书》（志第十八 地理一）："平卢军节度使，镇抚室韦、靺鞨，统平卢、卢龙二军，榆关守捉，安东都护府。……榆关守捉，在营州城西四百八十里，管兵三百人，马百匹。"这是记载唐代各藩镇节度使的情况，在此即称之为"榆关"。此处其实是四库全书修纂时产生的讹误。

"渝关"成为"榆关"之讹，最初产生于司马光《资治通鉴》，但是在南宋胡三省注解中已经指出这一问题，后人没有注意。入清以后一些文人大肆崇尚《资治通鉴》，导致讹误更甚。《畿辅通志》编修过程中，"渝河、渝关、临渝山"的书写都是对的，但是在抚宁县地图上却错误地标注出了"榆关镇、临榆山、榆关驿"。这也直接导致乾隆二年（1737）分乐亭、抚宁二县之地增设新县时，定名为"临榆县"，这一讹误一直影响至今。[4]

---

4 同上

综上，"京榆旧线"其实应该是"京渝旧线"，但目前重庆简称"渝"，是不是又会产生误解呢？或许将错就错倒是避免了新的错误。其实无论是"京榆旧线"还是"京渝旧线"，千百年来其实际作用远远大于其名称的影响。这条通道的存在对于胡汉融合、文化的输出输入是具有重要意义的，这一通道的历史是值得进一步研究挖掘的。为尊重历史，本文以下所称"燕山南麓滨海道""山海道""碣石道""辽西走廊道""燕辽古道"均指代此路。

二、遥望秦驰道

从地理条件上看，京榆旧线这条通道的存在，是天然赋予的。远古时期的地质活动形成了渤海湾盆地，盆地中心有海水注入形成渤海。辽西走廊以及冀东平原，是这个巨型盆地的边缘，燕山山脉的提升也促使边缘的同步抬升，由海河水系、辽河水系以及古黄河水系共同发挥冲积作用和漫滩作用形成平原，在燕山南麓成为联结东北平原和华北平原的狭长通道。从更遥远的人类发展历史角度来看，这条通道有条件成为红山文化人类迁移通道，使其有机会步入华北平原；也有条件成为北京人、山顶洞人等早期人类的东迁通道。

《尚书·禹贡》记载："（冀州）岛夷皮服，夹右碣石入于河。"此通道在远古时期即被人所掌握。

如果商末箕子出走朝鲜是事实，那么依据地理条件看，这条位于燕山南麓狭长平原的通道必然成为其首选路径。如果这一事件存疑，那么根据另外一件可信度较大的历史事件可以推断这一路径的快捷性。据《史记·卷三十四 燕召公世家第四》记载："二十九年，秦攻拔我蓟，燕王亡，徙居辽东，斩丹以献秦。三十年，秦灭魏。三十三年，秦拔辽东，虏燕王喜，卒灭燕。"对于燕王姬喜来说，从蓟城到辽东快捷的逃跑通道无疑就是燕辽古道。对于秦来说，燕辽古道地势平坦、背山面海，拥有很高军事价值，是一条向东北平原的通路。根据《史记》的相关记载，秦始皇统一中国后，在全国修建"驰道"，专供秦始皇出巡使用[5]。《史记》记载秦始皇三十二年东巡碣石[6]，就地理条件和便利性来看，其所经路径应该首选燕辽古道。

秦驰道很短时间内就淹没在历史中，其面貌也只能通过《汉书·卷五十一贾邹枚路传第二十一》简要领略："贾山……《至言》曰：……（秦）为驰道于天下，东穷燕齐，南极吴楚，江湖之上，滨海之观毕至。道广五十步，三丈而树，厚筑其外，隐以金椎，树以青松。为驰道之丽至于此。"作为中国最早的"高速公路"系统，它对于国家疆域、制度、法律的统一具有重要意义。2007年在河南南阳的山区里发现的古代的"轨路"遗迹，经碳14测定系2200多年前的秦朝遗留，可证明所谓"车同轨"即统一车轮距标准，而秦驰道的修建、木轨的铺设，就是检验轮距标准的尺度模板。由此可推知，秦驰道是等级很高的高速路系统。驰道的修建不仅是满足秦始皇巡视的要求，还是将车、路系统统一的重要手段。作为燕国故道，将其建设标准进行统一，是秦统一大业中不可缺少的一环。

据谭其骧、史念海等史学大家考证，秦驰道系统大致如下图所示：

由此可推知秦始皇三十二年碣石之行，应由函谷关东出至洛

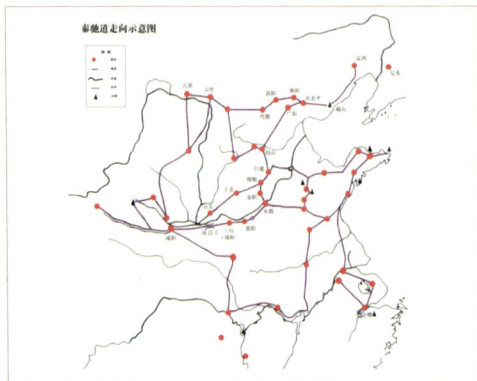

秦驰道走向示意图

---

5 《史记》卷六秦始皇本纪第六："二十七年，始皇巡陇西、北地，……是岁，赐爵一级。治驰道。"

6 《史记》卷六秦始皇本纪第六："三十二年，始皇之碣石，使燕人卢生求羡门、高誓。刻碣石门。"

阳渡黄河向北，傍太行山东侧自邺经易，循邯郸广阳道—右北平道，途经广阳郡（郡治位于今北京）、右北平抵达碣石，亦即渤海海边。其右北平道与今天之京榆旧线应大抵重合。

秦始皇征伐燕国、进兵辽东的实践证明，燕山南麓这条滨海大道是长城以内通向东北平原最为便捷和安全的。因此这条路有理由被考虑在秦驰道系统工程之内。作为秦始皇巡视碣石的主要路径，其道路建设标准也应该是供皇帝使用的最高标准，即驰道。

三、驰道烽烟远

从《汉书》相关记载来看，秦驰道至少在秦末楚汉之争当中还存在[7]。据《后汉书》相关内容看，在东汉可能依然有遗留，或者遵循原路进行过修缮、改建。[8] 由秦驰道构成的基本路网结构得到了后世的认可与传承，继而在此基础上形成了"官道"，成为中国古代军事、文化、经济等各方面的交融通道。作为一条位于边疆的主要通道，燕辽古道在军事、民族、政治等方面具有重要意义。

（一）出山海，击匈奴

在汉代，燕辽古道军事意义重大，是出击匈奴、防范东胡入侵的重要通道。《史记》载："（李）广居右北平，匈奴闻之，号曰'汉之飞将军'，避之数岁，不敢入右北平。……元朔六年，广复为後将军……后二岁，广以郎中令将四千骑出右北平，博望侯张骞将万骑与广俱，异道。"[9] 此处记载的应为元狩二年出击匈奴左贤王部的行军部署，李广率四千骑骑兵从右北平出兵，行几百里后即与匈奴左贤王主力四万骑兵部队遭遇并被围。李广部力战数阵、死者过半，全军濒临覆没之际，张骞的一万骑兵及时赶到解围，匈奴才退兵而去。当时匈奴左贤王部占

---

7 《汉书》卷四十 张陈王周传第十："周勃，沛人。以将军从高祖击燕王臧荼，破之易下。所将卒当驰道为多。"

8 《后汉书》卷四十下 班彪列传第三十下 班固："至于永平之际，……乃动大路，遵皇衢，省方巡狩，穷览万国之有无……（大路，玉路也。皇衢，驰道也。——李贤 注）"

9 《史记》卷一百九 李将军列传第四十九

据科尔沁盆地以西，依据李广部行军速度可初步判定，右北平郡北部穿越燕山山脉的小道不利于骑兵的大规模行军，其极有可能沿燕山南麓开阔路径出右北平，继而于平原行军并沿辽河溯流而上从东向西出击。而造成张骞轻敌的原因也可能在于燕山南麓这条咽喉要道：他不认为左贤王能够集结大军于右北平附近，因为这里有天然的燕山屏障，匈奴多用骑兵，其入侵也必然会选择辽西走廊，只要李广在秦皇岛附近设防，占据山海优势，必然以逸待劳，因而导致行军迟滞。实际上元狩二年这次汉匈之战，正面战场依然在蒙古高原南沿中西部，汉武帝军事中枢顾忌左贤王部向西援助才命令李广、张骞从东侧牵制。因此李广急速行军吸引左贤王部主力是正确的，张骞没能够理解军事中枢的想法和部署，防守的想法是不对的。汉武帝对此次军事行动危机责任的处理结果是"博望侯留迟后期，当死，赎为庶人。广军功自如，无赏"。

（二）破乌丸，登碣石

东汉兴平十年（203）正月，袁尚、袁熙逃往三郡乌丸，四月鼓动三郡乌丸出兵攻打犷平以配合幽州等地叛乱。八月，曹操平定幽州，并亲帅大军渡过潞河击败乌丸解犷平之围。[10] 犷平古属渔阳郡，疑为今北京顺义、通州潮白河以东至廊坊燕郊镇一带地区，曹操自幽州至犷平的出兵路线应与秦驰道之右北平道大致走向一致。《辽史》《畿辅通志》等史料对今顺义南部"曹王山"的记载也都指向曹操此次用兵犷平。

此后两年间，曹操为与三郡乌丸的决战开始诸多准备工作，包括凿渠[11]、筑路、储备粮秣等。东汉兴平十二年（205）夏五月，曹操率军抵达无终（今天津蓟县，即当时右北平郡郡治），准备择机攻伐三郡乌丸。延宕至秋七月，由于北方雨季涨水，作为优选进军路径的燕辽古道被倒灌的海水与泛滥的河流淹没不能通行，只能向北循燕山余脉山谷道路出

---

10 《三国志·裴松之注》卷一 魏书一 武帝纪第一："十年……秋八月，公征之，斩犊等，乃渡潞河救犷平，乌丸奔走出塞。"

11 《三国志·裴松之注》卷一 魏书一 武帝纪第一："公将征之，凿渠，自呼沱入泒水，名平虏渠；又从泃河口凿入潞河，名泉州渠，以通海。"

卢龙塞，堑山堙谷五百余里（后人称之为长堑），绕道科尔沁盆地，借道鲜卑部落向柳城（今辽宁省朝阳市）进发。[12] 由此可见，燕辽古道的确是出兵东北的最优选择，此路一旦阻塞，则须大费周章。此役，汉军斩三郡乌丸之蹋顿单于，俘获二十余万人。袁尚、袁熙和辽东单于速仆丸逃向辽东公孙康处，曹军没有追击，公孙康旋即擒获三人并斩首传视。继而，曹操命令将三郡乌丸部落万余户内迁，成为北疆守卫力量，这也是曹操在漫长的北部边疆加强防卫、借力用力的惯用方法。史学大家陈寅恪认为，曹操的这一举动，大规模打开了胡汉民族分界线，开启了大规模的胡汉融合局面。燕辽古道也就成了民族互融的重要通道之一。小说《三国演义》所述曹操东临碣石的情节，应该就是在此役之后，曹操认为自己已经完成自西向东征服少数民族并将胡人内迁的壮举，使北部边疆趋于稳定。因此，从其《观沧海》中可体会其吞吐天地的气魄，宇宙运行尽在掌握的豪情。

（三）征高丽，慑东夷

南北朝时期，高句丽趁北方战乱侵占领土到达辽东，同时吞并、攻伐、威胁东夷各少数民族部落及国家。隋初，杨坚延续北周做法继续笼络封赏高丽国王高汤，但高汤病逝其子高元即位后，多次引兵寇掠辽西，杨坚即命杨谅率军"出临渝关……次辽水……"[13] 结果高元不战而认输、上表称臣："元亦惶惧，遣使谢罪，上表称'辽东粪土臣元'云云……"杨谅率军出临渝关所经路径应与秦始皇东巡碣石古道路径一致，燕辽古道仍然是东征首选之便捷通道。

大业七年，隋炀帝首次讨伐高丽，"车驾渡辽水，上营于辽东城"，结果此战双方各有得失，没有进展。随即，隋炀帝于大业八年元月颁布

---

12 《三国志裴松之注》卷一 魏书一 武帝纪第一："十二年……秋七月，大水，傍海道不通，田畴请为乡导，公从之。引军出卢龙塞，塞外道绝不通，乃堑山堙谷五百于里，经白檀，历平冈，涉鲜卑庭，东指柳城。"

13 《隋书》卷八十一 列传第四十六 东夷·高丽：（开皇十八年）"（高）元率靺鞨之众万余骑寇辽西……高祖闻而大怒，命汉王（杨）谅为元帅，总水陆讨之……时馈运不继，六军乏食，师出临渝关……及次辽水，元亦惶惧，遣使谢罪……"

诏书，再次集结大军于涿郡，准备二征高丽。诏书中将进军路线做了部署："左第一军可镂方道。第二军可长岑道，第三军可海冥道，第四军可盖马道，第五军可建安道，第六军可南苏道，第七军可辽东道，第八军可玄菟道，第九军可扶余道，第十军可朝鲜道，第十一军可沃沮道，第十二军可乐浪道，右第一军可黏蝉道，第二军可含资道，第三军可浑弥道，第四军可临屯道，第五军可候城道，第六军可提奚道，第七军可踏顿道，第八军可肃慎道，第九军可碣石道，第十军可东暆道，第十一军可带方道，第十二军可襄平道。"[14] 这次东征，隋炀帝驻跸于临渝关，可能已经开始着手修建临渝宫，因此碣石道作为其亲征路径具有特殊意义。[15] 大业九年，第三次征伐高丽，隋炀帝任命得力猛将鱼俱罗率一支精锐部队出碣石道。[16] 大业十年，隋炀帝又一次亲征高丽，此时临渝宫已经落成，皇帝就在此处指挥作战、颁布诏令。[17]

连续对高丽用兵，导致国内经济承受不住重压而全面崩溃，隋朝也倒在了财政、经济、军事多重压力之下。随着隋朝的落幕，征服高丽的任务落在了唐朝的肩上。隋炀帝不惜民力、连年铺垫：水路有永济渠以利军备物资运输；陆路的太行山东麓道、燕山南麓道畅行无虞，指挥中心、行军节点建设完备；行军、补给管理模式高效顺畅；高丽被隋炀帝连续打击，国力已被消耗大半，西部边境已经收缩回辽河以东，只能固守鸭绿江，基本丧失了再度西侵辽河谷地的能力。在此条件下经唐太宗、唐高宗两次大规模征伐，高丽就全面溃败了。

《旧唐书》只有一处关于东征高丽与辽西走廊通道相关的记载："（贞观）十九年……冬十月丙辰，入临渝关，皇太子自定州迎谒。戊午，

---

14 《隋书》卷四帝纪第四炀帝："八年春正月辛巳，大军集于涿郡。壬午，下诏曰：……"

15 《隋书》卷七十八列传第四十三庾季才（子质）："庾质，字行修……八年，帝亲伐辽东，征诣行在所。至临渝谒见……"

16 《隋书》卷六十四列传第二十九鱼俱罗："从晋王广平陈，以功拜开府……大业九年，重征高丽，以俱罗为碣石道军将。"

17 《隋书》卷四帝纪第四炀帝："（十年）三月壬子，行幸涿郡。癸亥，次临渝宫，亲御戎服，祷祭黄帝，斩叛军者以衅鼓。"

次汉武台，刻石以纪功德。十一月辛未，幸幽州。癸酉，大飨，还师。" [18] 唐太宗李世民首次攻伐高丽大胜而还，班师从临渝关返回，皇太子李治自定州出发北上迎王师凯旋。二者相向而行的道路应与秦汉时期的"邯郸广阳道—碣石道"大部分重合。《畿辅通志》记载，汉武台在沧州东北临近今天津的位置。唐太宗父子在临渝关内汇合后沿"沧海道"向南直达汉武台刻石纪功，尔后向西北行军"幸幽州"。

唐高宗总章元年，英国公李绩率军彻底剿灭高丽国，以其地为安东都护府，分置四十二州，次年将其贵族、官员两万多户内迁。百济、新罗、奚、契丹等东夷各部族大受震慑，若干年不敢觊觎边境。燕辽古道也随即成为东夷诸部、百济、新罗等国与大唐进行政治、文化、经济交流的陆路通道。

四、胡笳弓角鸣

本文所述之燕辽古道也是北方少数民族南下与中原融合、碰撞的主要通道之一。距今 6000 年至 4000 年，是亚欧大陆的大暖期，有相当多的人类部落在蒙古高原北部、贝加尔湖两侧、通古斯地区、大兴安岭北部等处定居。距今 4000 年开始，北半球进入了冰期，原来定居于上述地区的人类承受不住寒冷、物产渐渐变少而向南寻求新的温暖宜居地区。然而此时位于东亚平原地区的农耕部落已经形成了共同体，并且发展出灿烂的文明体系：生产力与生活方式摆脱原始状态，经济、政治、军事等多方面形成制度，有多姿多彩的思想体系。这一切都对北部人类部落充满了诱惑，因此冲突就不可避免地发生了：一边依仗原始的野蛮体力优势，一边依仗先进的社会生产力以及制度、物产优势，在蒙古高原南侧的自然地理分界线上开始了绵延千余年的文明碰撞。这其中有冲突对抗，也有借鉴学习；有血脉互通，也有精神认同；有物产交换，也有艺术融通。悠远的胡笳诉说着边疆的辽阔，

18　《旧唐书》卷三 本纪第三 太宗下

角弓和鸣镝呼啸着战场的悲歌。

从先秦时代开始，这条融合线就已经跃动起来，因而出现了长城。早期北部民族的南下渠道主要位于太行山以西直至西域地区，其原因是蒙古高原中部自然条件较好，强有力的部落总是先占有这一地区，而其他部落被压制在自然条件较差，地区发展缓慢，图谋南下时也就以北部边疆中西段为主。直至慕容鲜卑自东向西不懈征战、拓跋鲜卑全面控制黄河以北，位于太行山以东的南下通道才开始发挥作用。从下图可明显看出，辽西经渔阳至北平的通路大致与燕辽古道即今天京榆旧线路径是一致的。

（一）敕勒吟长歌，北齐筑长城

北齐第一任皇帝高洋，年号天保，历时近十年。天保三年（552）至天保八年（557），至少兴工五次修筑长城，用于防范柔然、突厥、山胡（属匈奴）等[20]。北齐天保年间的长城工程，重点在于西北线，主要防范北部柔然、突厥入侵。东北

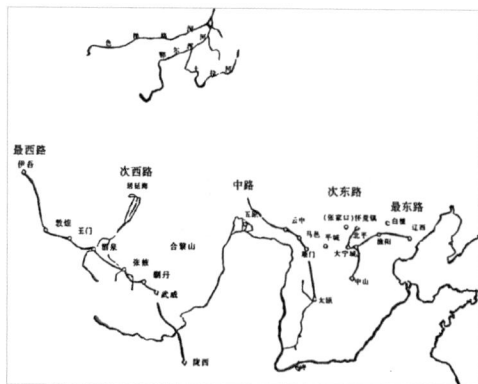

漠北交通五道略图 [19]

19　岑仲勉《隋唐史》，上海古籍出版社，2020年，P45

20　《北齐书》卷四："（天保）三年……冬十月乙未，至黄栌岭，仍起长城，北至社干戍四百余里，立三十六戍。

五年……十二月庚申，帝北巡至达速岭，览山川险要，将起长城。六年……是年，发夫一百八十万人筑长城，自幽州北夏口至恒州九百余里。

七年……先是，自西河总秦戍筑长城东至于海，前后所筑东西凡三千余里，率十里一戍，其要害置州镇，凡二十五所。

八年……是年，于长城内筑重城，自库洛拔而东至于坞纥戍，凡四百余里。"

部的契丹、库莫奚等部族在柔然的压制下发展缓慢，加上一再被北齐打击，军事上不太容易构成威胁。天保七年（556）"自西河总秦戍筑长城东至于海"。长城东端入海，就是用于封堵辽西走廊通道，防备来自东北部的袭击。

随着柔然的衰败，突厥兴起并控制了长城以外北方大部地区，东部边界延伸到大兴安岭。突厥与其他北方游牧民族一样，在中原农耕文明的北部边界，与中原王朝开始了持续冲突。为了加强东部边境防守，北齐武成帝高湛任命开国功臣斛律金次子斛律羡驻守幽州。[21] 斛律金是敕勒人[22]，相传斛律金在高洋的庆功宴上作敕勒歌，实际未必与今日流传之《敕勒歌》一致，于是后世因其民族身份，也就将其讹传为《敕勒歌》作者。

在突厥的驱使下，契丹部族作为附属部队沿大兴安岭南段南下，对幽州偶有寇掠。此时驻守幽州的斛律羡主持构筑东线长城，加强包括燕辽古道在内北部边境的防守。[23] 据考证，斛律羡主持修筑的这段长城最东端入海处应该位于今辽宁省绥中县万家乡墙子里村，也就是现在的东戴河风景区止锚湾附近。这个位置刚好扼住燕辽古道中部，有"一夫当关，万夫莫开"之势。

北齐国祚只有28年，修筑长城却贯穿始终。北齐长城并没有给这个残暴嗜杀的政权带来长期稳定，却为后来长城的修筑打下了基础。明代屡次大规模修缮长城，在很多地方都沿用了北齐长城的夯土基础，包括重点对山海关的设置与建设即是吸取了北齐的经验，长城入海处的设置也都相差不远。

北齐皇帝高氏家族祖上有三代为慕容鲜卑征战，加上累世与少数民

21　《北齐书》卷十七记载："（斛律羡）河清三年，转使持节，都督幽、安、平、南、北营、东燕六州诸军事，幽州刺史。其年秋，突厥众十余万来寇州境，羡总率诸将御之。突厥望见军威甚整，遂不敢战，即遣使求款。"

22　《北史》卷五十四列传第四十二："斛律金，字阿六敦，朔州敕勒部人也。"

23　《北齐书》卷十七："天统元年夏五月，……羡以北虏屡犯边，须备不虞，自库堆戍东拒于海，随山屈曲二千余里，其间二百里中凡有险要，或斩山筑城，或断谷起障，并置戍逻五十余所。"

族通婚，其外貌、习俗都已经完全胡化，性格骁勇好战，甚至嗜杀成性。这样一个政权在南下之后却下大力气修建长城，规模上居然堪比秦始皇时期，这反倒令人惊诧。虽然斛律羡饶有先见之明地用长城封堵住了燕辽古道，但是这段长城的作用却很快就被后继者给忽略了。

（二）契丹叩渝关，辽金元迭代

燕辽古道作为少数民族内迁、交流的通道，其控制权一直是掌握在中原王朝手中的，包括北齐在内的若干中原政权拥有开闭这条滨海通道的绝对主动权。《契丹国志》记载："幽州北七百里有渝关……自关东北循海有道，道狭处才数尺，……契丹常失利，不能轻入。"

然而随着北周将北齐吞灭，好勇逞强的北周却忽视了这个重要的通道，其原因可能在于宇文鲜卑自西而来，仍然认为中西部北疆边界是防守重点，再加上突厥主力的确在蒙古高原至祁连山一带，因此并未重视燕辽古道。《契丹国志》记载："周德威镇卢龙，恃勇不修边备，遂失渝关之险，契丹始乌牧于营、平之间。"[24] 北周不修边备，致使渝关失于他人，渝关之失导致燕辽古道之失。当时的契丹不具备足够的军事规模，只在平州、营州进行活动，库莫奚也乘机劫掠。至五代石敬瑭拱手相让幽云十六州之时，契丹军事能力已经得到长足发展，北部边疆大部分南下通道被契丹完全控制，北方民族南下之势就完全不受限制了。北方少数民族传统的南下通道之一是沿太行山西侧南下，分兵越过太行八陉进入华北平原腹地，阻碍大、行军难、难攻易守。然而燕辽古道失于契丹之后，北方少数民族就掌握了一条畅行大道，并且毫无地理阻隔，可长驱直入华北平原。据《辽史》记载可判断，契丹将燕山东部各通道纳入兵制，与从前的匈奴、突厥都不同，将南下进攻的重点路径放到了燕山东部，与燕辽古道形成策应。[25] 所以自契丹始、历经金、元迭代，后续满清，都将进逼中原的重点部署在此山

24　《契丹国志》卷之一 太祖大圣皇帝

25　《辽史》卷三十四 志第四 兵制"其南伐点兵，多在幽州北千里鸳鸯泊。及行，并取居庸关、曹王峪、白马口、古北口、安达马口、松亭关、榆关等路。"

海之间，使其成为一条南北民族与政权激烈碰撞的通道。

（三）清军入山海，国门何所托

大部分人都知道明末吴三桂献山海关引清兵入北京的事。但是，比这早十五年的时候，清军已经围困过北京城了。彼时皇太极亲率清军绕过山海关，从遵化南下循燕辽古道西段连取蓟州、顺义、三河、通州，直至北京城下，给明王朝带来不次于瓦剌围城的危机，可此时的明朝却没有第二个于谦了。此役，皇太极并未围城恋战，而是率军绕道而行，取南海子、良乡、固安，在金太祖完颜阿骨打和金世宗完颜雍的陵墓前搞了个大规模祭祀。继而又率军原路返回，一路连克数道防线、斩了满桂等几十名守将后大摇大摆回师辽西，前后历经半年之久。北京城虽未受损，但是周围都被践踏了一遍，刚刚登基两年不到的崇祯皇帝受到了奇耻大辱。遥想明成祖朱棣教育子孙须"天子守国门"，谁知三代就蒙瓦剌之难，到了十代之上却被刚刚崛起的满洲羞辱。

清军通过此战摸清了穿过燕山隙道进攻北京的路径，也掌握了从北京南下与西去的门径。在整个战役中，皇太极都非常担心行军损失和遭遇伏击的危险，随后通过比较和权衡，坚持夺取燕辽古道、打开适合骑兵的进攻路径为最佳策略。努尔哈赤在这一策略下"硬碰硬"遭受败绩并搭上了性命，于是皇太极通过此役摸清大明武备家底后迅速谋划夺取此通道的策略。清军在此役中使用反间计让精神崩溃的崇祯皇帝杀了袁崇焕及其多名参将、副将。从此之后，守卫山海关及辽西一线的主将再无堪比袁崇焕者，大明自此也再无良将能够临危受命，清军取燕辽古道的难度大大降低。

清军原本策略是要效法辽金，发挥骑兵优势沿燕辽古道西进，以燕山北麓各支满蒙军队为策应，取山海关后步步为营进逼北京。谁知吴三桂主动献关，原来的计划不费气力瞬间实现了一大半。李自成的杂牌军根本承受不住训练有素的步骑兵冲击，弹指间就灰飞烟灭了。随后，其余的八旗军以及清廷沿这条"高速路"顺利进入北京成为紫禁城的新主人。

就这样，燕辽古道先后成为鲜卑、契丹、女真、蒙古、满洲大规模融入中原的重要通道，让这些民族从原始游猎状态转变为农耕民族的一部分。农耕文明接纳了狩猎文明，共同创造出了更具竞争力和向心力的文明共同体。

（四）勇闯柳条关，谋生入关东

满洲人倾族入关，关东人口剧减，清初朝廷对东北地区"人去地空"的局面是非常担心的，因此1644年即颁布《辽东招民开垦条例》以充实东北，鼓励开垦、收取税赋。其条例规定"招至百者，文授知县，武授守备"以鼓励各级官员积极移民。至1667年共计23年间，"鲁民（今山东）移民东北者甚多"，许多辽东地区因移民而"地利大辟，户益繁息"。山东的百姓大多迁至辽宁省的大连和丹东，而河北、山西等省份的百姓大都迁至了辽西（辽西中心城市为锦州）和辽北地区。山东乃孔孟之乡，中原仪礼随移民脚步沿着燕辽古道穿山过海，强力输出。此时的清廷开始担心民族习俗不保、八旗祖产受威胁、害怕民族被同化，于是借口"祖宗肇迹兴王之所"保护"参山珠河之利"，开始对关东实行封禁政策，严禁内地人进入东北"龙兴之地"垦殖。康熙七年（1668）清廷下令"辽东招民授官，永著停止"。分段修千余公里"柳条边"篱笆墙——东北长城（柳条边墙、柳墙、柳城、条子边），于康熙中期竣工。从山海关经开原、新宾至凤城南的柳条边为"老边"，此线基本遵循秦辽东长城走向；自开原东北到吉林市北为"新边"。清廷的闭关思维也是从此开始的，构筑柳条边就是其封闭新思维的第一次实践。清中期开始，就有不堪重税、遭受天灾的百姓冒死闯过柳条边谋求生存。

1855年，一场罕见的水灾冲垮了大运河并使其两岸严重受灾。漕运不得不改道海上。山东、河南、安徽、江苏等地区依靠漕运生存的两岸百姓面临严重的生计困难。进入土地相对辽阔、人烟相对稀少的关外地区，成了当时这些灾民的一个自我救赎的主要途径。他们冒着被惩罚危险，闯入关东禁地谋求生存。至新中国成立前夕，"闯关东"的总人数近4000万（数据来自《中国人口地理》，张善余）。

清初的官方移民通道主要依赖燕辽古道。清末民初的自发移民通道主要依赖于燕辽古道和"（大）连一烟（台）海路。清廷落后的思维是挡不住历史前进的，不主动进步求变，就只能受辱。最终封闭的东北在内外交困的情况下被迫开放，封闭思维没有保住其所谓"祖宗肇迹兴王之所"。拒绝了温和的中华文明的同化与进步，却抵挡不住狩猎文明的炮火攻击，给中华文明带来前所未见的危机，同样也给前后二百多年间闯关东的百姓带来屈辱。

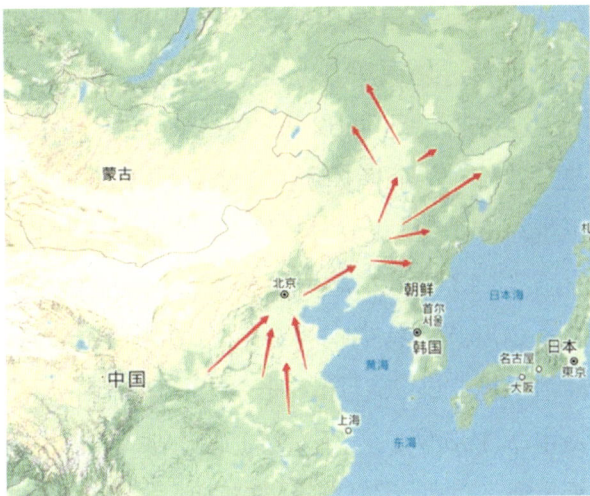

闯关东路线示意图

综观历史，燕辽古道的畅通，促进了中原与边疆双向奔赴，是民族间交流互鉴的重要条件，是促使民族共同体形成和进步的重要保证。

五、往事付红尘、新生看今朝

（一）关门打狗，解放辽沈

燕辽古道的最后一次烽火，是解放战争的辽沈战役。中共中央从全国整个战局出发，采取"关门打狗"的战法，制定把国民党军关在东北、各个歼灭的作战方针，命令东北野战军主力南下攻打锦州，控制辽西走廊，截断东北国民党守军退路。同时国民党军组成东西两个方向的大兵团，由海军配合进行接应与突围，驰援锦州。双方都把战役重点聚焦在锦州，共部署参战部队超过 120 万人，辽西走廊霎时承受了几千年以来未曾有过之重压。

辽沈战役历时 52 天，东北人民解放军歼灭国民党军正规军 1 个"剿总"总部、1 个指挥所、4 个兵团部、11 个军部、36 个整师（旅），非正规军 9 个师（总队），共 45 个师，总计 47.2 万人。其中毙伤 5.68 万人，俘虏 32.43 万人，起义、投诚 9.09 万人。俘虏及接受投诚的国民党将级军官 209 人，其中中将 23 人、少将 186 人。主要缴获：各种炮 6546 门、轻重机枪 1.6293 万挺、长短枪 20.3971 万枝、飞机 9 架、坦克 160 辆、装甲车 180 辆、汽车 2261 辆、战马 2.3595 万匹、大车 1062 辆、电台 353 部、炮弹 27.018 万发、枪弹 2435 万发，及其他大批作战物资和军用设施。东北人民解放军为辽沈战役的胜利也付出了重大的牺牲，共损失人员 6.9213 万人，其中阵亡 1.401 万人（团以上干部 18 人）、负伤 5.3329 万人、失踪 1874 人；损耗各种炮 127 门、长短枪 4483 枝、轻重机枪 587 挺、掷弹筒 85 具、手榴弹 13.6169 万枚、炮弹 15.619 万发、枪弹 697.4 万发、炸药 3.8187 万片。[26]

（二）资源输送，国之动脉

新中国成立后，百废待兴。光绪末年循燕辽古道修建的京奉铁路基本得以保全，东北地区积累的工业基础也基本完好，矿藏资源得到初步开启。作为战略通道的京沈铁路、京榆公路承担起了"输血大动脉"的重任。

在 20 世纪 60 年代到 90 年代，沿京沈线坐火车的人都有深刻的记忆，客运列车到达山海关站后需要停车检修、加水、调换车头，列车长需进行局间调度交接。此时向窗外看，就能看见平行的铁轨上停着许多货运列车，车上基本满载着原木、矿石、煤炭、原油、成品油、化工成品、冷轧钢卷、螺纹钢、重型机械等工业原料与产品，也有粮食、

26　军事科学院军事历史部，《中国人民解放军全国解放战争史》第四卷，军事科学出版社，1997 年，P215.

大豆等大量农业产品，这些列车将物资运抵北京后再重新编组输送到关内各地。

时至今日，京沈线仍然是东北地区物资大量输入关内的主要通道。目前，以京沈铁路为干线的东北铁路网，营运里程占全国铁路营运里程的 23.1%，是目前全国客运列车最多、货运密度最大的铁路，对于发展东北经济，保卫国防，具有十分重要的战略意义。在"散改集""公转铁"的"环境友好型发展"要求下，京沈线铁路运输量大幅增长。据统计，2021 年 3 月至 2022 年 3 月，仅粮食"入关"日均装车量就达到 1223 车。

（三）双创之路，智力流动

1988 年，国务院正式批准辽东半岛—沈阳、大连、丹东、营口、盘锦、锦州、鞍山、辽阳 8 市及其所属 17 县区对外开放，拉开了辽东半岛对外开放序幕。随即，一部分满怀创业激情的中、青年人突破思想束缚投入到深化改革开放的大潮中。他们以坚毅果敢的性格、守信务实的经营态度，将商业战线沿着燕辽古道一路铺向冀东沿海的秦皇岛、唐山、天津。20 世纪 90 年代，东北地区经历着转型的磨难。大批青年人通过工作、学习、深造等渠道选择了"入关"和"南下"。他们携着青春和激情离开黑土地，也将新思维与新知识带回"共和国长子"身边。笔者依稀记得，20 世纪末到 21 世纪初的京沈铁路客运列车，每到寒暑假就一票难求。无论快车慢车，乘客有五成以上是年轻的面孔，甚至有中学生在外跨省求学。庞大的年轻人群体在这一来一往之间，让求学经历、工作经验、创新思维流动起来，一丝一缕地为东北老工业基地注入新活力，慢慢融化困住脚步的坚冰。

2009 年，辽宁沿海经济带开发开放上升为国家战略。2017 年 3 月 31 日，国务院印发中国（辽宁）自由贸易试验区总体方案。确定实施范围 119.89 平方公里，涵盖三个片区：大连片区 59.96 平方公里，沈阳片区 29.97 平方公里，营口片区 29.96 平方公里。战略定位为加快市场取向体制机制改革、积极推动结构调整，努力将自贸试验区建设成为提升东北老工业基地发展整体竞争力和对外开放水平的新引擎。2022年12月，沈阳入选国家服务型制造示范城市。国家服务型制造示范城市的总体要求将促使沈阳结合本地产业特色，引导企业向服务型制造转变，实现商业模式蝶变。在此环境下，智力与人才将会迎来强劲"回流"。随着京哈铁路网络的完善与提速、京沈高铁的开通，山海道将成为以智力反哺东北、输送思维活力的重要脉络。

（四）北揽渤海，大有可为

国家发展改革委2015年印发《环渤海地区合作发展纲要》明确指出：京哈、京广、京沪交通干线是支撑环渤海地区合作发展最主要的联络轴线；环渤海沿海城市是面向亚太地区的重要开放经济带；重点推进"蒙古乔巴山—珠恩嘎达布其口岸—锦州—绥中—津唐港口"的跨国铁路通道建设。

辽、津、冀、鲁环渤海海岸线如同双臂紧紧拥抱着富饶的渤海，而京榆旧线正是其中一条有力臂膀。环渤海发展战略轴带和通向蒙古高原的铁路通道也充满了历史意义和当代价值，体现着中国自古流传的"命运共同体"价值观。

北京作为环渤海发展战略"一体两翼"格局的中枢，是向"两翼"输出智力、政策、创新思维的核心。在产业布局规划、统一大市场体系构建、基础设施建设格局规划、环境一体化联防联治、区域协调发展、对外开放格局构建等多个方面，北京要承担更多责任。目前北京通向"两翼"的陆路通道均呈发散状，依《环渤海地区合作发展纲要》规划，如环渤海高速公路环线、高速铁路环线构建完成，将与原射线状公路、铁路构成高效路网，将环渤海众多港口串联起来，打通"一体"与"两翼"的能量循环。作为北京与环渤海通路的重要联络线，将迎来新的发展机遇：推进京榆旧线提升与改造、强化京榆旧线"血管"的输送功能，对提振沿线经济发展、深化经济合作与创新、提升沿线经济竞争力、促进沿线对外开放水平具有重要意义。

我们期待在 2025 至 2030 年《环渤海地区合作发展纲要》初步实施计划完成时，一个肩负历史使命、具有现代规模、充满未来价值的京榆旧线及其沿线经济带将与环渤海大循环经济血脉共同强健起来，为祖国的心脏供给更多血液与养分，将更多的智慧与创新思维输送到机体各部分。

（丁兆博，北京物资学院档案馆史志办主任，通州区政协特邀文史委员）

潮白河畔的千年古村

■ 贾长宽

一、潮白河故道侧大庞村

大庞村隶属于北京市通州区宋庄镇。宋庄镇位于通州区北部，东邻潮白河，西邻温榆河。北京六环路、京榆旧线、通燕高速、通顺、通怀公路、京秦电气化铁路、京承铁路穿镇而过。1953 年，置宋庄乡，1965 年建宋庄公社，1983 年改乡，1990 年建镇，2001 年徐辛庄镇并入。已知形成最早的村落是位于潮白河畔的大庞村。

潮白河是仅次于永定河的北京市第二大河，贯穿京津冀三地。潮白河的上游有东西两支：东支潮河，源于河北省承德市丰宁县，流经滦平县巴克什营镇到古北口进入北京市密云区，南流入密云水库。因其"时作响如潮"而得名。西支白河，发源于河北省张家口市沽源县，流经张家口市赤城县到延庆水碾村进入北京市，东南流经延庆、怀柔、密云，入密云水库。白河多沙，沙洁白，故名白河。潮河、白河两河出密云水库后，在密云区河槽村东汇流后开始称潮白河，在北京市境内全长 118 公里，流域面积 6531 平方公里，占北京市河流面积的 33.4%。

潮白河自密云河槽村，西南流经顺义牛栏山进入平原，到宋庄镇港北村进入通州，南流经过宋庄镇郝各庄、小杨各庄、北寺庄、任庄、白庙、北刘、摇不动、师姑庄，到潞城镇胡各庄林场与运潮减河交汇。此后，一旁支沿榆武路南下流入北运河（通州段）；另一支是主流，到西集镇牛牧屯出通州，进入河北省廊坊市香河县入北运河（河北段）。

古代的潮白河被称为沽河（西潞水）、鲍邱水（东潞水）；温榆河被称

《水经注》所记蓟城附近水系图

为温余水（温榆水）。据河北涿州人、北魏地理学家郦道元《水经注》记载：湿余水东流，易荆水注之。又东南流经安乐故城西，又北屈东南至狐奴县，于狐奴县西南东入沽河。故《地理志》曰：湿余水自军都县东至潞县（今通州）入沽河是也。

沽河（今白河）出御夷镇（北魏孝文帝置，故址在今张家口市赤城县）西北九十里丹花岭下，东南流，大谷水注之。沽水又南径赤城东，赵建武年，并州刺史王霸为燕所败，退保此城。沽水又南，渔水注之，水出县东南平地泉流，西径渔阳县故城南，在渔水之阳也。渔阳之名当属此，秦发闾左戍渔阳，即是城也。《大清一统志》认为：渔阳故城在密云县西南三十里；《北京历史地图集》编辑组的专家学者实地考察后，参照文献记载："渔阳县故城是今怀柔梨园庄东南的古城遗址。沽水又南径安乐县故城东。俗谓之西潞水也。南过渔阳狐奴县北，西南与湿余水合，为潞河（今北运河）。"

沽水又南，左会鲍丘水（今潮河），世所谓东潞水也。鲍丘水又南径潞县为潞河。鲍邱水又南迳

潞县故城西，屈而东南流，迳潞县故城南，又东南入夏泽（在今大厂县夏垫镇西南）。《日知录》云："三河县夏店（今大厂县夏垫镇），旧有驿，鲍邱水迳其下。又东南至雍奴县西，为笥沟（潞河武清段），漯（lěi）水（今永定河）入焉。又东，鲍丘水于县西北而东出。又东南至泉州县（今天津武清），与清河合，东入于海"。

陈喜波教授研究认为："北魏时，白河（沽水）、潮河（鲍丘水）在今通州城东汇流，沿北运河一线向东南流至天津入海。"历史上的潮白河，水阔湍急，素无固定河道，被称为"逍遥自在大白河"。每到汛期，洪水咆哮而下，声如巨潮，左窜右夺，河道多变，中坝河就是一条潮白河故道。中坝河位于顺义南部、通州北部，属北运河水系。北起顺义苏庄闸桥北接潮白河，南流接平家疃潮白引水渠后经大庞村东，到潞苑北大街刘庄桥北汇入小中河。

"庞"的甲骨文："是在屋子下面有一巨龙，上部像高屋形，即"广"，下部是"龙"，表声。《说文》："庞，高屋也。从广，龙声。"这是"庞"

中坝河位置示意图

中坝河上的徐疃路疃里桥
桥南是宋庄文化公园 桥北是沟渠庄与大庞村

的本义。由本义引申为"庞大""巨大"。大庞村就位于古代形如巨龙的潮白河右岸。

《通县地名志》记载："大庞村唐代已成村，高姓尚书葬于村东，墓碑刻有村名庞村。清代有村民迁到村北形成小庞村，此村改名大庞村"。

大庞村是怎么在古代的潮白河畔形成的呢？

二、太公后裔渤海望族

1965 年，在宋庄镇大庞村原东口外公路北侧，出土了《高行晖墓志》一盒，汉白玉制，现收藏于首都博物馆。志高、宽皆为 91 厘米，正面纵刻小楷志文三十六行，满行三十五字，首题为："唐故正议大夫试怀州别驾赐紫金鱼袋赠户部尚书渤海高府君墓志铭并序"。志盖纵横皆 93 厘米，四边线刻十二生肖像，正中纵刻玉柱体篆书题额四行，每行三字为："唐赠户 / 部尚书 / 高府君 / 墓志铭"。志文由高行晖之子高崇文的僚属郑宗经篆，书写人是唐宪宗元和初期的御史中丞萧祐。志文如下："天之道，刚柔相生，以播元化，而百物遂焉；人之道，功德相承，以绍洪绪，而五福绥焉。动以乘时，息以弘庆。高氏出于炎帝，自四岳至太公，从其封姓曰吕。自太公至敬仲，以父字为族曰高"。（录自周绍良主编《唐代墓志汇编及续集》）

敬仲即高傒，字祖望，号白兔，谥号敬仲。《唐书·宰相世系表》记载：姜太公六世孙齐文公赤生公子高，公子高之孙高傒为齐上卿，与管仲合诸侯有功。齐桓公"命傒以王父字为氏，食采于卢，谥曰敬仲"。齐国的公族国氏与高氏，同为周天子策命世袭的齐国上卿，号称天子二守。当时齐都临淄分为 21 乡，桓公领 11 乡，高傒和上卿国子各领 5 乡。据《大宋重修广韵》记载：公子高受封于高邑，今山东德州市禹城，敬仲以他爷爷的封邑、他父亲的字"高"为家族姓氏。

敬仲高傒也是卢氏家族的始祖。这是因其"食采于卢"，即封邑于卢地，在今山东长清。高傒殁，葬于齐都廓城北二十华里淄水之上，齐燕交通干道东侧处，书称高傒敬仲墓。此墓经过两千多年的雨水冲刷，但保存较好，气势形状挺拔。为了纪念这位千古贤臣，其所在地镇命名为敬仲镇。在山东长清卢地的高氏后人，以地为姓，改称卢姓。这就是卢氏家族的起始来源。韩国前总统卢泰愚和卢武铉，他们都有一位共同的先祖卢穗，卢穗是第一个移民到韩国的卢姓，也是敬仲高傒的后人。

山东的高氏家族，是怎么成为渤海望族的呢？

《新唐书·宰相世系表》："敬仲生庄子虎，虎生倾子，倾子生宣子固，固生厚，厚生子丽，子丽生止，奔燕。"敬仲的后代高止，字子容，齐景公时期的大夫。齐景公四年（公元前544年），高止被宗室大臣公孙虿、公孙灶放逐到北燕（今河北省易县）。高止之子高竖，因父难占据高氏封地卢，说：如果让高氏有人继承，他就交出卢地。齐国于是另立了敬仲高傒的玄孙高偃。到春秋末战国初，田氏代齐，姜齐公族遭受屠戮，高氏多逃奔燕国。公元前222年，燕国被秦所灭，第二年齐国也被秦所灭。

2000年6月18日韩国前总统 卢泰愚
来长清寻根问祖／来源：齐鲁晚报

秦亡汉兴，汉武帝为加强中央集权，分全国为十三州。"州"，原是监察区，一州所辖郡、国多少不等，每州设刺史一人。"刺"是检核问事的意思，即监察之职；"史"为"御史"之意，巡察所属郡国，督察郡县官吏和地方豪强，纠举不法，弹劾污吏。到了东汉，"州"，逐渐变成行政区。如《西汉幽州刺史部郡国图》所示，其辖地有渤海郡，治浮阳（今河北沧州）。到东汉时，渤海郡改由冀州刺史部管辖，郡治迁到南皮（今河北沧州市南皮县）。

西汉幽州刺史部郡国图

大庞村墓志铭首题为："渤海高府君墓志铭"，是指高行晖的祖籍是渤海郡。《后汉书·显宗孝明帝纪》：东汉光武帝刘秀的第四子孝明帝刘庄，倡导"以孝治天下"。孝明帝时，高止的后代高洪，为东汉渤海太守，家族迁至渤海蓨县（今河北景县），子孙众多。这与大庞村墓志铭是一致的。铭曰："敬仲十代孙洪，光武时察孝廉，孝明时为渤海太守（一郡之最高长官），乃系族望"。渤海高氏由此发轫，繁衍不息。高洪的一支后裔高隐、高瞻叔侄创立了渔阳高氏、辽东高氏，另一支后裔高悝创立了广陵高氏，渤海高氏的后人高伯祥又创立了京兆高氏。高氏五大望族有四支出自渤海高氏，故有"天下之高出渤海"之称。

上起东汉，下至隋、唐，渤海高氏成为当时北方的名门望族。

渤海高氏，又是怎么迁到幽州潞县，今通州大庞村的呢？

三、晋末避乱幽州潞县

据《读史方舆纪要》记载："幽州潞县，春秋时燕地。秦属渔阳郡，两汉因之。晋属燕国。后魏仍属渔阳郡。北齐时移渔阳郡来治。隋初郡废，属幽州。唐武德二年，置玄州。贞观初，州废，仍属幽州。辽因之。金天德三年，改置通州，取漕运通济之意"。

大庞村墓志铭文："洪十代孙隐，晋末避地幽州，为玄菟（tú）太守，爰处子孙。隐以雅志沉静，旷怀疏远，虽名系郡中，而志逸林下，积德垂裕，生北燕司空汶阳侯庆。"

据《晋书》记载，西晋永嘉五年（311）永嘉之乱，匈奴攻陷洛阳、掳走晋怀帝。东汉渤海太守高洪的 10 代孙、西晋的玄菟太守高隐，为避中原战乱，率数千乡亲迁往幽州。他们迁居到幽州的哪儿呢？

大庞村墓志铭文："庆五代孙普，武兴王、豫州刺史、太宰，详于齐史。太宰（高普）六代而生尚书（高行晖）。冠冕蝉联，勋德代袭，明于传谱，不能备书。公名行晖，字行晖，木郡之潞县人也。"

高洪十代孙高隐之子是高庆。《北史·高允传》中记载：高允"曾祖庆（高庆），慕容垂司空。祖父泰，吏部尚书"。在《北史·齐本纪》中也有记载："齐高祖神武皇帝姓高氏，讳欢，字贺六浑（北齐开国皇帝高欢之父），勃海蓚人也。六世祖隐，晋玄菟太守，隐生庆（高庆），庆生泰，泰生湖，三世仕慕容氏。"

高庆五代孙高普，是北齐时期的武兴王。《北齐书》中记载："武兴王普，字德广，归彦兄归义之子也。性宽和有度量。天保初，封武兴郡王。武平二年，累迁司空。六年，为豫州道行台、尚书令。后主奔邺，就加太宰。""太宰"即"太师"，周武王时，太公为太师，历代相因，以太师、太傅、太保为"三师"或"三公"，多为大官的荣誉加衔。

太宰高普六代而生尚书高行晖，是潞县人，即通州宋庄大庞村人。大庞村墓志铭文：高行晖"曾王父（曾祖父）道，镇军大将军、试殿中监；王父（祖父）艺，朝散大夫、试汴州长史、上柱国；父夔（kuí），朝请郎、试梁州司马、赠梁州都督；芳猷盛绩，无代无之。"《新唐书》记载，高行晖嗣子高崇文："其先自渤海徙幽州，七世不异居。"《南平郡王神道碑》也记载："公讳崇文，其先齐太公之胄，自敬仲得姓，而望於渤海。及容止奔燕，或家於范阳，今则为幽潞人也。"

大庞村墓志铭文："公（高行晖）独以清德嗣大功，以福履锺后裔。蕴粹不曜，凝和自持。贞素合于道真，立诚存乎体要。自成童以及弱冠，心志不醨（心志淳朴厚道），错综群言，赅详百氏。于礼义，敦恪慎之敬，利用叶中；于政埋，敷惠爱之仁，辩析不惑；于节行，秉直谅之操，执心孝慈。其所探赜，皆提其纲目，举其梗概。不搜章摘句以汩其性，不拘理执谊以蔽其心。明乎变通，无所凝滞。天宝季年（唐玄宗天宝末年），四方大同，万邦高庶，公乃酌损益之自，穷否泰所因，真（置）心韬钤（居家斟酌诗书研究兵法），俟膺时用（随时等待国家的召唤）。无何，祸生于宠，虏犯王畿（755 年平卢、范阳、河东三镇节度使安禄山及部下史思明在范阳起兵发动叛乱），銮辂次于巴庸（唐玄宗逃入四川），戎马饮于河洛。公才实济代，道可经邦，辟书友于丘园（乡村隐居之处），轩冕（卿大夫所乘的车和所戴的帽）驰于邑里。起家拜正议大夫（唐代文官正四品），试怀州（唐河内郡即怀州治今河南沁阳）别驾（州郡长官的佐官），乃加金印紫绶（佩有黄金的印章和系印的紫色绶带）。恩深刺盖，礼重题舆。播歌谣于海沂（海边），息涂炭于异土（指怀州）。"

由此可见，大庞村墓志铭文，字斟句酌，高度赞颂了高行晖的人格志向、才德荣誉与光辉业绩，以表孝子高崇文寄托哀思，激励后代，荣耀乡里之情。

四、忠孝传家千年古村

大庞村墓志铭文："类公（高行晖）之政，无以尚焉。呜呼！顿逸足于修途，屈长算于短晷。以乾元二年（唐玄宗第三子唐肃宗李亨年号，759）十二月二日寝疾，终于怀之官舍（逝世于怀州官舍，在今河南），享龄六十九。""夫人（高行晖夫人）汝南袁氏，淑哲光乎妇道，令懿归于德门。执组训以备劳，采苹藻以洁祭。作范中壸，仪刑外姻。以大历元年（766）七月廿九日终于幽州平朔里（在今北京城内）之私第，享龄七十二。""夫才生于代而道屈于时，命也；德修于身而庆垂于后，理也。嗣子崇文（高行晖嫡子高崇文），承公志业，缵（zuǎn 继承）公基绪，探黄石之秘术（黄石公是秦汉时期军事家，《史记》载其三试张良授与《太公兵法》），得玄女之灵符（玄女俗称九天娘娘，道教奉为深谙法术神通的正义女神），孝乃克家（依孝道继承家业），忠以奉国（以忠义献身为国）。自台丞亚相，再为尚书，一为司空，三拥旌钺，析圭受脉，封茅裂土，名芳竹帛，功勒鼎彝。平祸乱以机权，镇风俗以易简。封食斯重，孝敬自中。遂灼元龟，筮灵蓍，日辰叶兆，宅兆方启。以元和二年岁在丁亥十一月朔日甲申，归祔（guī fù 合葬）于潞县高义乡庞村之原。"

北宋地理总志《太平寰宇记》（卷六十九河北道十八幽州）记载："潞县。东六十里，十乡。本汉旧县也，属渔阳郡。"《高行晖墓志》出土于大庞村，墓志铭文："元和二年，岁在丁亥十一月朔日甲申归祔潞具高义乡庞村"，就是在唐宪宗李纯元和二年（807），高行晖的嫡子高崇文，把父母的灵柩移葬到家乡，合葬在潞县十乡之一的高义乡庞村，就是现今的通州区宋庄镇大庞村。

上述资料可以说明两点：

其一，大庞村有文字记载的历史，至今已有 1200 余年，堪称千年古村。

其二，大庞村具有忠孝传家的千年文脉，高行晖之子高崇文的事迹就是证明。

据《旧唐书·高崇文传》记载：高崇文淳朴宽厚，少语尚武，年轻时就报名参军，为大唐守边。唐德宗李适（kuò）贞元年间，三万吐蕃军（西藏地方军）侵犯四川宁州，高崇文率领三千披甲士兵，驰援宁州，大败吐蕃军。

高崇文因军功升为将官。朝廷派他担任甘肃平凉长武城镇守使，积粟练兵,军声大振。

安史之乱后,地方的藩镇长官节度使,割据一方。唐顺宗永贞元年(805),西川节度使刘辟发动叛乱。唐宪宗元和元年(806)春,朝廷授予高崇文检校工部尚书,兼任主管中央禁军的主力——左右神策军,奉天子之令,讨伐刘辟。

高崇文在长武城,平时就积粟练兵、严阵以待。皇帝使臣到长武宣布讨伐刘辟命令后,高崇文立即率五千军队出征。军队从四川盆地北缘的阆(làng)中入川,成功击退剑门的叛军,解了叛军对梓潼的包围。高崇文把军队驻扎在梓州,朝廷任命他为东川节度使。

四川成都北150里有鹿头山,扼两川之要,刘辟筑城防守。高崇文在鹿头城下打败了两万叛军。当时,大雨如注,未能攻入鹿头城。第二天,高崇文指挥攻打鹿头城东面名堆的叛军营寨。骁将高霞寓击鼓,士兵们攀援而上,箭石如雨,敢死之士连续攀登,终于夺下了堆,烧毁了叛军营寨,歼灭了营寨中的叛军。

鹿头城大战共八次,八战八捷,叛贼的军心动摇了。

到了八月,突厥大将阿跌光颜,与高崇文约好到行营,结果耽搁了一日。他们害怕因此获罪,于是率军到鹿头城西的大河口,切断了叛军粮道,叛贼十分惊慌。

不久,绵江营寨的叛将李文悦率领三千人归降。鹿头城的叛军将领仇良辅,率全城两万人也来降。放下武器,捆绑住自己来投降的士兵站满了十几里地。"辟之男方叔、子婿苏强,先监良辅军,是日械系送京师。"

随后,高崇文率军长驱直指成都。看到高崇文旗帜的叛军,无不率军归顺。

叛军首领刘辟十分恐惧,带着亲兵同党,携带贵重的宝物向西逃往吐蕃。高崇文派遣高霞寓、郦定进,倍道追之。刘辟自投岷江,在汹涌湍急的江水中被擒。

西蜀平定了,刘辟被关押在囚笼里送往京师。朝廷的军队进入成都,驻兵于四通八达的大道之地,军令严肃,秋毫无犯。

　　皇帝颁布诏令，授予高崇文为荣誉司空，任命为成都尹、剑南西川节度使。加封为南平郡王，诏刻石纪功于鹿头山下。

　　元和四年（809）高崇文去世，享年 64 岁。皇帝追赠高崇文为司徒，位列三公，谥曰威武。

唐朝宰相韦贯之评价大唐名将高崇文：

唯圣奉天刑，奋神武，振起隆平之运者，非得臣无以成其业；
唯贤抱英略，任艰难，垂鸿不朽之绩者，非偶圣无以展其材。

《南平郡王高崇文神道碑》铭曰：

克生南平，恻怆遗忠。哀哀令嗣，克孝惟终。
篆记乐石，昭明世功。奋乎千载，式是英风。

（贾长宽，原通州潞河中学历史特级教师，通州区政协特邀文史委员）

庞村的由来

■ 王铁军

据《通州文物志》记载：1965 年春出土于今宋庄镇大庞村东口外公路北侧（现在六环路徐辛庄路收费站东侧）现收藏在首都博物馆，一合汉白玉墓志铭，即唐代高行晖的墓志，志文中提到"归附于潞县高义乡庞村之原"表明庞村最少有 1200 年的历史。

笔者经过多方考证，认为庞村的历史不止是唐代，应该早到汉代。其中根据在 1980 年左右曾经听大人聊天，我的大舅王凤祥，也是大庞村村民，说六、70 年代他村里窑地烧砖和其他人一起挖出过很多"邱子"；还曾经挖出过"钱窖"铜钱有十多水桶，卖给了供销社的收购点，每斤 0.2 元，卖了 170 多元。后来县里下来人还问过此事，据王凤祥说挖出的铜钱多是"五铢钱"，具体是汉朝还是新朝他没说清楚。王凤祥已经过世了。我又访问了几位在窑地干过的村民，其中杨东坡老人（73 岁）说知道，在窑地出过很多"马凳钱"，卖给收购点了，"马凳钱"是"五铢钱"在北方的俗称。刘德福老人（75 岁）肯定的说确实挖出很多五铢钱，就是已经记不清是汉五铢钱还是其他五铢钱了。通过在世的老人的叙述，可以肯定庞村应该在汉朝就已经形成村落了。历史学家侯仁之先生在北京城的著作中，有一幅汉魏时期北京的农作物种植的地图，其中也有庞村的地名种植是谷物。所以庞村形成村落，距今最少有 1900 年历史。

庞村北面有一里距离，近代又分一部分住户形成小庞村（因为离小营村近，归到小营村）。两个村大部分人互有亲属，为区分两个村才有大、小庞村的名称。

庞村依白水之旁，历史悠久，人杰地灵。作为大庞村的后人更应该延续历史、传承历史。

五铢钱

唐代高行晖的墓志拓片

（王铁军，北京通州和众光彩助残发展服务中心主任，文物保护工程师，通州区第六，七届人大代表，滦平县政协委员）

浅谈宋庄地区农耕文明演化进程

■ 刘正刚

宋庄，自古以来是华北典型的以农耕为主要生存方式的地区。两千多年来，八方而至的先民们在这里倚河而居，从屯垦开荒，刀耕火种，搭茅建舍，插蓠为院的远古生活模式一步步演化到今天，可以说也是华夏民族农耕文明衍生进化的一个真实缩影。

一、五谷育化了种群的繁衍

"五谷"从广义上讲泛指现在所有农作物；从狭义上指的是"稻、黍、稷、麦、菽"。但现代农作物学家有这样一个观点，即"五谷"中的"稻"是指长江以南地区。宋庄地处北方，由于受气候、土壤、灌溉、技术条件方面的制约，难以保持水稻种植面积和产量的稳定性。所以北方所说的"五谷"中没有"稻"，而是"麻、粟、黍、麦、菽"。即便这样，在秦、汉时期，宋庄地区农作物的物种还是非常匮乏的。据史料记载，上致"秦汉"时代甚至"两汉"以后很长时期，当地农作物物种主要是以粟、黍、麦、菽为主，尤以粟、黍的人工栽培当属最早，稻则栽培少之。

禾谷类：粟·黍·麦·高粱·稻

粟 俗称"谷子"，因为脱壳后果实籽粒极小，也称之为"小米儿"。中国古代则把它与"黍"统称作"稷"。

谷子为古代的主要粮食作物，所以夏代和商代属于"粟文化"时代。有"粟有五彩"之说，分白、红、黄、黑、橙、紫各种颜色。

谷子喜高温，生性耐旱，适合在干旱而又缺乏灌溉的土地上种植，这就成为古时当地先民首选的先决条件。另外，对于农家来说，它的附加值也很高。谷子的茎、叶可以作为冬季喂养大牲畜的饲料，所以说谷子的果实——小米儿，多少年以来一直是宋庄本土殷实人家饭桌上的主打餐食。旧时即便遇上红、白两事，事主也同样用小米儿干饭招待亲朋来客。如有豆腐压桌，再给男宾上些酒水，就算很不错的席面儿了。过去宋庄地区流行一句民谚："小米儿饭有酒——事儿不怂"，就是客观真实的写照。

据资料记载，宋庄地区粟的种植历史非常悠久，从古代、近代直到 20 世纪 60 年代，种植面积一直占各类农作物总面积的 30% 以上，品种且多属华北平原生态型，具有穗粒大、分蘖性弱等特性。

过去宋庄地区谷子有春播和夏播两种。1949 年以前平均亩产约在 40—60 公斤。到 20 世纪 60 年

玉米与谷子套种景象（1970 年）

代后以春播为主，根据土质不同，亩产在 50—150 公斤之间。当地传统品种有毛线串、绳头紧、紫根白、毛毛谷、灯笼黍等，米的颜色多为浅黄、乳白两种。到 70 年代中、后期"农业学大寨"运动掀起高潮时，当地在粮食产量上追求"过黄河、跨长江"。由于谷类作物产量远低于玉米、小麦，所以被大幅度地压缩了种植面积。

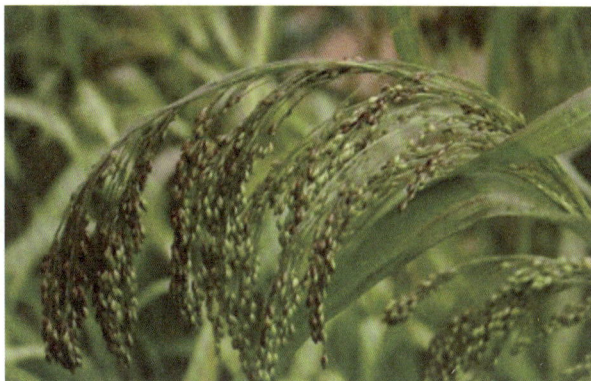

黍

黍 俗称糜子，宋庄地区则普遍称之"糜黍"。糜黍是一年生粮食作物，属当地杂粮的一种。和"粟"一样，糜黍在本地区有着漫长的栽培历史。20 世纪 60 年代以前，当地农户在零散地块上还多有种植，但种植面积一般不大。由于宋庄本土少有"糯米"产出，而糜黍加工出来的黄米带有极强的黏性，正好成为当地"糯米"的替代食材。旧时本地区的百姓大多把黄米用于制作节令性食品。如：正月十五元宵节用黄米面摇"元宵"；五月初五端午节用黄米包"粽子"；春节前用黄米面制作出大量的"黏饽饽""黏豆包儿"，也有的家庭平时拿黄米制作黏糕，用于偶尔改善一下膳食结构。

糜黍收获以后的黍草也有很大的附加值。农户除将少量的黍草用作牲畜饲料外，更多地把它加工成打扫房间用的条帚。用黍草制作出的条帚比高粱穗条帚更加美观洁净，柔和耐用，特别是清扫衣物时不留划痕，很受当地人的喜爱。

麦 宋庄地区种植的麦类品种主要分为冬小麦、春小麦、大麦，另外还有燕麦及燕麦的另一品种莜麦，当地历代都以种植冬小麦、春季兼种大麦为主，种植历史可上溯至秦、汉时期，但直到20世纪50年代以前，当地冬小麦的种植面积都不是很大。原因是旧时的农作物种植方式多为一年收，而且完全是靠天等雨。冬小麦如赶上秋播时土地墒情差，冬季降雪少，春季干旱无雨，产量就会大打折扣。再有，对于农家来讲，小麦秸秆的附加值比较低，果实加工起来麻烦耗时。据资料记载，1949年以前宋庄地区冬小麦平均亩产只有38.8公斤（栽培方式为垅大苗稀），收成仅占粮食总产量的7.15%。所以，过去小麦面粉在宋庄人的餐桌上一直属奢侈之物。

1958年9月宋庄人民公社成立后，公社党委、管委发动群众平整土地，优选良种，大搞农田水利基本建设，通过间作、套种等形式，形成以玉米、小麦一年双茬的栽培模式，1969年小麦平均每亩单产94.8公斤。1978年以后，宋庄地区冬小麦种植面积约占粮田总面积一半之多。到1996年冬小麦的种植面积比玉米种植面积多17.2%，冬小麦平均亩产已达399.8公斤。

高粱 20世纪50—60年代，当地传统高粱品种以黑壳白、黑壳红、瞎八斗、锦州白、黏高粱及矮秆密植的多穗高粱为主。70年代引进试种杂交品种，主要有遗杂7号、原杂10号等，种植面积很小，一般只作为牲畜饲料。进入80年代后，当地实行小麦、玉米两茬平作，高粱仅在低洼地块有零星种植。

水稻 历史上宋庄地区水稻种植面积很少。新中国成立后有个别临河村户利用低洼地块有零星种植，平均亩产70.8公斤。20世纪70年代初期，受计划种植影响，域内部分临河、临沟村队有过大面积种植，亩产量一般在266—303公斤。后因宋庄地区难以解决的沙质性土壤漏水、漏肥问题，种植2至3年后放弃。

菽类：大豆·红豆·绿豆·蚕豆·豌豆

菽 是古时人们对豆类作物的统称。豆类作物在宋庄地区自有农耕历史以来，始终占有一席之地。正是因为豆类果实同其他粮食作物融合后，既能当作主食，也可通过加工成为副食或菜品的实用性，所以深受当地人的偏爱，豆类品种也在不断衍生优化。

将近成熟期的大豆

大 豆 宋庄地区过去种植大豆多采取与玉米间作或套种的耕作法，少有百亩以上的大面积连片种植。品种以大金元、小金元为主，其特点是籽粒大、色金黄、品质上乘、蛋白质含量高。新中国成立前大豆在当地折合亩产量一般约为 30 公斤。1952 年在当地的种植面积占粮田面积的 17% 左右，折合亩产量约为 85 公斤。20 世纪 70 年代在"以粮为纲"的政策影响下，种植面积大幅度减少。80 年代初期实施家庭联产承包责任制后，有农户采取与玉米间作方法种植。

红 豆 宋庄地区把红豆笼统称为"红小豆"，过去一直以种植红豆中的一种"赤豆"为主打品种。赤小豆有较强的适应能力，并具有耐瘠薄、耐涝、耐旱、晚种早熟、生育期短的特性。20 世纪 60 年代以前，当地赤小豆折合亩产约在 50—70 公斤。70 年代以后，除零散地块直播外，多采用与玉米间作或套种，亩产量提高到 90—140 公斤左右。

绿 豆 宋庄地区过去种植绿豆常与玉米、高粱、棉花、甘薯、芝麻、谷子等作物套种。除在夏季熬汤以外，当地人一般不把绿豆作为粮食所用，大多经深加工后作为一种辅助食品。绿豆在本地虽然历代均有种植，但产量很低。旧时折合亩产50公斤左右，新中国成立后随着品种的优化，提高到亩产80公斤以上。

蚕　豆　历史上宋庄地区一直把蚕豆作为粮食、菜品和饲料兼用作物。该豆类品种在宋庄地区栽培历史悠久，但多在园田、边角地块种植，大多采取春播，下种期一般在2月下旬至3月上旬，与大麦播种期相同，素有"大麦、蚕豆（包括豌豆）种在冰上"的民谚。高产品种亩产量在300公斤左右。

豌　豆　一年生攀援草本，由于品种不同，株高0.5—1.5米不等。花期在6—7月，成果期7—9月。和蚕豆一样，豌豆在宋庄地区也少有大面积种植，多见于园田或零散地块。收获以后，在当地作为粮食、菜品兼用。

除上述几种豆类之外，宋庄地区还有芸豆、黑豆、青豆等其他豆类品种。除作为人们食用之外，有的品种经炒制后与饲草混合一起，作为农忙时节为大牲畜添加的精饲料。

耕作制度与种植方式

新中国成立前，宋庄地区农作物以种植一年一熟的旱地作物为主，土地利用率和粮食产量低，复种面积很少。新中国成立后，随着农业生产条件的不断改善，在耕作制度与种植方式上进行过三次变革。

一年一熟　1958年以前，当地仍延续传统耕作方式，有大单挑、大双扇、小双扇、玉米与豆类间作等。由于耕作条件落后，土地旱作不能充分利用地力、肥力，复种指数低。玉米亩留苗数仅1000棵左右，民谚有"垅大苗稀秸秆粗，多打粮食省功夫"之说。秧杆虽壮但成穗率少，因此亩产一直在80公斤左右徘徊。

三密一稀　即密植3行小麦，行距15厘米，每3行之间留空当30厘米套种玉米。20世纪50年代后期到60年代中期，实施大规模农田水利基本建设工程，生产条件得到改善，农业科技水平不断提高，逐渐由"一年两熟""两年三熟"取代"一年一熟"。

三种三收 1970年开始推广房山县南韩继经验，1973年宋庄、徐辛庄公社分别达到统一，主要采用7.5尺大畦。这种耕作制度能充分利用土地、空间、光能，提高复种指数20%—30%。但不利于合理倒茬轮作，对劳动力投入要求高，管理不当或气候异常，会造成第三茬种而不收，并延误冬小麦播种时间。通过实践，这种耕作制度被基层干部、群众认为是"三三得九（三茬），不如二五一十（两茬）"。

坡埂做畦 20世纪70年代中、后期实行，取代"三种三收"制，一直沿续到80年代中期。即采用4尺畦播种小麦，待5月中、下旬人工将畦埂破开，种植中熟玉米。

两茬平播 始于20世纪80年代后期，90年代初全面推广，取代了"破埂做畦"。两茬平播即上茬小麦，小麦收获后复种玉米，复种指数大大提高。两茬平播有利于农业机械作业，提高了土地利用率。为解决两茬平播积温不足的弱点，当地选用优良品种，由"适时小麦+早熟品种玉米"过渡到"晚播小麦+中熟玉米"为主，每亩双产一般在800公斤以上。

二、农具（机具）助推农耕文明发展步伐

耕作、栽培、收获、存储、加工是粮食作物从生产到食用前的五个主要环节，同属农耕文明的大范畴之内。这五个环节的实施都离不开工具，当地人把从作物耕作到果实加工系列过程中所使用的工具统称为农（器）具。农具的产生、发展过程是与当地农业的产生和发展过程同步并举且相互促进的。可以这样说，在宋庄农耕文化漫长的发展史上，农（机）具有力地助推了其前进步伐。

宋庄地区农（机）具的种类可分为耕作栽培、收储加工两个大类。

耕作栽培类

耕作、栽培农（机）具 最远古时期的耕作农具主要有铲、耒。西

汉中期以后，木心铁刃农具已被全铁农具所代替。这时期在耕作上也比较广泛地应用了犁杖。同时，耕牛被本土的先民们驯化后，开始作为拉动犁杖的动力使用，这在当地出土文物中可以得到有力证明。在宋庄镇菜园村南坨子临河台地出土的文物里，其中有一件汉代夹砂灰陶器盖（一侧已有缺口），其盖顶握纽就是捏制成形的卧着的幼牛。小牛犊昂颈扭头，形态逼真，这完全能够证明驯养及牛耕的习俗在汉代已在本地形成。否则，匠人绝不会用如此娴熟的手法，将幼牛形象地塑造在一件实用器物的盖子上。

另外，据后汉崔寔所著的《政论》中记载："汉武帝使赵过为搜粟都尉，教民以牛植。其法为三犁共一牛，一人将之下种挽耧（lóu），皆取备焉，省力过半"。由此可见，汉代使用牛耕已经比较普遍了。正因为以牛作动力牵引犁杖，犁杖的功能才得以逐渐完善，更加有利于深耕、中耕和碎土。

宋庄地区的农民习惯于把犁杖称为"耠子"，其功能及形式的演变到唐代已经基本定型。元代农学家王祯曾以诗的形式记述了犁的结构与功能："犁以利为用，用在耕夫手。九木虽备制，二金乃居首。驰张测浅深，高庳定前后。朝畦除宿草，暮坡起新亩"。

汉代时，当地磨碎、磨平土壤坷垃用的耙，中耕时用的锄、镐和铲（铲后来演化为铁锹），收获时用的镰等农具已经出现。到魏、晋、南北朝时，碎土保墒、平整土地用的盖出现。拢土镇压用的轧地磙、动轱辘碌儿也是在这个时期所创，

耙为长方形，长五尺左右，桯（tīng）四寸见方，凿齿孔一排，孔内纳铁制或硬木耙齿，上下耙齿错开，多由牲畜牵引。耙地时人站立在耙上两脚叉开，一是给耙体增加重量，利于碎土；二是便于驾驭拉耙的牲口。宋庄地区在耕作上素有"深犁细耙"的传统，地耙的细碎平实，对农作物出苗和幼苗生长起着至关重要的作用。地没有经过耙或耙得质量不好，作物的根系与土壤不能相互依附，很容易出现因根部悬空得不到水分、营养而枯萎死亡。耙在本地区一直到20世纪70年代初期还在和农业机械兼用。

盖，学名叫作 𥣫 或 劳（耢），宋庄人则广泛地称之为"盖"。盖与耙外形很是相似。王祯《农书》中记述："劳（耢），无齿耙也"。盖有木制长方形框架，上置耢条，耢条多用荆条或藤条编织而成。盖的功能与作用是平整地面、掩土保墒、播种后盖土。

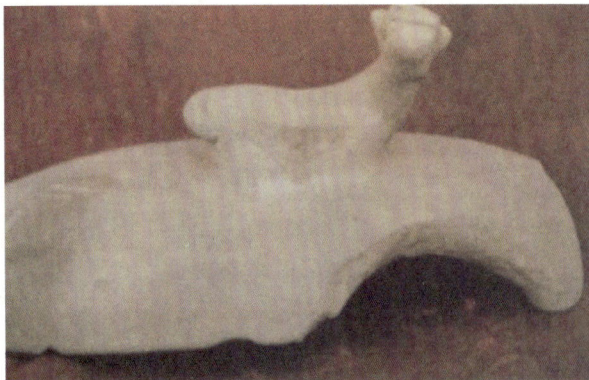

汉夹砂灰陶卧牛捉手器盖

砘子是两个石轮用木轴连接而成，外配有方形木框，属镇压农具。由于牵动时石轮能够自由运转，当地人把它形象地称为"动轳辘碌儿"。石轮直径约 25 厘米，宽约 6 厘米，可根据播种的行距在木轴上合理调置两个石轮的宽度，以此将种子下地后松软的土壤镇压严实，起到有效的存湿保墒作用。

到了宋、元时期，当地农具的发展、改进和利用的范围等方面都超过了前代。北魏《齐民要术》中记载的农具只有 30 多种；而到了元代王祯《农书》中"农器图谱"所记载的农具已达 105 种之多（包括其他地区所有的农具）。这个时期还出现了播种与施肥相结合的下粪耧种；由麦笼、麦钐、麦绰 3 部分组合而成的收割农具；日可中耕作物 20 亩的先进耧锄。

从明、清到民国时期，宋庄地区用于耕作、栽培的农具较之元代没有很大的发明、创新。但由于明朝移民的大量流入，来自不同区域的农作物物种开始逐步增多，促进了作物栽培技术的异地交融和精耕细作。明、清两代在农作物栽培方面所使用的小农具有了许多细微的改进，出现了弯把镰、薅锄、薅刀、抿铲、瓜铲等，较大一些的农具有耘锄。

新中国成立前后，当地农民耕作、栽培所需的大小农具，大多在燕郊集市、草寺庙会上购买。1956年以后，所有的农具制售店铺或公私合营，或归于农村集体所有，所生产的农（器）具实行由供销合作社系统经营生产资料的部门统购统销。

20世纪50年代中期，一区（宋庄）下属的各乡、村普遍从互助组、初级社转入高级社。为了达到耕作与栽培方式互相促进，全面提高粮食产量的目的，农业机械部门着力于新式农具的改良和推广。这个时期七寸步犁、五寸步犁、双轮双铧犁、解放式耘锄、新式耙出现，不但能对土地加以深耕细作，而且在农机具的结构设计、制作工艺方面更加科学化，极大地减轻了畜力牵引时的负担，提高了农业生产效率。

1958年底，市、县在宋庄公社建立了国营拖拉机站。不久，国营拖拉机站下放给当地所有，此举为实现农业机械化奠定了坚实基础。

耙

盖

60年代的耕作机械主要是"东方红54型、75型"链轨式拖拉机和"东方红55型"轮式驱动拖拉机。最初牵引的是人工手动升降犁。进入70年代后逐步改换为机动液压式升降犁。70年代中、后期，起埂机、旋耕犁、播种机广泛应用，取代了人力打埂作畦、畜力耙地、犁杖开沟和手工撒种。

砘子

灌溉农（机）具　是作物栽培时期一个重要组成部分。据史料记载，春秋时代以前，先人们在给农作物浇灌时只是怀中抱个陶器，往返于水源与秧田之间，所以古时有"抱瓮出灌"之说。春秋战国时代后期，先人发明了一种使用"桔槔"为工具的提水。"桔槔"很类似吊杆提水。后"桔槔"演化为辘轳，而吊杆提水却沿续使用了相当漫长的世纪。

宋庄地区虽然多河富水，但受北方自然条件的限制，旧时当地的灌溉设施远远没有南方长江流域能够充分利用风力和水势落差等自然能量，带动大型提灌工具那么发达。

旧时当地种植的大面积粮食作物，都是在春季趁雨下种，如果无雨就要依托附近河流沟渠靠人工担水点播。作物出苗以后，在生长期阶段基本就是靠天等雨。

汉代时，居住在宋庄地区的先人们就已经掌握了人工打井的技术。但由于受当时物质条件的限制，人工井多处于生活聚居区，只有离聚居区较近的少量零散地块种植的杂粮、蔬菜，可以用辘轳从水井中提水沿垄沟浇灌。所以旧时当地的灌溉农具主要是木筲、戽斗、辘轳和安置在河塘岸边的吊杆。

戽斗形状略象斗，两侧设置拴绳铁环，由两人引绳提斗，可以从河里汲水。吊杆即在河塘沿岸或沟渠边缘竖立一根木桩，木桩上部再用绳索绑上一根能上下活动的横杆，横杆一头拴有吊桶，应用杠杆原理从河塘中取水。这种灌溉方式在当地基本维持到20世纪50年代初期。

从1951年开始，通县一区（宋庄）党委、政府号召所属各村在发展农业蓄水工程、灌排工程同时着手农用水井建设。从挖土井、打砖井、竹管井到无砂混凝土管深井；从人工挖掘逐步发展到机械打井；从人工提水、水车提水发展到泵站提水。到20世纪80年代初，域内所有农田均实现纯井灌溉。

1952年，域内组织人工挖制土井、修建砖井。当时的土、砖井深一般为5—6米，村村设有打井队。1953年后，农民发挥"组织起来（农业合作化）"

50年代生产的双轮双铧犁（文献资料）

60年代机耕场景（文献资料）

人工担水点播（文献资料）

木筲

的力量，加快打井步伐。1955年砖井数量明显增加，水车提水取代部分吊杆、辘轳等原始提水灌溉工具。1956年，通过专业培训，推广打制木管井。井深度一般为70米，井壁材料多为湿柳木板拼接而成，厚5厘米，制成直径30厘米的圆筒。钻进方式采用大纺车轮掘进的作业方式。工具包括木架、竹弓、纺轮、竹片拉杆、铁制钻头等。操作时竹片拉杆上部与弓弦连接；下部连接钻头。在井口上部用1根长1.5米左右的横杆与竹片拉杆卡牢，由2—4人横握木杆，借用弓弦弹力上下往复冲击。起锥时，人踩大纺车轮用旋转冲力上提。这种方法开始只用于打竹管井，后也广泛用于打木管或缸瓦管井。

1961年，乌卡斯打井机取代大纺车轮打井，铁管、无砂混凝土管普遍代替木管，井深多在70米左右。1965年，宋庄公社丁各庄大队利用大锅锥打农用井试验获得成功。大锅锥打井的主要设备有木架（3至4根主柱）、锅锥、钻杆、绞车、钢丝绳等。锅底部呈锥形，装有螺旋形刀片，人力推动钻杆带动锅锥旋转，将泥土旋入锅内。锅满后用绞车提升，将泥土从锅中取出后再继续旋转钻进。每台锅锥需要 20—30 人操作。井管用大口径无砂混凝土管,内径 70 厘米,壁厚 8—10 厘米,井深 40 米,滤料用 0.2—0.4 厘米卵石,出水量 80—100 立方米 / 小时,后在全县推广。1971、1972 两年连续干旱,地表水减少,域内再度掀起抗旱打井高潮,深度也在不断加大。1980 年后,本地区连年干旱,地下水位逐年下降,开始淘汰离心式水泵,更换为深井泵或潜水泵,并加强对农用灌溉机井管理,提高农用水井利用率。

20 世纪 50 年代末至 60 年代,宋庄域内各河基流较多,常年流水不断。潮白河基流在 5—8 立方米每秒,其他河的基流在 2 立方米每秒以上,为发展提水灌溉提供了有利条件。50 年代后期,随着提水机械和电力事业的发展,给农田灌溉带来了一场新的革命。域内依傍河流兴建提水灌溉工程,通过大型水泵从潮白河、潮白河故道、温榆河、小中河多处站点向长期干旱区域调水,经过四通八达的主干渠道灌溉农田。到 1965 年,域内建有较大扬水站 13 处(水泵口径 12 吋以上),1974 年域内共有较

大纺车轮人工打井场面(文献资料)

"22 型"冲击钻打井作业(1982 年)

1962 年北寺庄公社建于潮白河小杨庄
老堤头扬水站遗址（2013 年摄）

20 世纪 70 年代大平大整土地（文献资料）

大扬水站 15 处。进入 80 年代以后，连年干旱，河道基流减少，甚至有时断流，域内利用河道拦蓄工程阶梯蓄水，提高水位，并疏挖灌排两用引水沟，灌溉季节将水引入各级排沟。同时，在排沟两侧建起小型扬水站，直接提水灌溉农田，比大型扬水站节电、省水，后逐渐代替大型扬水站。1984 年以后，由于地表水紧缺，指标水分配下降，部分扬水站拆除或弃而不用，全部改为机井灌溉。

为有效地利用好水资源，真正做到开源节流。1970 年以后，宋庄、徐辛庄公社结合"农业学大寨"生产运动，掀起大平大整土地的农田基本建设高潮。利用三年时间，宋庄公社重点平整了白庙、北刘各庄、小堡、疃里的沙丘；徐辛庄公社重点平整潮白河故道两侧。两个公社利用冬、春季节平整土地，最高日出动劳动力 1500 人、机动车辆 1200 辆，共平整土地 3000 亩，完成土方量 12 万立方米，新开发水浇地 2700 余亩。

到 20 世纪 70 年代中后期，域内灌溉机井与扬水站成龙配套，星罗棋布，各种农作物全部实现水浇。宋庄地区大农业从历史上的"提斗灌溉"时代整体跨入"泵站提灌"时代，大部分传统的灌溉农具则永远成为历史。

1975年徐辛庄、宋庄公社扬水站分布统计表

站称	座落		建站日期	水源	电机泵		流量（立方米/秒）	灌溉面积（万亩）	干渠长（公里）
	地区	村队			泵口径（吋/台）	电机（千瓦/台）			
管头扬水站	徐辛庄	管头	1958	温榆河	12/1	38/1	0.2	0.1	1.5
寨辛庄扬水站	徐辛庄	寨辛庄	1959	小中河	12/1	38/1	0.2	0.1	2
寨里扬水站	徐辛庄	寨里	1959	温榆河	10/1	28/1	0.15	0.1	1.5
尹各庄扬水站	徐辛庄	尹各庄	1959	温榆河	10/1	28/1	0.15	0.17	2
石家坟扬水站	徐辛庄	内军庄	1962	潮白河故道	16/1 20/1	65/1 75/1	0.7	1	3
双埠头扬水站	徐辛庄	双埠头	1958	潮白河故道	12/1 8/2	38/1 28/1	0.3	0.2	2
富豪扬水站	徐辛庄	富豪	1971	温榆河	14/1	40/1	0.4	0.23	2
窑上扬水站	徐辛庄	窑上	1974	小中河	20/1	63/1	0.4	0.6	4.5
平家疃扬水站	徐辛庄	平疃	1963	潮白河故道	24/1	75/1	0.5	0.2	3
港北扬水站	宋庄	港北	1958	潮白河	12/1	38/1	0.3	0.1	1.5
高各庄扬水站	宋庄	高各庄	1958	潮白河	12/1	38/1	0.3	0.1	1.5
小杨各庄扬水站	宋庄	小杨各庄	1962	潮白河	18/1 12/1	75/1 38/1	0.8	0.52	3
辛店扬水站	宋庄	辛店	1962	潮白河	12/1	38/1	0.3	0.1	1
小堡扬水站	宋庄	小堡	1962	潮白河故道	12/1	38/1	0.3	0.1	1.5
邢各庄扬水站	宋庄	邢各庄	1962	潮白河	20/1	75/1	0.4	0.35	2

收储加工类

收获打辗农具 传统的收获农具分为农作物田间收获和打轧归仓两部分。田间收获常用的农具主要有收割粟、黍、麦、（高）粱、稻、菽、芝麻、玉米等使用的镰刀、小镐；收获薯类、根茎类果实作物使用的镐、耪、锨；打轧归仓使用的农（器）具则有铡刀、碌碡、爪镰、簸箕、挈耙、木锨、木权、箩筐、扫帚、风谷车等。

20世纪50年代以前，宋庄地区收麦这个环节还不用任何农具，仅是凭借人的手臂之力，一拃一拃地将小麦秸秆从田里连根拔出，俗称"拔麦子"，属农活中"四累（挖河、

拔麦场景（文献资料）

筑堤、拔麦、脱坯）"之一。从50年代末开始，逐步采用镰刀收割。拔（割）下的麦子捆扎成"麦个子"，暂时攒放在田间或地头等待拉运。

从田间运回场院的"麦个子"，要先用铡刀在麦穗以下20厘米的部位铡下来。铡刀在"夏秋两收"时作为粮食收获农具使用，平常则用于给大牲畜铡饲草。民谚有"寸草铡三刀，没料也上膘"之说。

麦穗铡下来要厚度均匀地平摊在场院上。经暴晒干透之后，趁中午套上牲口，拉着碌碡来回碾轧。麦子上场后一般要翻、轧三至四次方可起场。这时要使用的农具主要是木权、木锨、竹筛、挈耙、扫帚、簸箕、风谷车等，最终将粮食筛簸干净，晾干后填仓入囤。

"爪镰"这种小农具多在收获稷类（粟、黍）作物时使用。它由一块方形铁片制成，下端有着锋利的刃，上端拿布包裹并拴有绳袢。使用时把绳袢套在手背上，五指将爪镰捏紧。待"谷个子"或"糜黍个子"从地里运回场院时，用它把谷子或糜黍的穗割下来。切割谷穗或黍穗时，用的是腕力与指力

的巧妙配合。过去作这项活计的大多是农村中、老年妇女，因为要把一捆捆高低不齐的"谷个子"当中的大小谷穗一个不落的切割下来，要有充分的细心和耐心才能完成，所以过去把这道工序又俗称为"找谷穗"。到20世纪70年代，这个使用千年之久且其貌不扬的传统小农具最终被脱谷机取代。

当地田间收获和打轧归仓所使用的农（机）具发生巨大革新变化，从20世纪70年代初期开始。在"通县农具厂"基础上改建的"通县收割机厂"研制出"185型"小麦收割机问世并投入到宋庄公社部分村队使用，使很多当地农民结束了千百年来"手拔镰割"的收麦历史。这个时期，"锥型"小麦脱粒机、玉米脱粒机、脱谷机、扬场机、打稻机作为配套机械也普遍推广使用，开始取代打轧过程中的传统农具。

"185型"小麦收割机是由手扶拖拉机作为动力传动，和人力相比，在一定程度上起到了提高收获效率，减轻劳动强度的作用。但不足的是仍然需要人工跟随机后将割倒的麦子攒拢捆扎。另外，该机的割齿

爪镰

脱谷机

"185 型"收割机作业场景（1978 年）

小麦联合收割机作业场景（1986 年）

宽度与当时麦畦宽度存在不匹配问题。到 70 年代末，这种机型在当地被完全淘汰。

20 世纪 80 年代中、后期，当地用于主要粮食作物田间收获所使用的传统农具绝大部分被农机作业替代。这时，由"东方红 55 型"轮式拖拉机牵引的"披挂式"小麦收割机、新疆"2.5 型"自走式小麦收割机开始出现。到 90 年代，小麦联合收割机、叶塞妮亚玉米收割机和与其配套的运输车辆，成为宋庄地区粮食作物收获时的主打机械。田间收获机械集收、脱、运于一体，使农村千百年来设置的场院失去了已往功能。"杠场、轧场、起场、扬场、抢场"这些依"场"衍生的、富于农耕文化气息的特殊词汇和传统的打轧农具成为一代人的永久记忆。

存储加工农器具　春种夏管，秋收冬藏。一年四季的往复轮作，最终求得的是借以裹腹充饥的劳动成果。所以当地先民们把粮食的存储、加工同样放在家庭农事的首位粮囤，囤底用竹篾或荆条编织，大小不等。粮食入囤之前，囤底要用几块石垛垫起，里面拿芦席铺严，然后将苲（xué）子从囤底呈"遮七露三"螺旋式向上圈绕，里面存储粮食。粮囤有大有小，家用粮囤大的贮量1000公斤，小的贮量300至500公斤。

苲子，由编席匠人用轧扁的高粱秸秆或芦苇编织而成，和囤底组合后用来储存粮食。小型粮囤为家庭所用；大型粮囤多于旧时官仓或朝廷设在民间的义仓（赈灾粮仓）。

禾罐，禾罐是一种家庭用的小型粮食存储器具，陶土烧制而成。形状都是口小肚大，一般都带盖。大多家庭用来盛放杂粮，以防潮防鼠。

口袋，由厚实的粗棉布缝制而成。盛满粮食后，直径约50厘米，高约1.5米，用于储粮和运输粮食。由于形状细长，特别适用于放在驴背上驮运，后被麻袋取代。

麻袋，用大麻线织成。盛满粮后，直径约60厘米，高约90厘米，用于存储或运输粮食。麻袋在20世纪60年代后才被民间广泛使用，取代了旧时的棉布口袋。

石臼，约在2000多年前的古代时期，当地先民在加工禾谷类果实时，使用的是石臼。石臼呈方形或不规则的圆形，上宽下窄，下端固定在土里，上端臼口露出地表。随着木碓在臼中一上一下的磕砸，

苲子

禾谷类果实便在石臼里脱壳蜕皮。石臼是古代人类生活的必需品，谷物果实主要是以这种生产工具加工成食材。在古代，石臼和水井是人类定居点的显著标志。

石碾，宋庄人把石碾俗称为"碾子"。石碾具体出现在什么时代，目前史料尚无明确记载。但有一点可以肯定的是，它的应用是在晚于石臼之后的一个时期。石碾是用石头（宋庄地区的石碾多采用灰、白花岗岩）和木材等制作的使谷物破碎或去皮用的器具，由碾台、碾盘、碾砣、碾框、管芯、碾棍等组成。

禾罐

在石碾的碾盘和碾砣接触面上，錾有排列整齐的中间深、两边浅的碾齿；碾砣上则錾有一边深、一边浅的碾齿，用以磨碎粮食。碾砣被固定在用当地硬木做成的四方型碾框上。碾砣两头的中央各有一个向里凹的圆坑，坑里固定着一个小铁碗儿，叫"碾脐"。在碾框的对应位置固定有两个圆形铁棒，与碾脐相对，凹凸相合，能自由转动。碾框的一端，中间有一孔，套在碾子的管芯上，管芯则是固定在碾盘正中央的一根铸铁圆柱。碾框上还有两个呈对角线分布的碾棍孔，使用时把两根一米左右的圆形木棍分别插在两个碾棍孔里。当逆时针推动时，碾框就会带动碾砣在碾盘上转动，进行粮食加工作业。如果使用时间长了，碾齿会被磨平，需请石匠重新錾凿碾齿。

　　石碾当属百姓世代专用的粮食加工用具。和水井一样，石碾有官用、私用之分。官用的石碾为村民集资置办，可以伙用；私用碾子则为富裕人家自己独资置办，但不管官碾、私碾，村民一般都可就近使（借）用。过去设置碾子之处大多建有开放式碾棚，用以遮风挡雨。在进行粮食碾轧加工作业时，有牲畜的人家用牲畜（主要是驴）拉碾子，没有牲畜只能靠人力推动，十分辛苦。直到 20 世纪 60 年代后期，当停电或电力不足时，石碾在当地还与电动"小钢磨"兼用，直到 70 年代初期才彻底退役。

　　石磨，由两块直径相同、高约 20 厘米的圆柱形石片和磨盘构成，靠人力或畜力推（拉）动，把粮食去皮或研磨成粉末的石制粮食加工用具。石磨一般架在碎石或青砖垒成的磨台上。石制磨盘摞着磨的下扇（不动盘）和上扇（转动盘）。两扇磨盘的接触面錾有排列整齐的磨齿，用以磨碎粮食。磨盘的上扇留有两个孔，称为"磨眼"，供向下流漏粮食。两扇磨盘之间有固定上扇磨盘的"磨脐（铁轴）"。一般的石磨直径约 80 厘米左右，一个人或一头驴

小石臼

石　碾

即能推（拉）动，主要用于禾谷类果实的初级加工和深加工。但有的石磨具有特殊的专业用途，比如许多作坊里用于研磨油脂的油磨和磨制豆浆的水磨。另外，当地有的家庭还备有一种"小拐磨"，直径40厘米左右，和"大磨"的原理大同小异，可靠成人的臂力旋转摇动，多在平日加工少量杂粮时使用。

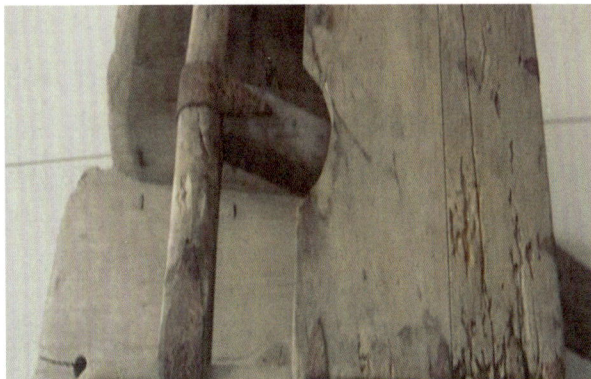

木搓斗儿

笸箩，去皮柳条（簸箕柳）编制而成，有长形、圆形之分。长笸箩帮高四寸余，敞口呈长方形，四角为不规范圆形，有大、小之别。长形大笸箩多为农户加工粮食时推筛细面或晾晒粮食所用。

麻箩，柳木薄板圈帮，底绷纱网，呈矮圆柱形，直径约40厘米，高约17厘米。按网孔大小分为绢箩、马尾（yǐ）箩，也称糙箩、细箩，有大、小两种，多和箩床、笸箩组合配套供筛面时使用。

箩床，一种供箩在上面通过人工来回拉动的木架。两端为20厘米见方的有孔木板，中间是两根长约1米的扁方木条或竹片与其平行连接。筛面时，箩床放置笸箩中间，箩放置箩床上来回拉动将面筛下，落在笸箩里，然后按照面粉的粗细需要再作二次处理。

木搓斗儿，用当地杂木制成，长方形，前部有开口，横梁处连接一根木把从斗的后部通出。在晾晒毛粮时往口袋或其他器物中灌装时使用，功能相当于柳编"条搓子"。

簸箕，簸箕是农村家庭常用的物品，北方多用柳条（簸箕柳），南方多用竹篾编制而成。其形如敞口秤盘，前宽后窄上沿用竹篾包口。簸箕也有大、小两种，大簸箕主要用于扬簸粮食中的糠皮草屑；小簸箕主要用于扬场或把粮食搓进器物中。当地还有一种叫"条搓子"的柳编用具，似簸箕而身窄，搓粮时更为简捷方便。

筛子，传统工艺的筛子大多用细薄竹篾编制，20世纪50年代以后也有用金属丝编制而成，筛眼分大、中、小三个等级。一般用于粮食入囤前筛去沙土、漏下瘪粒和拂去果实皮壳用。

升和斗都是当地农民粮食上市买卖或民间粮食借还时所使用的制式计量工具。升和斗均为全木制作，样式为上大下小，开口呈正方形，四个侧面以梯形缩小，制作形态为合卯契合，完全不用一颗钉子。宋庄地区有民谚曰"灾年借一升，丰年还一斗"，以此检验或称赞做人的诚信与感恩情怀。

宋庄地区的传统农器具从产生到完善，已具有2000多年的发展演变历史，至20世纪50年代仍在广泛应用。60至70年代以后，随着电力的通达和农业机械化水平的提高，大部分传统农器具开始逐步退出历史舞台；到20世纪80年代，少量传统农具仍在中耕、收获和零星地块的耕作环节上频频现身。直至现在，有的小农具和粮食存储、加工用具还依旧被许多农户利用着。所以说传统农（器）具在推动通州地区农耕文明的形成和发展过程中，起到了不可磨灭的作用，饱含和渗透了当地深厚的农耕文化的历史价值。

元代以后宋庄地区农耕用地变化小考

■ 刘正刚

元代以前，宋庄地区地广人稀，滩涂遍布，河流纵横，土地尚未完全开发利用。元朝统治者曾迁民屯垦，但规模不大，效果不堪明显。至明代，为解决自元朝灭亡后由于战争使北平人口流散带来的萧条，开始往北平大量迁民。从明朝产生迁都设想的永乐元年到迁都后的永乐十五年（1403-1417）五月，十五年间先后7次有组织的大规模向北平迁民、移民。统治者为取得军需给养，增收税赋，实施军屯、民屯、商屯等诸多手段扩大垦植，不久在域内形成平家疃、师姑庄、内军庄、韩家疃（疃里）、小堡等22个村落。

清入关后，为给八旗官兵谋取利益，稳定军心民心，顺治元年（1644）、二年（1645）、四年（1647），清廷连下三次诏书，首先从京畿地区开始，然后在距京500里之内范围进行过三次大规模的圈地，强行把土地圈给旗人所有，即域内老一代人口口相传的"跑马占圈"。原土地主人有的被迫举家迁徙，有的沦为旗人佃户。今镇域吴各庄原本以吴姓成村得名，后因吴姓土地被全部圈占，全族人被迫流落他乡，令今天的吴各庄没有吴姓人家。这种情况在域内其他村庄也有所存在，徐（新）辛庄、宋（家）庄村名来历均与清初圈地有关。圈地归旗人之后，域内部分村庄曾设有"皇粮庄头"，负责管田收租，规定佃户租种旗地只许耕种作物，不允许使土、葬坟、盖房、打井，以致旗奴、佃户死后没有葬身之地。

民国时期，1925年10月北洋政府公布《直隶省旗圈售租章程（俗称旗田留置升科）》，废除旗田制，规定按每亩年租10倍出售，由租种旗田户赎买，直接向政府交税。此次旗田留置升科涉及域内农用耕地约3.1万亩。在实施过程中，皇粮庄头依仗权势，与政府旗产处负责人相互勾结，私定原每亩年租2.17吊铜钱降到1吊，佃户需给庄头落租费1.1块银元，方能持租票到旗产处办理留置手续，除缴赎买金外，每亩再交留置费1.73块银元；若不落租，每亩留置费3.73块银元。绝大多数佃户无钱留置，皇粮庄头乘机成为大部土地拥有者。当时就有富豪村曹氏庄头，管旗田9600亩，持私产6000亩，家有九层（进）套院，百余间瓦房，年入白银约2万两，成为通州北部三大地主之一。

中华人民共和国成立后，因行政区划变更、兴修农田水利和市政基础设施建设占用土地，域内耕地面积变动较大。1950年6月通县与顺义县区划调整，现镇域内各村归属当时的一区（宋庄）、三区（金盏）管辖，时有耕地约12.7万亩。1950年后，因供销社、粮库、医院、中小学校、邮政电信、徐辛庄水库、部队军营加之其他各项基础设施建设占用，共

被圈地后沦为佃户的农民（文献资料）

重建于 1972 年的宋庄供销社门市部（2016 年摄）

减少农用土地约 3000 亩。

　　1958 年 9 月成立宋庄人民公社，下辖 8 个管理区，时有农用耕地约 12.4 万亩，1965 年 5 月全县区划重新调整，宋庄、徐辛庄公社单独建置，原属宋庄工委管辖的胡各庄公社、苏坨公社部分村队划出及开挖运潮减河占地等因素，农用地减少 2.2 万亩。时宋庄公社拥有农用地 4.6 万亩；徐辛庄公社拥有农用地 5.2 万亩，共计 9.8 万亩。1971 年开挖翟减沟加叠在两岸堆存弃土，涉及宋庄公社 11 个村共减少耕地近 0.3 万亩。至 1978 年，因域内河流疏浚治理、裁弯取直、宋郎路拓宽、新建京秦铁路、扩建京承铁路，供销社、粮食系统下属单位改扩建工程和其他基础设施建设占用土地 0.5 万亩，宋庄、徐辛庄两公社农用地面积降至 9.3 万亩，其中耕地、林业占地（含林场、苗圃、果园）0.21 万亩；养殖占地 0.17 万亩（禽、畜、鱼类）园田占地约 0.7

万亩；农作物占地 8.22 万亩。

　　1978 年中共十一届三中全会后，随着域内经济和各项事业的快速发展，带来了非农用地面积逐年增加。1983 年后，随着改革开放的深化，乡、村两级集体企业蓬勃兴起，畜牧养殖业、加工制造业扩大生产经营规模；新建京哈高速公路（现通燕高速公路）、六环路，任李路、宋梁路两次拓宽改造，京榆旧路部分路段改线取直加宽；中小学校迁址、扩建；实施农业产业调整中兴建众多的家庭养殖小区（现多数为家庭居住或为作坊出租）；2000 年后建设镇级工业园区和村级工业大院。2002 年，全镇耕地面积 8.9 万亩；2005 年以后，关系到城镇发展和国计民生的市政设施、基础设施、文化艺术区建设速度加快，新落成的变电、通讯、供水、燃气等基础设施也占用了一定的农用土地，时有耕地面积 6.1 万亩；2009 年后耕地面积基本在 5.5 万亩左右徘徊。至 2015 年全镇耕地面积 5.2 万亩。

徐辛庄水库

■ 刘正刚

1956 年至 1958 年间，通县以全区域调集水利民工大会战的形式，建成徐辛庄、潮县、泥洼、半截河四座平原水库，其中之一的徐辛庄水库建设工程于 1957 年 11 月全面启动。当时修建徐辛庄水库的战略构想是：以此从怀柔水库引水，经顺义县李史山、七分干渠（35.9 公里）和引渠（14.1 公里）进入徐辛庄水库，设计引水流量 15 立方米每秒，用于向干旱缺水的通县一区（驻所宋庄）和九区所属的部分乡村农业生产和农田灌溉输送水源。

徐辛庄水库主体坐落在潮白河故道，北靠顺义，南近小堡村北，南北长 5.5 公里；西邻内军庄、小营、大庞村、双埠头；东邻平家疃、翟里、北寺庄、喇嘛庄，东西宽 2 公里，水库总面积 10.9 平方公里。围堤总长 23.75 公里、高 4 米、顶宽 4.5 米、底宽 28.5 米，边坡 1:3。由于库内地势北高南低，为平衡蓄水量，又在水库中央呈东西走向修建一条中坝，把水库分为北库和南库，坝长 1.5 公里，顶宽 8 米，底宽 32 米。在中坝西侧故道处筑三孔浆砌石节制闸，单孔宽 3 米。堤坝顶高 28.5—29 米，库底高程 24—24.5 米，蓄水高程为 27—27.5 米，动用土方 265 万立方米。水库设计蓄水量 4500 万立方米，有干渠 4 条，支渠 69 条，斗渠 306 条。干渠以上的建筑物包括进水闸、涵洞、简易桥梁共 17 座，投资 55.26 万元。

北库蓄水位 26.5 米，有干渠 2 条（原设计 3 条）。一干渠为扬水灌溉，扬水站位于小营村东南，安装 20 吋泵 3 台，65 千瓦电机 3 台，渠长 5 公里；四干渠为自流灌溉，建 1 孔砖结构进水闸，宽 1 米，高 1.5 米，位于翟里村西南东堤，闸底高程 24.5 米。闸建成后，干渠未修，水库即废除。五干渠为自流灌溉，建 1 孔砖结构进水闸，孔宽 1 米，高 1.5 米，闸底高程 24.5 米，渠长 4 公里。

南库蓄水位 26 米，有干渠 2 条。二干渠为自流灌溉，位于小堡村北，建 1 孔砖结构进水闸，孔宽 1 米，高 1.5 米，闸底高程为 24 米，渠长 2.5 公里；三干渠为自流灌溉，位于喇嘛庄村北，建 1 孔砖结构进水闸，孔宽 2 米，高 2 米，闸底高程为 23.8 米，渠长 9 公里。

1958 年 4 月，徐辛庄水库正式建成蓄水。1958 年 9 月，宋庄人民公社成立，下辖徐辛庄、尹各庄、大兴庄（后改北寺庄）、高辛庄、翟里（后并入北寺庄管理区）、南刘各庄、古城、苏坨八个管理区。1959 年，为加强对徐辛庄水库的行政管理和水资源的开发利用，通州从商业局、公安局、农林局及人委抽调干部 11 人，与徐辛庄管理区领导班子进行整合，成立了通州区国营徐辛庄渔场，下设办公室、技术室、财务室，并取代徐辛庄管理区组织机构与管理职能。为做好水库上

平原水库大会战场面

大平大整库区土地（1971 年）

治理潮白河故道（1987 年）

游的进水资源管理，把原属翟里管区的平家疃村划
入徐辛庄渔场。

为有效地开发利用水面，提高经济收入，徐辛
庄渔场成立了 261 人组成的水库生产专业队，建设
了养鸭场和一支 85 人的渔业养殖捕捞队。主要养
殖鲤鱼、鲢鱼、草鱼，养殖水面约 1200 亩，年可
捕捞鲜鱼 72.1 万公斤，交售商品鱼 72 万公斤。

由于当时的历史条件所限，水库库底、围堤均
为夯土打造，外加缺乏科学论证，工程上马匆忙，
建设过程中专业化程度低，蓄水后水压过大。进
入 1960 年，水库出现渗漏现象，蓄水位降至 26—
26.5 米，库容量为 3050—4000 万立方米，当时可
控制宋庄人民公社中部、北部五个管理区约 15 万
亩的农田灌溉面积。

1960 年 2 月，南库退水闸出现倒闸决口，水
库中坝以南的南库作废，但中坝以北的北库仍然引
流储蓄，向周边管理区农田提供灌溉用水。由于常
年蓄水，水库渗漏现象日益严重，导致库区周边地
下水位上升，造成夏、秋季节附近村庄街道、农田

积水难消，沥涝频发，土地次生盐碱化面积扩大且治理难度加大，周边乡村居民住宅基础层碱化严重，1961 年徐辛庄水库彻底废除。

徐辛庄水库废除后，遗存下大面积的滩涂、沼泽、水洼、沙丘。年复一年，进而在整个库区内造成夏秋荒蒿野草满目，冬春风沙落叶飞扬的植被、环境负效应。大面积荒芜的土地，给本就处于人多地少的宋庄地区带来粮食生产方面的困难。进入 20 世纪 60 年代中期，库区周边的村队也曾试图调动劳动力，开发利用库区的荒地种植粮食作物，以至现在有过如此经历的老人还能回忆起当年在库区开垦的"老龙洼""河汉地""二龙坑""头道湾"等与水结盟、具有鲜明特色的地块名称。由于受当时的经济投入与技术条件所限，部分开发垦种的地块难以改变库区原始地貌高低不平、土壤沙化、缺水漏肥、草害严重的客观现实，一般经过垦植的土地只是维持着靠天等雨，广种薄收的耕作方式。

宋庄生态蓝湖庄园（2014 年）

　　进入 20 世纪 70 年代初，结合声势浩大的"农业学大寨"农业生产运动，徐辛庄、宋庄公社掀起以大平大整土地为中心的农田水利基本建设高潮。1971 年，徐辛庄公社以清整域内平原水库遗址上的土岗及潮白河故道两侧沙丘为重点，当年平整土地 1100 多亩，共完成土方 6 万立方米；最高日出工量 800 人次，日出人（力）、畜（力）、机动车辆 500 多辆。而对潮白河故道的治理，则倾注了连续十几年的人力、物力。

　　时至今天，徐辛庄水库遗址已不复存在（仅存水库东侧的围堤在 1988 年修筑京哈高速公路时被作为土方出售铺垫路基）。通过近几年宋庄镇实施的万亩造林和都市农业发展建设进程的加快，中坝河（原潮白河故道）两岸现已绿树成荫，碧水环绕。旅游农业、设施农业、现代农业生态园形成规模，成为支撑通州地区大文旅的重要一环，助推着宋庄艺术创意小镇全面发展。徐辛庄平原水库，只是留在老一代人的梦中回忆了。

1600 年前，平谷县城在通州宋庄镇这俩村

■ 王陆昕

通州和平谷，两地相距近 50 公里，中间还隔着顺义区、河北省三河市，要说历史上的交集，大家知道比较多的是 1949 年新中国成立前后，通州作为河北省通县专区的首府，下辖平谷县。后到 1958 年，先后作为远郊县被划入了北京市。其实，1600 多年前，两区的历史远比想象中的密切，平谷多次被整体划入了潞县（古通州），后来恢复平谷县，县城竟然设在通州宋庄镇的这两个村——小营与内军庄。这是怎么回事？

（一）

著名历史地理学家尹钧科在《通州区历史沿革》一文中这样描述："西晋废渔阳郡，潞县改属幽州燕国。十六国后赵于潞县北置平谷县，治所当在今宋庄镇小营村一带。"2001 年出版的《平谷县志》也明确记载："西晋初取消平谷县，划属燕国潞县，后赵，复置平谷县，县城移至今通州北小营村，隶属于渔阳郡，北魏时再次省平谷入潞县。"

因位于通州城之北，小营村也被称为北小营村。据《通县地名志》记载："小营村位于通州北 11 公里处。在中坝河（潮白河故道）西侧。北与内军庄基本相连。该村明代已成村。始为军队屯田营驻之地。该村

发现有大片瓦碴地，现已建房，村民挖菜窖时曾多次出土过大量的各类陶器和带有绳印的砖块，疑为古聚落遗址，待考。"

此地不仅是后赵时期平谷县城遗址，还有一座前燕国君所筑点将台遗址。而前燕和后赵处于同一时代，恰恰是后赵的死对头。清光绪十一年（1884）《光绪顺天府志》村镇篇目中"小营"村特别注明："小营旧有平谷古城，慕容将台并在治北。"并引用史籍，如"名胜志：州城北通京师东直门中路旧传慕容时拜将台也。通州高志：城莫考，台址存。"如是说来，清光绪年间拜将台还有迹可查。

小营村北是内军庄村，两个村紧紧相接，窑平路横亘中间，但是两村的房屋和土地犬牙交错，据小营村委会董兄介绍说，历史上内军庄南部村民户和小营村区域均称为小营村，几乎不分你我。窑平路大致就是志书中所说的东直门中路走向，也是清代皇帝东行的三条御道之一，慕容拜将台应在此路侧。根据《通县地名志》记载，内军庄明代已成村。因该地属内军的封地，居民姓氏多为赐姓，形成聚落后而得名。

近年来，也有文史爱好者考证，在小营村东和内军庄村东北场院，均发现过不少碎砖，当地老人们都叫瓦碴地，过去闹洪水几乎没怎么淹过。笔者查看过 1928 年民国测绘出版的《顺直水利委员会实测通县香河县地图》，图中标注的两村海拔高度都超过 26 米，为通州境内最高地区，而且两村和南部的大庞村、徐辛庄、双埠头呈条状北向南分布，地势相对都比较高，其西面为小中河、温榆河，其东侧紧邻中坝河（中坝河在 1939 年大水之前是潮白河主道），出土过很多汉墓，近两千年都是民居聚集地。1917 年京兆尹公署绘制的《北运河平面图》中也显示，潮白河两岸的堤坝几乎连续，只有在上述几个地势较高的村之间才没有修筑堤坝。

（二）

小营村和内军庄村距离通州城只有 10 公里，而距离现在的平谷城区超过 40 公里，为什么古人要舍近求远，在这么远的地方设立平谷县治？回溯历史，一定不能脱离时代背景，因此我们必须要回到 1600 多年前，了解后赵的历史和疆域。

后赵（319- 351）是一个短命的政权，为十六国时期的羯族人建，"共历七帝，享国三十三年"。自羯族首领石勒于西晋永嘉六年（312）占据襄国起，不断扩大疆域范围， 319 年，石勒称王，定襄国为都城，史称后赵。至太宁元年（349）继任者石虎死后，其诸子争位，此年冉闵篡位，石祇亦称帝，内外交迫下，至永兴三年（352）终至亡国。据顾祖禹《读史方舆纪要》卷三言："石赵盛时，其地南逾淮、汉，东滨于海，西至河西，北尽燕、代。"

当时的潞县（今通州、三河）、平谷均隶属于后赵统治下的幽州，州城就是现在的北京。幽州下属燕郡、渔阳郡、范阳郡三个郡，燕郡治蓟县，辖 6 县。分别是蓟县、安次、昌平、军都、广阳、泉州。渔阳郡治渔阳，辖 4 县，分别是安乐、潞县、雍奴、狐奴。此时的平谷，已经并入潞县。

后赵在北疆主要的敌人，早期是西晋幽州刺史王浚，其控制幽州、冀州广大地区。建兴二年（314）石勒消灭了王浚势力并占据幽州。随即"勒停蓟二日，焚浚宫殿，以故尚书燕国刘翰行幽州刺史，戍蓟，置守宰而还"（《资治通鉴》卷 89），后刘翰降段辽。赵王元年（319），鲜卑段辽部内部分裂，石勒乘机遣大将孔苌再攻幽州，重新取得幽州部分地区。《资治通鉴》卷 91 "孔苌攻幽州诸郡，悉取之"。

这时控制辽西和辽东的分别是鲜卑段辽部和鲜卑慕容皝（huàng）部，咸康三年（337），慕容皝建立燕国（337—370），为区别同期的慕容氏诸武宣帝慕容廆燕，历史学家把它称为前燕。其统治地区包括今天河北、山东、山西、河南、安徽、江苏、辽宁各地一部分。

建武四年（338）初，后赵石虎联合前燕慕容皝击败段辽，段辽弃都城令支（今河北迁安西）奔密云山。后赵的二郡又增北部之地。根据笔者的推断，平谷县应于此时重新恢复建置并将县城设立在小营、内军庄。

后来石虎的后赵和慕容儁的前燕多次作战，但是均没有什么大的得失。永兴元年（350），前燕趁着后赵内乱乘机南下，后赵失去安乐、北平，随即，前燕攻下范阳郡，此时，整个幽州的燕郡、渔阳郡、范阳郡均归于前燕。位于小营、内军庄的平谷县城北的慕容拜将台应是此时所筑。

从338年开始的108年间，虽然城头变幻大王旗，但是平谷县置均没有变化，直到446年，平谷再次被并入潞县。"北魏太平真君七年（446），省安乐、平谷二县入潞。"

（三）

后赵将平谷县城设立于宋庄镇小营、内军庄一带而不是老的平谷城，主要原因是旧址的人口骤减。前赵后赵开启了十六国比较灰暗的年代，由于连年战事不断，平谷老县城一带的人口或被迫迁移或死亡，人口骤减，十室九空甚至完全焚毁，在原地建置已经不可能，遂在潞县北设立新的平谷县城。

根据《中国人口发展史》，西晋实际人口为3500万人，其中北方地区2000多万，但在"西晋八王之乱"之后，人口急剧下降到400万。据《晋书》记载，石勒进据襄国后，随即充实这里的户口，石勒向襄国（其都城）迁民共10次，有明确户数者为5次，计60300余户；有明确人口数者3次，计22000人；无明确数字者2次。当时迁至襄国的人其中一部分来自冀、青、幽、并四州。幽州地区多方拉锯战，人口就变成了筹码，杀人是为了取胜，抢人是为了鱼肉。

据《渔阳故郡今何在》一文，历史上的平谷曾经多次因为人口大量减少而不能成县，被迫改成镇。甚至在唐代"安史之乱"平息后，渔阳郡难以恢复旧制，于是整体降格，平谷县被改为大王镇。直到明代"洪武十年，因平谷人口太少，省入三河。经过三年移民，于洪武十三年复置平谷县，以后再未更改。"

因各种原因人口减少，统治者为了降低管理成本，也只能合合并并，顺便说一下,通州潞县也有类似情况,清顺治十六年(1659),以潞阴"叠遭水患,民困徭役",并入通州,后省去阴字,称为潞县。

（四）

笔者在阅读多方查找的平谷县城建置沿革的相关文献和文章中感觉到,早期史料都是承认通州宋庄的这个历史建置的,但是近年来一些考证文章却选择了忽略,笔者认为主要是用"今天分析过去",缺乏对于那个时代历史地理背景的研究,感觉不可思议而导致,其实,宋庄现址具有那个时代无可比拟的区位优势。

首先,我们需要给大家普及一下当年周边的历史地理变迁。围绕这一块地域,如今分别是通州区、顺义区、河北省三河市和平谷区四地的范围,当年是古幽州的渔阳郡之大部。

在十六国时期,还没有"通州"这个地理名词,通州和三河市两地,那时是一个县——潞县,县城既不在如今的通州城,也不在古城村,而是在北运河往东15公里的通州和三河市交界的潮白河东岸上的西城子村,2003年版《通县志》载:东汉建武五年（29）潞县治所迁至西城子村,南北朝北齐年间（550—577）,潞县治所始从西城子村迁址到现在北京市通州镇的位置。《魏士地记》所谓"潞城西三十里有潞河",就是指这里。

北部的顺义地区有两个县,分别是通州西北方向的温榆河畔安乐县,通州东北方向鲍邱水畔狐奴县。这个方向往北就是燕山山脉的古北口,是防御北方游牧民族的重要前哨。

东北方向的平谷县故城在如今县城东北十里大北关、小北关一带。平谷县的区域特点,三面环山,只有西部和西南部一马平川。因此,从军事角度上说,像个口袋,如果从平原向平谷腹地进攻,瓮中捉鳖,易攻难守。2001年出版的《平谷县志》记载,公元25年,刘秀称帝,史称"东汉",他遣吴汉等10余将军率军追击尤来、大枪、五幡诸起义军于潞县东，又追至平谷决战，获胜后还军蓟城（今北京），遂平定河北。而北方的游牧民族想要内侵，这些山脉本身就是一个屏障，没有山口，只能小股部队翻山越岭深入，很难有大部队和军事装备进来，反而易守难攻。

而通州宋庄的小营、内军庄，恰恰在这个口袋袋口的中部区域，这个袋口相比较周边区域有三个巨大的优势：

一是此地是幽州城（北京城）到平谷腹地直线的正中央，古代有陆路古道直通，而且距离最短，平时人员流动便利，一旦平谷山区有敌人进犯，幽州城的大部队可以以最快的速度集结进攻，同时还可在此地获得物资补给。纵观汉代到明代上千年，平谷不是被合并到潞县，就是被合并到河北三河县，县址距离平谷腹地基本上和小营、内军庄差不多。因此，距离不是问题，战略位置才是关键。

二是滨河，是重要的物资集散地。汉晋时代的县城，基本上都滨河而置，此地紧邻沽水（白河）、潮河、温榆河，符合县城建设条件。笔者多次到两村探访，结合著名历史地理学家侯仁之所著《北京历史地图集》，认定北魏时期潮河、白河、温榆河均在此汇合，而后赵仅比北魏早100年，因此推测后赵时期，三条河一度曾在内军庄北汇合，那么，此地就变成了一个重要的军事物资基地，这里的物资，从南部的潞河运到此，又能够从此地出发，一方面运送到温榆河的安乐、昌平一带，另一方面运送到狐奴、密云古北口一带。而百年后这里的县城被撤销，也与河流变化有关，温榆河与白河汇合处下移到了通州镇北侧富豪村，白河与潮河汇合处，北移到顺义牛栏山附近。

三是此地与其他县城距离适当。其中，北距潞县县城（西城子）14公里，西北距离狐奴县城23公里，东北距离安乐县城21公里，既不过近，也不过远，还能形成相互犄角，互相依托的态势。

位于此地的平谷县城，最主要的功能有两个，一是作为县城，行使一个县的行政民事管理功能，调节纠纷，组织纳税，平谷历史上还是黄金、铁器的产地，保障对于这些重要战略资源的需求和控制。二是作为整个幽州地区的军事物资集散基地，发挥着"一个棋子一盘棋"的作用。

（五）

所谓形胜之地，古今如此，如今的小营村、内军庄，两侧京承铁路、通顺公路、东六环路、通怀公路贯通南北，温榆河、小中河迤西，中坝河、潮白河迤东，京秦高速公路，从小营村中经过，京平高速，从小营村、内军庄正北 2.4 公里处经过，水路和陆路交通便捷，区位优势愈加明显。

北京市的重大水利工程——规划建设中的温潮减河，连接温榆河和潮白河，是保护北京城市副中心的"通州堰"，就在内军庄村北侧，届时，1000 多年前的历史又将再现。

（王陆昕，中国文物学会会员，主任编辑，高级摄影师，新华出版社《通州纪事》著作者）

乡土风情

清代乾嘉年间通州温榆河治理

■ 陈喜波

明代温榆河与潮白河在通州城北关附近汇合，嘉靖《通州志略》中记载的"通州八景"中有一景为"二水会流"，即是潮白河和温榆河在此汇合的明证。到了清代中前期，温榆河和潮白河河道在通州城附近开始发生变化。在乾隆三十五年（1770），温榆河即有东摆趋势，按光绪《通州志》记载：

按白河、富河至州城东始合流。乾隆三十五年大水，州东北四五里马家庄后，西北东南横冲一渠，白河、富河相通，土人呼曰新河口[1]。

这次大水使得温榆河河水开始向东分流，但对下游通州城石坝漕运并未造成影响。但过了不久，乾隆三十八年（1773），温榆河再次发大水，通州城东北附近运河水道发生变化，并对漕粮运输产生较大影响。《光绪顺天府志》记载了这次水道变化：

通州北门外，旧有温榆河一道，贴近石坝楼前，为各省粮船起卸之所，迤东又有潮白河一道，即系北运河上游。惟温榆河上游，自乾隆三十八年山水涨发，河形东徙，与潮白河合流为一，下游遂致干涸，石坝起卸粮船，全藉工部税局以上所蓄倒漾之水，以济漕运[2]。

---

1 光绪《通州志》卷1《封域志·山川》。

2 《光绪顺天府志·河渠志十·河工六》。

光绪版《钦定户部漕运全书》也有相关记载：

温榆河故道，由果渠村东绕富河村，又折而西，湾环达石坝前南注，与潮白河合流归入北运河。乾隆三十八年，潮白河西徙，直占温榆河身。富河村之南，二水合而为一，遂不经由石坝[3]。

不过，上述两个记载并不相同。《光绪顺天府志》说乾隆三十八年温榆河向东改道，与潮白河合流，而《钦定户部漕运全书》则说潮白河向西摆动，侵入温榆河河道而汇流。到底哪条记载是对的呢？本文认为，第二个记载是错的，理由如下：首先，明代潮白河从顺义县流入通州境，经平家疃、大庞村、沟渠庄、双埠头、疃里、焦王庄至今北关闸与温榆河汇合。而温榆河自葛渠、尹各庄、富河村、北马庄、邓家窑、马厂、皇木厂至北关闸与潮白河合流。若潮白河西徙，当越过富河村继续向西流才能侵占温榆河河道合流。其次，从石坝前旧有温榆河河道因水无来源而干涸来看，显然是温榆河改道东流才会导致下游无水影响漕运。

可见，乾隆三十八年当温榆河大水产生了两个后果。第一个就是温榆河在石坝以上改道东徙，导致温榆河来水阻断，进而影响了通州土石二坝码头的漕粮转卸事务。第二个就是潮白河和温榆河的汇合点自通州北关南移，其新汇合点在通州城东南的东岳庙（今上营大桥以西）以南。光绪《通州志》记载："北运河上游系潮白、温榆河，温榆水清，单行经过石坝，至东岳庙以南方与潮白会流，归北运河"[4]。道光年间《转漕日记》也有相关记录："（道光十七年三月）二十二日卯刻行，河水浅滞，粮艘云集，乘隙而进，午后抵通州，泊东岳庙前。………东岳庙前有支河一道，即温榆水也。各省漕粮，挽运抵通，由坐粮厅监督验收，转运京仓。设仓场侍郎二员董其事"[5]。潮白河和温榆河汇合自乾隆年间合流一直维持在杨坨村西。由于石坝以上温榆河旧道水源断绝，而石坝以下的温榆河来水仅由通惠河一支补充，水势相比以前大为削弱。

3　光绪《钦定户部漕运全书》卷45《漕运河道·挑浚事例》。

4　光绪《通州志》卷1《封域志·山川》。

5　（清）李钧：《转漕日记》卷3，《续修四库全书》第559册史部传记类。第789页。

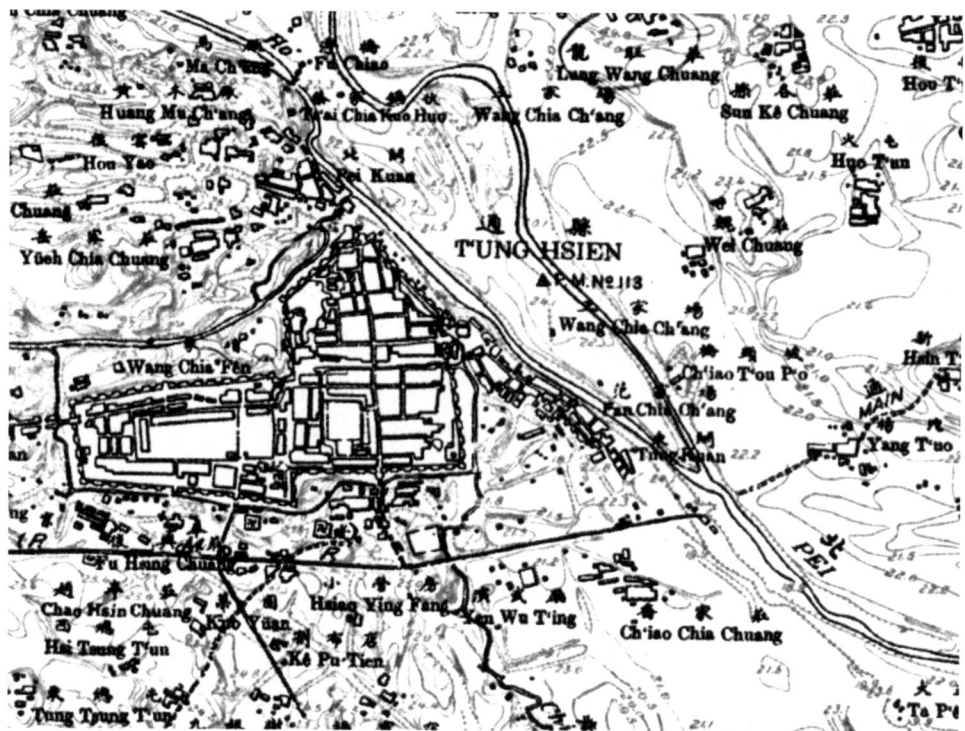

乾隆三十八年（1773）后潮白河河道东移后的水系图
（资料来源：1928 年出版的顺直水利委员会实测的《顺直地形图通县—香河县》图幅。）

　　乾隆三十八年之后温榆河改道东流造成运河在
通州城东分成两股东流，流经土石二坝的温榆河下
游因河流改道而水无来源，仅依靠通惠河一河之水
难以浮送漕粮，并且受到潮白河的顶托，该河段水
流下泄不畅，造成泥沙淤积，影响航运。该段河道
虽然屡经疏挖，但淤浅问题依旧难以解决，如嘉庆
十一年曾经挑挖新河，但不久河道又出现泥沙淤塞。
为了彻底解决这一问题，朝臣会议提出开挖运河的
建议：

　　直隶总督、仓场侍郎等会议，若在潮白、温榆
合流之下游挑挖，不过引灌倒漾之水，势缓力弱，
惟有开榆河上游，可复抵坝旧规。随逐段查勘，自

西浮桥至马家庄地方，尚有温榆河旧形，再为溯寻上游，至果渠村地方，水势甚旺，请由果渠村开河一道，将东趋富河村建筑草坝，并加土戗，俾温榆河水自单行下注而达石坝。统计开新挖旧，约计工价银五万六千余两，于部库内请拨。如此则清水仍行故道，上游水势劲利，淤沙无自停留，石坝前亦无从淤塞，军拨船只俱可复抵坝旧规[6]。

本次会商拟定于果渠村（今葛渠村）开新河一道，建筑草坝一座堵住东流之水，使温榆河单行下注，抵达石坝，增加土石二坝前河道水量，改善泥沙淤积，以利漕粮运输转卸。

嘉庆十二年，直隶总督温承惠奏勘估挑挖温榆河上游一摺，并附工程绘图。嘉庆帝非常重视，作出指示："该处河流为漕运攸关，自应亟为疏浚，但必须先用水平详晰测量高下，俾得有建瓴之象，庶一经挑空深通，不致复有倒漾等弊。兹阅所绘图内，由果渠村至马家庄一带直抵石坝，形势虽属顺利，惟石坝以下流水沟一带汇归正河之处，其地势恐形高仰，若新挑之河到此不能畅注直下，是徒费帑工，仍无实济，此亦不可不虑"[7]。于是，嘉庆皇帝传谕温承惠委派熟悉河务官员，会同原来堪估河道之员，详细踏勘，务求一劳永逸解决问题。温承惠主持测量温榆河地形高下情形，并估挑石坝以下工程，"自石坝流水沟一带频年淤塞，量加挑展，俾资畅注，估需土方公料银一万二千余两，于部库内如数拨给。"[8]

嘉庆十三年七月，温榆河下游治理工程开始进行，修筑果渠村草坝、土堤。温承惠奏："温榆河果渠村一带漫口，现据查明，拟将两岸沙滩全行挑挖，另建草坝一道，于坝后添筑戗堤，草坝以东接筑土堤，以防盛涨。又挑河头淤涨二处，河身工段，约估需银一万九千八百七十余两。允之。坝东西堤长四百三十五丈，南堤二百四十丈，挑河逼流南趋，直

6　光绪《钦定户部漕运全书》卷45《漕运河道·挑浚事例》。

7　《清仁宗实录》卷186，嘉庆十二年十月丙戌。

8　光绪《钦定户部漕运全书》卷45《漕运河道·挑浚事例》。

达石坝楼。"[9] 嘉庆十四年，"果渠村新建坝工间有平蛰，如遇伏秋大汛，温榆河水势盛涨，难以抵御。嘉庆十四年奏准乘春融之际，将坝堰加倍修筑，于伏秋大汛前完竣。"[10] 据光绪《钦定户部漕运全书》载录嘉庆十五年的奏章记载："温榆河上游果渠村一带堤坝各工于漕运最关紧要，该处地当山水之冲，工程新建，必须随时相机修治，以期永资捍御"[11]。依据上述文献记载可知，温榆河自葛渠村至石坝河道改造工程当于嘉庆十三年完工，光绪十四年春加筑培修堤坝。今天温榆河河道从葛渠村经尹各庄、北马庄直接抵达通州石坝码头遗址处，显然这条河道就是嘉庆年间改造的结果。

（陈喜波，北京联合大学北京学研究所教授，通州区政协特邀文史委员）

---

9 《光绪顺天府志·河渠志十·河工六》。

10 光绪《钦定户部漕运全书》卷45《漕运河道·挑浚事例》。

11 光绪《钦定户部漕运全书》卷45《漕运河道·挑浚事例》。

潮白河变迁与中坝河的由来

■ 陈喜波

中坝河是小中河的一条支流，该河北起顺义县界，接潮白河引水渠后南流进入宋庄镇域，经大庞村、丛林庄，在通州城北西刘庄闸北汇入小中河。历史上，中坝河是潮白河故道，1939 年以前潮白河水经中坝河入北运河。1939 年潮白河大水，河水暴涨，冲毁顺义苏庄村东的十八孔大铁闸，主流夺箭杆河道南下，而苏庄以下潮白河原河道则终年干涸。中华人民共和国成立以后，在潮白河故道上进行水利治理，在此基础上形成今日的中坝河。

一、元代及早期的潮白河

潮白河含沙量大，河床不稳，历史上就在京东平原上来回摆动，因此民间有"自由自在潮白河"的说法。潮白河是由其上游的潮河和白河汇流而后形成，根据《水经注》记载，约在两汉时期，潮河和白河并没有合流，而是分别入海，均流经潞县，因此当时有东潞水和西潞水的称呼。北魏时，这两条河开始在潞县合流，但其汇流点在不同的历史时期有不同的变化，约在五代时期，潮河和白河在牛栏山附近汇合，自牛栏山以下潮白河流至通州城北关与温榆河汇合，当时潮白河也称作潞水。金代海陵王迁都燕京，利用潞水漕运，潮白河是主要的运道。元代，通州附近的潮白河河道在文献上有了记载。《元史·河渠志》记载，至元三十年（1293）九月，漕司进言："通州运粮河全仰白、榆、浑三河之水，合流名曰潞河，舟楫之行有年矣。今岁新开闸河，分引浑、榆二河上源之水，故自李二寺至通州三十余里，河道浅涩。今春夏天旱，有止深二尺处，粮船不通，改用小料船搬载，淹延岁月，致亏粮数。先是，都水监相视白河，自东岸吴家庄前，就大河西南，斜开小河二里许，引榆河合流至深沟坝下，以通漕舟。今丈量，自深沟、榆河上湾，至吴家庄龙王庙前白河，西南至坝河八百步。及巡视，知榆河上源筑闭，其水尽趋通惠河，止有白佛、灵沟、一子母三小河水入榆河，泉脉微，不能胜舟。拟自吴家庄就龙王庙前闭白河，于西南开小渠，引水自坝河上湾入榆河，庶可漕运。"按《元史》记载，吴家庄位于白河东岸，庄前有龙王庙。今焦王庄东有龙旺庄，龙旺庄村即位于沙龙东南附近，该村名的来历当为龙王庄，龙王庄显然是因为龙王庙而得名，也就是说，龙旺庄是龙王庄地名的讹误。根据民国《通县编纂省志材料》记载，在通州小潞邑一带，有沙龙一道，"沙龙，一在县东五里小潞邑、焦王庄、耿各庄外，有沙陀数道，约长四里，宽二里。一在县东南三十余里，曹庄西口，有沙坨数道，约长三里，宽亦如之。每当朔风起时，沙飞如龙，所以土人以沙龙呼之。"小潞邑附近的沙龙应为潮白河早期河道，河流改道后形成沙坨。小潞邑村西有一个苏坨村，显然是依据地貌而得名，坐落于古河道上。按吴家庄在清代志书及古地图上均无踪迹，但龙王庙提供了一个非常有用的信息。结合龙旺庄村西的古河道，民国文献所记载的"沙龙"，还有龙旺庄村的来历，可知元代白河河道在小潞邑、焦王庄、耿各庄、苏坨、王家场一线，龙旺庄恰好位于河东，应是元代的吴家庄。

二、明代潮河川运道

明代潮白河曾经用于漕运，称作潮河川运道。明中期以后，塞外蒙古日益崛起，对明朝形成威胁，曾多次突破长城袭扰京畿。自嘉靖二十九年蒙古俺达汗入塞侵犯北京之后，明廷加强了长城沿线的防卫，遂设蓟辽总督，嘉靖三十三年（1554）移驻密云。作为军事重地，密云一带兵将屯结，卫所众多，每年供应漕粮有十多万石，需要输送至边境各军卫所在之处，当时，密云及长城一带广设军粮仓，密云城中有龙庆仓，古北口城中有古北口仓，大水谷有广积仓，贾家集有广有仓，石头岭有广盈仓，白马关有广丰仓，墙子岭有广储仓。明嘉靖三十四年以前，白河并未经今密云县城西南流，而是从马头山西经龚庄子、河北村南西流，进入怀柔县境，至顺义县牛栏山与潮河汇合后南流。潮河自古北口入境，流经密云城南，又西南流至顺义县北的牛栏山汇入白河。自牛栏山以下至通州为潮白河，漕粮可循潮白河上溯至牛栏山，再陆路转运至密云龙庆仓。嘉靖三十四年（1555），总督蓟辽保定军务都御史杨博上疏奏请新开密云白河，以便水运漕粮。这次开河工程，使白河改道，东流至密云城西，再南流与潮河汇合，但没有达到利用河水输送漕粮的目的。嘉靖四十三年（1564），因漕粮均由通州陆运至牛栏山，转运到密云，十分辛苦，密云总督刘焘疏请疏浚潮白河，得到批准。于是，总督刘焘征发军士疏通潮河川水，一直抵达通州，通过小船运输漕粮可以直抵密云，十分便利，且大大节省了运费。然而，没有过多久，潮白河复淤浅，通漕不便。明隆庆六年（1572）二月，密云总督侍郎刘应节提出遏潮壮白的建议，拟疏通牛栏山以上至密云城的河段，以利于漕运，朝廷批准其建议。于是，明廷阻遏向西南流的潮河，迫使河道在孤山西折，在密云城西南河漕村与白河相汇。二水合流增加了河流水势，漕船可以直行到密云城下。

三、清代潮白河治理

清代北运河及其支流水系包括温榆河、潮白河等河道均呈现出向东摆动的趋势，光绪《通州志》曾记载："白河向有东决之患"，说的就是这种情况。乾隆年间，潮白河与温榆河汇合点从北关南移至杨坨村西一点，潮白河即标出向东摆动的态势。道光年间，潮白河通州平家疃一带开始向东决口泛溢。道光七年（1827），潮白河在北寺庄一带决口，据《光绪顺天府志》记载，道光八年（1828）正月，直隶总督屠之申上奏说："潮白河上游北寺庄地方，上年伏秋汛涨，新刷岔河，亟应建坝砌滩，使入北运正河，堪估银二千七百五十一两零，请于通永道库河滩地租项下动支"，朝廷批准其建议。道光八年，清廷开始修建北寺庄坝，堵筑岔河，使河水重新回归原河道。潮白河是北运河最重要的航运用水来源，一旦决口东流，北运河航运用水势必大为减少，会对漕运产生极大的负面影响。为了漕运的需要，清政府一直进行大力治理，堵塞决口，极力避免潮白河东流，使全河汇归北运河。咸丰三年（1853）北寺庄决口就对漕运产生影响，这一年秋天，北运河上游北寺庄地方河堤被洪水冲开，河水旁泄，而当时海运漕粮即将抵达天津，北运河水少不能漕运，因此朝臣建议清廷迅速堵闭缺口，以利于运输漕粮。同治十二年（1873），潮白河在北寺庄附近溃决东注，清廷很快修复河道。同治十三年（1874），白河在此决口，东趋滈滈河。直隶总督李鸿章命人修筑长堤，北至顺义县安里村，南至通州北寺庄，又筑护堤一道，北至安里村，南至平家疃。另在金门口大坝北侧建龙王庙一座，当地人称小神庙，其遗址在平家疃村南。李鸿章所筑潮白河大堤在民国顺直水利委员会1928年的测绘地图上可见到平家疃、北寺庄的潮白河大堤，今平家疃村西尚有西大堤遗迹，现状为一条道路。光绪十三年（1887），潮白河在北寺庄再次决口，李鸿章派员修筑北寺庄坝，使全河复归北运故道。虽然平家疃、北寺庄修筑了大堤，但此处依然发生决口，光绪二十年（1894），北运河平家疃等处决口，波及通州、香河、武清及下游之宝坻等处二三百村庄，不能耕种。光绪末期，潮白河决口点从平家疃一带上移到顺义县李遂一带。

四、潮白河改道与中坝河形成

光绪三十年（1904），潮白河由李遂店溃岸南流，经通县、香河、武清至宝坻，蓄成水泽，宝坻县三四百村遭受水灾，是为潮白河夺箭杆河南下之起始。潮白河在顺义苏庄村东北由东南向陡然向西拐弯，呈现尖角状，显然洪水暴涨时，大溜行进迅速，遇到此弯难以拐弯，势必直冲河堤，增加了河流在此决口的几率。另一方面，箭杆河河道向西北坍塌摆动，靠近潮白河大拐弯之处，又为潮白河决堤泛溢之水提供了泄洪通道。民国二年（1912），潮河暴涨，即由曲折处冲破堤埝，流入强强河。潮白河因河水流入强强河而干涸。由于箭杆河河槽本不甚大，加上河两岸没有堤防，潮白河水注入后，下游各县特别是宝坻县受水灾影响很大。潮白河在苏庄决口夺箭杆河河道南下，苏庄以下潮白河河道遂致干涸，无清水下注，以至于天津海河因上游来水水量减少，涮淤之力骤减，对海河航道影响巨大，危及帝国主义的利益。民国五年（1916），政府应外国使团要求，拨款三十万两，饬令海河工程局总工程师于决口处建一滚水坝，挽潮白河水入故道汇归北运河，但次年，潮白河大水，因滚水坝两旁堤岸因修筑未固，致使堤岸冲决，滚水坝遂被冲毁。

民国九年（1920），顺直水利委员会拨二百五十万之治河专款，召集会议，商讨治河办法。会议决定由该会派专门人员调查水量，测量地势。经过调查，决定由苏庄至平家疃开挖引河一道，引水入潮白河故道。按民国《顺义县志》所述，民国十年，顺直水利委员会聘请美国人治河专家肉斯，规划在苏庄北引河东口，建筑一操纵机关，由全河总流量三千六百立方公尺引入六百立方公尺，余由新白河东南流。根据《潮白河苏庄水闸之养护与管理》记载，苏庄水闸工程包括三个部分：

（1）开辟引河一道，长七公里，一端于苏庄附近接连箭杆河，一端于平家疃附近接连北运河旧槽。

（2）在苏庄新河口处建水闸，以操纵引入新河之水量，新河河槽定为宽四十六公尺，将来拟借流水冲刷之力自行展宽。

（3）在苏庄大铁闸西侧的潮白河旧河槽上建洩水闸一座，设闸门二十八，以为调整水量之用。民国《顺义县志》记载，潮白河从顺义县城东南流，在河南村南有两条故道，一个是白河北故道，"白河北故道，由河南村南向西南流，经临河南，王家场西，直至李家桥南经小临清东出竟（境）入通县"；另一个是白河南故道，"白河南故道，由王家场东南折而西流，经沙务、北河之北至李家桥东北入白河"。白河北故道，其流经时间不详，而南故道就是潮白河旧河槽。

顺直水利委员拟于民国十一年（1922）春季动工，后因战事延至第二年。民国十二年，在苏庄东北修筑大铁闸三十孔，闸板长二丈，高一丈六尺，升降以机，平时闭闸使水流尽入潮白河，水涨则启闸宣泄。另在大铁闸上建钢质大桥一座，长八十余丈。因该桥系外国人主持修建，故民间称之为洋桥。该工程历时五年，用款五百万元。

虽然民国政府屡次修筑闸坝，但是并未堵住潮白河向东溃决的趋势。民国十一年，潮潮河暴涨，西牛家甫全村被冲，河身西徙二三里，沿郝各庄直奔夫人庄，曲折南下。民国十三年，又由夫人庄向西南移徙，渐坍至小杨各庄。民国十八年及二十六年（1929-1937），小杨各庄坍去大半，直袭白庙。民国二十八年（1939），潮白河大水泛溢，白庙西南两面之良田变成沙漠。河身自白庙折而东南，广惠庵全行坍去，田辛庄又坍去少半，自田辛庄以下又西徙，沙坞及东堡冲毁地亩无算，自贾家疃至东仪、尹家河多成沙碛，尤以西集为最。在这次水灾中，苏庄大铁闸被冲毁，潮白河夺箭杆河南下的局面无可挽回，现代潮白河水系由此形成。

现代潮白河夺箭杆河以后，自苏庄以下的旧河道遂因上源无水而干涸。中华人民共和国成立后进行水利改造，于1958年在潮白河故道上修建徐辛庄水库，目的是引用怀柔水库的水灌溉徐辛庄、宋庄、胡各庄三个地区的农田。水库系利用原潮白河故道，北邻顺义，南至宋庄公社小堡村北1公里，南北长5.5公里，东西宽2公里。水库由于北高南低，于是在水库中央东西方向修一座大坝，把水库分为北库和南库，坝长1.5公里，称作中坝。1960年2月，因南库退水闸倒闸决口，中坝以南的南库作废，中坝北的北库仍然蓄水灌溉。中坝以下的河道便有了中坝河的称呼。由于常年蓄水，徐辛庄水库渗漏严重，库区周围地下水位上升，土地次生盐碱化，民房碱化，1961年水库被废除。1964年开挖潮白河引水渠，并沿原潮白河故道疏挖河道，引潮白河水于故道，形成了今日的中坝河。

依水而兴的村庄

■ 刘正刚

　　如果对宋庄镇域各村成村的历史阶段进行探究，可以析出这样一个规律，凡在元代和明初成村的村庄，基本都是依河傍水。而且，村内多具起伏不定的地势，这就是先民们在选择定居点时，近水而又避水的原始理念所致。近水为了日常生产、生活之需；避水是选择在沙垅土丘上营造居所，以防洪水侵袭。除明朝迁民、屯民的特殊性外，旧时一个村庄从流民散户到聚落成村，时间是相当漫长的。要是再深入探索，我们还会发现一个现象，如果村庄是以某姓氏命名成村，这个姓氏的老户一般都居住在村中最高位置，这就是民间所说的"某姓立村"。说明这个姓氏的家族来此较早，首先挑选村中高地定居。等村庄规模越来越大，再有投奔者到来时，也就依次在平地营造住所了。经过漫长的历史演变，这种状况现已经不为明显。因为"立村"的家族可能因人丁不旺而"绝户"；也可能早已迁徙他乡谋生。另外还有清朝入关时的"圈地"因素，导致现在村中找不到"立村"家族的影子了，就像邢各庄村没有邢姓，丁各庄村没有丁姓，吴各庄村没有吴姓一样。

　　镇域内最早成村的村庄，均依傍在四条最为古老的河流岸边。

　　白河（潮白河）入界后一个重要节点在大庞村。大庞村东原路北曾出土过唐代河北道怀州别驾高行晖墓志。根据墓志铭上铭文记载，大庞村在唐代就已经称为"庞村"，属当时高义乡的一个村。另外，在大庞村周边施工过程中，还发现过不少汉代砖墓，所以有的史学专家推测，大庞村极有可能在汉代就已成村，有的专家甚至把大庞村的成村历史大胆地推致到秦代，可见历史之悠久。而该村正是依傍着镇域内最古老的河流——白河。

平家疃是明朝万历年间（《通县地名志》记载）以平姓人家立户成村，与在它下游以韩姓立户成村的疃里一样，也是选择在白河（潮白河）东侧傍水而居。汉代出版的工具书《说文》里载："疃，禽兽所践处也。"后来的史书将"疃"字演绎为田舍旁空地或村庄一类的意义。"沽水入潞乱流"且经常改道，留下许多沟垅滩涂，形成大片河滩沙地，蒿草丛生，禽兽出没，先人在这样的地方立村垦荒，逐渐地被人们称为"疃"了，自然也就以先到的姓氏命名。有学者从平家疃村东南发现的唐代墓葬群推断，该村应在唐代就已成村，但目前没有其他出土文物或文字资料佐证。平姓人家首先在白河（潮白河）河滩上立村，所以也曾被当地人们习惯地称作"平滩"。

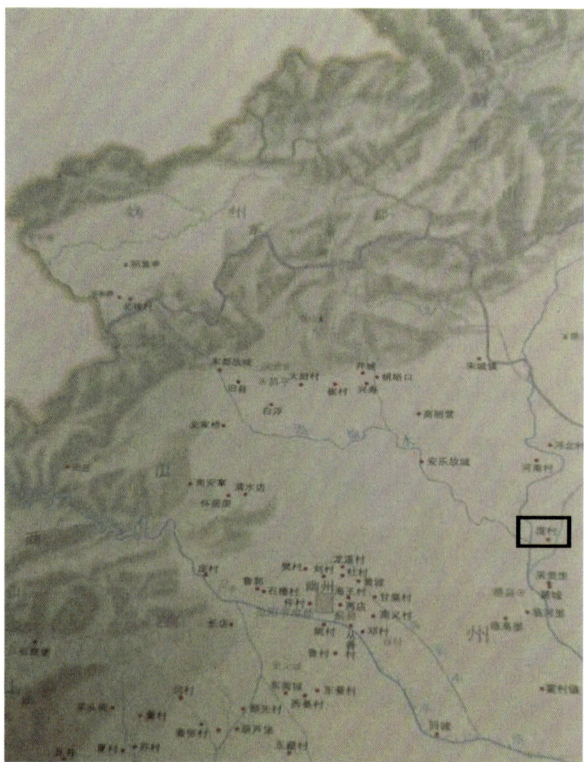

汉、唐时期村落图（右下角黑框中标注庞村）

历史上，经宋庄域内

的古驰（御）道有两条，其中路经平家疃的这一条被称为北路御道。这条古御道自朝阳区东坝入管头一带，然后又经北窑上至平家疃向东南蜿蜒。据史料记载，清代康熙皇帝在历次东陵祭祀往返途中，曾三次驻跸平家疃，欣赏河畔美景并且赋诗舒怀。

白河故道

正因为平家疃是北部来水进入镇界的第一门户，沾足了河流的灵光水气，所以一直"人气儿"很旺。从过去至现在，以村域面积之大和人口数量之多一直占踞着通州区第一，北京市第二的建置村地位。

疃里，明代则以韩姓人家首先在河滩上垦荒屯田，立村居住得名，历史上曾称为韩家疃。这个村其实很大，但富态怕和肥胖比，清代时因村域面积、居住人口比位于他上游的平家疃小，被称作"小疃"，这在清代史料里已经得到印证。韩家疃在历史上曾一度作过"里"级农村基层管理组织所在地，应该全称"韩家疃里"，可能因为绕口，后逐渐简化为疃里被叫开。有专家根据疃里村在旧村改造时出土的战国时期印花空心砖残块分析，推测该村成村年代应该在战国时期。当然，这只是一种推测，目前还没有其他更为有力的史料或出土文物能够证实。

小堡，也算是与白河（潮白河）邻近的村落，曾出土过汉代墓葬群。据史学者考证，在明代就已经有这个村名，但小堡成村的历史应该早于明代，只是无文字记载。最先在这里生活的是当地土民。明代初期，由于这一带因河水乱流冲出大片滩涂，故有迁民到此屯垦，与土民混居一处。为防止河水泛滥冲毁村庄，保护房舍和财物，先民便在聚落周围夯土为墙，四周留有人、车通道。远处望去，土围墙像一座小城堡，取"垒土成堡"之义，因而称作"小堡"。"堡"本该读作 bǎo，但因旧时驿站的"铺"惯于写作"堡"，如潞城镇的东堡、西堡、堡辛庄，就是因历史上设过"邮铺"而得名。逐渐成俗，人们就将"堡"读作 pù 了。所以，关于该村村名来历的另外一个版本，说"小堡"的得名，是历史上由于村里某姓人家开过"小铺（小卖部）"演变而来，应属以"音"生义的坊间杜撰。

紧依白河（潮白河）而居的还有双埠头、沟渠庄。双埠头元代成村，这是一个充满南方水乡味道、在北方极为少有的村名。为什么得以这样一个村名呢？因为在远古时期，西沽水（现小中河作为遗迹）和东沽水（现潮白河故道是其遗迹）在这个村的西、东两侧向南流经。金、元两代开始，有从运河北端码头向顺义、昌平、怀柔、密云运送南方货物的商船，回来时再把这几个地区的山货特产运抵通州后向各地分流，都要走这两条河。所以在村两边河岸设有商业

潮白河故道

码头，日久便逐渐成为南北货物汇融的一个小型集散地。另外，当时的货运船家多为南方人，习惯于把南方人对河流码头的称谓带到这里，因此得名双埠头。

沟渠庄成村要比双埠头晚得多，应是明代迁民所建的村庄。建村时附近密布"沽水入潞乱流"时冲击留下的沟渠遗存而得名。

富豪，这个磅礴响亮、充满贵族气息的村名在全国村名中也属罕见。富豪金代成村，它的来历与演变也正是因为流经在它外侧的温榆河。温榆河流入通州境内后，历史上一度称为"富河"。朝廷曾以此河为北部长城戍边将士驳运漕粮和军需物资，明代以后又承担为十三陵守陵官兵运输给养功能，由于漕运从而促进了两岸村庄经济发展。富豪村旧时曾被称为"富河村""富濠村"，可见是傍水成村的典型代表。由于谐音所致，明代中晚期已经写成"富豪"了。20 世纪 70 年代，在富豪村北平除双立祖坟岗时，曾出土过战国时期青铜剑和一些陶器，可见该村成村之久远。

葛渠也是依温榆河而得名。元朝入主北京以后，元世祖"至元"年间曾发起过"迁民屯田"运动。葛姓迁民来到这里屯田垦种，并在温榆河向南转弯的河道旁边建居落脚，同时被授予负责此段河道的管理守护责任。过去，"河"与"渠"义同，所以后来人们就把姓氏与河道联系一起称作"葛家渠"，又逐渐简化为葛渠，史料记载明代初聚落成村。

草寺是夹在温榆河与潮白河之间成的村，它西侧紧邻的是域内另一条古老河流——小中河。这条河流西汉时称为"西沽"，是"沽水入潞乱流"形成的一条主要支流。唐代以后，这条支流与沽水逐渐分离，水流量大减，河床开始变窄。由于这一带地势低洼，到雨季河水泛滥，荒草连天。明初，大将军徐达、副将军常遇春统领军队攻克元大都和通州后，元朝权贵都逃到关外。但大都城内和在郊区散居的部分蒙古人，已经在此近百年并且习惯了当地生活，不想再回到漠北草原游牧，于是纷纷降明，被安置在大都郊区屯住，还有不少蒙兵被征进明朝官军队伍。当时，有改为焦姓的蒙古族人来到此地，在洼地旁建房居住，被称为百草洼。为求神避水，来此的居民在村西头建一座小庙，名叫草洼寺。由于村中焦姓家族有人在朝中为官，因战功卓著被封东宁伯，得势后对本村庙宇进行改建、扩建，草洼寺香火越来越盛、名声越来越大，到清代简称为草寺。

回到镇域东部河流。上面说过，潮河在古时与白河最后一次在密云会流后，顺义牛栏山以南的原潮河河道被另一条小河——淢淢河取代，留下大片湿地滩涂。枯水期时，淢淢河河床狭窄，水微流缓，从滩涂沟壑中逶迤南去，素有"逍遥自在河"之说。但是到雨季它要发起脾气来，可就一点不乖了，甚至会暴露出一副狰狞面目。每到夏汛，由于随时承受着北部上游汇集的来水和潮白河的决口抢道，淢淢河会变得水流无常，倔犟肆虐，直泻百里。因为"犟"字与"淢"谐音，所以这条河被称作淢淢河。又因南北地势落差极大，洪峰来时流速疾快，还有"箭杆河"的别名。

俗话说：一方水土养一方人。正因为淢淢河水流无常，冲击出大片滩涂。两岸先民为固岸护坡，防止水土流失，祖祖辈辈都在滩涂上栽植河柳、荆棘。同时，也找到如何有效开发利用这些本土资源以求生存的办法——柳编、荆编、捕鱼。在宋庄镇域东南部流传着一首极为久远的民谣："北刘庄的笊篱，枣林庄的筐。白庙的柳罐

湿地滩

不露汤。邢各庄的爆竹赛鸟枪，师姑庄出了一伙打渔郎（以捕潞鲤盛名）"。可见，在这五种当地有名物产中，其中四种都与潢潢河关联。民国三十年（1941）编纂的《（民国）通县志要》，对镇域内这几种特产均有详细记述。

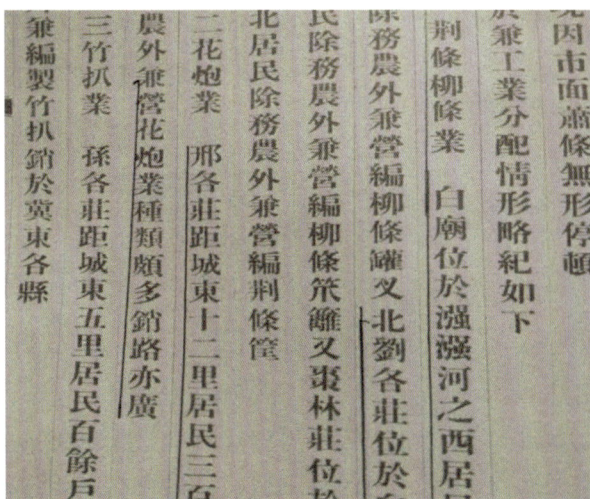

依傍潢潢河成村的从北起有港北、高各庄、郝各庄、小杨各庄、白庙、北刘各庄、摇不动、沙窝（自然村）、师姑庄。港北成村于元代，可说是历史悠久。这个村名说起来很有意思，路牌标识注音、公交车报站、外来人口称呼时发音一概为港（gǎng）北，而在本土尚具一定年龄的人发音多为港（jiāng）北，查阅好几部不同的字典、辞典，里面都是 gǎng 而并无 jiāng 读音，那么本土人这个 jiāng 发音到底是怎么个来历呢？地名志中诠释为因依附港口北侧成村而得名，但有的学者观点和这个诠释却截然不同。

史学者认为，"港"是"水派"之义，即河流的派系。古时，白河（沽水）进入潞县（通县）后乱流。正是因为该地区土质松软而水势汹涌两个共同因素所致，沽水"乱流"之后会留下许多河道遗迹，在港北村南就有一道河沟，属潮白河支流派系，位于河沟之北而名之为"港北"。"港"释为"水分流"之义，也可释作为"沟"。此条河沟不是潮白河主

《（民国）通县志要》对镇域特产记述

流河道，从未用作漕运也没设过港口，所以称之为"港"让人感到牵强附会。后来，终于在通州文史、文物专家周良先生的著述中得到意外发现，原来，"港"字在古代汉语发音中，有 jiǎng 读音，义为狭窄的川谷。如果把这个读音与沽水乱流冲刷出深深沟壑联系起来，应该说发音和地境、地貌是融会贯通的。只是因为岁月过于久远，jiāng 的发音稍有跑偏而已。

白庙也是元代成村，是历史悠久的村落之一，因村子附近曾建有一座白马关帝庙而得名。旧时通州建有关帝庙一百五十四座，但只有两处关帝庙内的塑马是白马，一处在通州城里北街附近；另一处就在白庙，所以世人习惯于把塑马为白色的关帝庙称之为"白马关帝庙"。

关帝庙为什么不塑赤兔而塑白马呢？官方正史对此没有权威注解，围绕这个疑问，有一个流传甚广的民间传说。据说明成祖朱棣当年亲征蒙古时，

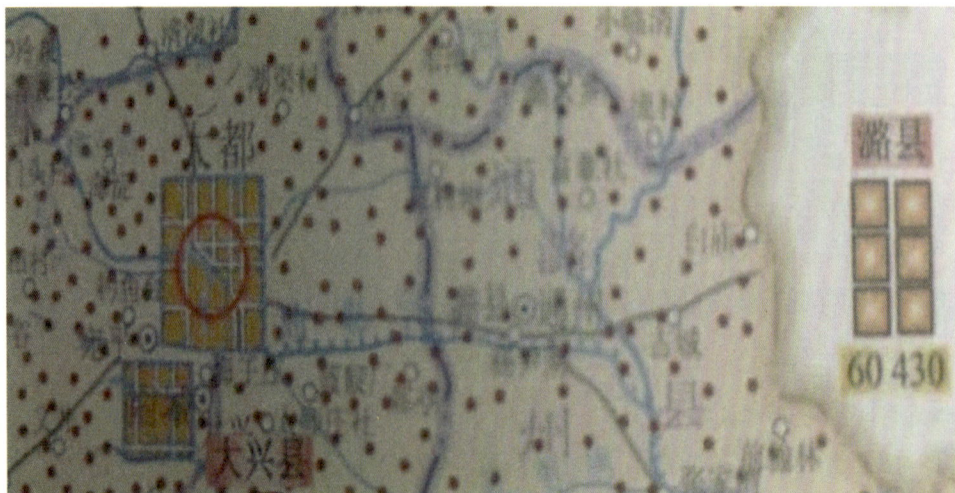

元代地图（左侧红圈部分为元大都，右侧黑框标注白庙）

看见在大军冲杀时带起的沙尘迷土中，有一员将领率先冲锋，十分勇猛，所向披靡。他的大刀、战袍、面色、长髯，都是关羽特征，唯独胯下的马却是白色。与此同时，北京城里传闻有一匹白马，每天清晨出来立在庙院内，气喘吁吁，汗流浃背，当朱棣班师回朝时就不见了。有人说这匹白马就是关公助战时所骑的那匹马，朱棣闻之大喜，于是降旨崇祀关羽。此后，据此传说，关帝庙里就有了塑白马的先例。

那么这座神奇的白马关帝庙为何建在这里，又有什么来历、出处呢？据传，明太祖朱元璋长子死后，按照封建皇统礼制，皇位传给了嫡长孙，即"建文"皇帝朱允炆。然而朱元璋第四子燕王朱棣，镇守北方军事重镇北平（今北京），不但文武双全，深谋远略，且又兵强将勇，实力雄厚，威慑着中央政权。朱允炆听取了顾命大臣、兵部尚书齐泰和太常卿、翰林学士黄子澄的主张，先后废削五个藩王。侄子当上皇帝，朱棣本来就心存不服，眼看自己也难免成为城门池鱼，一气之下，便以朱元璋在位时恐重臣篡权，在立《皇祖明训》中所定："朝无正臣，内有奸逆，必举兵诛讨，以清君侧"为由，在"建文"元年七月（1399），乘机起兵，克取通州，欲以讨伐奸臣齐泰、黄子澄名义，争夺皇位。朱棣称此次起兵为"靖难"，所以史称"靖难之役"。

朱棣起兵之后，"建文"皇帝朱允炆急忙派遣大将军李景隆，从南京率领大军北伐。"建文"二年九月（1400），朱棣装作胆怯弃逃辽东迷惑李景隆。当他率军穿过通州州城，到达今白庙村至三河县孤山一线时，突然转兵循运河南下，直取沧州，首先切断李景隆讨伐大军南来粮草，然后从背后出击，李景隆大败被俘。朱棣从而一路向南推进，到"建文"四年（1402）攻取南京，夺得皇位，立年号"永乐"，后改庙号为"成祖"。一些权臣部下为让"永乐"皇帝朱棣开心顺意，于是选址在当年朱棣出兵时战局转折之处，结合"白马助战"的神奇传说，建一座白马关帝庙。

上言朱棣为争夺皇位起兵发动"靖难之役"是真实历史事件，但说修建这座白马关帝庙是奉迎"永乐"皇帝开心顺意，您就别完全相信了。

因为至少在元代，白马关帝庙就已经存在，这里有以元代地图为底图标注的元代及元代以前寺庙分布图为证。

如果时光倒退到 1939 年以前，白庙村可不是现在这个位置，而是紧邻三河县枣林庄西南，东依湿湿河。前面提到过，民国二十八（1939）年农历六月，潮白河在顺义苏庄决口，争抢湿湿河河道，一夜之间，白庙村北部三条主街的民宅就坍进河水中。该村在周边一带颇俱名声的富户"楼儿上张家"所有建筑物均遭此劫，毁之无存。不仅如此，坐落在白庙村东南，有236 年历史的"广惠庵（俗称娘娘庙）"也在此次河流改道中未能幸免，倾于洪峰。

这次洪水退却之后，白庙村失去住所的村民少部分投亲靠友，流落他乡，大部分又在村西南另建住所，使村子整体向西南推移约 1 公里之多。现在距"运河苑"度假村正门往北不远处，就有一个巨大的肘形河湾，即是潮白河几次洪水冲击的"杰作"。直至 1958 年修建密云水库以后，潮白河水患才得到有效遏制，两岸人民得以安心地生产、生活。

旧时，白庙村村民除农耕以外，部分家庭从事柳编业，该村的柳编产品以从砖井中提水的柳罐享有盛名。另有一些家庭奉

元代寺庙分布图（图中右侧边缘所标注着处于现白庙村北的"白马关帝庙"庙址）

濒水人家（文献资料）

柳罐（档案资料）

行的还是靠水吃水，以操持"摆渡"为业，以此谋求生存。

北刘各庄、摇不动、沙窝、师姑庄都是依傍潴潴河成村。北刘各庄村民过去除农耕外，和白庙村一样，也有部分家庭从事柳编业。该村的柳编产品则以笊篱在周边地区赢得良好声誉，有以上民谣为证。关于这首在宋庄地区广泛流传的民谣，其实还有另外一个版本，即"白庙的柳罐，枣林庄的筐，北刘庄的笊篱不漏汤，邢各庄的爆竹赛鸟枪，师姑庄出了伙打渔郎"。据说当地人在传唱中曾被外来人提出质疑：笊篱要是不漏汤不就成马勺了吗？可能有文人墨客对此稍加改动，变成"北刘庄的笊篱，枣林庄的筐，白庙的柳罐不漏汤，邢各庄的爆竹赛鸟枪，师姑庄出了伙打渔郎。"时间一长，两个版本都在民间流传开来，至于哪个版本更为经典，也只有您自己去用心体会了。

摇不动，这在外界听来真是一个稀奇古怪的村名，让人困惑不解。据说20世纪80年代该村村办企业一名司机开车进城送货，被交警例行拦截盘查，问是哪个单位的。司机如实回答，交警认为受到戏弄，大为恼火，最后还是司机耐心解释并拿出其他证明，才消除误解。摇不动这个村名与宋庄镇所有立村成名的规律都不相合，它究竟是怎么来的呢？有的志料记载为最早的先民因集中在河堤高地上居住，远处看去像一座圆形土窑因此而得名，并且还相伴着一个动人的民间传说。

很早以前，从远方流浪过来一户姚姓人家。一对夫妇带着三个孩子，最小的是个十几岁的姑娘。他们沿着潺潺河走到一个前不着村，后不着店的高坨子上。小姑娘累得哇哇直哭，她大哥就对爹爹说："这高坨都是好土，东边又是河，老要饭活着也不是办法，咱们还是在这里重操旧业，烧窑吧"。爹爹思量了一下，便落了脚儿。姚家在这里拍了口小土窑，开始打坯子烧砖。

河边打鱼的人看到有拍土窑烧砖的，就一传十，十传百的传开了，纷纷送来粮食定购青砖。用砖建制的房屋，更能防范涨水时的冲击。姚家的砖一窑一窑的被别人换走，自己住的地方却是很简陋，感动了许多当地人。不过爱算计老实人的人什么时候都有。一天，几个道貌岸然的人拉走了姚家的砖，说过些日子给送些羊来，但一年都没有露面。姚父吃了个哑吧亏，心里不是滋味又加上烟薰火燎劳累过度，最后咳血死去了。没过两年姚母也病死了。姑娘的两个哥哥心中不平，按亏欠砖资之人留下的住址、姓名四处寻找。最后不但钱没找回来，人也渺无音讯。姚家只剩下了姚姑娘。

这一天狂风骤起，大雨倾盆。姚姑娘正在窑洞里心烦，忽见十几口人涌进了窑洞。姚姑娘问明情况，原来他们都是流浪过来的，就热心地邀请他们留下来避雨。这时外边的雨更大了，雨过之后，河水涨出河槽，而窑这边竟一点水也没上来。

刚流浪过来的这五户人家，一户姓马，一户姓牛，一户姓李，两户姓樊。他们几家子觉得这块地方依河傍水，又有高地避险，就支起窝棚定居下来，开荒种地收下的粮食也分给姚姑娘一些。姚姑娘老是让人家养活自己很是过意不去，一天就对马大哥说："我有两个哥哥出走多年也无个音讯，我想寻找他们去，让他们回来接着烧窑，好让你们都盖上新房。"众人一听十分感动，凑上一笔盘缠，送姚姑娘上了路。

两年过去了，可姚姑娘一直没有回来。据说她最终没能找到哥哥，再也无心回家，就在段甲岭姑子庙修行成仙。但心里一直惦记着那五户人家和自己许下的承诺。

以后，潮潮河还是经常发大水，沿岸不知有多少村庄被河水冲垮。可是每次的大水流到姚姑娘住过的窑洞旁始终绕道而去。一个有心计的人开始关注这件事情了，大水为什么不淹这个地方？当又一次涨大水时，这个人忽然听到水里有人说话："到了窑姑洞啦，绕开走。"那个人把这消息传了出去，新来的几家人觉得很神奇，干脆就给这地方起名叫"窑姑洞"吧。多少年过去，也就慢慢演化为今天的"摇不动"了。

这个动人的传说在宋庄本土早已深入人心，对摇不动这个村名的来历深信不疑。许多和今天相距遥远的历史遗存或历史事件，在缺乏史料记载与实物的佐证下，人们就往往喜欢用编纂传说的方式，来表述内心的某种情愿。文史学家、北京物资学院教授陈喜波先生的最新研究成果表明，在久远时代，现北刘各庄与摇不动附近设有与蓟襄古道相连，东跨鲍邱水的古渡口，一姚姓人家世袭在此摆渡，该地段遂被唤为"姚家渡"。在古汉语中，"家"与"姑"字同音，所以有人聚落后由于发音的差异便被称为"姚姑渡"。随着历史的发展变化，蓟襄古道渐失功能而废弃，"姚姑渡"也就演化为今天的摇不动。

沙窝，现作为师姑庄行政村辖下一个自然村，从清代到民国期间的史料中，沙窝村一直被称为"沙务"。明代山东郑姓最先到此，看上了潮潮河边大片滩涂沙地，垦荒屯田，后聚成村落，因周边多有起伏的沙丘得名。您可不能因为这个村子不大就小瞧了它，由于人口少却占有大量土地，这个村子过去很富裕。民国二十五年（1936），伪冀东防共自治政府将通县五个自治区改为五个警区管理，沙务（窝）村作为第二警区第45联合乡，现潞城镇七级村、西堡村都属于沙务的副村。可惜同样是民国二十八年（1939）农历六月那场大水导致潮白河抢道，冲毁了沙务（窝）村若干家庭的房屋住所，部分家庭为从根本上躲避水患，从此流落他乡。河水的改道迫使沙务（窝）村向西移动，大片良田被河水吞噬淹没。

师姑庄明代成村，山东张姓在明军平定北方时随军至该地定居。传说该村曾建有一座观音庵，有一年轻女子身患重病，有懂命相之人劝其入庵为尼方能痊愈，女子施身于庵，疾病得愈，后一生积德行善，施贫济困，被人誉为"施姑"，因此依她所在的村被唤作施姑庄。在明、清两朝的志料典籍中，确实是以"施姑庄"这个名称传承记述，后依音演化为今天所见名称。因东邻潮潮河，旧时师姑庄人除从事农耕以外，也是靠水吃水，部分人家以打渔为业。1963 年，运潮减河竣工蓄水后，入（潮白）河口就在该村东南与东堡相望位置。

对于流经宋庄地区的河流，著名文史专家周良先生曾撰文赞誉："……四条古老河流天造地设，不约而聚，平行纵穿仅仅百余平方公里的（宋庄）镇域。这在北京、在华北、在中国、在世界都是不可多得的自然景观"。

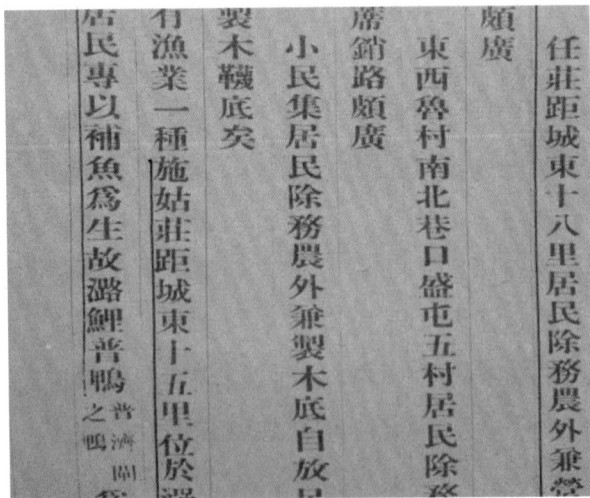

《（民国）通县志要》记载师姑庄居民以捕渔为业

靠水吃水的摆渡人家

■ 刘正刚

提起潖潖河，现在许多宋庄人可能都不知晓了，因为它在1939年就已经消失无存。

潖潖河又称箭杆河，明代嘉靖《通州志略》也曾记述为"绛河"，民国二十八（1939）年以前，从现宋庄镇域东部流过。潖潖河应属鲍丘水故道，本是独自分流。但到了清中、晚期，潮白河（1939年以前从平家疃入镇境，经大庞村、小堡后、双埠头、疃里后向西与温榆水汇流）肘湾开始向东摆动，并多次在域内的北寺庄、平家疃至顺义的苏庄、李遂一带决口，与潖潖河争抢河道，使潮白河水大量外泄。朝廷为了漕运补水之需要，曾在潮白河与潖潖河之间构筑官堤土坝，以维持下游漕运行船所需的正常水位，但由于北陡南低，尽管有肘湾阻滞的地理及人工干预等因素，仍是屡堵屡溃。

因长期受此肆虐，潖潖河被冲刷得几乎没有固定的河床，到了夏秋两季更无稳定的流速。此河平时水微流缓，而到了雨季，当上游有洪峰发生时，汹涌的水势横冲直撞，泛滥成灾。正因它野性难驯，执拗倔犟，一泻百里，才有了"潖潖河""箭杆河"之名。

白庙元代成村，恰好就坐落在古官道与潖潖河交会处。靠水吃水，白庙村不少人家就操持起摆渡营生。

　　摆渡在旧时划入"船行"，大体分为两种：一种是吃"竖水儿"的，舟船顺河而行，既载人也搭货，很像现在的航运。另一种吃"横水儿"的，就是把行人过客、车辆货物从一侧的码头渡向彼岸，称之为"摆渡"。

　　"七九河开河不开"，过了"雨水"节气，村里船家便着手收拾家伙，修理船具，平整坡岸。"惊蛰"一到，曾冻得"绝底"的冰道开始融化松软，不利行走，摆渡的便破除冰凌沙土，开始执篙行船。

　　春阳高照，水流浅缓。一根竹篙撑扁舟，迎送两岸过往客，这是白庙村摆渡人家一年当中比较难得的自在时段。

　　从阳历六月初汛开始，潮潮河便不时会闹起犟脾气，而且变得越发狰狞。这由三个元素造成，一是当地的雨水汇集而致；二是由于北部上游洪流的涌入；三是面临潮白河决口抢道。所以到了这个时节，摆渡人除了在船上加橹之外，还要再额外配置一根径粗杆长的杉木长篙。据传说，有时渡船从这边码头起篙，如果隐觉到北部有雷鸣之响，还没等船撑至对岸，河水就开始"涨漕"。只需一会儿工夫，河面便会加宽几十米，水深增加一米多。这时船在回渡，就要使用杉木长篙了。等水退去后，摆渡人为了轻便省力，再视水情换用竹篙。所以宋庄地区就有了"潮潮河的船篙——行粗就细"的歇后语，常用来讥讽那些说话反复无常，做事无端变化之人。

　　进入主汛期后，潮潮河经常处于汹涌澎湃态势，这时摆渡人往往会自愿组合，把两家甚至三家的渡船捆扎一起，借以抗拒暗流风浪，将车辆重货平安送抵对岸。两条捆扎在一起的渡船叫"对子"；三条船捆扎一起称为"大单只"，在主汛期行船时，可最大程度上减轻风险。

　　当水流湍急时，"对子"或"大单只"渡船从一侧岸边的码头起篙，不能直接划向对岸码头。因为不管是哪条河流的渡口码头，都受官道的制约，设置时大多是两头儿对称。如果直接划过去，湍急的流水会把渡船斜向带到下游，等到对岸时，码头可能在眺望之中了。所以，当渡船一起篙，船夫与助工要合力先撑船逆流而上。然后再从河面宽度、水流速度、风势强弱等凭经验作出判断，决定渡船在什么位置"掉向顺流"。这时段船夫必须做到力控平稳、小心"贴帮"、适时抛揽，最后将渡船准确无误地靠上码头。

"七月十五定旱涝，八月十五定收成（农历）"。按理儿说到了公历九月底，就没有成灾的雨水了。但由于潴潴河特殊的习性，从六月的初汛开始直到十月的秋汛结束，河水始终是时涨时落，流无定规。直至过了"霜降"节之后，才慢慢恢复乖顺的本性。

"大单只"摆渡船（文献资料）

"小雪"封地，"大雪"封河。"小雪"节气过后，河面上慢慢地结起薄冰。当冰层达一定厚度时，摆渡人还要破冰行船，待冰面经得住人踩车轧时，摆渡人开始收篙移船，铺设冰道。

冰道基本沿渡船的航线对接两岸码头。摆渡人划好宽度位置后，运来飑风细沙掺合炉灰进行铺垫，也要间辅一些作物秸秆儿，借以防滑。冰道开始通行以后，摆渡人会按行规或事先约定，出动人力轮流上场。除对过往行人车辆收取费用外，还负责对冰道看守维护，这样直到来年三月破凌开河之时。

据史料记载，潴潴河白庙渡口一直为"官渡"。因为旧时的摆渡船和摆渡口，不是随意而设的。一是得在当地官府注册登记，取得资质，按期缴纳税赋。二是要恪守官道走向，不得因私辟捷径而损踏农田。三是在行渡过程中，如遇人畜财物跌空落水，船主要明确解困救生之义务。这些渡口码头称为"官渡"，不在之内的一律被称作"野渡"。

旧时设在滃滃河上的官渡虽然林林总总，但在收费方式上基本大同小异。一种为"对望免现，秋后纳粮"。也就是说站在渡口码头，能用眼睛瞧得清楚的周边村庄有人过渡，可以免收现钱。等秋粮入仓时，船家会在各村保、甲组织协同下，本着多少不限的原则挨户收集"过河粮"，以粮代资。再一种是"大户捐资，村人贯通"。旧时，有钱的大户出资捐助当地搭桥补路，排船筑堤，兴办义学，建祠修庙的善举不为少见。在开设摆渡口或渡船损坏更新时，有的富户会大量捐资献料，疏滩助渡。除一个条件外不求其他回报，这就是他所居域内的村民要无偿过渡，以此传播积德行善的仁义之举，借以抬高家族的声望。另外还有"过渡画押，时令小结"；"以物折价，两不赊欠"。这两种结算方式适合渡口周边的店铺货物运输和做小本生意的商人临时过渡。因为旧时的货币多以金属铸制，携带不便且还要防失防盗。店铺会与船家协商，使用一种双方认可的凭证，每次过渡在凭证上画符作押，在定好的几个时间节点进行结算；而"以物折价，两不赊欠"只对过往无律的游商小贩，所经营的"物"还得是船家日常所需的生活必需品，当面议定，当场兑付。如果您不在上述范围内，对不起，那过渡就只能掏现钱了。

至于过渡费用，皆因各历史时期的物价水平、货币面值和各地风范不同，难以在此笼统而论。只是船家在收费时会根据春水、主汛、秋汛、冰道每个时期并结合人、畜、车、货的量综合计价。由于没有统一的标准，所以船家任意抬价宰客，引发争吵械斗的事情在渡口码头屡见不鲜，给"船行"带来极为不好的名声，以致设过摆渡码头的村民出门在外经常隐瞒真实村名，以防引发无端报复。据老一辈人传说，旧时白庙村民外出，路遇盘道者都报以"黑寺"为村名，借以保护自身安全。

民国二十八年（1939）农历六月，潮白河洪水泛滥，将民国十二年建在顺义苏庄的铁闸冲毁。潮白河水夺滃滃河河道直泻南下，彻底脱离了原来故道。至此，滃滃河不复存在，形成了现在的潮白河。而白庙摆渡人家并没望水兴叹，继续在原地儿做着靠水吃水的行当。

唐代"庞村"及其辽代"普通寺"背后的故事

■ 马占岭 任德永

今北京市通州区宋庄镇大庞村，在唐代则称之为"庞村"，至今已有千年的历史了。其实，在古村名之前，加个"大"字，也就是最近一二百年的事。其中，一个版本说的，就是从20世纪民国期间，才有了"庞村"与"大庞村"的分野。虽然，在清末，已经有了"小庞村"之称，但从1949年至2023年的74年时间里，"小庞村"，仍然是村北行政村——"小营"的一个自然村。

20世纪30年代中叶，北京地区正处于内忧外患的动荡时期，通州也不例外。尤其是在通州城边上，也开始闹起了"土匪"——当地百姓认为手里有枪的人，甚至就连城北的"庞村"也逃不过。1937年7月29日夜间，驻守在通州城的伪"冀东防共自治政府"下属的保安队，在张庆余、张砚田等人的率领下决然起义，对驻守通州城的日军部队、警备队及其特务机关发动了猛烈地进攻。此役，击毙了日本顾问官奥田重信、特务机关长细木繁大佐等人，大长了中国人民的志气。然而次日，1937年7月30日，驻防在北京的日本兵则回过头来攻打通州，史称"通州事变"。随后，双方部队部分枪支弹药也快速散落在民间。

那时，在"庞村"附近的几个村子里，就已经盛传这样的口头禅："小营的牌——耍不得；内军庄的话——聊不得；庞村的架——打不得。"
何意？说的是小营的人会变戏法、会魔术，跟他们玩牌不会有赢的时候。
内军庄的人则会耍叉，说着说着就耍起来，没的聊。20 世纪 70 年代，
内军庄村子的耍叉队伍，还到大庞村小学里进行过表演呢。而要说庞村
的人，不单身上会几招，而且手里面还有几杆子长枪与、短枪，厉害得
很，那可真是远近闻名。其实，"庞村"人的"架"，不单表现在传统
功夫上。比如庞村人善耍石锁、玩杠子，还会辘轳上拿大顶。真是："一
力降（xiáng）十会，一巧破千斤"，远近闻名。就连附近村子的人，
都以为庞村人，人人会武术，会欺街霸道，不好惹。所以，在外村的名声，
传得也都不那么地友好。

另外，"庞村"的"架"打不得，还表现在对小日本人的身上，也
从不手软。甚至就连日伪时期，龟缩于通州城以北至顺义城以南之"通
古线"（通州—古北口）铁路上通顺交接处的张辛庄车站里的日本鬼子
兵，都晓得"庞村"人地厉害。"庞村"人对于他们来说，那可真是敢
于上狠手、要他们小命的对手。当时，最为著名的事件，就是"庞村"
人打小日本的故事——任茂奎单枪撂倒了火车道上的鬼子兵，至今村中
八九十岁的老人都能够传唱。

所以，在伪通县八区警察所常驻通州城北尹各庄村子时——尹各庄
村位于温榆河东岸，在庞村之西十余里的样子，当时伪警察在巡逻到"庞
村"附近时，因惧怕"庞村"人的功夫，也不敢轻易进村胡乱吆喝。见
到进出的男性青壮年，也只在村子的外面盘查。但是，如果在盘问是哪
个村子人若说是"庞村"的时，就会被严厉地拷问。轻则打得鼻青脸肿，
重者还要被关押起来。要想人没事就得用钱托人赎出来，这简直就是敲
诈勒索。如此时间久了，在"庞村"老百姓的心理会产生很大的压力，
有的甚至不敢去附近村子串亲戚。

但是也有脑袋灵活的人，因为在"庞村"北边不足一里的地方，早

年还有从"庞村"析出去的几户人家居住，逐渐形成了一个自然村落——"小庞村"。单这"小庞村"之名，就启发了这些脑袋灵活的"庞村"人。当伪警察再进行盘问是哪个村子的人时，都回答说是——"大庞村"的！开始伪警察的脑袋，还有点发懵，发愣。心里琢磨着："哎！是'大庞村'的，又不是'庞村'的——放行！"如此一般，在遇到盘查时，"庞村"人都会说是"大庞村"的，再也没有说是"庞村"的了。一传十、十传百，一来二去，再也没有遭到毒打与收押的了。就这样"大庞村"的叫法便传开了。今天，我们说"大庞村"有千年以上的历史，是有充分根据的：

第一个最直接的文物证据，是 1965 年春出土于村东之唐代高行晖墓志铭一合。在 20 世纪 60 年代，村民们在挖村子东头的养鱼孵化池时，就挖出了盛唐时期"唐赠户部尚书高府（高行晖）君墓志铭"一合。

墓志铭首题："唐故正议大夫、试怀州别驾、赐紫金鱼袋赠户部尚书渤海高府君墓铭并序。"……"公名行晖，字行晖，本君之潞县人也"……"公才实济代，道可经邦，辟书友于丘园，轩辕驰于邑里。起家拜正议大夫，试怀州别驾，仍加金紫绶。"

高行晖（690-759），经历了盛唐时期——唐玄宗李隆基朝至唐肃宗李亨朝，也经历了"安史之乱"，并且在平定"安史之乱"中，立有战功。因此，拜正议大夫，试怀州别驾，仍加金（印）紫绶。其于唐肃宗李亨乾元二年（759）十二月二日，卒于官舍，享龄六十九岁，帝赠户部尚书。其夫人袁氏，唐代宗李豫大历元季（766）七月廿九日，终于幽州平朔里之私第，享龄七十一岁。

墓志铭又曰："以元和二年（807），岁在丁亥，十一月朔日甲申，归附于潞县高义乡庞村之原。"

即夫妻二人，于唐宪宗李纯元和二年（807）合葬于"潞县高义乡庞村之原（东）"。从高行晖夫妻合葬至今，"庞村"之名已有 1216 年之久。

据墓志：高氏一组族，世居渤海郡（今河北省沧州）。后家族于晋朝（265-420）末年避乱至幽州（今北京）定居，时为幽州潞县高义乡庞村。如此庞村之历史，至迟已有 1603 年。

综合墓志铭，高行晖之高氏一族，自太爷高道、爷爷高艺、父亲高爕起，及至儿子高崇文、孙子高承简等，家学渊源，家风朴实，而且家国情怀，也一脉相承：在内能够和睦邻里、相夫教子、谨守孝道；在外学可济世、道可经邦，又积极参与平定"安史之乱"，能够以身垂范，牺牲自我，做到舍小家为大家，值得我们今人学习。

高行晖家族墓地之遗址，原位于村东老道口附近。走访村中老人与查阅文物档案资料得知：在 20 世纪中叶，高行晖家族墓地之格局与地上物，尚保存完好。还可以见到石牌坊、石碑、石供桌、石马石像生等构筑物。后来，随着在土地平整过程中，连同附近的高氏家族墓坟与地上石刻等，均已被平整掉，至今墓址已荡然无存，只有六环外那片葱绿的树木与植被。今只遗 1965 年春出土的现收藏于首都博物馆的高行晖墓志铭一合。另外，还有墓地遗址部分之石构件比如汉白玉石供桌等，在 1982 年通县文物管理所入村进行文物调查时，发现曾散落于村中百姓家之正房后檐护坡等处。

第二个最直接的文献资料，是《通州区文物志》《通县地名志》《通州志》。

2006 年 10 月第一版的《通州文物志》"通州区旧时佛教庙宇一览表"第 45 项"普通寺"标注现在地址：宋庄镇大庞村。始建时间：辽乾统二年（1102）。主祀及寺名由来：释迦牟尼，广泛传播佛教戒律。

"普通寺"是庞村四座庙宇之一，原位于村之东北角，为附近村庄之庙宇在体量、建筑年代与影响力等方面靠前的寺院。另外三座庙宇是七神庙、药王庙和龙王庙。

七神庙的庙址，位于现在大庞村村委会驻地。历史上，坐北朝南，这里有座大戏台，演过京、评、梆子戏；后来用作村子里大队的小卖部和猪牛羊吃的红薯秧与杂草的粉碎车间，以及大队理发组给人推头的地方。记得20世纪70年代，从农民手上回收的鸡仔，一斤能换七毛一分线。大约十个小鸡蛋可以称够一斤。一个小鸡仔可以当（dang）七分钱使，可以换一个田格本或拼音本什么的，一个大鸡仔还可以多换一个铅笔或者一块橡皮，或者夏天换三分钱一根的冰棍和五分钱一根的奶油冰棍。七神庙，给上了岁数的老人留下了唱腔上的记忆，给中年人留下了舌尖上的记忆。但是人们只要一提到村里的老戏台、老庙台，都知道其实指的就是那个叫作七神庙的地方。

龙王庙的庙址，位于村子南部刘家大坑的北河沿上，现在是绿化了的小型健身场西南方向柏油路的北侧。历史上，庞村的海拔有25.8米，成南北聚落状，村中五条街道，四横一纵：东西向的四条道路，与纵贯南北向的自龙王庙南、向北至东西向的后任家胡同相交叉的的一条主街道。夏天雨水大的时候，龙王庙前大坑里的水会沿着南北向的主街道，逆流北上至后任家胡同东头东，向东拐注入村子东北面四队菜园子旁的东大坑里，再大又会自动流入村子东侧的老河道（潮白河故道，今中坝河）。可以说整条村子的水流，都会汇聚在坐北朝南大寺庙（普通寺）之前，形成自西向东流过的风水河流。古人讲究水即财，以为全村的水流包括龙王庙的财水，都要流往大寺庙（普通寺的俗称）前，其实是村子的整体走势为南高北底所致。

药王庙的庙址，就在南北主街道与后任家胡同相交的北侧，它的东面就是高高在上的大寺庙。历史上供奉的是药王孙思邈，村子里谁家死了老人，首先都要到这里来报庙，这可是多年形成的风俗，老一辈人都记得的。

其实，这里面还还藏着一个古老的传说呢：庞村原先只有三座庙宇，不能超过邻村的双埠头村的七座庙宇。历史上，在村子南北主街道上的北端是大寺庙，南端是龙王庙，中间腰上是七神庙。只因在南北主街道上的村子北口的田间地头处，不知那年月又矗立了一座高大的土丘子坟（土坟地下有用大砖券的墓室）正对着村的北口，形成了每日"白天千人来朝奉，傍晚万盏灯火明"的朝贡局面。村里人便在高人指点下，在大坟之南又建了一座庙宇来破解此谶语，形成村子的第四座庙宇——药王庙。

1900年版《北京市通县地名志》"徐辛庄镇村民委员会一览表"-"小营"标准名称，含概自然村"小营"与"小庞村"。"大庞村"标准名称，则只含概自然村"大庞村"。"大庞村"词条则显示："（大庞村）位于通州镇北9.5公里，本镇(徐辛庄镇)政府驻地东0.5公里处，中坝河(潮白河故道)西侧。北至小庞村1公里……唐代已成村。高姓尚书葬于村东，墓碑刻有"庞村"之名。清代因村北形成一个小聚落，为庞村迁出的村民，名小庞村，此村为大，（后庞村）更今名（大庞村）。"

光绪九年（1883）版《通州志》"卷之一.封域志.村镇"-"大庞村"："城北十六里"。"卷之二.建置志.坛庙祠宇"-"普通寺"："在州庞村辽乾统二年（1102）建。"

以上志书与文献记载：庞村之称谓至迟始于唐代。村北之普通寺（俗称大寺庙）修建于辽代，距今已有921年。

第三个最直接的三亲史料，是包括任万春、马占岭等许多村子里的老人在内的关于村子文化遗迹等的所见所闻，比如毁于20世纪40年代辽代的普通寺——村民亲切地称之为大寺或者大寺庙。

马占岭，原大庞村二队人，生前系从西集镇沙古堆村小学校长任上退休，小时候进过村北的大寺庙（普通寺）。据马占岭老校长讲：大寺庙虽然只有一进院落，但是大寺庙的整体布局比较规整，其院落的空间也比较宽敞与和亮。除去正殿三开间外，两旁还建有东西配殿各三间；正殿东西又各有耳房三间，正殿是明三暗九的建制；正殿内坐北朝南的中央神台上，供奉着三尊泥塑金身的佛像（主祀燃灯佛、释迦牟尼佛、弥勒佛）。正殿的后沿墙之东侧神台上，有木制的佛龛内，供奉着铁铸金身的弥勒佛的塑像，正殿的后沿墙之西侧神台上，也有木制的佛龛内，则供奉着泥塑彩绘的观世音菩萨塑像。在正殿内东西两侧的山墙上，供奉泥塑彩绘罗汉各九尊，共计十八尊。在大寺庙的后身，也就是北侧，则建有两座砖石搭建的和尚塔。一座比较精致，一座比较粗糙。还有七、八座的和尚坟，可以想象当初大寺庙是何等的风光与气派。当时听长辈人讲，在大寺庙内，还挖有通向西北方向、一直延伸到顺义县李桥镇的地下通道。1947年秋，始建于辽乾统二年（1102）的大寺庙最终毁于战火。

任万春（1938.4.9-2023.6.30），原大庞村四队社员。据任万春讲：我小时候，在咱们村北的大寺庙里念过小学识字班。咱们村的抗日英雄任茂奎，就是在这里（大寺庙）被伪警察打死的。当初，他持枪在草寺村东头大白天的打死了一个日本兵，日本人不干，逼着（通州）城里的警察来围村子里的人。那天，全村子的人都给圈到大寺庙里来了。最终，他没躲出村，就藏到大寺庙大殿塑像后，末了还是被人发觉一枪要了命。后来，民国政府还给了个荣誉。新中国成立前，大寺庙由于兵火逐渐废弃后形成了渣瓦地，高高的大庙台地上不长杂草，更别说庄稼了。再后来生产队时，被村北第四生产队的社员用小推车，挖取做自家猪圈垫使用的土，庙址才最后消失，这又是四十年之前的事了。以前，生产队时期，庙前一对汉白玉石旗杆石座，曾放置在咱们庙址北侧第四生产小队场院的大门两侧。20世纪90年代，小队场院被东方伟业家具厂占用，后东方伟业迁出，此处早已夷为平地，最后大庙的遗存也已不见（踪迹）。

始建于辽代乾统二年（1102）庞村的普通寺，村民常常亲切地称之为大寺庙，距今已整921年，它以及发生在它背后的那些故事，也早已溶于村中老言古语的畅谈之中。

第四个最间接的姓氏传说，是村中最为流行的"王马邵三家"之说。

据本村出生的马占岭老先生回忆："庞村"的老住户，据老辈人讲，当初只有三户。在我少年时，就已在村中流传着"王马邵三家"之说，一直到今天。到底是哪三户人家呢？王家、马家和邵家，是这三户人家。其中，王姓和马姓，两大户人家的人丁，都比较兴旺。到新中国成立前，王和马两姓大户人家，都发展到了几十户，而且还向外村迁移。比如，尹各庄的马姓，就是从"庞村"的马家大院里迁出去的。一直到新中国成立前，每逢清明时节，尹各庄村的马姓男丁们，都要到"庞村"的马家坟地来填坟祭祖。三户人家中，人丁最不兴旺的，只有邵姓一户。一直到新中国成立前夕，村里也只有三户。于是，本村百姓就有句口头禅："邵三家，少三家"地叫，都给叫封住了。当然这只是个传说，也不足为怪，但是从一个侧面，也反映了咱们"庞村"的邵姓人丁，发展得比较缓慢的事实。

"庞村"——从当初一个只有三户人家的小聚落，发展到新中国成立前将近百户的大村庄，年代也是比较久远的。从唐代高行晖葬于村东，以至于如今村中的高姓人家，已经不见有之，可见大海变沧田，历史岁月的无情。在马占岭的少年时期，曾经亲眼到过有人扒死主的丘子（指地上大坟头之下，有用大砖券出来的地下砖墓室），其中就有秦汉时期的麻纹砖。照此推论，"庞村"的历史，是否还可以再向前追溯到秦汉时期，甚至更久远些呢？不得而知？

但言，今日之"大庞村"，确为千年之古村落，已毫无疑义。

（任德永，通州区文物管理所工会主席，通州区政协特邀文史委员；马占岭，通州区西集镇沙古堆小学校长）

浅谈宋庄地区的苇编

■ 刘正刚

炕席，为苇编行业中苇席的一个品种，原料乃取之于芦苇。

炕席在 20 世纪 80 年代出生的青年人心目中，恐怕只有似是而非的印象了。因为 80 年代初，宋庄地区农民为了提升生活质量，陆续进行"拆炕运动"。炕之不存，席将焉在，即使曾睡过热炕头儿的老年人，炕席也只是一种温馨的回忆了。

过去宋庄地区苇编行业的主要产品有芡子、苇帘、苇篓、苇席等。苇席用于铺炕称为炕席，炕席的编织工艺比其他用席精湛并带有席花纹饰。除炕席俱有特殊功能外，一般苇席与芡子多用于粮食的晾晒、起囤和苫盖惧淋物品；苇篓在家庭中多用于存放鸡蛋或易碎物品；苇帘则用于房屋建筑。

宋庄地区自古多河富水，借以催生出苇编、柳编、荆编三大民间产业。旧时宋庄地区以生长白皮芦苇为主，兼有少量青苇、黄苇。白皮儿芦苇以茎杆儿高挺、骨节小、色洁净、质柔韧为苇编材料中的上品，更多地用于炕席的编织。

过去，城里居住的家庭铺用炕席，大多在离家附近的土产日杂铺里采购，也有少数家庭从走街串巷卖苇席的人手中购买。而农村家庭则不同，过去乡下人居住的村子周边多有苇塘，如有更换炕席的意向，往往在芦苇收获季节先买好适量的苇秸，然后找席匠按自家火炕长宽定身打造，这样自然尺寸相应，物美价廉。

宋庄本土的编席匠与河北白洋淀、天津沿海滩涂地区常年以此为业的有所不同，苇编活计基本在秋末至初春进行。席匠都在自家庭院中作业，极少有开门脸儿作坊的。除来料加工外，所出产的苇编产品一是自己冬闲时赶集上市或沿街叫卖；二是直接批发给通州城里的粮商或席贩子。

苇席编织前要先"选苇"，选苇时并不太计较苇茎的高低粗细，而是着重于把拦腰折断、变霉发朽、扭曲变形的个体筛选出去。头道工序是用"刨子"把整根苇秸的叶皮儿去掉，再用木制的"苇梭子（也叫苇穿子）"把每根苇秸从上至下劈成几瓣儿，通州人称作"苇劈儿"。如果是先劈茎杆后去苇皮儿，则要使用一种称为"铪子"的工具。

之后，要把苇劈儿薄厚均匀地平铺在地上，用水湔湿闷透后，再用石碌碡（编席的也称苇碡子）顺逆两向反复碾轧，期间还要上下翻倒两次，使苇劈儿变得舒展柔韧。这样编织出的席子不会出现凹心翘角儿。最后把苇劈儿按长短分出头苇、二苇、三苇、短苇几个类别，单独搁置存放，以便于编织时按苇席不同部位的需要取用。

"苇梭子"（平家疃吕姓村民提供）

编织苇席时，得从一个席角儿开始，向两边逐渐扩展，叫"踩脚起头儿"，也就是用五根"三苇"苇劈儿，一缕为根，一缕为梢儿轮流交替使用。席匠编织过程中一手抬，一手压，苇劈儿在胸前如银蛇狂舞，落行有致，令外行人眼花缭乱。

往下是编织"席芯"。苇席的编织虽依所属地区的手法不尽一致，但也大同小异。贯用的是挑一压一、挑一压二、隔二挑一压一、隔二压三抬四、交叉平行等，从一侧看上去席面呈互相交织，纵横交错之态。席的宽度成形以后，席匠还要不时地拿"席尺"度量，或用"撬刀"收紧一下缝隙，以使席子保持形状周正。席尺长度五尺，上有刻度，呈扁方形，当地硬杂木制成。席尺不仅只为控制长宽度，更为编织席花儿时量裁所用。

席匠编织（文献资料）

成席的最后一道工序叫"窝边儿"，也称"折边儿"。窝边有"闷茬儿"和"展茬儿"两种技法。俗话说："编席编篓，重在收口"，不管使用哪种技法，最后都要达到边角整齐，边花儿紧密的效果。

席匠如编织作为储粮苫盖用的苇席，只是呈现一般的"大纹"。但在编织炕席时，要根据订户的要求或揣摩用户的审美心理编织出各种席花儿。席花儿的风格与样式由席匠根据自己的技能创新变化，但历代传承保留下来的主要有"双纹花""十字花""人字花"等。

和苇编相同近似的还有另一种利用农作物秸杆的编织技艺——秫编。秫秸是高粱秸杆的别称，利用高粱秸杆儿也可编制出席、篓、笆、荬子等产品。但秫秸编制的产品不但表面粗糙，从色泽、质量、耐用等方面也比苇编产品略逊一筹。

厚 道——写给朴实、善良的乡亲

■ 李玉琢

　　若干年前到通州域外的理发店理发，客满需稍作等候，一位老哥正在与人兴致勃勃地侃侃而谈，听口音是我熟悉而又亲切的家乡音——通州话。闲极无聊，不无忐忑地搭讪了一句：

　　"听口音您是京东人？"

　　"对呀，通县，通县北关人。您也是通州的？"

　　"我在化工厂工作。"

　　"我七一年在张辛庄插队。"

　　这一问一答算是打开了老哥的话匣子。"七一年，我北关中学初中毕业，插队来到了张辛庄，我们大队书记叫张廷珍，老廷珍威信高，由于我们知青少，没有建立专门的知青灶，都分配到老乡家里住，我就住书记家，张书记老两口，我就跟大爷、大妈搭伙一起吃，我住厢房。大爷看我机灵，进县城道熟就安排我赶大车当车把式。没过半年，大爷家又分来个老头，和我一起住厢房。春夏秋好过，冬天不好办，和我同住的老头喘还老寒腿。有钱不住西厢房，没条件采暖，这个冬没法过。我就一抖机灵跟张书记说，我和大爷搬到上房住吧，有火炕，您老两口住炕头，我们爷俩住炕脚，中间我给做个帘子。张大爷没表态，让我去问大妈。少不更事的我跑去问大妈，大妈同意了。我找来几根树棍，搭起了隔断，挂上了帘，和我一起同住的老头安全地度过了严冬，气管炎的老毛病没怎么犯，尤其是老寒腿就一直没犯。有过睡北方火炕经历的人都知道，十冬腊月起夜都是用一个叫尿盆的物件来解决，我十七岁睡的跟死狗似的，不知道起夜，整整一冬，后来才知道大妈每天下午便不再喝水。"

不久，大概是一年后，和知青大哥同住的老头调走了，这个老头姓安，叫安林。安林同志1919年11月2日出生于河南省新郑县（今新郑市）一个贫农家庭，2005年9月5日因病医治无效在北京逝世，享年86岁。1938年参加革命，同年加入中国共产党。1939年1月至1949年1月，先后任河南新郑县东区区委书记、省委交通员，承德市公安局秘书主任、审讯科长、治安科长，锦西县委常委、县委社会部兼国工部部长、公安局长，冀察热辽中央分局、冀东北平情报委员会书记（站长）；1949年2月至1962年3月，历任市公安局侦察工作队队长，清河大队大队长兼政委，清河农场场长兼政委，市公安局管训处处长、行政处处长、基建保卫处处长，市公安局副局长；1962年4月至1966年6月，任市财贸办公室副主任兼商业局局长、党委书记；20世纪70年代遭受迫害。1972年9月恢复工作后，历任市一商局局长、党委书记，市革委会财贸组副组长，市委财贸部部长兼市财贸办主任，市委常委、副市长兼市公安局局长、党委书记，市委政法委副书记兼武警北京总队第一政委；1984年8月以后，历任市政府顾问、市政协副主席，市顾问委员会副主任；1996年12月离休，离休后被聘为公安部咨询委员会委员，国家安全部咨询委员会委员。安林同志是北京市第五届人大代表。

安林同志恢复工作后把张辛庄作为蹲点村，给予了很多的关怀、关心，帮助发展起来了不少的副业。70年代张辛庄便有自己的机务队，是中国最早一批实现农村机械化的村庄。

几年来，知青大哥讲给我的张廷珍书记夫妇的故事一直萦绕于怀。想来，我工作几近四十年的单位与张辛庄村毗邻，由于工作的关系与张辛庄村的几任两委班子和村民多有交集，其中不乏过从甚密者。闲来交流也多次提及张书记的故事，而如此令人感动的故事却来自通州域外的一次偶遇，张辛庄村人从未向我提及过。思忖再三，我只能理解为善良早已是根植于张辛庄人血液中的习惯，每个人都以为老书记的善举乃是自然而然吧。

为了尊重历史和前辈，我拜访了张廷珍老书记的继任者，全国劳动模范原张辛庄大队书记张廷铎同志。廷铎书记年近八旬，记忆力惊人，说到70年代的往事神采飞扬，讲到机务队更是如数家珍。因之70年代廷铎书记正是张辛庄村的机务队队长，廷铎书记满怀深情地回忆道："廷珍书记是我本家三哥，大我至少二十岁，您是当年通县农业战线上的一面旗帜，我的三嫂娘家是梁各庄，那才叫长嫂如母，对无论是谁都好着呢。我们机务队大小机动车四十辆，手扶拖拉机二十辆，大拖拉机六辆，联合收割机四辆，还有130货车、翻斗车，在70年代的中国农村这种实力几乎是绝无仅有的。农用机械为当时周边村庄甚至周边公社提供了大量的无私的援助。80年代中期，廷珍书记不幸患了肺癌，安林同志到处问医问药，给予了无微不至的关怀。八六年廷珍书记不幸病逝，安林同志专程赶来参加了追悼会。"

说到知青，我还亲见一个也是知青住在老乡家的故事。我的一个同事长我七岁的老大哥，工作前在老家徐辛庄公社翟里大队务农（现在的宋庄镇），70年代初期，家里住进来了一个与之同岁的知青，两个也是住在厢房里，从此同吃同住同劳动。艰苦的岁月里，大家为了与苦难抗争，也为了应付繁重的体力劳动，家庭主妇在伙食安排上要费很多心思。一般劳动力吃干非劳动力吃稀，劳动力吃细粮，不得已非劳动力只能安排粗粮。我同事当时只有六七岁的小弟弟哭闹着不干，也要和大哥哥们分食劳动力伙食，大妈坚决地拒绝了。多年之后跟大妈聊起此事，只轻描淡写地说："人家父母把孩子交到咱手里，咱不能亏待了人家。"又是若干年，二位老人陆续患上常见的老年病，已年过半百的知青哥夫妇和大爷、大妈的儿女轮班伺候，外人根本看不出哪个是亲儿，哪个是知青儿。

大运河哺育出的通州女人，她们勤劳、勇敢、善良，她们更是通州厚重的文化底蕴中最靓丽的一笔。

由于通州农村百姓的淳朴善良，很多在通州农村插队的知识青年与当地的百姓结下了深厚的友谊，常回家看看几成大家的习惯。我的老领导东方化工厂原党委书记叶永和同志便是他们当中的典型代表。叶永和同志 1968 年插队来到了西集公社协各庄大队，村里依照当时的条件，给予了尽可能周到的安排，大人热情实在，小孩子也各个瞪大了好奇的双眼，审视着来自城里的大哥哥、大姐姐们。其中一个叫高树明的十一、二岁的小男孩更是付出了更多的热情，只要是放学、放假就尾随在大哥哥、大姐姐的身后，成了知青们的小尾巴。也许是叶永和同志更温和更有耐心，这个叫高树明的小朋友成了叶永和同志最要好的朋友，这一好就是一生。

叶永和同志回城后，经常回村看望他的小朋友和他的家人们。不仅如此，叶书记结婚后带夫人一起回去，有了小孩，也会一家三口回村看看。叶书记偶尔还会带上要好的同事、朋友一起回村走走，我便曾有幸成为随员。来到叶书记好友高树明家后，高大嫂掏心掏肺地准备了一大桌子农家美食，叶书记随手拉起了马扎和板凳，顺手从筷笼里抓出一把筷子招呼大家吃饭，像极了游子回家吃饭的样子。

2018 年高树明同志不幸罹患顽疾，叶永和同志千方百计寻医问药，高树明同志去世后，两家的友谊还在延续，高树明的儿子在工作、生活中遇到困难的时候，知青叶大大总是毫不犹豫地施以援手。每年的 12 月 26 日是叶永和同志和他的知青战友插队进入协各庄的纪念日，叶永和同志退休后有了更宽裕的时间，每年的 12 月 26 日他们都会结伴来到村里，与村领导及好友共叙芳华岁月，共同回忆贫下中农对他们帮助、教育的美好时光。

"知识青年上山下乡，接受贫下中农再教育。"这是在 20 世纪 60 年代中期迫于经济形势的影响和青年就业的巨大压力推行的一项分流城市人口的政策。中国农民无私地接受下了这一艰巨的任务，很好地完成了这项任务。有人说"上山下乡"虽是权宜之计，从某种意义上讲中国农民在关键时刻为共和国做出的又一重大贡献。

（李玉琢，北京华腾东光科技有限公司原党委书记、董事长，通州区政协特邀文史委员）

宋庄镇梨花渡戏剧村 "知青大院" 轶事

■ 北京市通州区供销合作总社

在京榆旧线公路北侧，深藏着一座艺术特色鲜明的文化产业园——梨花渡戏剧村，该园区成立于2019年，现位于宋庄村老镇政府院子的东侧。这里原是宋庄镇供销合作社的所在地，还做过"知青大院"。通观院内，布局合理、天际线开阔，南北中轴线上矗立有20世纪50年代建造极具北方传统特色的平房建筑。若亲历至此，则给人以清新俊朗、空澈怀旧的感觉。

知青大院

现如今，一提到供销社，对于现在年轻人来说，应该是一个比较陌生的概念。对20世纪60年代出生的人来说，反而会觉得很亲切的。

那就先从通县的供销合作总社说起吧。它诞生于1947年4月，涉及全县各个乡村的总业务。经过几十年的发展变化，到 20 世纪 90 年代初，资产已有 1.86 亿元，职工 6000 多名，大小商业、饮食业、服务业网点 400 多个，遍布于全县 906 平方公里的区域。在县总社，设有农业生产资料、土产日杂、果品，废品回收公司、通县人民商场、二合日杂商店等公司、工厂、商场。这在当时，真可说是一个人力、物力、财力比较雄厚的大集体企业。它所供应的生产和生活资料，所收购的农副产品和废旧物资回收，解决了当时工业产品下乡，农产品进城的路径。每个小店就有数百个品种，大店超千种。主营业务包括：供应商品；采购农产品；收购废旧物资；换购物品或票证；代销等项目，都与当时群众的生产和生活息息相关。因为供销合作社是以农民为主体的集体经济组织，同时又是计划经济时代的产物，所以它可以说是由各级政府来主导推动集资而成立，遍布乡村的超级大的"连锁店"的规模与经营模式。宋庄供销合作社也是其中的一员，其所销售的商品，也都涉及到粮票、肉票、蛋票、布票等，各种计划经济时代痕迹明显，囊括农民生产生活的方方面面，而且基层供销社还直接入驻农村一线，是供销总社的前哨阵地，全体职工更是直接服务于农民的排头兵。至今，在咱们宋庄供销社原

知青大院

址——梨花渡戏剧村知青大院内，还保留着当年供销社使用过的大柜台，它见证着那个时代的沧桑岁月。

现在看知青大院。在 20 世纪 60 年代，全国城里的青年学生响应上山下乡的号召，北京城和通州城里的知识青年（简称"知青"）也都下到通县等乡村接受贫下中农再教育、支援乡村建设并被编入村里生产队来务农。当时在梨花渡戏剧村"知青大院"内，还建有蛋糕、酱油、糖等和农民衣食住行相关的厂子，许多城市知青，在这里度过了自己的青春年华，留下了辛勤的汗水与美好的记忆。至今，在"知青大院"周边的宋庄、大兴庄、辛店等村子里的许多老人，还能够忆起当年知青在此居住生活的场景以及他们生产的壮阔场面。

近年，北京城市副中心积极打造三座特色小镇建设——张家湾设计小镇、台湖演艺小镇和宋庄艺术创意小镇。为留住乡愁与文化记忆，梨花渡戏剧村入驻宋庄镇供销合作社大院。通过实地走访调研与精心设计，紧紧围绕"知青文化"主题，不断强化城市更新与改造的力度，力争将历史传统文化和乡村文明建设紧密结合，打造既有文化传承又有怀旧主题，同时还兼顾有现代文化发展需求的特色知青大院。2022 年，梨花渡戏剧村文化园，成功入选第六届中国城市更新和既有建筑改造典型案例与通州区首批认定文化产业园区，同时还获评中国侨联及北京市侨联"侨之家"示范产业园。可以说今天的梨花渡戏剧村"知青大院"满载着宋庄镇的历史乡愁与未来的期许，已经成为宋庄艺术小镇诗与远方的网红打卡之地。

任（家）庄的土缸孵化

■ 刘正刚

　　"进了任家庄，遍地小鸡坊"。这句广泛流传的民谚，是反映二十世纪50年代以前，任家庄利用土缸人工孵化鸡雏的盛景。毫不夸张地讲，过去京东方圆二百里，掌握人工孵化鸡雏这门技艺的人，只出自任家庄。据著名社会学家、中国社会调查开拓者李景汉先生1935年《在通县的社会调查》一文显示：1935年，北平大学农学院学生张仲葛到通县城东北十余里的任庄，对土缸法孵化小鸡的情况进行调查。之所以选择此地作为社会调查的样本，是因任庄每年可孵化250多万只鸡雏，为北方孵卵的中心地带。自民国以后倡导文字简约，任家庄简称任庄，现属宋庄镇管辖的一个行政村。

　　说到这您会问了："鸡孵鸡，二十一（天），干嘛非人工费那事儿呀"？这您就对老辈儿人过日子的难处有所不知了。旧时的贫民家庭养几只老母鸡图啥呀？要的是让它下蛋，下了蛋也舍不得吃，得拿它换钱补贴家用。太久远的事儿咱不表了，即使到了20世纪70年代，很多乡下人家生活中的油盐酱醋、学生使用的橡皮铅笔这些花销，都来自于家里的几只老母鸡，被戏称为"鸡屁股银行"。更有甚者，有人可以用它坚定一个不忘初心的崇高信仰。您要不信，这里有文为证。通州籍著名作家王梓夫先生早期一篇名为《被遗忘的党员》小说里，就有这样的描述："每年月初，他（康老堆）总是从老伴儿藏的鸡蛋篓子里摸出一个分量最重的鸡蛋，拿到小卖部换一毛钱。之后找到刘支书，双手平伸，恭恭敬敬的递过去（作为党费）。那神色和敬重的架门儿不亚于外交使节向国家元首递交国书"。看到这儿您也许悟到了，在那个年代，一个鸡蛋是何等的珍贵。

一只老母鸡要是从开始抱窝到孵出鸡雏并且带大，几乎得耽误多半年时间，这得不偿失呀。所以好多人家用绳子吊、冷水激的办法不让母鸡抱窝。但是，鸡群得更新换代呀，先人们就发明创造了人工孵化的技艺。据说，任家庄的土缸孵化手艺是清初由河南移民带过来的，从哪一辈儿开始，现已无证可考。最初这门技艺只在家族内传承，到了 20 世纪 30 年代，已打破这种规则，任家庄有几姓人家得到真传，都掌握了这门技艺。由于人工孵化在操作上许多关键细节凭的完全是个人感觉，所以外人你很难"偷艺儿"。

人工孵化小鸡儿开始时间一般在阳历三月初，正值"惊蛰"节气。这时会这门儿技艺的人，不管自家开鸡坊还是外出当"鸡把式"耍手艺，都开始张罗着"支家伙"。所谓"支家伙"就是根据鸡坊规模大小，先用土坯盘成若干个高于家庭常用灶台样式的设施。每个灶台下部装一口悬空大铁锅，铁锅里面糊上一层麦芋泥，起平稳传导热量的作用。再在每口锅中安放一只大肚收口竹萝。竹萝口粗底儿细，中间呈凸出的圆肚儿，和铁锅座在一起正好吻合。竹萝口与灶台持平，每个竹萝口都要配置用谷草把子捆绑而成的竹萝盖。再有就是打制与鸡坊规模需要相等，中间用苇席铺成的上下两层的木架，称为"摊子"。最后是把临外朝阳的门板穿凿出一至两个直径约 4 厘米的透光圆孔。

一切准备就绪，鸡把式便指挥徒子徒孙，将鸡蛋一层层码进铁锅上面的竹萝里，行话叫"上缸"。一般每缸要码放鸡蛋一千个左右，折合重量在一百斤上下。然后，在铁锅下拢起炭火，给缸内加温。旧时没有温度表，到了预定时间，鸡把式的顶极绝活儿就是从缸内顶层鸡蛋中取出几个，逐个贴在自己的眼珠儿上试温。根据眼器官的感受，判断缸内鸡蛋上下层着温状况，决定是否开始"捣缸"。捣缸的过程也称"抓缸"，由负责看缸的"二师傅（鸡把式助理）"带领众徒，两手五指叉开抓满鸡蛋，一把一把地放进提前"备份儿"的已加上温的空缸中。这样来回一捣腾，就让离火头儿远的上层鸡蛋

破壳而出的鸡雏（文献资料）

变为离火头儿近的下层，目的是能使所有上缸的鸡蛋着温均匀。

　　三到五天后，鸡把式开始对上缸的鸡蛋进行验蛋。第一次验蛋叫"头照"。验蛋时间都选择在正晌午，也就是阳光能从临外门板的洞孔中斜射进来的时间段。鸡把式要蹲在遮挡严实的屋内，借助从孔中射进的强光（起手电筒作用），对上缸的鸡蛋逐一察看。如果蛋中没有丝毫血纹，说明不是授精卵，行内人把它称之为"水子"（也被借用骂人用语），民间也叫作"白蛋"，要及时发现剔除。

　　第二次验蛋在上缸八至十天，也称"二照"，方法、程序与"头照"相同。"二照"主要是鸡把式从上缸的鸡蛋中观察胚胎发育情况。如胚胎色泽鲜红艳丽，并呈放射性的蜘蛛状，说明发育良好。相反，如胚胎是暗红色圆糊状，表明已经死亡，也要马上剔除。

　　上了缸的鸡蛋在十二天以后，胚胎发育进入最快、最活跃时期，鸡蛋自身会生热。这也是考验一

个鸡把式对温度掌控能力的关键时段。他会根据缸温、室温、孵期的综合判断，或采取强火升温，或使用开窗泄热，或实行揭盖晾蛋等许多方法节制温度。这段时间如温度长期过高，会造成胚胎胎毛儿发育不全；温度过低则为胚胎提供营养的蛋黄儿化解不开，小鸡出壳后净是"炸屁股"和"大肚脐子"，均属残疾次品而不能上市。

到了十八天，第一轮儿上缸的鸡蛋开始"上摊"，为二轮儿"新蛋"上缸腾出地方儿。"上摊"的鸡蛋过上两天，强健的鸡雏就开始陆续破壳儿而出。当满二十一天，就算还有"打嘴儿"但又蹬不出壳儿的鸡崽还在"吱吱"乱叫，这都要与已经出壳儿的"炸屁股""大肚脐子"一起清除，行话叫"扫摊"。现在职场中把干什么什么不成的人除了称为"水子"之外，还有一种蔑称"扫摊、炸屁股、大肚脐子"，这些都是过去开小鸡儿坊的行话术语。

"抓缸"和"上摊"时，难免会碰破正在发育中的鸡蛋。被碰破的鸡蛋分别称为"缸花""摊花"，这些鸡蛋鸡坊都不会丢弃。而是和较早几天"头照"剔下来的"水子""二照"剔下来的"半花""扫摊"时尚未出壳儿的"打嘴"攒一块，作为"毛鸡蛋"向通州各地批发出售。所以，通州人对"毛鸡蛋"一直情有独衷。直到 20 世纪 80 年代，城乡道边上，还能经常看到不少小贩生个煤炉，用大铝锅蒸着毛鸡蛋，边卖边吆喝："毛鸡子儿，热呼儿的"。当年还广泛流传着一首反映通州人消费个性和性格个性的"四顺式"民谚："二锅头。金杯烟。毛鸡蛋。好争先"。后来有人把它干脆归纳为："金杯烟，毛鸡蛋，卖不出去找通县"。

旧时开鸡坊孵化出的鸡雏，是怎样走向市场的呢？这么和您说吧，经过多年打磨，它已经形成了产业链并约定俗成了业内规则。鸡坊只要一"支家伙"，就有以捣腾鸡蛋为生的贩子自动找上门来。这时的蛋贩子在收蛋时要问清卖主儿家里有无公鸡。如果有，这鸡蛋叫"色（shǎi）蛋"，要和"白蛋"分开存放。然后把"色蛋"卖给鸡坊。鸡坊要按多出"白蛋"一、二分钱价格收购。那到底他交的是不是"色蛋"，过去没有科学仪器当场测试，不到"头照"时难以发现，凭的就是诚信。对于长期合作且遵规守信的"蛋贩子"，鸡坊会按照行规，将鸡雏打折批发。蛋贩子从头拨鸡雏"下摊"开始，一副箩筐盛两样儿，边收购鸡蛋边贩卖小鸡儿，一举两得，从中获利。

旧时任家庄的鸡把式，在冀东的三河、平谷、玉田、蓟县一带颇具名声。一个鸡把式从"惊蛰"节携徒（多为儿孙子侄）而出，一般到受聘的鸡坊孵完四、五摊鸡雏后，在"夏至"节前开始"收摊"。再往下孵出的鸡雏就叫"秋打鸡"了。民谚曰："老生儿子秋打鸡"，这时再出鸡雏未到成龄便逢秋雨，成活率会大大降低。

除了外出耍手艺，当年任家庄村里几姓家族开的鸡坊更是星罗棋布，所以才有"进了任家庄，遍地小鸡坊"之说。一到春夏相交之季，请鸡把式的、交"色蛋"的、送木炭的、趸鸡雏儿的人来人往，络绎不绝，村内曹记饭馆、廖记杂货铺每天都是商贩云集，热闹非凡。直到通州解放时(1948 年 12 月)，这个只有七百余人的村子还有鸡坊二十二家。进入 20 世纪 50 年代，孵化售雏儿统归各地农村供销合作社接管，平谷县的供销社还从任家庄聘请鸡把式，一些人后来还转成了供销社正式职工。到了 70 年代中期，任家庄人又重操旧业。以村集体搞副业形式办起了两个规模宏大的一条龙式乌鸡养殖场，专为北京"同仁堂"制药厂提供屠宰、分装好的成品乌鸡。此乃"同仁堂"制作传统妇科名药"乌鸡白凤丸"必不可少的药材。不过那时已经是电力机械孵化鸡雏了，人工孵化就此成为历史。

乡村书屋

■ 刘 征 柏则亮

　　大运河畔的通州南大街"老字号"——"南街书屋"慕名而来，在大庞村北街 167 号院开了家分店——南街书屋庞村店。

　　说到南街书屋，这话可就长了，要从南大街讲起。

　　历史上南大街及其众多老字号几乎都位于通州中仓街道辖区：东近大运河，北接北大街，西至新华南路，南至玉带河西街。南大街俗称"南街"，它有着七百余年历史，是回汉民族聚居地、清真餐饮汇集区，民间流传"北京有牛街，通州有南街"的说法。

　　这里商业经营此起彼伏，历史上这里有数不清的"老字号"，今天如万通酱园、南街理发馆、钟表眼镜店、"高台阶儿"食品店等，虽然已经消失在历史尘埃中，但至今还有"百年老店"小楼饭店等。在南街还有一些"新兴老店"，如贵顺斋、伊清斋、星月斋、欣春欣、大月茶庄、大山小吃、马学芹早点、英园宋云床品店等等。它们存在了十几年、几十年，已经融入了当地人的生活。在诸多店铺中，最有意思的就是"李记铁铺"。它的多次变迁，见证了南街的演进，可以说是此处历史发展的"缩影"。

　　20 世纪 60 年代初，八一电影制片厂到通县拍摄电影《野火春风斗古城》，南大街的传统风貌成为他们最佳的取景地。影片开始，镜头扫过南街北口，店铺幌子琳琅满目，原本宽敞的街道忽然如瓶颈收窄，一个店面向外突出，看不清是哪家的招牌，熟悉此地的人都知道这是"李记铁铺"。铁铺在南街路东马家胡同不远处，店头突出，形似抱厦，院门则在南侧，这种形制从清末一直延续到现在，已有百余年。

在当今城市中，铁匠铺已是古老的"传说"，可能人们对它多数无感，而在过去，它却有着举足轻重的作用。中古宋辽对峙，辽在今北京延庆大庄科山里，开炉冶铁打造利刃，契丹骑兵所向披靡，"镔铁"之名竟成中国代称，人颂这里为"辽代的首钢"。近代金田起义，太平军齐聚广西桂平，在后来的北王韦昌辉家开炉打铁，秘密制造武器，才成就了震惊中外的太平天国。

小到"李记"也不可忽视。它是南大街唯一的铁匠铺，在城乡交汇的通州尤为重要，铁制的农具、厨具、工具成为这里的畅销货。新中国成立前，此处是南大街125号，新中国成立后改为26号。清末，老李家人带着打铁的手艺，从外地迁来，买下店面居住，开始家族经营。

从爷爷李应龙、奶奶李张氏，父亲李景元、母亲厉淑珍，到李德禄、李德林、李德增、李德利、李德春、李德秋、李德东、李德静、李德英等九个孩子，铁铺历经三代，跨越百年，仅凭留存至今的清朝、民国、新中国成立后的几张房本地契，就令人叹为观止。

百年来，坐东朝西的店铺院落总体格局变化不大。那时候，店面向外突出的部分用于展销，摆满了锄头、铁锹、镰刀、马掌、菜刀、炉钩等各色铁器，供人选购。两间铺面建筑，八扇门板早摘晚上，店名竖额"李记铁铺"便悬挂于此。往后的大开间一分为二，北侧有个柜台账房，用于收钱记账；南侧就是铁铺的核心"加工厂"了。当时，这里矗立着一个半人多高的圆形大炉子，里面烧炭，外面打铁，下面有风箱，可以推拉吹火，另有一大缸凉水，用于淬火。这种冶铁方式源于汉代，《天工开物》都有记载，已经传承了两千多年。

打铁是个力气活，为"三苦——打铁、撑船、磨豆腐"之一，但更是个技术活。锻打之时，全家上阵，男人挥动大锤，女人夹住铁料，大孩儿拉风箱，小孩儿送原料。冬天还好，当作取暖；夏天受罪，热上加呛；火星四射，烫坏肌肤；淬火声烈，震耳欲聋。一件件精美、实用的铁制品就这样锻造出来，成为家庭的基础，生活的希望，真如《国际歌》中所唱："快把那炉火烧得通红，趁热打铁才能成功！"

20 世纪 50 年代中期"三大改造"，城市手工业成立了合作社，铁铺变成了五金门市部，不再打铁，只做销售，后来由刘师傅主持经营，李家人还住在店后院里，给孩子们留下了很多美好的童年记忆。店面侧后是 T 形的院子，店后是老辈人住的房子，而最东边则是孩子们的两间房，睡的都是大通铺。院子南侧原本无房，搭起棚子当作料场，堆满煤炭和铁原料，中间还有棵枣树，秋日枣熟，打枣、吃枣、送枣，好不热闹。孩子们在这里学习、成长，帮着大人看店、干活，虽然人多、辛苦，但是全家其乐融融。改革开放前后，孩子们成家立业，纷纷离开此处，老辈人逐渐也都走了，院子最终安静下来。

20 世纪 90 年代末，回民大哥白崇友，租下了门市部的房子，起名"友子饭馆"，整修房屋院落，在此经营回民家常菜，一干就是二十二年，也成了南街小有名气的"老店"。2020 年，饭馆搬到大运河边，扩大规模，继续运营，这里便空了下来。

当年夏天，北京乐知艺文化公司入驻铁铺旧址，开启了"老字号"的新阶段。公司在此成立了"南街书屋"，请著名作家韩静慧老师欣然题词，院内五间房辟为阅读室，读者进入免费读书；临街店面是销售区，除了图书，还兼营国家级非物质文化遗产——河南信阳毛尖茶、山西杏花村汾酒，使书香、茶香、酒香融为一体；后面一间则是办公区，看店人办公、小住于此。

几年来，书屋在通州区委宣传部的指导下，除读书之外，还与社区、街道、学校、博物馆与基层党支部组成共建对子，邀请专家学者，联合在此举办了很多有意义的文化讲座、阅读分享活动。这些都使南街书屋逐步为人所知，为人所用。2022 年 9 月 9 日《光明日报》曾以《古老大运河 焕发时代新风貌》为题，专门采访报道了这家小书屋的店长——

立足大运河畔通州城百年老街，主要收藏经营与大运河文化有关的文学类与文史类图书近 2 万册，以书香副中心读书会分享形式，宣传大运河文化。

纵观百年历史，店铺字号变更，但其精神犹存，尤其是文脉与书香，更加恒久。一是独树一帜：当时，南街唯一铁铺；今日，南街唯一书屋。二是格局依旧：铁铺前店中厂后家；书屋前店中读后住。三是业态传承：铁铺商业、手工业一体；书屋商业、服务业并存。

由此可见，谁说老字号不存在了呢？只是从实用变成了文化，从物质食粮变成了精神食粮，它依然焕发着生机与活力。南街的其他店面多多少少也有类似情景，这就形成了一脉相承、生生不息的北京城市副中心老城双修的主体。

随着国家"乡村振兴"战略的提出，兴办"农家书屋"便成为丰富文化生活、改善人居环境、建设"社会主义新农村"的重要方式之一。南街书屋响应号召，主动深入通州广大的农村地区进行项目对接，终于在宋庄镇艺术小镇大庞村"落地生根"。

南街书屋之庞村店现有东、北两处书房，前后与菜园相伴，颇有"农家小院"的味道。这里虽然处于草创阶段，各方面仍有待完善，但已经和南大街一样，积极行动了起来，与各村党支部与学校积极共建共享，举办了多场阅读分享活动，最具代表性的一次就是 2022 年 10 月做的"2022 全民阅读'书香副中心'——喜迎党的二十大胜利召开，支部共建讲好通州大运河故事读书分享会"，可见一斑。

此次活动由北京市通州区委宣传部主办，"南街书屋"与宋庄镇大庞村党支部、北京市通州区文物管理所党支部共同举办，地点在大庞村村委会党支部活动室，有三十余位党员同志与村民参加。

活动由大庞村党支部书记任德跃全程主持；南街书屋店长柏则亮先生置备背景板、横幅、图书；通州区政协特邀文史委员任德永先生主讲通州大运河的历史文化。众人聆听、阅读《通州文史》和《智临潞城》两书，受到大家的欢迎。

这次活动让参会的党员与村民们了解了中国大运河是世界文化遗产项目，通州区位于京杭大运河之北端。明确了只有熟悉当地的历史文化，才能更加热爱乡土，更好地为北京城市副中心的建设作出贡献，为"迎接党的二十大系列活动"锦上添花。

总之，南街书屋之庞村店，还仅仅是个开始，它未来的道路还很漫长，希望能够赢得村民们的喜爱，融入他们的日常生活，成为大庞村的一抹文化特色，为通州区新农村建设添砖加瓦，尽一份力。

（刘征，北京乐知艺文化有限公司执行董事；柏则亮，北京乐知艺文化有限公司经理，南街书屋店长）

读书分享会

红色文化

中共党组织在宋庄地区的"三个"最早

■ 刘正刚

一、最早的中共党员

1938 年 7 月，在中国共产党的领导下，冀东地区爆发了 10 万人参加的抗日起义，史称"冀东暴动"。暴动失败后，1940 年中共冀东党组织积极发动群众，开展革命斗争，部分抗日武装力量扩展到通县潮白河右岸东北部的一些村庄，冀东党组织也在此间开展地下活动，并在部分堡垒村建立了抗日民主政权。同年（1940），高士禄被秘密发展为宋庄地区第一个中共党员。之后至 1944 年夏，现宋庄镇域内京榆公路（今京榆旧线）以北的大部分村庄被冀东抗日武装政权划为三（河）通（县）顺（义）联合县第五区，刘建立、邓竹轩等人也先后加入了中国共产党。

高 士 禄（1909—1946），男，

高士禄

宋庄镇翟里村人。在地下党组织的领导下，他带领贫苦群众进行减租减息斗争，为盘山抗日根据地筹集粮款，支持抗战，在本地产生很大影响。抗战结束后，他又投入解放战争，国民党反动派和反动地方势力对他恨之入骨。1946年秋季高士禄被反动地方武装（伙会）残酷杀害，时年37岁，新中国成立后被授予"革命烈士"称号。

最早党小组

刘建立（1908—1992），男，宋庄镇南马庄人。年轻时曾进城学过珐琅手艺，后回家务农并接触了党组织。1944年8月4日，经三（河）通（县）顺（义）联合县五区区委负责人李中飞介绍入党。

二、最早的党小组

1944年8月，由三（河）通（县）顺（义）联合县五区区委负责人李中飞和刘建立介绍，南马庄的王士新、孙海、王振生、王德宾四人加入了中国共产党，同时组建了宋庄地区最早的两个党小组，既南马庄村党小组和翟里村党小组，刘建立、王永贵分别任小组长。党小组活动内容和任务是，学习上级组织下发的油印小报，了解革命形势，落实上级党组织部署的工作任务，搜集敌伪情报，给根据地八路军筹措物资，配合抗日武装力量袭击敌人据点等。党小组的革命活动引起了敌人的注意，以致受到盘踞在燕郊镇和白庙据点的高桥、小林日伪军疯狂搜捕，党小组在难以开展工作的情况下，被迫转移。刘建立转为地下工作，孙海、王振生到北平市区暂躲，两个党小组活动于1948年春基本中断。

三（河）通（县）顺（义）联合县五区南马庄村党小组

组　长：刘建立　（1944—1944）

孙　海　（1945—1948）

三（河）通（县）顺（义）联合县五区翟里村党小组

组　长：王永贵　（1944— xxx ）

三、最早的党支部

随着革命形势的发展和党的力量增强，宋庄地区建立了最早的党支部。

1945年6月由三（河）通（县）顺（义）联合县五区区委书记李中飞和邓竹轩介绍，平家疃村刘祥久、邓福庆、张振庭三人加入中国共产党。同月，五区区委派荣再东到平家疃，组建了平家疃村党支部，邓竹轩任支部书记。

邓竹轩（1916—2002），（又名邓永吉、邓文启、邓春轩）男，宋庄镇平家疃人。1931年到北京当铺学徒，1937年曾先后在北京、燕郊等地粮店经商。1943年7月回村配合地下党组织工作，经过考验于1945年4月由三（河）通（县）顺（义）联合县五区区委书记李中飞介绍入党。

当时党支部成员多以伪身份开展活动。刘祥久是联保公所书记（属伪通县

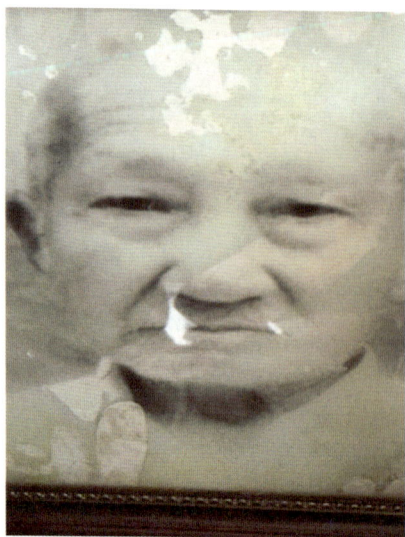

邓竹轩

十二区翟里乡），张振庭是伪一保所所长，邓福庆是伪联保公所差役。由于党组织的活动有力配合了抗日根据地的斗争，引起了敌的注意和恐慌，对党组织进行疯狂围剿，党支部成员被迫转移。邓福庆去顺义四区工作，邓竹轩、刘祥久暂躲北京，张振庭被敌伪设计杀害，党支部的活动于 1947 年春基本中断。

平家疃村党支部

书　　记：邓竹轩（1945—1945）

组织委员：刘祥久（1945—1945）

宣传委员：邓福庆（1945—1945）

委　　员：张振庭（1945—1945）

宋庄镇平家疃村的红色文化

■ 陈喜波

一、平家疃村基本情况

平家疃村是通州区宋庄镇所辖的一个自然村，北与顺义区接壤，位于古运河畔，是通州区最大的自然村。明清属于通州，乾隆时为州东北路三十四乡村之一。民国属于河北省通县，1916 年属于通县第十二自治区，1929 年隶属于第七自治区，1934 年隶属于通县第二自治区，1935 年属于伪冀东政权通县第二警区，1946 年属于河北省通县大兴庄乡。1948 年，京山路以北 87 个村划归顺义县。中华人民共和国建立后，隶属于河北省顺义县，为顺义县五区政府驻地。1950 年 6 月，顺义县 5 区、9 区、10 区所辖 76 行政村（107 个自然村）划归通县，隶属于通县一区。1953 年属于通县一区平家疃乡，1956 年撤区并乡，隶属于翟里乡。1958 年通县划归北京市，成立通州区，隶属于北京市通州区宋庄人民公社，1960 年，通州区复改为通县，1961 年属于宋庄工委徐辛庄公社。1965 年公社合并，属于徐辛庄人民公社，1983 年撤销人民公社建置，恢复乡镇建置，属徐辛庄乡。1990 年隶属于徐辛庄镇。2000 年撤乡并镇，隶属于宋庄镇。在近代抗日战争和解放战争中，地处运河之滨的平家疃村广大百姓积极投身于中国共产党领导的抗日战争和解放战争，书写了一段运河儿女抵御外侮、保家卫国的红色传奇。

二、平家疃村红色革命历史

近代中国，苦难深重，在封建主义、帝国主义、官僚资本主义三座大山压迫下，广大人民生活在水深火热之中。五四运动后，马克思主义传入中国。1921年中国共产党成立。1927年，中国共产党发动南昌起义，开始带领中国人民建立新中国的奋斗历程。

（一）抗日战争时期的平家疃

1.“七七事变”前的平家疃

1935年以后，日本帝国主义步步深入，加紧扩大对中国的侵略。11月，日寇策动汉奸在通州城里成立了“冀东防共自治政府”，通州变成了华北一带汉奸进行卖国活动的巢穴。为了维持统治，敌伪对通州人民派款派粮，横征暴敛。平家疃地处潮白河边，历来水灾严重，洪水经常淹没平家疃百姓的家园，民生十分困苦，在当地封建势力的剥削下和日伪势力的双重魔爪之下，灾难更加深重了。

1937年7月7日，日寇向卢沟桥发动了进攻，全国大规模的抗日战争爆发了。1937年7月29日，驻通州的冀东伪保安队举行暴动，消灭了通州城内的数百名日本人。在日军的镇压下，伪保安队暴动失败。伪保安队当中的一支队伍约100多人来到了平家疃，在这里驻扎下来。当时有不少村民基于打击日本侵略者的爱国热情参加了这支队伍。1938年的一天，这支队伍截住了潮白河上敌人的五只粮船，缴获了大量物资。第二天村子就被日寇包围了。这支保安队从村北突围出去，敌人对村里群众进行疯狂迫害，特别对参加抗日队伍的家属迫害尤为严重。但敌寇的暴行并没有使平家疃的人民屈服，反而更激起了他们对仇恨和抗日的激情。

2.八路军挺进潮白河西与平家疃的抗日堡垒作用

“七七事变”后，毛主席作出建立冀东抗日根据地的指示。1938年，在中国共产党领导下，冀东人民发动武装起义，八路军主力部队挺进冀东。1939 年，成立冀东军分区和冀热察党委冀东分委，并成立冀东抗日政权办事处。1940 年底，京东根据地扩大至潮白河以东地区。1944 年，冀东军区第十三团，决定向河西一带开辟抗日游击区。平家疃与河东抗日根据地隔河相依，是河东抗日根据地的前哨，也是河东根据地向河西敌占区发展的重要立足点。1944 年，日寇在我解放区军民的打击下，已濒临崩溃。八路军冀东军分区第十三团根据党的指示，决定向潮白河河西一带开辟抗日游击区，以进一步打通平北走廊，同怀柔等地的抗日游击区连成一片。1944 年 8 月 12 日，八路军在潮白河西苏庄地区，一举消灭了日伪反动组织先天道。八路军进入河西地区，向当地群众揭露了先天道的亲日卖国罪行，并向他们宣传了共产党八路军的抗日主张。平家疃的劳苦群众对八路军的到来奔走相告，欢欣鼓舞。老乡们当晚烧水做饭，热情招待八路军。整个平家疃洋溢着一片欢乐景象。

1944 年 10 月平家疃成立了抗日地下政权，归三通顺联合县五区领导。平家疃从这时起，有了党的领导，开始对敌伪势力进行了有组织有计划的斗争。村政权当时的主要活动包括：搜索敌情、监视敌伪行动、传送情报、宣传抗日政策、掩护我区政府工作人员、为八路军游击队带路和征集钱、粮、布匹等物资，破坏敌人交通。平家疃是八路军河东抗日根据地的门户，同时也是一个重要的转运站。河西抗日游击区各村支援抗日的粮食和物资以及我方向敌占区采购的军用物资、器材、布匹等，通常先集中在这里，然后再由平家疃人民安全地转送到河东。

平家疃村里的抗日活动，引起了日寇注意，敌人经常到村里进行"清乡"，搜捕抗日干部。为了巩固平家疃的抗日政权，扩充抗日力量，区委决定在平家疃建立一支抗日游击队，开展游击战。在区委书记李中飞的直接领导下，村里青年王子厚负责筹建游击队。游击队由来自村内的七、八个村民组成，队长由王子厚担任，李中飞兼任指导员。游击队成立初期，没有枪支弹药，只有几把大刀和区里发下来的一些手榴弹。游击队初期的主要任务是搜集枪支和扩充人员。1945 年初，游击队员发展到近二十人。当时突出的问题是枪支远远不够分配。为了进一步开展活动，打开局面，决定从敌人手里夺取武器来武装自己。游击队第一个目标是袭击东坝镇日月斋饭铺后院驻扎的一小股伪警察，有四十多人。这股伪警察贪财怕死，没有什么战斗力，游击队决定缴获他们的武器。为了稳妥迅速地完成这次"起枪"任务，游击队长王子厚事前对战斗作了周密的布置和安排。按照预定计划，全部人员直奔东坝。先在日月斋饭铺四周安置了警戒哨。队员们悄悄地潜入日月斋饭铺后院，用手枪和手榴弹做出投射的架势，厉声喝道："举起手来！"伪警们猝不及防，一个个吓得面无血色，连忙举起双手。就这样，游击队一次就缴了十多支枪。有了这些枪，游击队的战斗力增强了。潮白河东岸的诸葛店，盘踞着两个中队的敌伪兵力，游击队决定打击诸葛店敌伪的气焰。游击队策反了伪警备队的机枪班长，智擒伪警备队中队长潘某。政委李中飞要潘某立功赎罪，让他写信通知警备队，命令一小队队长带领机枪班来前赵村听候部署。当天下午游击队在前赵村附近设下埋伏圈。伪警备队三四十人果然按指定时间来到前赵村。当他们走进埋伏圈时，王子厚首先鸣枪示意，游击队像离弦的箭一般冲向伪军。伪军顿时乱成一团，丢下枪支四散而逃。在这次狙击战中，游击队缴获步枪两支、手枪一支、子弹八百多发和机枪一挺。通过这次战斗，游击队威名大震。游击队节节胜利，战斗情绪大为高涨，信心也更足了。他们再接再厉，准备进一步袭击通州铁桥炮楼，因为这座炮楼牵制了游击队的活动。为了拔除这座炮楼，游击队曾进行过一次偷袭，但被敌人发觉，未能得手。1945年阴历正月的某天夜里，王子厚带领三十余人，沿着葛渠潜入了铁桥炮楼，伪警备队正在酣睡，王子厚决定打一个歼灭战。炮楼里的伪军遇到突然袭击，吓得丧魂落魄，纷纷举手投降。游击队缴获了三十多支枪，这样，队员们每人都有一支枪了。游击队一天天发展壮大，由几把大刀打出了四十来支枪，由七八个人发展到三四十人，越战越强。平家疃自从有了游击队以后，村政权日益巩固，日寇和敌伪队伍不敢轻易进犯平家疃。

3. 平家疃"三·二六"惨案

1945 年 5 月 7 日（阴历三月二十六日），日寇五六百人对平家疃突然进行袭击，妄想乘我方不备，把我抗日力量一网打尽，摧毁村政权。天刚蒙蒙亮，敌兵包围了平家疃，把来不及跑掉的群众都赶回村子，圈在后街的一家院里，四周架起机枪。平家疃群众在敌寇刺刀下，不畏强暴拒不回答。敌人气急败坏，从人群里揪出王德臣、高振香、王永维、李振芳等几个人，把他们捆起来，带到附近一家的院子里。敌人在院里逼问八路军情报，但几名群众就是不说，敌人恼羞成怒，刺死了王德臣，扎死了高振香，还是得不到半点结果。接着又刺死了两个，随后又把几个无辜群众倒吊在屋梁上，下面堆草点燃，活活烧死。只有李振芳乘敌军不注意，侥幸逃出虎口。英雄的平家疃人民在凶残的敌寇面前，显示了中华民族的崇高气节，人民群众用生命保卫了抗日力量。敌寇在这次灭绝人性的暴行中，一共烧死和刺死平家疃九名群众。这就是平家疃人民至今不忘的"三·二六惨案"。

4. 平家疃民兵组织的组建与抗日活动

"三·二六惨案"以后，平家疃人民怀着对日寇的深仇大恨，纷纷要求武装起来，掀起了保卫家乡、打击日本侵略者的高潮。为了巩固抗日村政权，配合游击战争，根据区委的指示，平家疃村于当年五月着手组建民兵。在"打敌人，保家乡"的口号下，前后共有一百多名青壮年参加了民兵组织。平家疃村人李振远、邓福山、刘德、刘广仁等同志都是在"三·二六惨案"以后参军的，这些同志都是平家疃村的光荣，在抗日战争和解放战争中很多都壮烈牺牲，为人民革命事业献出了宝贵的生命。从此以后，平家疃整个村子更加充满了战斗气息。民兵们不管风吹雨打，坚持苦练杀敌本领，群众也被动员起来，附近的敌伪行动都受到了广大人民的严密监视。民兵的任务主要是站岗放哨，警戒敌人袭击。在平家疃各街道口和大堤上，民兵们轮流放哨，监视敌人行动。民兵一发现敌情，立即通知全村，使群众有所准备，使我方人员能够迅速转移。为了配合八路军和游击队作战，瘫痪日寇的军事运输，民兵展开了"破交活动"。破交范围一般在张辛庄以南、富豪村以北一带。1945 年上半年，民兵在区委领导下，配合游击队炸毁敌寇军用列车，缴获了大量战利品。民兵的破交活动，给敌寇造成了很大威胁，使敌人联系经常中断，牵制了敌人的军事行动。此外，民兵还配合游击队开展对敌斗争。他们给游击队带路，放哨警戒，侦察敌情，传送情报，带着担架抢救伤员。由于平家疃民兵力量扩大，后来改编为民兵团。部分民兵被选中前往河东根据地受训，他们后来成了各村民兵组织的骨干力量。平家疃有不少骨干力量都是从参加民兵开始，经过不断锻炼而成长起来的。日本投降以后，平家疃这部分民兵编入冀东十四军分区所属的五十四团。

5. 抗日胜利与减租减息

1945 年上半年，德意日法西斯已经走入穷途末路，国内抗日形势进一步好转，中国共产党领导的八路军和游击队开始对日伪实施局部反攻。平西、平北、冀东解放区进一步巩固，三通顺地区军民向日寇展开了全面攻势。1945 年 8 月 15 日，日本宣布无条件投降，中国人民抗日战争取得了最后的胜利。三通顺联合县在五区的平家疃村召开抗日战争胜利庆祝大会，周边 40 余村的 2000 多群众集聚于平家疃，三通顺联合县县委书记李子敬出席会议，并做了重要讲话。抗日战争胜利后，平家疃村的伪政权组织瓦解，三通顺联合县五区政府迁入平家疃，平家疃成为三通顺联合县五区的行政中心。

按照上级部署，平家疃村政权通过开展清算复仇运动，调动群众参加斗争的积极性，在此基础上，开展拨工生产运动，发展解放区经济，开展"减租减息、增加工资"的运动，整理村级财政，减轻人民负担，同时掀起"参军参战，补兵归队"的高潮，壮大人民武装，巩固地区，保卫胜利果实。

（二）解放战争时期的平家疃

抗日战争胜利后，蒋介石集团在美国扶植下抢占胜利果实，发动内战，但中国共产党领导的解放区和人民武装力量空前强大。1946 年 1 月 10 日，国共签订《停战协定》，但通县国民党军和地方武装不履行诺言，先后向解放区发动了数十次进攻。1946 年 4 月 29 日，国民党反动派突然"扫荡"平家疃。敌人进村以后，到处搜捕我村政干部。由于我方人员得到群众的掩护，迅速撤离平家疃，进入了河东解放区。当时只村长一人由于在附近一带停留，而遭逮捕。国民党反动势力进入平家疃以后，这里的人民又陷入了苦难的深渊。平家疃由于紧靠铁路线，邻近我河东根据地，所以国民党就在这一带广设炮楼、安置据点，布防森严。

1946 年 7 月，美蒋联合制造"安平事件"。在美帝国主义的支持下，国民党发动全面内战，通县所有村镇都几乎被国民党军占领。国民党反动派为了加强占领地区的控制，在冀东一带建立了大乡制。平家疃当时归属伪翟里大乡管辖。敌人组织了一股伙会队伍，人数约四十人上下，活动地盘在大乡所辖的三个乡。伙会经常在平家疃一带活动，并企图在潮白河沿岸密布岗哨，封锁潮白河。平家疃在当时虽然处于国民党反动势力统治下，但是斗争并没有停止。我方人员经常在夜间潜入平家疃进行活动，一面和村里的地下党员取得联系，了解敌人的活动情况，同时从政治上对伪村政权工作人员进行分化瓦解和政治教育。当时村里有四个保长阳奉阴违，积欠应交的公粮，我方人员就秘密地把他们押到河东陈各庄拘禁了三个多月，直到把积欠的公粮交齐以后，才将他们释放。通过这一斗争，伪村政权人员对我方摊派给他们的任务，再不敢拖延搪塞了。敌人的残酷压迫，使得平家疃人民更加认清了国民党反动派的狰狞面目，他们经常遥望着一水之隔的东岸，迫切盼望我河东解放军早日打过来，消灭这群横行霸道的豺狼。

1946 年冬，我解放军协同游击队向河西的反动武装发动了反攻。伙会在我人民武装面前，一触即溃。平家疃重新回到了人民的怀抱，恢复了民主政权。1947 年春，平家疃人民在党的领导下成立了农会，选出了农会主任和副主任，下设八个大组。农会成立以后，对广大贫苦农民进行了土地还家的翻身教育，随即开展了土地改革运动。土改以后，又开展了清算恶霸地主的斗争。清算斗争结束以后，为了保卫胜利果实，警戒敌人"扫荡"，监视村里敌人的活动，在区委领导下，整顿了民兵组织，并且出色地展开了破交活动，直接起到了配合战争的作用。通县至承德的铁路 是国民党进攻冀东解放区的交通命脉，也是国民党反动派入侵东北解放区的重要军事运输枢纽。冀东十四军分区指示铁路沿线的武装力量，要发动群众，尽力破坏这条交通线。平家疃民兵积极执行了党的这一指示，半年内先后破交十五次。国民党反动派不仅常常因此中断军需物资的供应，而且还打乱了兵力部署。国民党和反动地主们对人民政权更是恨之入骨，他们组织还乡团，企图向平家疃人民反攻倒算。在清算斗争地主期间，地主武装伙会曾经两次进犯平家疃，都被民兵击退。1947年6月6日拂晓，还乡团勾结国民党军共约六十多人向平家疃发动突然袭击。民兵发现敌人来犯，迅速进行阻击，掩护我方人员转移到了河东根据地。平家疃又落入了反动势力的魔掌。敌人虽然占领了平家疃，但却无法牢固地控制这里。他们最怕游击队的袭击，白天敌伪到处横行，一到傍晚也都夹着尾巴溜到西小营去了。在黑夜里，游击队出没在平家疃一带，我河东区政干部也不断到村里来联系工作，向群众征集布匹、胶鞋、电池等物品。任务一布置下去，平家疃人民总是想尽办法完成。区政干部有时还到村里组织群众破交，一下能组织上百个人，只要是革命工作，平家疃人民都毫无怨言地抢着去做。1948年上半年，人民解放军开始转入全面反攻。国民党对北平外围地带进行了残酷的扫荡。反动武装几乎每隔一月就"扫荡"一次，并封锁了潮白河。从这时起我方在平家疃的活动暂时减少了。1948年下半年，辽沈战役结束，东北解放。第四野战军挥师入关，以排山倒海之势向华北地区挺进。11月上旬，盘踞在平家疃的反动武装都作鸟兽散。

11月17日，解放军进入平家疃。平家疃人民日思夜盼的日子终于来到了，群众奔走相告，欣欣鼓舞，全村都沸腾起来了。新中国成立以后，平家疃人民先后建立村政权、农会、武装部。村政权领导全村群众广泛开展了支援前线、拥军优属、生产救灾、社会救济等各项工作。1949年初，北京即将解放， 整个平家疃投入了紧张忙碌的支前活动，平家疃呈现了一片热烈、紧张的战斗景象。在广大群众的检举揭发下， 罪大恶极的反动地主们受到了人民政权的制裁和惩办。平家疃广大群众对此无不拍手称快，政治热情更为高涨了。平家疃人民从此当家作主，苦难的日子一去不复返了。

三、在平家疃发生的重要党史事件

（一）宋庄地区第一个党支部

抗日战争后期，随着革命形势的发展和党的力量增强，宋庄地区建立了最早的党支部。平家疃村人邓竹轩早在1943年7月就从北京城内回到村里配合地下党组织工作，开展革命斗争。1945年4月光荣地加入中国共产党，成为平家疃村第一个共产党员。1945年6月由三（河）通（县）顺（义）联合县五区区委书记李中飞和邓竹轩介绍，平家疃村刘祥久、邓福庆、张振庭三人加入中国共产党，同月，五区区委派荣再东同志到平家疃，帮助组建了平家疃村党支部，邓竹轩任支部书记。当时党支部成员多以伪政权身份开展活动。刘祥久是联保公所书记（属伪通县十二区翟里乡），张振庭是伪一保所所长，邓福庆是伪联保公所差役。由于党组织的活动有力配合了抗日根据地的斗争，引起了敌人的注意和恐慌，对党组织进行疯狂围攻，党支部成员只得转移。邓福庆去顺义四区工作，邓竹轩、刘祥久暂时前往北京，张振庭仍旧隐藏身份，留在村里工作。

（二）三通顺联合县抗日战争胜利庆祝大会在平家疃召开

1945年8月15日，日寇宣布无条件投降，抗日战争取得了胜利。胜利的消息传到平家疃，平家疃人民欣喜若狂，人们放鞭炮、踩高跷，敲锣打鼓，整个村子沸腾起来了。平家疃人民在严峻的抗日战争的岁月里经受了考验，得到了锻炼，终于迎来了抗日战争的胜利。三通顺联合县在五区的平家疃村召开 40 余村 2000 多人的庆祝大会，县委书记李子敬出席并做了重要讲话。

（三）平家疃成为三通顺联合县五区区政府驻地

抗日战争胜利后， 两面政权的局面结束了，平家疃的抗日地下政权转入公开活动，直接管辖全村事务，成为村里唯一的合法权力机构，三通顺联合县五区政府也迁入平家疃，这里成了五区的活动中心。区委书记李中飞，副区长施育民。这时村政权的主要任务是：组织群众，扩充力量，巩固地区，保卫胜利果实。为此，党领导平家疃人民开展了"减租减息、增加工资"的运动。通过"减租增资"运动，大大鼓舞了贫雇农对地主富农斗争的信心，提高了党的威信， 使贫苦农民体会到要翻身求解放，必须紧跟共产党。

四、平家疃人民灵活机动的斗争方式

抗日战争和解放战争时期，平家疃是敌我双方拉锯地区，斗争的复杂性、严酷性不同寻常。为了抗击日本帝国主义和国民党反动派，在中国共产党领导下，平家疃村人民群众积极投身于保家卫国的伟大斗争中，对侵略势力和反动势力进行了艰苦卓绝的顽强抗争，我方对敌伪进行斗争的方式，多种多样，方式相当巧妙。充分展现了运河儿女的智慧勇敢、英雄本色。

（一）化敌为我的岗哨

平家疃在抗日村政权成立以前，日伪招募了村内人员，在村里的十三条街道口都设立岗哨，以防八路军游击队的突然袭击。抗日地下政权成立后，这些原来专门对付八路军和游击队的岗哨，全被发展成为我方人员，反而用来监视敌寇活动，掩护抗日斗争。岗哨只要一发现敌寇进村，立刻层层传递消息，使村里的抗日干部得以迅速转移。用这种办法对付敌人，避免了不少损失。敌寇对此一直蒙在鼓里，我方以其人之

道还治其人之身，这是敌寇料想不到的。

（二）村庄化名

由于敌强我弱，为了有效打击敌人，保护自己，抗日地下武装巧妙地创造了村庄化名。化名就是将原来的村名改成别的名字，成为我方人员交流暗语。当时平家疃化名为田村，取疃字的左边部首"田"字，翟里化名李村，取"里"字的谐音。

（三）鸡毛信和火柴头信

大家耳熟能详的鸡毛信，为平家疃地下抗日人员广泛应用。村里的李学君老人听母亲说过，"鸡毛信表示信件重要，不能积压，用油纸包好，用蜡封住，渡河送信是组织信任的、熟悉交通的群众"。如果有更紧急情报，则在信上插火柴头，表示发信地已同敌人接触，该信火急万分，必须急速传递。地下信件按着路程次序层层传递，犹如接力赛跑，一直传到收件人为止。传递的层次虽多，但无差错。

（四）抗日物资转运站

为支援八路军和游击队，平家疃人民群众千方百计为抗日武装筹集物资。穷苦农民听说八路军征军粮，纷纷把自己省吃俭用节约下来的粮食拿出来。妇女们更不辞辛劳，夜以继日地赶做军鞋。一个任务布置下来，很快就能超额完成。敌人对购买胶鞋限制极严，只有通县城里才有，平家疃群众为了给我军弄到胶鞋，步行至县城，买到胶鞋后，穿在脚上，等过了封锁线，再脱下来交给我方人员。平家疃是河东抗日根据地的门户和物资转运站，河西抗日游击区各村支援抗日的粮食和物资以及我方向敌占区采购的军用物资等通常先集中在平家疃，然后再安全地转运到河东。

（五）平家疃地道

抗日战争后期，平家疃已成为河东抗日根据地的桥头堡。由于敌强我弱和地处平原区的特点，斗争环境险恶，附近的重要市镇都是敌伪据点，毗邻铁路和公路，敌人随时可能蜂拥而来，进行残酷"扫荡"。1945年春，地下村政权动员和组织了村上大批青壮年在平家疃后街挖掘地道。地道以关家街为起点，经邓家街至西家街，全长二里，深约八尺，地道的内部设计极为巧妙，不怕水淹烟熏，在某些地段沟道交错，设有歧道，以防万一敌人进入地道，诱使他们进入歧道，找不到出口。地道本来计划要与村东北的顺义南桃园村地道接上，形成一道长达十多里的地下长城，但由于村外土质多沙，不能挖掘，致使原定计划未能实现。虽然如此，但是已挖成的地道，还是起到了隐蔽人员的作用。

（六）地雷战

解放战争时期，平家疃是我方控制的堡垒村。为防止地主武装偷袭，村内民兵们每天放哨，夜晚在西大堤埋上地雷，防范敌人，白天把地雷起出来，防止误伤群众。1947年阴历四月十八，还乡团勾结国民党军偷袭平家疃，被西大堤埋地雷的民兵发现。平家疃村民兵们迅速组织起来，打了一场阻击战，胜利地完成了掩护村政人员和区政干部安全转移的任务。

（七）"破交"行动

通古铁路是北平通往东北地区的重要交通线，日本投降以后，国民党调遣精锐部队守卫铁路，广建据点，沿线每隔2—3公里修一座炮楼，派兵把守。铁路两旁十里以内，禁止种植高杆作物，以便控制这条交通命脉。在党的领导下，平家疃村民兵组织开展破坏铁路交通等行动，简称破交。为了配合我军行动，1947年上半年平家疃民兵组织先后破交15次。

（八）踊跃支前

1948年下半年，东北解放，大军入关。1948年11月17日，解放军进入平家疃村，平家疃迎来了解放。在平家疃村党组织领导下，全村群众开展了支援前线工作。1949年初，北平即将解放，整个平家瞳投入了紧张忙碌的支前活动。青壮年组成担架队，紧跟在战斗部队后面，哪里枪声最激烈，担架队就奔向哪里。妇女们为做军粮则煞费苦心，她们把小米煮得半熟，然后又将半熟的小米和芝麻炒在一起，为部队制作成可口的干粮。此外，村民们还组织起来，砍树、劈柴，运往前线。在广大人民群众的支援下，解放军形成对敌压倒性优势，北平最后和平解放。

五、平家瞳村的革命人物

（一）三通顺联合县五区区委书记——李中飞

李中飞，平谷县人。1944年11月至1946年2月，担任三通顺联合县五区区委书记。1946年2月至1947年9月，担任东部顺义县第五区区委书记。1944年8月，三通顺联合县五区区委书记李中飞来到平家瞳，成立了抗日地下政权，并组建了游击队，发展王子厚为游击队长。在李中飞领导下，平家瞳党组织迅速扩大。1945年4月，李中飞发展邓竹轩为平家瞳村第一个中国共产党党员。1945年6月经李中飞和邓竹轩介绍，平家瞳村刘祥久、邓福庆、张振庭三人加入中国共产党，同月，五区区委派荣再东同志到平家瞳，帮助组建了平家瞳村党支部，邓竹轩任支部书记，这是宋庄地区第一个党支部。根据村民回忆，李中飞经常在平家瞳村活动，与王子厚等人开会商量对敌斗争策略，在李中飞指导下，平家瞳游击队迅速发展为令敌人闻风丧胆的队伍。抗日战争和解放战争期间，李中飞长期在平家瞳村及宋庄镇活动，有着很高的威望和广泛的影响。

（二）威震敌胆的抗日游击队长——王子厚

据平家瞳村民刘耀老先生讲，王子厚是平家瞳村后街人，家中弟兄三人，他是长子。王子厚从小就给地主放猪看羊，受尽剥削和压迫。1937年卢沟桥事变不久，驻守通州的冀东伪保安队举行抗日暴动，起义队伍被日军击散，其中的一支队伍来到平家瞳，王子厚基于一腔爱国热情参加了这支队伍。一天，这支抗日队伍袭击了从村西潮白河经过的日军粮船，第二天，日寇就围剿平家疃，抗日队伍被打散。日寇对抗日军民的残暴迫害，更加坚定了王子厚的抗日决心。1944 年 8 月 12 日，八路军进入河西地区，来到了平家疃。不久，村里成立了抗日地下政权，平家疃成为我方河东抗日根据地的门户。平家疃隶属于通县，但基于革命斗争需要，将其划归三通顺联合县五区领导。为巩固抗日政权，扩充抗日力量，区委决定在平家疃建立一支抗日游击队，开展游击战。区委书记李中飞知道王子厚出身贫苦，机智勇敢，便有意栽培他，向他讲述抗日救国的道理。王子厚深明大义，积极帮助党组织筹建游击队。不久，顺义五区游击队在平家疃成立，队长由王子厚担任，李中飞兼任指导员。游击队成立之初，不到十人，没有枪支弹药，一切都要靠自己解决。在王子厚领导下，游击队机动灵活地开展游击斗争，先后奇袭东坝，在前赵村伏击伪军，偷袭通州铁桥炮楼，夺得大量武器弹药，游击队从几把大刀到拥有四十来支枪，由七八个人发展到三四十人。平家疃游击队威名大震，令敌人闻风丧胆，敌伪说："不怕八路军一个团，只怕王子厚一个连。"刘耀老人说，王子厚是平家疃人民心目中的英雄，在解放战争时期他转战东北，牺牲于辽宁绥中。王子厚阵亡的消息传至家乡，村民们极为悲痛，召开追悼大会，并将英雄的灵柩运回来，葬在村东大堤上。

（三）送子参军的英雄母亲——刘大娘

1945 年 5 月 7 日，日寇联队长山本调动了燕郊、白庙、李桥等地兵力约五六百人，对平家疃进行突然袭击，妄图将抗日武装一网打尽。天刚放亮，日伪军包围了平家疃，逐户搜捕八路军，寻找给八路军保存的公粮、捐款等物资，并把全村群众都赶进后街一家大院里，四周架起机枪，用刺刀逼迫群众交出抗日人员。平家疃群众视死如归，拒不回答。敌人气急败坏，使用毒打、热油浇身、往水缸里按头等酷刑，受刑群众任凭日本侵略者怎么折磨，一口咬定"不知道"！敌人气急败坏，当众挑死吕小牛等六人，另有三名掩护村中地道者和三名带路人也被刺死，这就是平家疃"三·二六惨案"。平家疃村民们饱含国仇家恨，迅速觉醒起来。惨案发生后，平家疃掀起了"打敌人、保家乡"的高潮，全村一百多青壮年加入民兵。为了争取抗日战争的胜利，平家疃人献出了自己最优秀的子弟。刘德的母亲刘大娘最初不愿意儿子参军，敌人的暴行使刘大娘头脑清醒起来，她不但不阻挠儿子参军，反而鼓励他说："不去打敌人，做了亡国奴，都逃不了敌人的毒手。要保命，要保家，就得去和敌人拼。"平家疃村人邓福山、刘德、刘广仁等同志都是在"三·二六惨案"以后参军的，他们在抗日战争和解放战争中先后壮烈牺牲，为中国人民革命胜利献出了宝贵的生命。

（四）宁死不屈的中共地下党员——张振庭

日本投降后，国民党进入北平地区，内战阴云密布。1946 年 4 月 29 日，国民党反动派突然向平家疃发动进攻，反动势力控制了平家疃，成立伪联保公所。1946 年 8 月，伪联保公所以"加强民防"为名，向全村派钱买枪。当时地下党员张振庭在平家疃坚持斗争，他机智地利用敌人内部矛盾，使他们发生内讧，敌人的计划没有得逞。张振庭原为平家疃村伪第一保保长，在党的教育下，他开始觉醒起来，积极为我方工作，通过多种斗争的考验，张振庭觉悟迅速提高，并加入了中国共产党。1946 年冬，解放军解放平家疃，建立民主政权。1947 年夏，敌伪军向平家疃发动进攻，平家疃再一次落入敌人魔掌。地下党员张振庭留在村内继续进行地下斗争。1947 年 9 月 1 日深夜，敌伪奸细冒充我河东解放区人员，找到张振庭，谎称河东区委领导人要其前往南庄头汇报情况，张振庭信以为真，被骗出村，在平家疃村东大堤被敌人抓捕。敌人将张振庭架到内军庄，严刑拷打，但张振庭宁死不屈，敌人一无所获。第二天夜里，恼羞成怒的敌伪将张振庭带到小营村活埋，张振庭为新中国成立献出了年轻的生命。

（五）终生控诉敌人罪行的革命老人——李振芳

1945 年 5 月 7 日，驻燕郊的日本侵略者率领近两千人的兵力包围了平家疃村，把全村青壮年分为两部分，抓到街中心路北张玉清的园子和刘家街西口路北王占奎家的院子里。李振芳就被集中在王占奎家院内。在敌人的逼问下，青壮年们只说三个字"不知道"。日军气急败坏，又把七个青壮年带到另一个院子单独进行逼问。头两个人坚持不说，都被刺死。敌人以为问一个不说杀一个，总有胆小怕死的会说出来。他们没想到，后边的比前边的还坚强。他们连续杀了五个人，用热油往身上浇，叫那两个还没被杀地看着。在问李振芳（他是军属）时，他想到反正也是死，不能这样死。于是他编了一套瞎话说："八路军存的枪和子弹，还有大炮弹，存在前边一家，我知道！"日本侵略者和伪军如获至宝，立刻决定去找。他带着敌人向北又向南，走了一街又一街。李振芳边走边想怎么跑的办法。走着走着突然窜进路北一家，由这家串到那家，窜了几家把敌人甩掉了。可是，由前街窜到后街，又被伪军截住，被追上来的日军带回原来杀人的地方捆起来打。旁边另一个青年邓德奎见敌人去打李振芳，没人看着他，趁乱蹿出门外就跑。日、伪军认为捆着的跑不了，先追跑的。这时，李振芳没人看着，就拼命挣脱掉绳子，也蹿出门外，向相反的方向跑，日、伪军首尾难相顾，一个也没追上，他们集合的时间到了。这样，两人算跑掉，活了命。平家疃惨案的发生，让李振芳认识到只有共产党才能解救劳苦大众。此后，李振芳不惧生死，积极地配合我党地下革命的斗争。新中国成立后，李振芳后半生都一直奔走于通州各中小学校、机关单位，讲述革命斗争中的亲身经历，讲述着旧社会人民的苦难，控诉日本侵略者和国民党反动派的残忍无情。李家有着光荣的革命传统，李振芳夫妇把自己的八个子女，均送到军队和国家重要服务岗位。

六、平家疃红色历史遗迹

（一）西大堤地雷战遗址

西大堤位于平家疃村西，现状为村西的一条道路，原为清代光绪年间李鸿章命人修筑的潮白河大堤，原来大堤很高，后来由于建筑取土等原因，大堤几乎被铲平。解放战争时期，平家疃村是我方重要的堡垒村，当时西大堤还比较高，像城墙一般具有防护村庄的作用。为防止地主武装偷袭，民兵们每天放哨，夜晚在西大堤西侧埋上地雷，防范敌人，白天把地雷起出来，防止误伤群众。1947年阴历四月十八，还乡团勾结国民党军偷袭平家疃，被西大堤埋地雷民兵发现。平家疃村民兵们迅速组织起来，打了一场阻击战，胜利地完成了掩护村政人员和区政干部安全转移的任务。平家疃西大堤地雷战是解放战争时期广大人民与国民党军队和反动地主武装进行斗争的重要手段，见证了解放战争时期我

平家疃地道和堡垒户分布示意图

方与敌人武装斗争的过程，具有重要的文化价值。

（二）地道遗址及红色堡垒户

为了粉碎日军确保冀东咽喉要道所采取的重点进攻的"剔抉""长途奔袭"等战术，从1944年冬季开始，三通顺联合县武装部长杨崇德推广冀中地道战经验，领导三通顺联合县东部地区人民大挖地道。挖地道是一项艰巨的任务，必须根据村庄的大小，先挖几条主巷道。洞高一般五六尺，宽二三尺，侧壁挖有灯台、藏人洞、会议室、厕所及通风口等。为观察打击敌人，还设瞭望室、射击室等，为防止敌人灌水、放毒气、烟熏等，洞内除设有反口、翻板外，还与水井、河沟秘密相连。同时还要挖许多支道，户户相通，使全村连成一体，还与邻村地道接通，既可转移，又可互相支援。挖地道相当困难，有时趴着挖，有时跪着挖。往外运土是用小口竖井一篮子一篮子提运，洞口及周围不能堆土。以免被敌发现。地道战在抗日中起了相当大的作用，它既能转移群众，又可坚壁物资，还可使抗日工作人员自由来往。而敌人却得不到一粒粮、一寸布，还随时会被民兵利用地道消灭。平家疃村地道开挖于1945年春季，由于时间久远，今天村里人很少有人知道其确切位置了。2020年年底，在村内老人刘跃带领调研组勘察了平家疃地道遗址的位置。该地道西北——东南走向，西北起自关家街，东南至西家街西北部。沿途有平家疃村第一个共产党员邓竹轩的故居，再往东是王子厚故居。

平家疃地道是抗日战争时期广大人民与日本侵略者进行斗争的重要手段，对保存革命物资和人员发挥了重要作用，是重要的抗日战争遗址，地道战对于通州来说，属于珍贵的斗争鲜活案例，具有重要的文化价值。

（三）东大堤革命烈士墓地

平家疃村东大堤有抗日战争时期村游击队长王子厚的墓地，但是由于经济建设原因，墓地遭到破坏，今日只能确定其大概位置，已经无法确认具体位置。

七、平家疃应打造成为北京城市副中心红色旅游示范村

人民群众才是真正的英雄，平家疃村感人至深的红色文化是一笔宝贵的精神财富，需要永远铭记。在北京城市副中心的大运河畔打造平家疃红色革命纪念基地尤为重要。党的十八大以来，习近平总书记多次到红色革命纪念馆参观考察，强调"发展红色旅游要把准方向，核心是进行红色教育、传承红色基因，让干部群众来到这里能接受红色精神洗礼"。抗日战争时期和解放战争时期，在中国共产党领导下，平家疃村广大村民同敌人展开了艰苦卓绝的斗争，配合共产党八路军、游击队有力地打击了日本帝国主义的嚣张气焰，在解放战争中踊跃支前，为新中国的成立作出了突出贡献。平家疃至今保留着抗日战争时期的地道遗址，地雷战遗址西大堤，革命烈士事迹也记录在案；受革命战争影响，平家疃村从军入伍的人较多，在抗日战争、解放战争、抗美援朝战争中涌现出众多的英模人物。平家疃村的革命斗争史迹完整，能够展现整个革命战争时期的历史画卷，讲述中国人民不屈不挠的斗争精神，在中国共产党领导下翻身得解放的壮阔历史进程。平家疃村完整的红色故事和丰富的红色文化资源是北京城市副中心的优质文旅资源，也是实现乡村振兴的有力抓手，建议进一步深入挖掘红色文化，将平家疃村打造成北京城市副中心红色旅游示范村，与运河文化交相辉映，使其成为大运河畔最为璀璨的明珠。

平家疃革命斗争大事记

1937 年"七七事变"后，毛主席作出建立冀东抗日根据地的指示。

1938 年，在中国共产党领导下，冀东人民发动武装起义。八路军主力部队挺进冀东。

1939 年，成立冀东军分区和冀热察党委冀东分委，并成立冀东抗日政权办事处。

1940 年底，京东根据地扩大至潮白河以东地区。

1944 年，冀东军区第十三团，决定向河西一带开辟抗日游击区。

1944 年阴历六月，八路军进入河西地区，来到了平家疃。

1944 年 10 月平家疃成立了抗日地下政权，平家疃成为我方河东抗日根据地的门户，同时也是一个重要的转运站。平家疃是顺义五区游击队的诞生地。游击队先后奇袭东坝，前赵村伏击伪军，夺得大量武器弹药。游击队威名大振。

1945 年春，为了防备敌人扫荡，经区委的倡议，村政权动员和组织了村上大批青壮年在平家疃后街挖掘地道。

1945 年阴历三月，敌寇对平家疃突然进行袭击，制造了"三·二六惨案"。

1945 年 4 月，平家疃人民在"三·二六惨案"以后掀起了"打敌人、保家乡"的高潮。平家疃组建民兵，前后一百多青壮年加入民兵。民兵放哨、警戒，配合八路军和游击队开展破交，破坏铁路、公路、割断电线。

1945 年 6 月，平家疃村成立党支部。

1945 年 8 月 15 日，日本投降，平家疃人民欣喜若狂，庆祝抗日战争胜利。三通顺联合县在平家疃村召开庆祝大会。

1945 年，日本投降后、国民党进入顺义、通县地区，内战阴云密布。

1945 年 11 月，国民党军向承德东北解放区发动进攻。反动地主武装不断骚扰平家疃，企图抓捕我村政干部。

1946 年阴历四月，国民党军扫荡平家疃，平家疃落入地主手里。平家疃人民为河东军民筹集公粮钱款，地下党员张振庭巧妙使用计策，使得敌人内讧。

1946 年冬，解放军解放平家疃，建立民主政权。

1947 年春，平家疃成立农会，进行土改，清算地主。

1947 年上半年，在民主政权领导下，平家疃村整顿民兵，开展破交，配合解放战争。半年内先后破交 15 次。为防止地主武装偷袭，每天放哨，并每天在西大堤埋地雷，防范敌人。

1947 年阴历四月，还乡团勾结国民党军偷袭平家疃，平家疃落入敌人魔掌。

1947 年阴历四月，地下党员张振庭被敌人抓获，杀害于小营村。

1948 年下半年，东北解放，大军入关。

1948 年 11 月 17 日，解放军进入平家疃，平家疃解放。

1949 年春，平家疃村踊跃支前：组建担架队、为军队制作干粮、砍树劈柴运往前线，监督坏分子。

1949 年 10 月 1 日，中华人民共和国成立，平家疃进入社会主义建设时期。

参考文献：

北京市通州区政协文史资料委员会等编：《烽火通州》，中央文献出版社，2005 年。

汤钰卿、毕克：《平家疃人民的革命斗争》，《历史研究》1965 年第 5 期。

中共北京市通县县委组织部等编：《中国共产党北京市通县组织史资料（1923——1987）》，内部资料，1990 年。

张向群：《通县人民抗日大事记（1931——1945）》，《文史选刊》第 15 期。

难以忘却的平家疃惨案

■ 刘正刚 刘祥久

平家疃东与翟里村接壤，西近内军庄，南邻徐尹路，北依顺义县。1944 年 7 月，三（河）通（县）顺（义）抗日联合县民主政权成立后，归属联合县第五区管辖。冀东抗日根据地党组织经常派人到平家疃村向群众宣传抗日救国思想，发展党员，组织开展地下抗战工作，宋庄地区的第一个中共基层党支部就是在这里建立的。在党组织的领导下，平家疃村很快成为通县东北部抗战支前的一个坚强堡垒。

当时正处于日、伪统治的残酷时期，该村敌伪组织机构是联保公所。村党支部主要成员利用伪联保公所这个机构，表面上在联保公所任职，实际上秘密组织力量，支持冀东根据地的正面抗战，把联保公所的权利牢牢掌控在村党支部的手中。比如巧妙地抵制日、伪军的公粮摊派；找理由拒绝从本村征用民夫。时间长了，敌人自然悟出些什么。地下党组织则发动群众提前做好了准备。1944 年冬天，在三通顺抗日联合县五区干部的指导下，组织动员部分村中青壮劳力，在村里秘密挖掘了几里长的地道，以防范敌人的突然来袭。

为支援前线抗战，平家疃村地下党组织发动群众，征调了几万斤公粮，并代区政府暂收保存附近各村抗日民主政权筹措的布款，还为游击队存放了部分武器装备。这些情况被盘踞在燕郊的日本特务所察觉，因而敌人作出了搜抢抗日物资，捕杀抗日干部的罪恶部署。

1945 年 5 月 7 日凌晨，驻守在燕郊、顺义、马各庄、张辛庄和白庙炮楼的近千名日、伪军包围了平家疃，逐街逐户进行大搜捕。之后，敌人把全村的青壮年强分为两部分，一部分关在街中心路北张玉清家院里；另一部分关在刘家街西口路北王占奎家院里。

关在张玉清家院里的一百七十多人，被日军用刺刀逼着面向西跪着。敌人凶神恶煞地叫喊着，翻译官一旁翻译，让现场群众指认谁是八路军、谁是游击队员、谁是抗日政权干部。给八路军征集的粮食、布款藏在哪里，游击队的手榴弹藏在哪里，地道出入口设在哪里？面对一连串儿的追问，现场群众没一人开口回答。敌人急红了眼，将四十多岁的孙松桥揪出，将他的褂子扒下来缠在脑袋上，光着膀子跪着。见敌军向刺刀上刷油，孙松桥高喊："我是老百姓，什么也不知道！"日军将蒙在他脑袋上的褂子扒掉，连踢带打，使他遍体鳞伤。这时，伪军又从外面抓来卖豆腐的吕小牛，他们放弃了孙松桥，立即追问吕小牛。吕小牛每天走街串巷卖豆腐，村里的事情知道的很多，但此时此刻他亮出了平家疃人的民族气节，任凭敌人严刑拷打，一句话也没有说。气急败坏的日军最后用刺刀刺进了他的胸膛。吕小牛为保护抗日干部和抗日物资，当场献出自己的生命。

被集中在王占奎院内的青壮年人，也同样遭到日军的严刑逼问，但他们异口同声说出的三个字都是"不知道"。日军先把其中的七个青壮年带到另一个院子单独进行逼问，头两个人坚决不说，都被刺死。后来又接着审问另外五个人，没想到这几个比前两个人还坚强。他们又接连杀了三个人，还用热油往他们身上浇，以恐吓两个还没被杀的村民。之后，他们追问军属李振芳，李振芳想到反正也是死，但不能这样死。于是他信口说道："八路军存的武器弹药我知道，就存在前边那家。"日、伪军如获至宝，立刻让他带路去找。他带着敌人南北转悠，走了一街又一街，突然窜进路北一条胡同，终于把敌人甩掉了。可是，当他从前街跑到后街时，又被伪军截住，最后又被追上来的日军带回原来杀人的院子捆起来抽打。旁边的村民邓德奎见敌人专注地抽打李振芳，趁乱窜出门外逃跑了，日、伪军急忙出去追赶。这时，李振芳拼命挣脱掉绳子，窜出门外向相反的方向猛跑，日、伪军首尾难顾，一个也没追上，两人总算捡回条活命。

一部分日、伪军在屠杀平家疃村民时，另一部分在挨家挨户搜查。猛然发现西家街路北于江家大院内浮土很多，日军认定院内有地道，便抓来三个村民（其中有一个是小学教师）寻找地道出口。三人都知道下面是地道，就故意磨蹭时间。日军用刺刀紧逼，三人为了保守秘密，就停下来向日军说这里没有地道。敌人红了眼，对准靠近的一个村民连刺两刀。另外两个人一看日军动了手儿，蹿上坑来就跑，被敌人追上逐一刺死。三名平家疃村民为了保护本村的地道，惨死在日本侵略者的屠刀之下。另外，被日军抓来的三名带路人，也被杀死在平家疃村外的一个坑边上。

知道内情的幸存者虽然生命危在旦夕，但都在和日军周旋、斗争着。日军刺死吕小牛后，游击队员邓福贵也被抓住。他四十多岁，平家疃本村人。头天儿晚上，他领了一百零五颗手榴弹用驴驮回来，由于没找到游击队，叫联保公所暂存起来。因情况紧急，用木桶装好埋在娘娘庙大殿的香灰堆里。他走后村党支部成员对他放心不下，又转埋到庙后的地下。日军问他是不是八路，他说不是。敌人又审问院里抓来的群众，大伙儿也异口同声说不是。日军就把邓福贵的头浸到水缸里，反复地淹灌他。淹了几次后，他实在受不了了，承认自己是游击队员，说出了埋藏手榴弹的地方。日军让他带路来到最初埋藏手榴弹的地儿，肯定没法找到，然后立刻带他回来找一同埋手榴弹的人。当时参与埋藏的刘祥久、贾新斋、刘长春三人这时全在人群中。邓福贵向人群扫视，正和刘祥久目光相对，在这千钧一发之际，邓福贵浑身增添了死而无畏的勇气，一咬牙扭身说："没有！"关键时刻，邓福贵没有出卖自己的同志。敌人又接着继续折磨他直到晕倒。

最后，日军把刘祥久架了出来，刘祥久是保管这批抗日物资的主要经手人。面对凶残的敌人，已经做好视死如归的心理准备。敌人又挑出蔺友庄、蔺钦如、邓营三个人，令其跪在刘祥久身后，继续追问抗日物资的下落。刘祥久三人都说不知道。日军一刀便朝最前面的刘祥久砍了下去，他身子一晃，刀砍在了他的礼帽沿儿上。敌人这时已经杀红了眼，把刘祥久等人押到一个土堆前跪下，做好行刑准备。这时翻译官到日军跟前咿里哇啦地说了一会儿，下达了收兵命令，这些人这才免遭劫难。

日军这一天屠杀了平家疃的十二名抗日民众，在通州抗战史上称为"平家疃惨案"。但尽管敌人如此猖狂凶残，却没有从平家疃村得到半点儿他们想得到的东西。

日军对平家疃抗日民众的大屠杀，更加助燃平家疃人民抗日救国的熊熊烈火，激发了人民对日本侵略者的深仇大恨和抗日到底的决心。"平家疃惨案"发生后，三通顺抗日联合县第五区区委书记李中飞等人亲自到平家疃村安抚死难者家属，恢复抗日组织。并对全体村民开展多种形式的宣传教育，讲清抗战形势，增强抗战信心，培养抗日积极分子，平家疃又再次成为宋庄地区的抗日堡垒村。

平家疃惨案（引自《烽火通州》）

（刘祥久，原通县退休干部）

英勇善战的寨辛庄人民

■ 刘正刚　西淮

　　寨辛庄是宋庄镇域西北部的一个小村庄，北邻顺义县半壁店、英各庄；东邻顺义张辛庄；南依本镇寨里村；西与葛渠村接壤。寨辛庄人民素有革命斗争传统，抗日战争和解放战争期间，在中共地下党组织和村民主政权的领导下，村里的民兵和党组织培养的骨干分子积极配合主力部队开展多种形式的对敌斗争，不但创立了许多丰功伟绩，也为后人留下了可歌可泣的革命斗争故事。

破坏日军交通运输线

　　1937 年 7 月 7 日卢沟桥事变后，抗日战争全面爆发。八路军在前线浴血奋战，后方的老百姓也以各种方式和敌人进行斗争。由于京古铁路从寨辛庄旁边穿过，寨辛庄的乡亲们在中共地下党组织的领导下，为了破坏日本侵略者的交通动脉，使他们的军需物资不能如期运送到与八路军作战的正面战场，寨辛庄的抗日民众组织起一支队伍，专门破坏敌人控制下的铁道。

　　经常出没在寨辛庄村的地下工作者人称大老薛。他动员了几十个有觉悟、身体棒的青壮年民兵骨干，首先召开预备会，统一思想。然后作好安排部署，对行动提前作好分工并准备了充足的破拆工具。

在一个没有月光的夏夜，大老薛秘密下达了命令，破拆敌人铁道的行动开始了。破拆队员都埋伏在张辛庄、窑上村的铁路旁，先派出岗哨监视敌情，在确认万无一失的情况下，大家按计划分头行动。拿扳手的拆掉铁轨连接板；拿铁锹、十字镐的挖铲渣石；拿撬棍的撬卸枕木；拿杠子、绳索的抬走铁轨……大约一个多小时，三百多米长的铁路只剩下光秃秃的路基了。

为了迟滞日本侵略者修复铁路的时间，破拆队员把拆下的枕木藏进高粱地，将铁轨沉入壕沟和水塘。这次行动干得干净利落，不但有力地配合了冀东抗日根据地主力部队的正面抗战，而且也沉重地打击了日军的嚣张气焰，拖住了他们的兵力和运输部署。村里的民兵骨干西治林、西治邦兄弟俩都参加了这次破拆铁道的行动，因为在行动中表现最为出色，受到地下党组织的称赞。

智擒蒋匪军

1948年12月，解放战争进入战略反攻阶段。辽沈战役胜利结束，平津战役已经打响，国民党反动派已面临全面灭亡。有些在正面战场上被打散的国民党正规部队残兵游勇及反动地方武装穷途末路，这些脱离了队伍的顽匪都想抓紧时间搜刮民脂民膏，掠夺财物后寻路逃跑。

一天下午，寨辛庄村闯来三个国民党匪军，其中一个连长和两个士兵。他们见村民徐权、白温正在大庙门前井沿儿饮牲口，便把两家的四头骡子全部抢到手。然后，他们又进入设在关帝庙大殿西耳房中的村公所，找到代理保长甄瑞。匪连长厉声喝道："你就是保长？赶快把村里的好骡马集中起来，我们要挑选几匹，用以驮运军需。"他们的如意算盘是每人骑一匹，再拉上几匹。一是换着骑可以跑得快；二是出了手就是一大笔钱财。

甄瑞明着不敢怠慢，但心里早有了准谱儿。他拿个白铁皮制作的喇叭筒，走街串巷，见了人就高喊："有骡马的人家注意啦！把牲口全都牵到庙里来，军爷要挑好的征用！"这实际上是给有骡马的人家报信儿，以便让他们马上把牲口转移别处。甄瑞在喊话的同时，还暗中和几位精明胆大的人商量好了对付国民党逃兵的对策。听到甄瑞的喊话，家有大牲口的徐超、徐营、徐祖瑞闻讯后都急忙把骡马牵到村南的乱葬岗子隐藏起来，那里地势低洼，不易被发现。

等甄瑞回到村公所，三个逃兵有些急躁，说："这么长时间怎么还不见有人送来牲口？"甄瑞回答："军爷先别急，再等会儿。想必您几位也劳累一整天了，要不我找人做点饭，烙饼摊鸡蛋，酒咱这儿现成的。"三个逃兵流窜了一天也真饿了，觉得吃饱喝足再跑更有力气，也就耐心地等待下来。

拖延到临近黄昏，只听从村西传来"叭、叭、叭"三声枪响。这是甄瑞事先约好王珍用打兔子的火枪点放的。枪响之后，张斌急匆匆地跑来报告："不好了，村西头枪响，解放军打过来了！"刚拿起筷子要喝酒吃饭的三个逃兵一听大事不好，扔下碗筷拔腿就跑。打头的连长欲从庙门逃出，早有准备的白树忠腿一伸就将其撂倒，先夺下他手里的家伙，又一拧胳膊，抻出绳子就把他捆了起来。另外两个逃兵没跑出几步，就在众人的包围下束手就擒。

（西淮，寨辛庄村人）

抗战时期的"破交"回忆

■ 张 源

在抗日战争中的一个很长时期，我的老家双埠头村以及周边一带，都是敌占区。面对极其凶残的敌人，当地的老百姓并没有被吓倒，他们在中国共产党的领导下，依然进行着轰轰烈烈地反抗斗争。当时的斗争形式很多，"破交"就是其中一项主要的方式。

"破交"是抗日战争时期，在抗日军民中流传的一种缩略语，是"破坏敌人交通线"的简称。一说"破交"，老百姓就知道是要扒铁道、挖断公路、在敌人交通线上埋地雷等等。

"破交"现场

当时，党组织在农村，经常进行多种形式的宣传活动，使党的抗日主张深入人心。我们全村的人都被发动起来，开展各种抗日工作。八路军县大队也经常深入各村组织群众，开展斗争。

我们村西不远就是京古线铁路，是敌军修建地从北京至古北口的铁路，这条铁路虽然只到密云的古北口，但与东北地区相策应，因此敌人非常重视这条铁路。不但派重兵把守，还经常有装甲车巡逻。铁路旁还有一条公路，通往顺义。别看白天敌人耀武扬威，但到了夜间，就成了我们的天下。为了打击敌人，我们就在夜间开展"破交"行动。

在当时，"破交"是打击敌人的重要手段。那时，农民手中没有现代工具，但是为了打击敌人，大家出主意想办法，群策群力，比如，利用人多的优势扭弯铁轨、用大锤砸断螺丝钉，将铁轨卸开。为了减少损失，"破交"往往都是在恶劣天气里进行，这样的天气，敌人更不敢出他们的驻地。当时的"破交"斗争，往往采用大兵团作战的方法，人多力量大。村里一发动群众"破交"，除了老人和小孩，全村人人都踊跃参加。

1944 年晚秋，地里的庄稼已收完。空旷的田野里只剩下少量的玉米秸秆堆放着。一天夜里，下着小雨，阴沉沉的天空黑漆漆的，我参加了一次"破交"行动。我记得那次行动，主要是为了破坏村西的铁路和公路。北起草寺村东南的张家坟，南至富豪村东，全长四五华里。我们村的人和其他村的很多人一齐干，将其中的铁轨、电线杆、电线、桥梁、涵洞等统统破坏掉。铁轨又长又重，被螺丝连接得很牢固，但是，在抗日群众面前，也没什么了不得。多次"破交"，我们已经积累了一些经验。先将连接铁轨的鱼尾板螺丝砸断卸下，原来连接铁轨就分开了，随后，将铁轨推下路基。然后，二三十个年轻人一齐喊着号子，把铁轨扛在肩上，抬到四五里之外的双埠头村东，扔到赵家沟河套里。这二三十人走过，地上就踏成一条小路，年纪大、不能抬的人就在后面，把这些足迹清除掉。对于从电线杆上割下来的电线怎么办呢？当时的办法是，把割断的电线卷成盘，运走或埋藏。有时由于情况紧急，就采取就近埋藏，或者扔进我们村南的大水坑。我和我哥哥，还曾经亲手将一盘电线埋藏在我家耕地里。奇怪的是，抗战胜利后，我们去找，却怎么也没有找到。大概是因年长日久，原来的标记记不清了。

这段铁路上还有一座桥。那是从顺义区境内南流的一条河，经尹各庄东到富豪村东，转而向南，到刘庄村后又西南流，到范庄村入运河。这条河在富豪村东穿过铁道，日本人在修路时，在河上架了一座桥。有一次，八路军在桥下安放了很多炸药，把桥炸毁了，敌军很长时间修不起来。铁路因此断了很久，给了敌人以沉重的打击。

敌人白天来修复，我们就在夜间就扒掉，全京古线一齐"破交"，让日军吃尽了苦头。就在他们白天来修复时，也不能叫他安安稳稳地修复。八路军采取各种方式进行扰敌。

骚扰日军白天来修铁道，八路军的办法多得很。一般的情况是，常以一个班的兵力出击，有时吹冲锋号，有时打一两枪，真真假假，虚虚实实，使敌人胆战心寒。

日军也怕死，为此在修复铁道时，不敢组织兵力步行，常常要用铁道装甲车。那时，老百姓管这种车叫"花皮车"。敌人非常狡猾，"花皮车"在从张辛车站开出时，他们把装甲车编在中间，前、后都挂上几辆平板车，上面装上铁轨和石头等重物，用来蹚地雷。"花皮车"配备有部分兵力、机枪和小炮等，火力很强，敌人用它壮胆。

我家邻居有一块地靠近铁道，为了抢季节耕地，农民常常要冒着危险，在入冬前将地耕好，以便于来年春播。邻居家缺劳动力，只有一位大嫂和年幼的孩子。那时，我已经学会犁地，就帮助邻居家秋耕。我和大嫂牵着一头小毛驴，大嫂在前牵着毛驴，我在后边扶着犁把地耕，耕了几趟，耕的深度和宽度合乎要求，觉得很不错，大嫂还鼓励我一番。

此时，敌人在修复铁路，不远处，八路军开始对敌人进行骚扰，我正好处在敌我双方的中间地带。地上没有隐蔽物，处境非常危险。这时，八路向我们高喊"老乡趴下，趴下，不要动，敌人不敢下车，不要怕！"我们就趴在地上，小毛驴挣脱缰绳，一溜烟向村里跑去。日军用机枪不停扫射，子弹就落在我们头前，嗖嗖地钻进土里，突突地冒烟。大难不死，捡了条命。

日本侵略者在通州地区的滔天罪行，比比皆是，很多民众被日本侵略者残杀，比如日本的1418部队头目小林和高桥，是典型的杀人狂。为此，我们永远不能忘记这段历史，更不能忘记与日本侵略者英勇奋战的英雄们，是他们流血牺牲，用生命和鲜血换来今朝的美好生活。我们应该饮水思源，不忘前贤，努力建设强大的祖国。

（张 源，通州区政协特邀文史委员）

关于平津战役指挥部宋庄旧址

■ 孙连庆

平津战役进行期间，总前委指挥部于 1949 年 1 月 11 日，从蓟县孟家楼迁驻宋庄村，2 月 1 日，林彪、罗荣桓、聂荣臻等由宋庄从朝阳门迁入北平。其间，党中央、中央军委关于平津战役的重大决策，均经指挥部组织指挥，贯彻落实，为通州地区留下了宝贵的红色文化遗产。与指挥部相关，涉及诸多方面的因素，本文试图从四个方面进行探讨。

一、平津战役发起前的形势

（一）军事形势

1946 年 6 月 30 日，国民党统治集团悍然撕毁停战协定，调集重兵向中原解放区发动大规模进攻，内战全面爆发。当时国民党总兵力430 万人，我军为 127 万人，双方比例为 3.4：1。敌强我弱态势明显。1946 年 7 月至 1947 年 2 月，我军依托解放区，实行内线作战，分批歼敌，共进行较大战役 160 多次，歼灭国民党军 71 万。国民党军全面进攻被粉碎，被迫改为重点进攻延安和山东解放区。到 1947 年 7 月，一年间我军共歼灭国民党军 112 万人，国民党军总兵力下降至 373 万，我军总兵力增长至 195 万人，双方比例为 1.9：1。人民解放军开始掌握战场主动权。

1947 年 6 月 30 日，以刘邓大军挺进大别山为标志，揭开了人民解放军战略反攻的序幕。西北、中原、华东、东北、华北五大野战军开始外线作战，把战场引向蒋管区。10 月 10 日，人民解放军总部发出"打倒蒋介石，解放全中国"号召。此后一年，人民解放军共歼灭国民党军 152 万人，收复和解放 15.5 万平方公里、3700 万人口和 164 座中小城市。1948 年 6 月，国民党军总兵力为 198 万人，人民解放军总兵力为 280 万，双方比例为 1：1.3。人民解放军已占据绝对优势。

1948 年 9 月 12 日至 11 月 2 日，东北野战军发起辽沈战役。以伤亡 6.9 万人的代价，歼灭国民党军 47.2 万人，俘获敌少将以上高级军官 186 名，消灭东北"剿总"司令部、东北"剿总"锦州指挥所各 1 个，兵团部 4 个、军部 11 个和师部 36 个。东北地区全境获得解放。

东北地区新中国成立后，人民解放军获得了稳固的后方和粮草、工业品的有力支持。战役结束后，按照惯例，解放军需要进行大约三个月的休整。部队补充的新生力量，需要进行政治思想教育和军事训练，以尽快形成战斗力；开好三个会：立功

历史资料

受奖大会、战役战斗总结大会、对于违抗军令、临阵脱逃者的公判大会。但是，淮海战役已于1948年11月6日打响，为了防止傅作义集团南逃，党中央决定东北野战军结束休整，提前入关，与华北野战军共同组织实施平津战役。于是，东北野战军

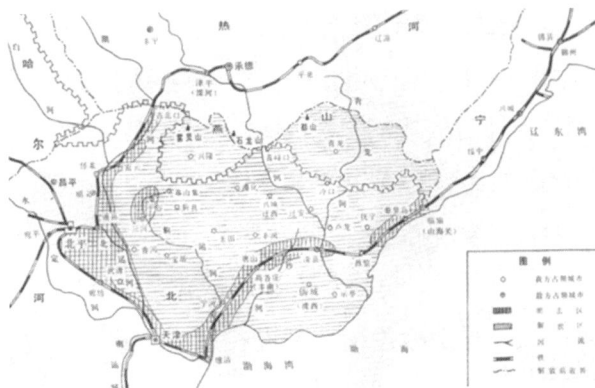

1948年8月冀东革命斗争形势图

70万人、随军行动的民工15万，于1948年11月23日从冷口、喜峰口、山海关分三路秘密入关。29日，平津战役打响。

（二）通县形势

1946年1月，中共通县县委县政府在西集侯各庄成立，通县的革命斗争揭开了新的一页。是年7月28日，安平事件爆发。随后，国民党军对冀东解放区发动大规模进攻。至9月，顺义、平谷、密云、怀柔、香河、三河和通县全部被敌占领。在县委领导下，广大农村发展和恢复基层党组织与群众组织，通县人民开始了反击国民党反动派的斗争。12月，县大队配合冀东53团攻克了敌安平、西集、漷县、永乐店、牛堡屯据点。1947年2月9日，冀东独立十旅、军分区53团和通县、三河县大队奔袭通县城，以牺牲21人的代价歼敌千余人，缴获大批枪支弹药和军用物资。此战极大地鼓舞了广大人民群众，震慑了敌人。随着国民党军全面进攻被粉碎，通县境内的国民党正规军大部分调出。1947年2月，

通县东部、南部 175 村进行土地改革，封建土地制度被铲除。1948 年，根据冀东十四地委指示精神，通县人民武装部于与外县人民武装相配合，主动展开对敌攻势，分别与 2 月、3 月、7 月、9 月歼灭通县、香河县敌常备队、伙会、壮丁队共 1700 余人，除张家湾、通县城和铁路沿线敌据点外，广大农村全部解放。

二、平津战役指挥部设在宋庄的重要意义

（一）平津战役是关键

三大战役，是中国两种命运、两种前途决战的重要组成部分。三大战役从 1948 年 9 月 12 日起至 1949 年 1 月 31 日，共进行 142 天。期间，国民党军起义、投诚、接受改编与被歼灭共 154 万人。消灭了国民党反动派的主要军事力量，为解放全中国奠定了基础。

三大战役是党中央、中央军委统一组织指挥，在长江以北大量消灭国民党有生力量全局中的重要组成部分，三大战役相互关联，相互促进。辽沈战役的胜利，使我们得到稳固的后方，有力支持了解放全中国的战略行动。淮海战役的胜利，标志着国民党在长江以北统治的瓦解，严重动摇了国民党上下的独裁梦想；同时，我军的力量大增，士气高涨，大大增强了解放全中国的信心，也为渡江战役的顺利展开奠定了基础。而平津战役和淮海战役的胜利，把国民党军主力消灭在长江以北，大大地加快渡江作战和解放全中国的进程。

在三大战役中，平津战役是三大战役的关键。辽沈战役胜利结束，敌卫立煌集团被消灭，东北地区解放。1948 年 11 月 6 日淮海战役开始，敌刘峙集团被我军团团围困，命悬一线。敌傅作义集团孤悬平津地区，已成惊弓之鸟。蒋介石命傅部南撤，傅担心蒋排除异己被吃掉，不愿从命，将所部部署在张家口、北平、天津、唐山、塘沽等城市，呈一字长蛇阵，以图在不得已时西逃或南逃。为此，党中央、中央军委一面调集东北野战军提前入关，对上述目标分割围困，一面命我军对淮海地区被围之敌暂时围而不打，造成稳住傅部的条件。中央决定

由林彪、罗荣桓、聂荣臻三人组成党的总前委，林彪为书记，统一指挥战役作战和接管平、津、张、唐等地的一切事宜。待条件成熟，1948 年 12 月 21 日至 24 日，解放新保安和张家口，被围之敌全部

历史资料

被歼灭，截断傅部西逃之路。12 月 12 日，唐山守敌弃城出逃，唐山市获得解放。1949 年 1 月 14 日，攻克天津，全歼守敌共计 13 万人，敌司令陈长捷被俘，1 月 17 日塘沽解放，傅部南逃之路断绝。1 月 19 日，敌我双方就和平解放北平问题达成一致。1 月 31 日，北平宣布和平解放。2 月 3 日解放军举行盛大入城式，平津战役结束。此役，歼灭和改编国民党军 52 万人，百余万北平居民免受战火摧残，千年古都完好地回到了人民手中。

假设平津战役没有打好，致使傅作义集团南逃，那么将带来严重的后果。傅作义集团 52 万人南逃，将会极大地改变淮海战役的敌我态势，使当时我军 66 万对敌 80 万的形势大为逆转，淮海战役将因此大大延迟，并给后面的渡江作战增加困难和不确定因素。所以，必须将傅作义集团解决在京津地区，为淮海战役和渡江作战的顺利进行，为迅速解放全中国扫清了障碍。

（二）和平解放北平是平津战役取得完胜的关键

平津战役指挥部，担负着组织实施党中央、中央军委战略战役决策的重要使命。在党中央、中央军委的英明领导下，平津战役进展神速。进入1949年，天津解放指日可待，傅作义集团西逃南逃无望，困守北平一城，孤立无援，北平解放已为期不远。

此时的古都北平，是中国北方著名大城市。有人口百余万，并有众多名胜古迹。如果实施炮火强攻，将会造成重大损失，给胜利后的建设带来很多困难，有些损失甚至是无法弥补的。因此，党中央、中央军委决定争取以和平方式解放北平。

为了贯彻党中央的战略部署，1949年1月11日，总前委将指挥部从蓟县孟家楼村西移至通县宋庄，以便靠近北平，就近指挥。与傅方的和平谈判从1948年12月15日在蓟县八里庄开始，期间，经过多方努力，包括请出傅作义的老师刘厚同、傅作义的长女傅冬菊（中共地下党员）和北平地下党做傅的工作。1949年1月14日，谈判地点从蓟县西移至通县温榆河畔的五里桥村，于1月19日双方达成和平解放北平协议。1月31日，傅作义所部出城接受改编，

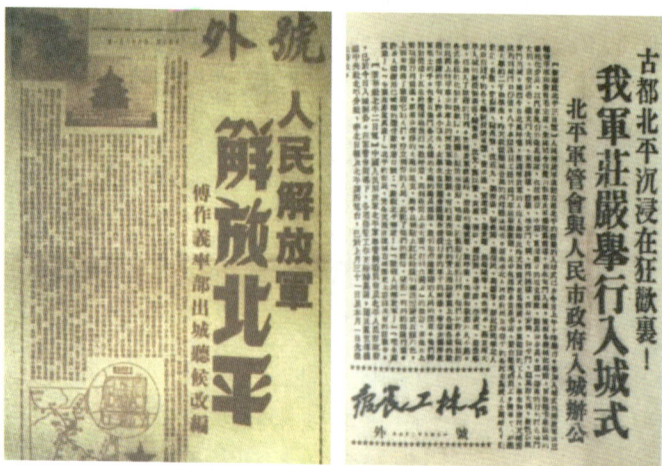

历史资料

北平换防仪式（1949.1.31）

人民解放军进入北平城（1949.2.3）

古都北平和平解放，人民解放军"塔山英雄团"入城接手防务。至此，党中央、中央军委的战略构想顺利达成。

三、 平津战役指挥部移驻宋庄的根据

平津战役进入 1949 年 1 月中旬，唐山、张家口、天津、塘沽渐次解放，傅部坐困孤城，内无粮草，外无援兵，逃跑无望。如果死守，死路一条；只有接受和平改编，才是唯一生路。对于此时的傅作义集团来说，共产党给出的条件已足够优厚。为了贯彻落实党中央和平解放北平的战略构想，指挥部靠近北平，就近指挥已势所必然。其次，通县地区历来是京东重镇，交通便捷，四通八达。地理位置和自然条件有利于军事通讯联络。再次，宋庄位于通县东部，靠近主干公路，有良好的党的组织基础和群众工作基础，地理位置适中，适宜指挥部开展工作。天时、地利、人和，选择宋庄是在情理之中。

四、平津战役中通县的贡献

1948 年 12 月 14 日，驻守通县的国民党军撤逃北平。此前，中共十四地委组建的中共通州市委员会、通州市人民政府和通县委员会、通县人民政府组成人员迅速进城，接管敌人溃逃后的地区。通州市领导机构驻通州镇，下设 5 个区。通县领导机构驻张家湾，下设 9 个区，西部新解放的 300 多个村庄，伪保甲组织暂时保留。

1949 年 1 月 11 日，随着平津战役指挥部进驻宋庄村，市县的工作重点迅速转移到支援平津战役。中共十四地委指示："要拿出倾家荡产的精神，全力支援平津战役。"市县分别成立以书记为首的战勤委员会，抽调大批干部，轮流值班，领导组织支前工作。市县发出"宁可麻烦千遍，不让解放军一事为难"的号召，广泛发动群众。工人、农民、城市居民、商人纷纷出钱出力，支援前线。

随着野战军大部队进驻，大批物资随之而来。

北平和平解放（油画）

历史资料

通县南下工作团出发前合影（1949.3）

市县在宋庄、通州镇、张家湾、潞县设立仓库和粮草供应站，储存物资，供应军需。同时，市县筹集粮食458万公斤，马草数十万公斤，供应前线。

市县动员战勤民工42万余人次，组建修路队、担架队、救护队、拆洗组等，集体吃住，组织应急培训，随时准备出动。

组织运输队，动员马车数百辆，为部队转运物资。各村组织群众为解放军碾米磨面，保证部队成品粮食供应。

组织民兵站岗放哨，盘查可疑人员，防止坏人破坏。动员青年参加解放军。

为五里桥谈判提供场地、后勤服务和外围警戒，配合解放军做好有关工作，保证谈判顺利进行。

部队官兵住在老乡家里，严守纪律，秋毫无犯。对群众嘘寒问暖，帮助打扫卫生，参加义务劳动，得到人民群众的高度赞扬。各级政府组织开展慰问解放军、军民联欢活动，到处涌现出"军民一家亲"的动人场景。遇有解放军部队过境，沿途群众在门前准备开水、鸡蛋、干粮，男女老少敲锣打鼓夹道欢迎。

1949年1月19日，和平解放北平协议达成后，野战军的工作转移到接管城市和改编旧军队上来，往日大战前的紧张气氛大为缓和。1月29日，适逢春节，人民群众和解放军共同庆祝新中国成立后的第一个重大节日，相互慰问、相互走访，市县组织40多个宣传队和部队的剧团、演出队一同组织慰问演出，城乡到处欢声笑语。

　　1948年12月30日，毛泽东为新华社撰写了题为《将革命进行到底》的新年献词。号召全党、全军、全国人民坚决彻底干净全部地消灭一切反动势力，推翻国民党的反动统治，建立人民民主专政的共和国。1949年3月，驻通县地区解放大军南下，去迎接新的胜利。一部分青年入伍，随军南下；县市抽调39名干部，组成南下工作团，随军入湘，进入湖南省南部江永县，参加接管新区的工作。

民俗传说

宋庄地区的庙会

■ 刘正刚

宋庄地区庙会的内容非常丰富多彩，它不仅是旧时农村每年度的一个农副产品交易场所，更是各档花会的一个展现平台。新中国成立前直至新中国成立后的一个时期内，宋庄地区的乡村文化活动主要集中在庙会和春节这两个时段，庙会曾一度成为乡村文化活动的集聚地。

根据史料显示，新中国成立前，宋庄地区有涉及佛、道、尼大小庙宇共33所（包括家庙），但在新中国成立后破除封建迷信和历次的政治运动中，大多作为它用并且后被相继拆除。目前镇域内还有富豪灵佑宫（娘娘庙），葛渠关帝庙、真武庙，管头药王庙四处庙宇。令人庆幸的是，目前上述几处残存的庙宇已由通州区文

葛渠村真武庙（2015年）

化委员会立项，申请专项资金作抢救性修缮保护。

旧时，规模较大、香火堪盛的寺庙每年都会定期举行佛道事务活动，俗称庙会。老百姓借此烧香许愿，求签祈福。同时，庙会也是商品经济不发达时代的交易场所，各种商品一应俱全。更重要的是，

旧时的庙会盛况（文献资料）

庙会以娱神为名筹办各种民间文化娱乐活动，大戏、曲艺、杂耍纷纷登场，观众来自十里八村。庙会的场面往往是人山人海，热闹非凡。

旧时镇域内名声最大，景象最为热闹的要首推草寺庙会。草寺庙又名碧霞宫，俗称娘娘庙，该庙建于明代，在清代时曾有过重修，庙基占地十余亩，每年的农历四月十八至二十日举办庙会。该庙盛时有老道 8 名，香火地（也称庙产地）近百亩。草寺庙建筑规模不算太大，仅有两层大殿和东西配殿。前殿供奉三皇（伏羲、神农、黄帝）；后殿正中供奉碧霞元君，左侧是眼光娘娘，右侧是子孙娘娘，配殿都是娘娘塑像。

庙会一般在开始前的半个月，商贩们就会陆续前来与庙里主持协商置办摊位事宜，力求抢占个好地段儿以兴生意。到农历四月十五（庙会的前三天）开山门的时候，赶庙的摊商们就已经基本准备就绪。当年草寺庙会摊商的分布状况大致为：山门里主要是妇女化妆用品、日常用品、绢花绒花、布匹鞋帽、

儿童玩具等；山门外左侧是舍茶的茶棚，茶棚的后面是酒棚，备有酒和肉食品及菜肴，再往左为各种农具摊；山门右侧是草帽、凉席、竹帘子、扇子一类货摊及各类小吃等；铁匠打制农具、木匠修理木器、石匠铣碾子铣磨、钉马掌的等服务性摊位一般设在离山门较远的宽敞处。

当年草寺庙会唱大戏时没有戏台，只是临时借用山门外的一个土坡，用芦席围起来作为演员化妆、休息的后台；再用杉篙、木板搭成一个与后台（即土坡）相连等高的前台，支起席棚就成为替代性的戏台。戏台搭好以后，一些有钱有势的豪门富户，把自家的马车摆在戏台前边的最佳位置，一层一层排成弧形。讲究的主儿还在车上支一遮阴的小篷儿（酷似戏院的包厢）。马车周围用多根木桩砸入地下将车死死固定，以免人流拥挤时车身晃荡，俗称"砸车"。大戏开演的日子，有钱人家的妇女儿童打扮得干干净净，坐在车上看得清楚，听得真切。平民百姓只能你拥我挤，伸脖踮脚儿。更有穷人家的孩子攀树上房，依托高端地形观看瞭望。

庙会上临时摊位（文献资料）

草寺庙会共3天，演戏两天半，戏班多来自北京、天津。剧种主要是河北梆子，偶尔也有蹦蹦戏（评剧），剧目有《三娘教子》《铁弓缘》等。据了解，当年草寺庙会请戏班子唱"大戏"的戏资，多由徐辛庄徐家、尹各庄池家等几家富户捐助，以此博得乐善好施的乡贤美名。

草寺庙会名气较大的花会有内军庄的耍叉；大庞村的双石会；大兴庄的高跷、跑旱船、小车儿会及中幡、舞狮等。每逢社会安定的年月，远近村庄十多档花会荟萃草寺，给庙会带来热闹非凡的场面。草寺庙会于1958年后消逝。

堤子村关帝庙庙会。堤子是"六合村"没"合"之前其中的一个自然村，关帝庙庙会就在坐落于本村的关帝庙内外举办。每年的农历五月十三日是关帝生日，为祭祀他，道士们都会举行大型道场香会，久之形成庙会。

旧时，关帝庙在通州城乡有150余座，但只是其中的三座关帝庙有庙会。一处是旧城南门外迤西的王恕园关帝庙；另一处是永乐店镇古街北侧的关帝庙；再一处就是堤子村的关帝庙。庙内主祀三国蜀汉大将关羽关云长。他忠义一生，气盖千秋，历代帝王都嘉许他的忠义，以求皇图永固；而历朝将帅则羡慕他的勇武，供祭他以求所向无敌；黎民百姓则敬重他情深意长，供奉他以求维系手足之情。此外，民间还以他为财神形象。因此在漫长的历史岁月里，关帝在社会各界人士中都被广泛追捧，坐享众人祭祀。

关羽被供祭为神，始于南朝陈时佛教天台宗创始人智凯，把他列入寺院守神——伽蓝神。宋徽宗崇宁元年（1102），在社稷岌岌可危之际，追封他为"忠惠公"；大观年间（1107-1110），加封他为"武安王"；宣和五年（1123），又敕封他为"义勇武安王"；到南宋淳熙十四年（1187），为祈灵佑助抗金，再封他为"壮缪义勇武安英济王"。约在"两宋（南宋、北宋）"时期，道教开始建庙供祭他。满族日兴，明朝危急，明代万历四十二年（1614）秋，晋封关羽为"三界伏魔大帝、神威远震天尊，关圣帝君"。到了清代，封号屡加。清顺治九年，改封关羽为"忠义神武大帝"；乾隆三十三年（1768），加封"灵佑"；嘉庆十八年（1813），又加封"仁勇"；道光八年（1828），再加封"威显"；咸丰二年（1852），复加封"护国"；咸丰三年继加封"保民"；咸丰六年（1856）续加封"精诚"；咸丰七年（1857）接加封"绥靖"；同治九年（1870），加封"翊赞"；

光绪五年（1879），又加封"宣德"。合起来为"宣德翊赞绥靖精诚保民护国威显仁勇灵佑忠义神武大帝"，可以说是到了登峰造极，无以复加的地步。封号字数之多，多于佛道诸神，简称之为"关帝"。

堤子关帝庙的规模其实并不算大，南向"二进"院落，但因旧时通州只有三处关帝庙有庙会，这里又得益于水、陆交通便利，所以旧时的堤子庙会远近皆知。而且，此时繁忙的"夏收"刚过，第一批夏粮已经填仓入囤。此时举办庙会，即能迎合农民丰收后的喜悦心情，又能及时求雨保苗（夏播作物），企盼秋季再有个好收成。这时，草寺庙会刚刚过去时间不久，又有堤子庙会隆重开场，可以说当时镇域内的庙会此伏彼起，高潮不断，盛况空前。

另外，镇域内旧时还有一处庙会，既双埠头药王庙庙会。双埠头药王庙南向"二进"院落，主祀药王神农氏和战国名医扁鹊，为一座道教药王庙。

双埠头药王庙的正殿供祭东岳大帝，乃是天地之神，民间认为此神有降妖冶鬼之道。世人则祈祷药王保佑无灾无病，身强体健，延年益寿。双埠头庙会在每年农历三月二十八日，此乃东岳大帝生日，只一天。此时节气正值严冬已经过去，春天扑面而来，大地万物复苏，但也正是瘟疫流行的时节。所以药王庙道士们要在这一天举行道场香会，祈求药王保佑众生健康平安。百姓们也都希望一家老小去病消灾，故来此庙听经、上香者络绎不绝，熙熙攘攘，形成庙会并传承下来。

双埠头药王庙庙会的活动内容与草寺、堤子庙会大同小异，与上述两处庙会相比较，只是多了些其他庙会上少见的特殊物品，即一些民间药商出售的应时野药和民间郎中自己制作的丸散、膏药等药物。当地百姓为防病治病，也会争相购买，留存备用。所以说，双埠头的药王庙庙会还是具有一些独自风格特点的。

20世纪50年代初、中期，随着"破除迷信，移风易俗"理念的提出，当地的庙宇被先后拆除，新兴的文化活动取代了特有的"庙会文化"。与此同时，农副产品和生产资料的购销统一归属到供销合作社经营，镇域内的庙会大多在此时销声匿迹。

民间花会与民间技艺

■ 刘正刚

一、民间花会

高　跷　师姑庄高跷会成立于清朝晚期，到新中国成立前会头传承人为梁德瑞，主要角色 12 个。每逢外出演出，全体演员扮好妆走平地，去拜佛打出乡鼓，求佛保平安；演出回来后，还要去拜佛，告之神佛已平安返回，还要击回乡鼓。1995 年活动停止。另外，域内还有两支成立年代比较久远的，一支是翟里高跷会，另一支是平家疃高跷会，均组建于清朝光绪年间。

小堡高跷会成立于民国十四年（1925），初期会头是谁已无证可考。高跷会初为 12 个角色，旧时逢农历九月十三是该村土地爷生日，高跷会要举行庆祝活动。演出前全体演员要拜土地（神），演出后也要拜了土地才能卸妆回家。1966 年后停演，1985 年恢复演出，会头为高文焕、高文通，其会又别称"万民童子同乐会"，角色由 12 人很快发展到 24 人，会员多时 100 多人。主要演员有周通、崔世明、周庆龙、袁保付、高文生、高定瑞、刘宝莲、刘俊达、宋明儒、李宝厚等。自 1986 年北京庙会恢复后，小堡村高跷队每年春节都被邀请前去演出，曾参加过北京厂桥庙会、龙潭湖庙会、天坛庙会、地坛庙会的民间花会表演。2000 年以后，因本村道路全部硬化，不宜高跷表演，将高跷改为"地蒲露"，但其装束、动作没变。在高跷队演出的同时，小堡村的小车儿会、跑驴、秧歌等民间艺术类别也同时兴办，有200多人参与活动，先后参加龙潭湖庙会和全国民间花会调演，曾获得北京"龙潭杯"二等奖；"地坛杯"纪念奖。

小车儿会　师姑庄小车儿会名声较大，小车儿会成于何时，待考。第一任会头叫张治中，有演员12人，乐器有唢呐、鼓、锣、钹等，根据吹打乐曲进行表演。排练时间在每年秋收后农闲，正月初二至十五元宵节演出。另外，每年农历三月初一逢孤山庙会前去走会，外村也时有邀请演出。1995年活动停止。

大庞村双石会　又称杠子会，是独具宋庄地区特色，又被群众喜爱的一档民间花会。大庞村双石会始建于光绪三十一年（1905），初时会头张风池，主要组成人员有孔献江、王强（为底座技艺），另有王显平、马占山、王彬、任兴奎（为挑顶技艺，在顶尖拿倒立动作），鼓手宋德温、马文良。

双石会的主要表演道具有3条板凳，一宽两窄，供"底座"躺在上面表演；5块石头，外圆内方，用木杠穿起平分载两端，最大一块石头重350斤，由一人双脚蹬着表演大转圈动作。其次一块石头为300斤重，一人双脚底下蹬着，一人在杠上表演倒立动作；第三块石头为

小堡高跷会慰问演出（1988年）

250 斤重，由一人仰卧在杠上双脚蹬举石头，另有俩人在石头上表演各种动作；第四块石头 120 斤重，一人双脚底下蹬杠铃，4 人分两层上下表演各种动作；最小一块石头 40 斤重，可以做多个高难动作。

当时，公益双石会主要表演项目有小五框（又称三空桥）、九头鸟（又称土佳人）、大五框等。小五框表演是一个人躺在大凳子上双脚蹬着 250 斤重的一副杠子，再上去 3 个人，分上下两层做倒立动作；九头鸟表演为一个人蹬着 120 斤重的杠子，另有 8 个人分三层头朝外做各种动作，观众可明显看见 9 个人头；大五框由 11 个人分上下 4 层表演，最底层由 1 个人双脚蹬杠，最上层由 1 个人倒立拿对手顶，中间各层分别做各种动作。大庞村双石会每年要去蓟县盘山进香走会；每年阴历四月十八赴草寺庙会；每年正月初二至十五在民间表演。1956 年大庞村双石会彻底结束活动。

秧　歌　当地俗称扭秧歌，参加人数没有明确规则。宋庄地区秧歌既有传统的节目如《大花轿》《罗锅抢亲》，又有创新的节目，如彩绸舞、扇子舞、腰鼓、伞舞等，同时又吸收了小车儿会、跑旱船等民间舞蹈成分，有伴奏秧歌、歌曲秧歌、健身秧歌等。

域内秧歌建队较早，阵容较强的有小堡村秧歌队，成立于 1986 年；富豪村秧歌队成立于 1992 年；六合村秧歌队成立于 1997 年，有队员 40 人，表演形式有腰鼓、健身秧歌、健身操舞、太极扇、花棍儿，曾在区文化委组织的秧歌比赛中获得二等奖，多次在宋庄镇组织的秧歌花会比赛中获一等奖。之后，随着人民群众物质生活水平的提高和健身意识的增强，2000 年以后，镇域内秧歌队曾达三十支之多。1995 年通县举办"春潮"秧歌大赛，宋庄镇派队参加并荣获大赛二等奖。

除上述几档花会之外，域内还有跑旱船、跑驴儿、打花棍儿、腰鼓等。

二、民间技艺

邢各庄盒灯　据《通县地名志》记载，邢各庄元代已经成村，依邢姓大户得名。这个村子过去素有制作烟花爆竹的传统手艺，旧时的爆竹作坊比比皆是。至于冬令或农闲时节为爆竹作坊"搓筒子""插捻子""收灶火灰（制火药用）"的农户更是数不胜数。所以，这个村旧时家家供奉的大神是火神爷。至于邢各庄从哪朝哪代就做起了这个行当，现在已无证可考了。但《通州文化志》收录的"潮白河畔四有名"第三句就提到了它，"邢各庄的爆竹赛鸟枪"，可见历史之久远。

"盒灯"，宋庄本土人多俗称为"放盒子"。它的制作原理、使用的材料和烟花爆竹同出一脉，但制作技艺却比烟花爆竹难度高出多少倍。据说这种民间技艺过去在京东方圆几百里只有邢各庄少数几人掌握，燃放现场也在邢各庄村。

"放盒子"时先用杉篙搭好三丈多高的架子，把"盒子"吊在上边。"盒子"分为两部分，一部分为"外场儿"，有万头鞭、放线旗、牌楼、四把火伞、葡萄架、跑马城等；第二部分为"盒子"本身共五层（节），一层为戏剧故事或民间传说；二层为对联；三层为万盏灯；四层为花篮；五层为燃灯塔。"外场儿"圆形结构，与"盒子"有轴相连，自由转动。燃放时，图案五光十色，犹如瀑布直泻而下，一层层垂落，每掉一层就换新内容（内容与时代背景相关）。先向观者"恭贺新禧"，然后映出"燃灯塔""珍珠帘""福禄寿三星""八仙人"及一些戏剧人物。有的还能映出

放盒灯（档案资料）

诗词，有文人墨客形容现场实景为"字如斗大，良久方熄"。"外场儿"场景在转动中显现，烟花照耀，形象逼真，场面壮观。"盒子"放完后，大小旗火、八交子、太平花、松鼠偷葡萄等烟花腾空而起；万头鞭、二踢脚、麻雷子响声此起彼伏，使人流连忘返，可说是京东地区传统民间文化技艺一绝。

以制作烟花爆竹出名的邢各庄村，旧时每年灯节（正月十五）或农历四月十五都要"放盒子"。到 20 世纪 30 年代，制作、燃放盒子的主事人是王德瑞、王德俊等兄弟三人。所用的材料、费用都是由村里生产烟花爆竹的各家作坊集资、集料，由业内懂行人组织手艺精湛人员义务制作。燃放时的开支向各家作坊和当时村中富户筹措，渐成规矩且长期践行。

1958 人民公社化以后，邢各庄村所有的烟花爆竹作坊陆续归为一处，以队办副业形式仍然存在，并有过两三次间断性的"放盒子"活动。到 1976 年放完最后一次"小盒子（制作较简易）"后，此活动停止。1990 年北京第十一届亚运会开幕之前，为消除安全隐患，邢各庄彻底结束烟花爆竹的生产历史，而制作"盒子"的手艺已经失传。

据老年人回忆，当年邢各庄村"放盒子"时，村里村外驴吼马嘶，人山人海，从各方赶来的观看者达万人之多。富裕家庭为接待前来落脚儿的亲戚朋友居住用餐，得重新准备多于过年时几倍的年货（放盒子在正月十五，这时春节已过完），戏称"过二次年"。要是遇上几门屁股沉的亲戚一住就是几天，搁谁家经得起这样的折腾呀。所以宋庄地区有一句在外界绝对听不到的民谚"一场盒子吃穷人"。

空竹张　张国良出生于空竹世家，从 10 岁开始和父辈学做空竹，1990 年在宋庄镇六合村开办"张国良空竹制作工作室"，是京城空竹制作世家"空竹张"的唯一传人。

张国良制作的空竹有几十个品种，上百个规格。最小空竹直径只有 1 厘米，最大的直径 108 厘米。用材有花梨木、紫檀木、乌木；工艺上融入了雕刻、烙花、镶嵌；样式上有单头、双头、楼子、葫芦形、酒坛形、花瓶形、鼓形、球形等。2006 年春节，张国良的作品"福娃空竹"参加了"北京风情舞动悉尼"活动。福娃空竹是由 5 个空竹组成的空竹组合，下端刻着北京 2008 年奥运会会徽，上端刻着五个福娃的形象，赢得市民的交口称赞。他创作的"奥运空竹"重 16 公斤、具有 165 哨，空竹正面图案为长城和天坛，背面是 2008 年北京奥运会会徽标志，空竹直径达 108 厘米，寓意为到 2008 年奥运活动走过 108 年。空竹柄长 2 8 厘米，寓意空竹在第 2 8 届奥运会期间制作的。张国良的空竹制作技艺分别被列为通州区级、北京市级、国家级非物质文化遗产保护项目。

羽毛贴画 羽毛贴画的技艺人为小堡村靳文玲。2000 年靳文玲受到定居在小堡村画家的影响，看到本村有养鸟、养鸡、养鸭子的，脱落下满地羽毛，萌发了用羽毛粘贴画的想法。她请画家先在画布上画好草样儿，然后用胶水把不同颜色，不同大小，不同粗细的羽毛一片片粘贴在画布草样儿上，一幅幅羽毛画竟在她手上奇迹般的诞生了。到目前她已完成几百幅作品，有富贵牡丹图、百鸟朝凤图、两鸟栖枝图等。

薛华制作的葫芦系列鸽哨（2015 年）

鸽 哨 传承制作人为域内小营村薛华。薛华从 1982 年开始制作鸽哨，他博采众长，精准选材，用锯、刀、钻、锉、錾在作品上施以多种技法制作出四类不同风格的鸽哨系列作品。葫芦类：主要有小中大截口、三截口、众星捧月、截口捧月；联筒类：主要有三联、四联、五联、二筒、三筒、鼎足三筒、四筒、四足四筒；星排类：主要有梅花七星、五排、三排；星眼类：从七眼到十五眼不等。一个鸽哨从设计到完成要经过选材、挖口、打磨、黏结、镶把、钻孔、雕刻、校音、上漆等十道工序，而且每个鸽哨都标刻一个"华"字。薛华制作的鸽哨不仅被国内一些艺术场馆收藏，有的作品还销售到国外友人手中。

新中国成立后的群众演出团体及活动

■ 刘正刚

新中国成立后，通县一区（宋庄）党委和政府十分重视文化事业发展。这个阶段在各乡、村基层政权组织的引导下，群众性民间演出团体兴起，它不但填补了乡村文化的空白，而且在内容上也沿着健康向上的方向发展。

富豪评剧团成立于 1952 年，最初时由张月斌任团长，后由杨国庆兼任。全团 40 余人，演出剧目有《孔雀东南飞》《小姑贤》《墙头记》《卷席筒》《茶瓶计》《刘云打母》《马寡妇开店》《秦香莲》及《小二黑结婚》《刘巧儿》《小女婿》《夺印》《三月三》《游乡》《会计姑娘》《收租院》等。1964 年，北方昆曲剧院李鸣声等人组成文化工作队，曾到富豪村评剧团辅导群众戏剧排演活动。该剧团冬闲排练，春节演出。除在本村活动外，还先后到域内的大庞村、大兴庄、宋庄、尹各庄、沟渠庄、小营、双埠头等村庄演出，剧团的经费主要靠村里供给，先后置办了 5000 元左右的服装、道具。1981 年，通县举行戏剧会演，富豪剧团荣获一等奖，1982 年剧团解散，富豪评剧团的演出及活动被收录进《中国戏曲志》。

翟里剧团成立于 1953 年，翟里村村民邓瑞臣、杨克彬、崔文红、马学贵等自发成立翟里剧团委员会，在村政权组织的支持下，精选骨干人员组建翟里剧团。聘请汤希泉为艺术指导，排练京剧、评剧、河北梆子。汤希泉是顺义县人，每逢到翟里村剧团进行艺术指导时，人住在崔文红家，饭在 12 名剧团团委家轮流吃，没有其他待遇。剧团所用服装、道具由村民集资购置，参加活动的演职员没有任何报酬。每年正月初二至正月十五，剧团组织演出。演出的剧目有《秦香莲》《豆汁记》《卷席筒》《小女婿》《夫妻识字》等。每次演出时本村及邻村群众纷纷前来观看，场面极其热烈。剧团于 1957 年曾停止活动。1962 年初，剧团在村党总支书记邓尚林支持下恢复活动。剧团骨干有邓存荣、曹尚彬、乔振录、王桂元等，演出的剧目有《秦香莲》《卷席筒》《夺印》《三月三》《龙江颂》等，县文化馆文化干部经常到村里进行辅导。演员在演出时间内享受生产队工分补助，演出范围除在本村外，还曾应白庙村邀请进行四天公演。剧团在 1966 年再次停止活动。1978 年剧团恢复，骨干有邓存荣、曹尚彬、乔振录、王桂元等。剧团的组织工作由时任村团总支书记邓存山负责，实行民办公助形式。全体演员白天到大队种子田集中劳动挣工分，晚上到大队部排练演出，给予一定的工分补助。为提高艺术水平，特聘请通县文化馆文化干部夏德勇、北京梆子剧团韩强做艺术指导。剧团除在本村演出外，还曾参加市、县级文艺调演，并在宋庄公社礼堂进行售票商演。

另外，宋庄地区还有少数群众演出团体虽时间不长，但也取得过很多荣誉。1965 年 11 月在北京召开的华北局"五省二市"农村文化工作会议上，小营村（时属徐辛庄公社）党支部书记就本村文化俱乐部建设和群众演出团体活动的开展作了典型发言与经验介绍；平家疃评剧团在1981 年 12 月通县文化馆组织的农民戏剧调演中演出的评剧《三月三》获得好评，被收录《通州文化志》大事记中。

农村文艺宣传队是产生于 20 世纪 70 年代的文艺宣传演出团体，具有浓重的时代色彩。在整个社会氛围的影响下，这一时期宋庄、徐辛庄公社各村基本都组建了文艺宣传队。

宣传队的演出内容大多伴随着运动发展各阶段主题进行。演出的节目一般为跳"忠字舞"、对口词、快板书以及大、小合唱，革命样板戏选段等。有实力的宣传队也能利用民族乐器，自编、自导、自演一些配合形势宣传的小节目或排练演出革命样板戏其中的一个选场。由于当时文艺宣传队的所有演员来自群众之中又被群众所熟悉，而且贴近现实生活，客观上也给群众当时单调的生活带来过快乐，从某种程度上活跃了农村文化生活氛围，但它毕竟是一个时代产物，20 世纪 70 年中期所有农村基层文艺宣传队彻底解散。

群众性演出团体、新时期群众演出团体总是伴随着时代发展而变化。随着物质生活水平的提高，广大群众对文化活动的参与意识越来越强，新时期的群众性演出团体脱颖而出。瞳里群星艺术团是一支由农民组成的群众艺术团体，成立于 2012 年 3 月，先后投入 127 万元演出费用。艺术团聘请专业人士定期施教，文化艺术骨干积极带动，使艺术团规模和影响很快得到扩大与提高。瞳里群星艺术团先后成功组建了合唱团、民乐队、舞蹈队、腰鼓队、秧歌队、京（评）剧社、管乐队、曲艺队、舞龙舞狮等十余支业余文艺团队，参与演出人员最多时达到 1200 人。艺术团通过身边发生的真人真事、好人好事为原型，自编、自导、自演群众喜闻乐见的文艺节目。其中快板书《和谐瞳里新飞跃》；评剧《瞳

文艺宣传队演出照（1968 年）

疃里群星艺术团歌舞演出（2014 年）

里村在前进》《疃里幸福梦》；腰鼓队表演的《幸福的生活》；舞蹈队表演的《从梦开始的地方》；大合唱《运河之歌》《走向复兴》在市、区文化部门组织的群众文艺调演活动中均多次获奖。

2012 年 5 月，在通州区文委举办的"繁荣杯"大赛中，疃里群星艺术团百人合唱团获得大赛二等奖；三人组萨克斯的演奏获得大赛三等奖；十六人表演的舞蹈《欢天喜地》获得大赛三等奖的好成绩。2012 年 6 月 5 日，在四海公寓节能改造工程启动仪式上，五十人的腰鼓队作为迎宾方阵，步伐整齐，鼓点响亮，为启动仪式增添了色彩。2012 年 9 月，三十人的腰鼓队在通州区第四届全民运动会优秀健身项目风采展示比赛中，获得大赛三等奖的好成绩。

宋庄本土的文学创作与书画艺术

■ 刘正刚

一、文学创作

新中国成立后，域内人民群众庆祝翻身解放，当家作主的喜悦心情溢于言表，部分乡村群众自发地组织起文艺演出团体，自编、自导、自演一些小剧种、小节目。少数有文化基础的人为其创作演出脚本，这一时期为镇域文艺（学）创作的初始阶段。到20世纪60年代中期至70年代初期，此类演出团体大多被文艺宣传队取代，演出和创作内容也随之转变。

20世纪70年代中后期，受著名作家浩然在通县实施"文艺绿化工程"和刚平反复出的通县籍著名作家刘绍棠影响带动，域内文学创作氛围逐渐浓厚，一部分文学青年致力业余文学创作并取得初步成果。1978年师姑庄大队社员樊福林的短篇小说《第一次出车》于是年在"北京文艺"3月号上发表，在域内业余文学创作者中产生极大鼓舞。

1982年春，由宋庄公社文化站组织的宋庄业余文学创作组正式成立。期间，通县文化馆文学创作组的业务干部经常来到宋庄公社对业余文学创作组成员进行指导。业余文学创作组不但定期组织成员在文学创作方面就自己的创作体会和作品进行交流，而且还利用节假日到基层单位采访，充分体现基层生活，寻找创作源泉。

1983年4月，通县文化馆在工人俱乐部举办了为期三个月的文学创作讲习班，宋庄公社共有13名学员全程参加了学习培训。讲习班结束后，通县文联为参加此次讲习班的业余作者专门出版了《运河》文学杂志增刊，在这期增刊发表的 20 篇文学作品中，有 3 名宋庄学员的作品被收入。次年，高辛庄村民金卫红的小说《菜园子张青》在《京郊日报·文艺副刊》

文学创作组到敬老院采访时合影（1985 年）

发表，并获得同年优秀小说创作一等奖。之后，业余文学创作小组成员的作品陆续在省市级报纸文艺副刊和文学杂志发表。

宋庄业余文学创作组不但培育了当地文学创作人才，为宋庄地区文化、宣传方面做了卓有成效的工作，而且也为繁荣通县地区文化、文史及对外宣传作出很大贡献。1986 年，通县文化局在挖掘保护民间传说、民间故事工作中，宋庄业余文学创作队伍共搜集、整理流传在当地的民间故事 100 多篇。在通县文化馆编辑出版的《运河民间故事集》一书收录的 170 篇民间故事中，宋庄地区业余作者搜集、整理的民间故事就占了 22 篇。1998 年，在通州区委宣传部、北京通州报、通州区作家协会共同举办的"庆祝通州解放 50 年，改革开放 20 年"文学作品征文大赛活动中，宋庄镇两名作者的小说和报告文学同时获得二等奖。2000 年，在北京市推动精神文明创建和思想道德建设创新实践工作中，宋庄镇作为全市唯一的乡镇典型单位，编辑出版了反映本镇精神文明创建和思想道德创新实践成果的专集《文明落农家》一书。在成书过程中，宋庄镇的

6 名业余作者全程参与了专集的供稿和编辑工作。在当年的业余文学创作组成员中，有 50 % 以上的人在区级以上报刊发表过文学作品。2001年，创作组成员刘正刚的中短篇小说由华艺出版社结集出版；2011 年、2013 年，白庙村村民崔长喜的《崔长喜诗书》选集、《崔长喜诗联书画》分别由大众文艺出版社、中国诗联出版社出版。

近年来宋庄业余文学创作组仍然坚持创作活动，2000 年至 2015 年，创作组成员共在《运河》文学杂志、《京郊日报》《通州文史》《通州时讯》《档案与文化》等报刊发表作品 40 篇达 20 万字。

二、书画艺术

自 20 世纪 70 年代后期，域内逐步形成一支业余书画爱好者队伍。他们当中有的是生长于宋庄后在外参加工作的学者、干部、职工；有的为本镇农民。初期活动方式比较松散，一般处于在好友群体中互相切磋交流，呈不定期性。80 年代后期，由乡镇文化站牵头，经常组织书画爱好者进行一些较有规则的赛事，并鼓励推荐书画爱好者中的骨干人员将自己作品在县市级文化部门组织的展览中展出，以此开阔视野，提高艺术创作水平。经过长期磨砺，域内书画队伍中不但有张友顺、孙德才、刘殿喜、张振洋等代表性人物，而且还产生了张振生、崔长喜、于志学、王伟、刘炳文、纪万平等在市、区书画界富有一定影响的作者。特别是出生于双埠头村的张源先生，他的书画成就与奇石收藏，在全国业内都有着极大影响。张源 1931 年出生于现宋庄镇双埠头村。年少时在家乡读书，后毕业于中央美术学院版画系，艺术职称编审。生前任中国书法家协会理事、刻字学会副会长、中国美术家协会会员、中国版画家协会会员等职，曾获中国文联万里采风贡献奖、中国书法艺术荣誉奖、中国邮票设计艺术成就奖，作品多次参加全国书画大展。出版《张源书画集》《运河古韵翰墨集》《文化通州运河碑赋》等作品。曾为第十一届亚运会赠送书画百幅，并将以运河为主题创作的书画作品及收藏的书画作品数百幅无偿捐赠通州区档案馆。鉴于张源先生对家乡文化事业作出的贡献，通州区政府于 2006 年为张源先生建立了"张源艺术馆"。

有线广播与电影放映

■ 刘正刚

一、有线广播

1951 年，党中央发出了"建立群众宣传网"的决定；1958 年，通县广播站在宋庄公社高辛庄管理区建放大站一处；1960 年在高辛庄管理区、北寺庄管理区建立广播站，每站设 500 瓦扩音机一台，农村有线广播陆续开通，"大喇叭"覆盖到每个村队。

当时高辛庄管理区广播站负责向域内东南片村队的转播；北寺庄管理区广播站负责向域内北片村队的转播。每天的固定节目首先转播中央人民广播电台一套的"新闻和报纸摘要"节目、北京人民广播电台的本市新闻节目、通县人民广播站新闻节目，最后是公社广播站自采自编的本社新闻节目。每天中午 11 点 30 分，还要转播中央人民广播电台的"对农村广播"节目，后播放一些当时盛行的革命歌（戏）

安装"大喇叭"（素描）

曲。当时广播线与电话线并用，所以在每天固定的新闻转播时间内电话停止拨打，为广播让路。

1965年5月宋庄公社与徐辛庄公社区划重新定位后，宋庄公社和徐辛庄公社各设公社广播站。随着县广播站载波设备的应用，从1970年始架设从公社广播站至各行政村的广播专线。此时期公社广播站由公社党委宣传部（组）主管，设男、女播音员各一名，线务维护员一名。除按固定时间转播中央、市、县的新闻节目外，播音员还要采访编播本站新闻节目，并负责组织培训村级广播员和通信员队伍，接收基层通讯员来稿。各行政村均建有村级广播室，一般设专（兼）职广播员一名，但村级广播室少有自己编播制作的节目，除按固定时间转播上一级台（站）的新闻外，可利用电唱机放一些符合时代主旋律的戏（歌）曲。

1972年，域内曾开展有线广播入户工程，由公社、大队负责组织实施。传输方式为借用各户的电力照明零线（负极）为传送线（下有接地线），把一个形正面镂空并带有图案，里面装有纸盆扬声器的"小喇叭"安装到每家每户的房檐下，由村级广播室掌控播放内容和播放时间。后因存在安全隐患（主要是发生短路后人畜触电），实施一个时期便停止使用。

2000年初，由于有线电视的普及和区广播电台改为无线信号收音等因素，宋庄、徐辛镇有线广播站撤销。

农户家庭安装的小喇叭（档案资料）

二、电影放映

1959 年宋庄公社电影放映队正式成立，由于工作出色在同年被授予全国红旗电影队称号，并在《人民日报》登载公示。1962 年 10 月，越南文化代表团来访中国，被有关部门安排参观宋庄电影队白昼放映，并与当地干

镇文化服务中心流动放映车（2015 年）

部座谈群众文化工作开展情况。1965 年宋庄公社和徐辛庄公社区划定位后，徐辛庄公社建立电影放映队。1966 年至 1970 年电影队停止了放映活动，1972 年前后陆续恢复放映。

公社放映队常设两人，行政及业务由公社党委宣传部主管（后期由文化站主管）。20 世纪 70 年代至 80 年初期，放映机规格是 16 毫米移动机，适用甲 1 类影片。各时期放映的影片内容根据当时政治形势的需要，由县级发行部门审查把关。放映队在下村放映前，一般和各行政村领导预约放映时间、场次，放映设备的拉运由村里派交通工具解决。公社放映员每天上午到县电影发行公司取片儿（拷贝），当天傍晚按照和村里约定进行露天放映，第二天上午送旧片儿再取回新片儿。当时的放映形式为：在主片放映前大多附有"加片儿"，加片儿的主要内容多为新闻纪录片（又称新闻简报）、时事宣传片、建设成就展示片、重大科研成果片、农业科技使用推广片、农村流行疾病预防片等。有时宣

传任务紧张时，放映主片儿电影还需"跑片儿"，即两名放映员同时分布在两个村放映同一部影片。甲村放映完第一本拷贝后，由乙村派来的人员骑车迅速将拷贝送达乙村放映，往返几次直至取得最后一本拷贝，乙村的电影必然要放至深夜才能结束，但群众当年观看电影的热情很高，电影不放映完是绝不会空场的。

20 世纪 70 年代初期至 80 年代初期，每个行政村一般年放映电影 5 至 8 场。1980 至 1985 年，宋庄公社（乡）还曾把机关大礼堂作为放映场所，尝试电影放映市场化，观众可以买票观看。

70 年代末期，经济条件较富裕的白庙、邢各庄、大兴庄、草寺等村开始自购小型电影放映设备，用于满足本村群众观看的需要，取、送片程序和公社放映队相同。80 年代中期以后，随着电视、录像、音响设备在农村普及和其他文化娱乐活动的多元化，放映事业受到一定程度的冲击。1995 年，为贯彻、落实通宣发〔1995.4〕号《关于做好农村电影放映工作的通知》精神，宋庄镇放映队做了细致安排，全年共放映影片 300 余场，观众达 4.5 万余人。后由于人民物质生活水平的提高，露天电影难以吸引观众，1996 至 1997 年，宋庄、徐辛庄镇属电影放映队先后解散。

为有效巩固农村电影放映这块思想文化阵地，在上级相关政策和资金的支持下，2007 年宋庄镇开始在各村建立电影放映厅，采用高新的数字电影放映设备。镇文化服务中心设专职放映员一名，流动放映车一辆。2010 年，投资 105 万元新建村级数字放映厅 14 个，全镇拥有村级放映厅 42 个。到 2015 年全镇建成投入使用的村级放映厅达 44 个，加上镇文化服务中心流动放映车每年完成数字电影放映 1730 场的工作任务。

宋庄镇大庞村杠子会

■ 郑建山

　　杠子会又称公益双石会，建于 1905 年，会头张凤池，主要演员有：孔献江、王强为底座，王显平、马占山、王彬、任兴奎为挑顶（在顶尖拿倒立动作），宋德温、马文良为鼓手，以鼓点指挥表演动作。双石会的主要道具三条板凳，一宽两窄，供"底坐"躺在上面表演；五副石头，外圆内方，用木杠穿起两端，最大一副 350 斤，由一人登着表演大转圈动作；其次为 300 斤，一人底下登一人在杠上表演倒立动作；再次为 250 斤，一人登杠俩人左右表演；第四 120 斤，一人登杠四人分两层表演，最小一副重 50 斤，可以做多个高难动作。双石会表演项目有小五框（又称三空桥）、九头鸟（又称堆人）、大五框等。小五框表演一人躺在凳上登 250 斤重杠子，上三人做倒立；九头鸟一人登 120 斤杠子，八人分三层头朝外表演，观众可明显看到九个头；大五框 11 人表演，分四层，底层一人登杠，上层一人顶尖拿对手顶，中间各层分别做各种动作。双石会每年都去盘山进香走会，四月十八赶草寺庙会，春节期间，正月初二至十五，参加村中娱乐活动。经费自理，外出活动需添置衣物时，村中有钱人及村民自愿资助。1956 年，双石会解散。

　　（郑建山，北京作家协会会员，通州区政协特邀文史委员）

宋庄镇翟里剧团

■ 郑建山

1953 年，村民邓瑞臣、杨克彬、崔文红、马学贵等组成剧团委员会，在村委的支持下，组建翟里剧团。排练京剧、评剧、河北梆子，聘请汤希泉为艺术指导。汤是顺义人，住在崔文红家，轮流在 12 位团委家吃饭，剧团只管饭，没有其他待遇。剧团服装道具由村民集资购置，参加活动的演职员没有任何报酬，每年正月初二至正月十五进行演出，演出的剧目有《秦香莲》《豆汁记》《卷席筒》《小女婿》《夫妻识字》等；演出时本村及邻村群众前来观看，场面极其热烈。1957 年停止活动。1962 年初，剧团在党总支书记邓尚林，大队长田广胜支持下恢复活动。剧团骨干有邓存荣、曹尚彬、乔振录、王桂元等，演出的剧目有《秦香莲》《卷席筒》《夺印》《三月三》《龙江颂》等。文化馆来人进行辅导。演员演出时间每人补助十天工分。演出范围除在本村外，应白庙村邀请，四天公演，受到白庙村及周围群众热烈欢迎。1966 年停止活动。1978 年再次恢复，骨干有邓存荣、曹尚彬、乔振录、王桂元等，由团支部书记邓存山负责。剧团实行民办公助形式，演员白天到村种子站集中劳动挣工分，晚上到大队排练演出。为提高艺术水平，请文化馆夏德勇、北京梆子团韩强作艺术指导。剧团除在本村演出外，曾在乡礼堂进行售票演出。1980 年剧团解散。

邢各庄村与药发傀儡——放盒子

■ 孙连庆

　　正月十五是中国传统节日元宵节，也称"灯节"。在旧时代的这一天，家家户户悬灯结彩，并且有观灯、吃元宵、放鞭炮、猜灯谜的习俗。现时中的人们过元宵节，只保留了吃元宵一项内容，至于观灯赏灯、打灯虎猜灯谜等活动都已省略了。时代的进步，生活节奏的加快，使得很多人的日常生活就像陀螺一样快速而忙碌，他们已经无法过以前人们那种悠闲的慢节奏的生活了。

　　以前，今宋庄镇的邢各庄村家家制作爆竹，是远近闻名的"炮仗村"。每年正月十五，该村有放盒子的传统。放盒子是古代烟花的一种，"放盒子"是平民百姓对这种烟花的俗称，它的正式名称是"药发傀儡"，是一种焰火造型艺术。"放盒子"是个什么样子，笔者也没有见过。不过，幼年时听村里人传说不少。综合幼年的记忆，整理出来，聊补真实状况的一二：

　　据村里的人说，由于邢各庄声名远扬，在放盒子的当天，周围十里八村的人前去看热闹，到场的人络绎不绝，人山人海。邢各庄村外空旷的场地上，搭建了一个很高的架子。制作"盒子"的师傅用药线事先盘成设计好的各种形状，等待天黑以后燃放。届时，引火点燃后，燃烧的药线在夜空中就显示出各种各样的光影形象。看过的人说有天官赐福、有葡萄架、龟兔赛跑、蒋介石变王八等等，可能还有其他很多种。图形比较大，颜色很鲜亮，站在远处的人也能够看得清楚，并且，每年的图像都有些变化。

以上，就是村里人给予我关于邢各庄放盒子的一些印象。在旧时代，人民的物质生活捉襟见肘，精神生活就更为贫乏了。如果能够看一次放盒子，那简直就是一生中不可多得的"天赐良机"，足以让这个人在众人面前"显摆"一阵子了。为了这样的"良机"，即使往返二三十里，耽误半夜睡觉也值得了。

前面所记述的有关放盒子的资料毕竟太少，不足以表现这项艺术的概貌。笔者在摘录《燕行录》时，发现在古时候，药发傀儡是京通等地常见的一种烟花，只是形制很大，制作繁杂，花费较高，一般人家消受不起而已。摘录其中几例，看看古人是怎样过元宵节的，古代艺人的造型技艺究竟如何。

清康熙三年（1664）二月，朝鲜国以右相洪命夏为上使，率使团出使中国[1]。时值四月，气候温和。使臣在北京礼部公事办理顺利，心情愉悦。于是，欣赏盒子花灯。"四月二十二日甲寅，晴。留（玉河馆）。……徐孝男荐我给价，灯市别造一灯而来。灯制如我国鼓灯而颇大且高。初夜，挂诸高竿。灯下所垂心纸，以火刺之，则延烧灯内。俄而，一点火焰落地，有小小子持清凉伞而出，悬于空中。灯四面散出火焰，落地枫叶，此第一层火也。又有一点火落地，俄而，'喜生贵子'四字现于空中，皆作翠色。灯四面散出火焰，皆作兰草，此第二层火也。又有数点火落地，俄而，香几、葫芦悬于空中，四面散焰如前，此第三层火也。又有一点火落地，俄而，'连中三元'四字现于空中，此第四层火也。又有一点火落地，俄而，着黑冠、衣红袍者，吸烟竹、吐火焰，悬于空中者颇久，灯四面散焰亦如前，此第五层火也。又有一点火落地，俄而，'朝鲜平安'四字悬于空中，此亦青色，四面散火如前，此则第六层火也。又有五六点火落地，俄而，有长绳分作五行，各挂六合花灯四个，并二十个也。灯内燃烛，满庭照耀，此第七层火也。大概灯制极巧，各色物像皆以纸造成，而用硫磺作气脉，至于贴成七层，

1　《燕行录》卷二十：《甲辰燕行录》第 312 页

各垂一炷，焰上辄发，幻作各态，火不延烧，可谓夺造化之权也。"上文所记述的，是艺人专为朝鲜国使臣制作的花灯，一次点燃，分别呈现七个场景。如此高超的技艺，如果是在今天，大概也可以列入"非遗"了。

清康熙六十年（1721）十月，朝鲜国以左议政李健命为陈奏兼三节年贡正使，率使团出使中国[2]。时值隆冬季节，天寒地冻。朝觐事毕，返程经过通州，使臣们闻知京通地区盒子花灯闻名远迩，急欲观赏。于是，在贡院北墙外燃放。这个盒子灯，说不定是邢各庄村的先民制作的。使团中的写字官记录了当时的情景：

"初昏，随正、副使出，坐察院北墙外高埠上，观放灯。盖前次留（玉河）馆，特欲一见，而提督谓有失火之虑，苦禁不已。遂令购一灯，舁至此地。灯形似大鼓，以木作圆。上下涂以纸，内设机巧，多藏火线，蘸着引火之物。是夕，当街搭起高竿门，用索扎起，灯下垂火线一条，长数把。燃火其端，俄顷，上阶级第五层。盖底先坠，已而，火延四方。忽有一位官，具袍笏拱立，中捧锦包，悬空翩跹[3]，名为'天官赐福'。少顷坠落；火又延第四层，忽见葡萄；第五层，青枣离离，宛如新熟样。望之，殆不辨真赝。俄而，又变深红，形体渐缩，又似未熟山果，奇诡难状。谓之'满架葡萄'。又及第三层，忽现三个人样，各衬龟、蛇、鱼、龙状，号为'天师五毒'。渐上至第二层，忽作万花开架状。一朵有一焰照得洞彻，光耀烛地。是为'万花长寿'。又至第一层，开张五面灯架，一架安七盏灯，晃亮辉映，殆同白日。百步之内，纤微皆见。此是五层中第一奇观，观者无不大叫称绝。每一层火向消歇之际，辄四面喷焰，状如扬沙噀[4]波，移时乃已。此又是最好观也。若失赏此，几虚今行。"

这次燃放是为五个场景，人物、鲜果、花朵、灯盏制作精巧，几可乱真，显示了花灯艺人高超的制作技艺。

清雍正七年（1729）八月，朝鲜国为世子赐祭、赐银、赐册、赐缎等事，以骊川君增为谢恩正使，率使团出使中国[5]。十一月，返程经过通州，

2　《燕行录》卷三十八；《燕行录》第 130 页

3　翩跹 piān xiān：翩翩跹跹，形容轻快地旋转舞动的样子。

4　噀 xùn：含在口中而喷出。

5　《燕行录》卷三十八；《燕行录·五友堂遗稿》第 445 页

使臣们对于通州的盒子花灯仰慕久已，在这里赏灯则是"蓄谋"已久的事，于是，随员购来一灯，夜晚燃放。为防止火灾，地点选在贡院东面的东海子。写字官如实记录了观灯实况。

"十一月二十七日，晴。晚，食后发行。……到通州，入于初宿之家，夕后，裁京书。余于平生素闻燃灯之事，今于北京，尤有所闻，极欲一见。而燃灯之时，失火可畏云。故令李禅世芳率灯主来矣。适于所宿家后有大池，冰合成陆，故将以今夜，乘其月黑而燃之。立双柱于池边，而设挂灯之具。聚观者云集，乃使燃。灯中有一炷[6]，大，急燃。少（顷），六光闪忽，流落灯下，见灯之一台，亦从火而坠。而以其左右垂系之铁，故悬空自回而不坠于地。俄而，灯之上台火光四射，火屑四散，如囊沙而播空，水壶之洒水。其疾星流，其声飕飕，光如白昼。其所坠台中，隐见三人立焉。其一白衣，其一青衣，其一红衣也。其长仅如五岁儿，而耳目口鼻、手足衣样，直似三人之自回。名曰：福禄寿三星。望之，而区测良久，火光始灭，三星亦渐就消灭焉。且见灯中炷，火几绝而犹不绝。至是，复急燃，其流火坠台之状，一如前所见。所坠台中有一人，长衣布带，跣足而立，手持一斧，其状克肖，名曰：二郎劈山救母。又如前坠台，台中见有凤凰横焉。又有如小龟者存，名曰：凤凰生子。又坠一台。其台则一台而四层。其四面及层层皆有十四炷火，一时并燃，其明如昼，名曰：万火英乐。又坠一台。其台则一台而五层，每层炷火一时并明，而上下两层之火，则其光白，其中三层之火，则其光始黄而终白，名曰：金灯变银灯。在旁熟视，而莫知其所以然。人皆异之。"

这次燃放的盒子花灯共为五层，有人物、花鸟，还有灯火，各个场景形象逼真，制作奇巧，令远来的客人感到十分惊异。旧时代的通州，是漕运码头、南北货物的集散地，也是各地商旅的集散地，街市繁华，经济繁荣。南北各地文人墨客流连于此留下了许多的吟咏诗文，而各地艺人在此谋生，各显其能，竞长争高，促进了文化艺术的发展，制作盒子花灯的高超技艺仅是万花丛中之一朵。

---

6 炷 zhù：灯芯。

大庞村林场里的熬硝组

■ 王宝川 任德永

"灶火灰——换洋火"这得是我们村里四十几年之前的吆呼声了。"洋火"是什么？就是"洋取灯儿"——其实就是现在的叫法"火柴"。

一句"灶火灰——换洋火"听起来那么动听，又那么地悦耳！它在历史长河中，虽是一个小小的音符，却诉说着那久远的时代。它如四季的风霜，还清晰地印记在我们的脑海里。话说 20 世纪 60—70 年代，农村成立了人民公社，各村都称作生产大队，下面还有小队；那时我们村子一共有 7 个生产小队，小队的成员都称作公社的社员。那时，家庭生活就是靠参加生产队劳动挣得得工分粮，年底分红（钱）过日子。当时不能搞私营经济，管那叫割资本主义尾巴。大队只能集体搞一些农村的富业来增加收入。记得在我们村的林场里曾成立过熬硝组，位置就在我们第四生产队东北方向——村里的林场院子里。村集体在这里进行人工熬硝。当时我们的村子就是北京市通县徐辛庄公社的大庞村。

硝——可以从硝矿里提炼，也可以从烧火的草灰中提取。

当时，村里的大队从生产小队选了六名社员，都是男社员，有 50 岁左右。这些人种庄稼都是个把好手，做熬硝工作也都脑子灵活喜好琢磨事。当时大队还给了熬硝组配备了一辆大马车、一头骡子，置办了大水缸、铁锨、小推车等农用工具。分工安排两人赶车去村里收每

227 ▶

家每户烧火做饭剩余后的草木秸灰，其余的人在林场里熬硝。就这样，每天都有人轮番赶着大车在村里转，用制作好的火柴盒等换取烧火后的灶台灰 。

在换灶台灰的大车上，男人们会提前都用芦苇编的席子围成一个大的桶状，放在盘好的柳条（或者荆编）墩地用来盛灰用。这时，街头巷尾会传来"灶火灰——换洋火"的吆喝声。你要问了，"灶火灰——换洋火"是什么？这是农村的土话，管灶台里烧火的余灰叫"灶火灰"，管点火用的火柴叫"洋火"，两者一交换就叫"灶火灰——换洋火"。我们记得是用一定数量的灰交换，不但有火柴还有我们上学用的写字本、铅笔、毛巾、肥皂等。收灰时看你拿灰的多少，一般的是两筐灰换一盒火柴或者一支铅笔，四筐换一个写字本。是学生用的横格本、算数本或者拼音本等学具。十筐以上才能换一条毛巾、一块肥皂，等车装满灰就会拉回林场。

换回的草灰都会堆放在林场搭建的棚子里，这就是熬硝的主要原材料了。林场的院子里有好几个大水缸，每个都有一米多高，缸口有一米宽。在大水缸的底部都横着有一个窟窿眼，上面联结有一截管子。在管子的下方有一土坑，土坑里面放一水桶。人们把草灰用铁锨铲到水缸内，填装一些后就要上人进到缸里，用脚把灰用力踩实，这样反复多次。踩灰的活是非常的脏，本身干这样的草灰活就脏，它得加个更字，踩一水缸瓷实的灰下来，全身上下都是灰、都是汗——等干完了活计，灰头盖脸的，都看不出人的模样来了。把灰装到水缸的三分之二处就算大功告成了。然后，把从井里挑来的水（那时没有自来水）倒在灰缸里。这时水会慢慢地往下渗，水缺了就往里加，直到从缸底部的管子里流出，这时随着下面流，上面还要加水，直到水缸里的灰上下全部松软成泥状，就不再用加注井水了。这时，水缸下的水桶接满的草灰水满了以后，要及时地倒到其他的水缸里存放备用。

旁边还要架一口大灶，锅的口沿有一米宽。这时把灰水用水桶提来倒到大锅里，灶底架柴再用火烧，一边加热一边用木棍搅拌。随着水分的蒸发，灰水变少，变稠，到几乎没水时，变成白色的沙状物质，这就是硝，它在阳光照的照射下会发出闪闪的星光来。然后用铲子把熬成的草木硝铲到铁桶内，这就是成品了。

水泡过的草灰叫泥灰，把它堆在一旁，以后拉到田里，特别是对酸性土壤有很好的改良作用。

熬好的硝，大队会派农机手，开着手扶拖拉机，把它拉到村子南边二十里地之外的通县城南的氮肥厂里用来生产化肥用。化肥再施在庄稼人的地里，它又会回到农田里，促使庄稼长得好长得旺盛，就会丰产丰收多打粮食。

（王宝川，新华派出所调研员，中国散文家协会会员，通州区政协特邀文史委员）

空竹制作技艺

■ 郑建山

空竹起源于宋代，兴盛于明清。《帝京景物略．春场》载："空钟者，刳木中空，旁口，汤以沥青，卓地如仰钟，而柄其上之平。别一绳绕其柄，别一竹尺有孔，度其绳而抵格空钟，绳勒右却，竹勒左却。一勒，空钟轰而疾转，大者声钟，小者蜣飞声，一钟声歇时乃已。制径寸至八九寸。其放之，一人至三人。"这里所说的"空钟"刳木中空（实则截竹成小段），"旁口（竹段开小孔）"，口内装半圆竹成"哨"，竹段上下的截面以薄木板封严，成为风匣；板之圆心穿竹棍，上长下短，用粗线绳绕在长柄上，"别一竹尺有孔"，将绳儿穿过竹尺的孔，用力勒紧，然后急放，空钟就在地面上不停旋转并发出哨声（气流入孔因压强大又排出）；这实际上说的是空竹（空钟）的制作方法；《清代野记》云："京师儿童玩具，有所谓空钟者，即外省之地铃。两头以竹筒为之，中贯以柱，以绳拉之作声。唯京师（指北京）之空钟，其形圆而扁，加一轴，贯两车轮，其音较外省所制，清越而长。"这里说的是北京的空竹与其他地方空竹的区别了。

张国良祖居宣南，出生于空竹世家，爷爷和父亲以制作空竹闻名老北京，得到"空竹张"的盛誉。张国良１０岁开始学做空竹，1990年辞去公职，继承祖辈们的家业和技艺，在通州宋庄六合村办一个"张国良空竹制作工作室"，在北京颇有影响。是京城空竹制作世家"空竹张"的唯一传人。

传统空竹为竹木所制，演变至今，已有了其他多种材质的产品。根据空竹轮盘与轮轴的不同组合，大致可分为双轮空竹、单轮空竹、双轴空竹、双轴多轮空竹和双轮多层空竹等，还有经过变异的异型空竹。

空竹制作有截板、锯竹筒、内粘、修活、锯竹片、外粘、磨口、扣盖、车活、修口、缠麻、车轴、上轴、灌胶、找平衡、打磨刷漆、装饰、特殊工艺共 18 道工序。

截板、锯竹筒是用圆规在五合板或多合板上画出圆，用曲线锯把板锯出，四周磨平。根据所做空竹的大小选择直径适合的竹筒，按照适合尺寸，用锯将竹筒截成小段，锯口要保证平整。内粘、外粘是用刀将事先锯好的竹筒劈去三分之一，在准备好的面板上用圆规画出内粘线，将竹筒按线粘好，同锯竹筒一样把竹片截成小段，在已经修好的半成品上画线的竹片多余部分劈去，劈好的竹片按画线次序一一粘在面板和竹筒上。再把已浆好的半成品在砂布上把上口磨平，磨时反复转动，保证磨口尺寸一致。扣盖时两块面板的木纹一定要交叉着扣，防止变形。车活是找出构件侧方圆心，用车床将其车圆，车圆后用刀挑出两边到线槽，用砂布打磨光洁。修口是决定空竹发音的关键步骤，由于空竹的旋转，大气对空竹内腔中的空气进行扰动，气腔内的空气就会按一定的频率振动而发音。哨子开口窄，声音就低，开口宽，声音就高，做的时候既要有宽开口，也得有窄开口，保证它在高速和低速旋转时都能发出声音，修口的大小取决于竹筒直径的大小。口修好后，就可以缠麻了。您要将麻用温布擦拭，麻就变得柔软了。缠麻不能出线槽，要缠紧。上轴是在已做好的发声轮中心，按上轴部位直径打孔，在轴的上轴部位处用锯锯开一道上轴部位四分之三长度的直缝，抹胶，将轴插入发声轮，再做一个木楔并上胶置入锯缝，用锤子把木楔砸紧，最后把挤压出来的胶擦干净，将多余的木楔磨平打光。找平衡主要针对双轮空竹，在上轮之前用秤或天平找出两个重量相等的发声轮，上完轴后灌胶，等胶凝固后抖动检测是否平衡，如出现一头轻一头重的现象，则需向轻的一头灌胶，使两侧完全平衡为止。等空竹胶完全干后，用 100 号以上的细砂布进行打磨，再用修口刀对哨口部位进行修整。个体大或高档空竹还要先刮腻子后再打磨，然后根据不同的需要刷上各种颜色的漆。装饰采用绘画、雕刻、烙画等手法，根据空竹类别和使用者爱好采用不同的装饰方法。图案一般采用祷祝吉祥或历史题材的图案和词句。经过装饰，可大大提高空竹的观赏性与美感。另外，一个好的空竹要配一对好的抖杆，杆的粗细长短由空竹的大小和材质决定，这就需要保证抖杆既要结实又要有很好的韧性。根据空竹的不同，抖杆可采用竹、木、塑料、玻璃钢，石灰纤维等不同材质。一般杆的直径约8～12毫米，特殊需要也有更细或更粗的，长度为450～550毫米为佳。线绳是用一般的棉线，右手抖空竹线绳向右拧，左手抖空竹线绳向左拧，线绳长度是杆长加3/4臂长为易。

张国良制作了多少个空竹呢，我看过一个资料，大概有几十个品种，上百个规格吧。最小空竹直径只有1厘米，最大的直径108厘米。张国良的高档空竹作品，是颇有特色的。材料上用的花梨、紫檀、乌木……工艺上融入了雕刻、烙花、镶嵌等；样式上有单头、双头、楼子、葫芦形、酒坛形、花瓶形、鼓形、球形等。张国良制作的中国象棋空竹，远观是一副象棋棋盘，近看每个棋子，是一只小小的空竹。用单轮空竹替代棋子，红方用红木，标黑字，黑方用乌木，标红字。再把棋盘打上眼儿，正好将空竹的轴插进去。这精美的艺术品令人叹为观止。在人民大会堂手工艺展上展出时，被人们围得水泄不通。他创作的"奥运空竹"重16公斤、具有165个哨的巨型空竹。空竹正面图案为长城和天坛，背面是2008年北京奥运会会徽标志。空竹直径达108厘米，寓意为到2008年奥运活动走过108年，柄长28厘米，寓意此空竹是在第28届奥运会期间制作的。2006年春节，张国良带着新作"福娃空竹"参加了"北京风情舞动悉尼"活动。福娃空竹是由5个空竹组成的空竹组合，下端刻着北京2008年奥运会会徽，上端刻着五个福娃的形象，这5个"福娃空竹"赢得当地市民的赞誉。

宋庄地区张国良的空竹制作技艺被列为通州区级、北京市级、国家级非物质文化遗产保护项目。

雕漆技艺在宋庄的延续

■ 张曼璐

雕漆技艺迄今为止已经有 1000 余年的历史，是北京传统工艺的精华，2006 年被列入第一批国家级非物质文化遗产名录，被誉为京城工艺美术界的"四大名旦"之一。宋庄独具特色的艺术气息氛围吸引越来越多的非遗传承人入驻这里，其中包括满建民的雕漆艺术工作室。

满建民 1962 年进入北京雕漆厂学徒，先后从师于中国工艺美术大师刘金波、杜炳臣，博采众长，不仅掌握了雕刻工艺的全部技法，在山水、花鸟各类走兽等题材的雕漆技法上大胆地应用了镂空雕的技法，更是发明了嵌漆的新技法，增强了作品艺术性和观赏性，加大了各类题材在艺术上的表现力，大大缩短工艺的生产周期节约工时，形成了自己独特的艺术风格，创作出许多雕漆精品。

在雕漆厂期间，先后亲自设计并主刀为人民大会堂制作四支 2.8 米《市花大瓶》及两堂《市树屏风》；为科威特王储制作一对 3 米大瓶；为广州白天鹅宾馆制作《剔彩八十七神仙卷》大型壁画；为中旅大厦制作大型高浮雕《清明上河图》壁画。为庆祝 1999 年澳门回归，又带领徒弟并主刀制作了《花好月圆》高浮雕大圆盘等等。

20 世纪 80 年代，是雕漆工艺最红火的时期。然而，这热闹的景象只持续到 20 世纪 90 年代中期，由于市场需求的转变，雕漆行业逐渐没落。2003 年，北京雕漆厂解散了。面对当时雕漆行业的窘境，满建民生前曾发出这样的感慨："手艺没有完全传承下去才是遗憾啊！"

2009 年，满建民在北京市通州区宋庄镇成立了自己的雕漆工作室，在继承传统雕漆技艺的同时，满建民无私地向徒弟传授技艺，带领着年轻一代工匠持续深耕雕漆行业，真正做到了用"心"做手艺，用"新"去传承，为我国雕漆事业的发展作出了重大贡献。

工作室制作雕漆作品所用材质全部选用天然大漆，再加入熟桐油等其他颜料，调制成雕漆所用的罩漆。在可以借助机器生产的情况下，工作室依然坚持手工制漆。这是满建民生前定下的规矩，也是工作室一直以来保持的传统。一层漆的厚度比纸还薄，1 毫米厚的漆层至少需要 16 道髹漆工序。冬天一天只能完成一道髹漆工序，夏天一天至多完成两道髹漆工序。普通作品根据雕刻要求需要上六七十层漆，雕刻要求较高作品就需要几百层了。做高浮雕以及镂空雕时，一般都需要刷 20 毫米厚的漆，需要整整 320 道漆，仅前期的光漆工序，就需要耗费将近一年的时间。

在历史上，雕漆主要运用在"小而精"的作品。而满建民喜欢不断挑战自我，突破自我。比如，人民大会堂检阅大厅里 2.6 米高的花瓶，钓鱼台国宾馆和紫光阁

雕漆工作室

的壁画，北京市人民政府赠予澳门特别行政区政府的澳门回归礼《花好月圆》等作品，每一件都是规制恢宏，耗时巨大的"国宝级"艺术品。

如今，满建民雕漆艺术工作室的重任，落到了儿子满山的肩上。在满山看来，满建民完成了为雕漆艺术"立标杆，树丰碑"的任务，为时代留下了更多的雕漆艺术"大作"，让雕漆艺术走进殿堂，让中国红的漆艺闪耀在世界的舞台。而在新时代新消费的趋势推动下，传统的雕漆艺术如何更好地传承，更好地与更多人民群众产生互动、产生黏合，让古老的雕漆艺术在当代焕发时代的生机，成为摆在满山面前的问题。

历史上，雕漆艺术虽然精美，但是最早仅限于皇家的文房、家具、陈设器品类。这么美的一门艺术，却总是"高高在上"。人们可以欣赏雕漆，但是如何让"人"与"雕漆"产生互动与共鸣，产生情感上的碰撞，成了雕漆艺术未来需要探索的方向。

满山对于雕漆艺术有着独到的见解："目前，工作室设计团队已经研发出一批融入雕漆艺术的首饰、挂件以及念珠等作品。在每一件雕漆镶嵌首饰上，通过不断地变化与组合，赋予首饰灵动的美感。雕漆首饰因工艺复杂，制作周期长，也被誉为'中国的高级定制'。为古老的技艺赋予时尚的生命力，不仅在器型和用途上对于雕漆进行创新，在颜色搭配与工艺上也进行了大胆的尝试。例如，黑白色的雕漆手串，打破了传统雕漆以红为主、以红为尊的固有思维，注入新的审美元素。此外，纯漆雕刻的手把件，将传统雕漆的胎体去除，以纯净的漆块为材料制作手把件，并将圆雕、透雕等技法融入其中。"

满建民雕漆艺术工作室在儿子满山的运营下，已经成为集"制作＋教学＋展示"为一体的雕漆文化体验馆，获得了来自工艺美术行业与社会各界的认可与关注。

未来，宋庄镇还将继续助力非遗文化之花绽放，厚植城市副中心的文化底蕴和艺术内涵，还原、传承和发展非遗技艺。

（张曼璐，乡村振兴协理员）

邢各庄的花炮记忆

■ 刘维嘉

通州的运潮减河一头儿连着北运河，一头儿连着潮白河。在这条河的北岸坐落着一个普通而又不同寻常的邢各庄。说到普通，邢各庄和其他村庄一样再普通不过了。说到不寻常，邢各庄曾以盛产花炮而闻名。

延续 200 多年的花炮史记

北京城历来有"漂来的城市"之说，这一说法是被岁月所证明的。元朝在北京立都之初，大量的建筑材料和物资都要从南方调运，那时的交通运输条件不像如今这么发达，只能走京杭大运河这条纵贯南北的交通运输水路，经通州这个交通枢纽、漕运仓储重地，把建筑材料和物资运往京城。

漕运的兴旺，促进了通州各业的兴旺发达，其中就有花炮的生产。据邢各庄的老人说，村里做花炮始于乾隆年间，到现在已经有 200 多年了。

民国时期，邢各庄主要有两大户做花炮，一户是孙氏家族，另一户是许氏家族，都是作坊式的生产。

通县于 1948 年 12 月新中国成立后不久，邢各庄马上把这些花炮作坊整合到一块儿，建立了邢各庄花炮厂，成为村里的集体企业，也是邢各庄第一个集体副业。花炮厂建立后，花炮生产实现了从分散到较为集中的工厂转变，产品种类也不断增加，销售市场不断扩大。

邢各庄花炮厂成立后，由孙氏家族的孙六当厂长。14 年后，村里的老党员刘德林当了花炮厂的厂长。到了 1975 年，年轻有为的张茂强被村里派到花炮厂当副厂长，跟着厂长一边学技术，一边学管理。那年，28 岁的张茂强时任邢各庄生产队政治队长职务。两年后，张茂强成为邢各庄花炮厂年轻的厂长。他走马上任以后，在原有的基础上，进一步健全完善了安全生产措施，对部分生产工艺进行了改造，还增添了烟花的新品种。

那时，邢各庄花炮厂主要生产二踢脚（学名双响炮）、小炮儿（和麻雷子一样学名都叫单响炮，也叫小鞭炮）、麻雷子（也叫大鞭炮、小钢炮儿）和太平花、炮打灯……麻雷子都是在元旦和春节前做得最多，满足市场的供应和老百姓的需求。

20 世纪 90 年代前，通县销售的小鞭炮、麻雷子、二踢脚、太平花等花炮，主要是由邢各庄花炮厂生产的。

邢各庄花炮厂生产的传统花炮，从原料加工到成品的整个生产过程有 70 多道工序，工序十分严谨，环环相扣，全靠手工完成。这些工序中最主要的有火药制作、药捻儿制作、炮筒制作和成品制作四大工序。

不论是过去年间，还是邢各庄花炮厂成立后的那些年，村里的花炮生产历史虽说走过了 200 多年，但是花炮制作的技艺，都没有什么具体的理论指标，全凭感觉和经验来掌握。新进入这个行业的人，都是依靠师徒之间的言传身教学习制作技术，并靠各自的悟性，还有日积月累的经验把花炮制作手艺流传了下来。

昔日，张茂强上任不久，为了扩大生产，专门请来北京礼花厂（1956年在大兴成立）的退休老师傅扬善，帮助厂里开发烟花的新品种，指导工人做烟花。花炮厂在原有的烟花基础上，又增加了彩猴、连珠花、小盘花等烟花。厂里还从四川请来老师傅，帮着做盒子灯（一种烟花，也叫盒子花），这是一种古老的造型烟花，燃放的时候叫"放盒子"，是由手艺高超的老师傅专门扎制和编织而成，焰火和造型完美结合的大型烟花。每年腊月二十八这天，邢各庄都要举办庙会活动，晚上还要燃放盒子灯，吸引着十里八乡的乡亲们来观看，那场面，人山人海，非常热闹。20世纪80年代初的一年正月十五，厂里做的盒子灯还被有关单位拿到北京故宫里燃放。

村里有了邢各庄花炮厂以后，给村民干副业带来了好处。各家各户在农闲的时候，就以家庭作坊的形式，给厂里做花炮的炮筒、药捻儿……不仅弥补了厂里生产人员的不足，乡亲们还能挣点零花钱，改善一下家庭的生活条件。

村委会副主任刘长永这样说："记得我七岁那年，家里从花炮厂领回好多红色、灰色的小炮儿，我就跟着大人编小鞭炮儿，还干过其他的活儿。这样家里能挣点零花钱。"

宋庄镇人民政府二级主任科员，年近六旬的张泽庚回忆说："我们家也给花炮厂做过活儿，一家老少六七口人，每月能挣个二三十块钱，快顶上工厂一级工的月工资了。我上中学的时候做过药捻儿，一把药捻儿200根，能挣两分钱，技术熟练的，一天能做十六七把，挣个三四毛钱。"

邢各庄花炮厂生产的花炮，由通县土产日用杂品公司和北京市日用杂品公司经销，不仅销往通县县城和农村供销社以及河北省三河、大厂、香河等县市，还销往京城和其他县。

通县土产日用杂品公司负责给邢各庄花炮厂供应硝土、硫磺等生产原料和花炮的销售，具体工作由通县土产日杂商店（老百姓称其为"二合"，后来搬到了南大街）负责。商店专门安排工作人员穆庆余负责与邢各庄花炮厂联系并进行业务往来。

通县土产日杂商店位于新华大街东部路北，常年销售邢各庄花炮厂的花炮。每年到了阳历年，特别是春节前，那里售卖花炮的生意十分红火。

1993年8月12日，北京隆福大厦发生特大火灾，曾经轰动一时。

邢各庄花炮厂是个易燃易爆的危化品行业，在花炮生产史上曾经发生过安全生产事故，为安全起见，邢各庄花炮厂于 8 月 13 日下马停产。昔日的花炮厂址后来变成了村民的庭院。

现如今，已经 75 岁的张茂强老厂长，每次说起邢各庄花炮厂的那些事儿，仍然十分地激动，会滔滔不绝地讲起曾经的往事……

欢乐氛围覆盖着的城乡

古代没有火药和纸张时，为了实现驱逐瘟神，渴求安泰的美好愿望，人们就用火烧竹子，竹子燃烧时发出了噼噼啪啪的爆裂声，满足了人们的需求。后来，中国花炮祖师李畋发明了爆竹。

随着火药和纸张的发明，人们制作了鞭炮，取代了竹子。鞭炮的称呼各地有所不同，人们把鞭炮称呼为"爆竹""爆竿""炮仗""编炮""编"等。以后又随着民间工艺的历史演变，在鞭炮的基础上加以改进，又出现了烟花，正如人们所说的，鞭炮听声，烟花看彩。鞭炮细分有单响炮、双响炮和鞭这三种，其中的鞭就是把单响炮按一定数量编成串，有大鞭炮、小鞭炮之分。

鞭炮的用途也越来越多，如祭神、婚庆、祭奠、盖新房上梁、开业、工地奠基……，特别是春节期间的大年三十儿晚上、大年初一早上、正月初五，通县城乡老百姓都要燃放鞭炮，各有各的寓意。

过去年间通县有句顺口溜："过大年，就是好，穿新衣，戴新帽，姑娘戴花，小子放炮，提着灯笼满世界跑。"

阳历年和春节前夕，县城的日杂商店门口悬挂着横幅，吸引着人们来买花炮。县城的日杂商店还在东关、闸桥、商业街路口、西门等繁华的地方摆摊设点销售花炮，方便人们购买。来县城买花炮的有通县城乡的居民，还有大兴、顺义和河北三河的人们。

那时过年，人们不管家庭经济条件如何，一般都会买上一些小鞭炮、麻雷子、二踢脚和少量的烟花回来。小鞭炮都是大人给男孩子买的年货之一。

昔日那些年的除夕前后，九岁左右的男孩子们常在一起放鞭炮玩儿。他们最喜欢放小鞭炮，有的是大人给提前买好的，也有的是他们拿着平时积攒的三两毛钱买的。男孩子们舍不得一次性放完，就把小鞭炮拆成一个个小炮儿，揣到衣裳兜里单个放。

小炮儿20毫米长、3毫米粗细，外面裹着一层红纸。不少孩子常用手指掐着小炮儿的屁股燃放。有的小炮儿是哑的，他们就把小炮儿从中间撅折，用香点燃看滋花玩儿。

大人和上中学的孩子，喜欢放大鞭炮，特别是二踢脚。人们燃放二踢脚的时候，除了立在地上放，也有的用右手轻轻捏着二踢脚的中上部，点燃药捻儿后马上把右胳膊伸向一边，随着"嘭！"的一声炸响，二踢脚蹿入空中，一股蓝烟出现后又是"嗒——"的一声炸响，然后，那股蓝烟随风渐渐飘散。

那时的男孩子喜欢玩儿打仗的游戏，他们嫌玩儿木头做的枪支不过瘾，就玩儿打炮。他们找大人要两毛钱，到日杂商店能买五个二踢脚，然后找来烟囱或者铁管子当炮筒，用砖头斜着支起来放二踢脚。二踢脚被点燃后，随着一声闷响，随后飞速地从炮筒打出去，在前方炸响，真跟电影里的打炮一样，那叫一个过瘾。

过年最高兴的当然是孩子们了，每天都能放点炮过过瘾。等到了大年三十儿晚上，才能在家大人的带领下痛痛快快地放一通。他们也放小鞭，看烟花，高高兴兴过大年。

那时，不管是县城还是农村，此起彼伏炒豆般的鞭炮声，色彩斑斓、争先恐后蹿向空中的烟花，给深沉的夜幕划出一道道彩虹，照亮了大地，映红了天空，也给人们增添了无穷的乐趣。

这些花炮主要都是邢各庄花炮厂生产的，老通州人都知道这码子事。后来，北京礼花厂、天津静海、湖南浏阳等地的各种烟花爆竹陆续进入通州的市场。

那时候过年，特别是除夕夜，燃放花炮成为城乡老百姓年俗中必不可少的风俗习惯，给节日增添了浓浓的年味儿。可见老通州人已经把过年放花炮当成一件很重要的事情来操办，图的是热闹、喜庆和吉祥。

继承着祖上恒久的遗传

俗话说做火药是一硝、二磺、三木炭，也就是人们常说的黑色火药。邢各庄花炮厂生产的花炮，离不开这种传统的火药。从张茂强老厂长的介绍得知，除了硫磺，硝和炭都是厂里自己生产。

昔日通州的城乡有一些熬硝的地方，比如通州永乐店有个熬硝营，明代就已成村。村民祖辈用熬硝补贴家庭生活，并因此叫熬硝营。此外，南关、大庞村等地方也有熬硝的作坊。

每当清晨天刚亮的时候，出门去刮削的人就走出家门，背着筐、拿着簸箕和镐锄，推着车去刮硝土。这种硝土在老房子、墙根、厕所附近和野地里都有。也就是地上那些白色的晶体，把它们刮下来后就是硝土。人们把刮下来的硝土弄到家后，掺上一些草木灰就能防止硝蒸发，然后把硝土卖给熬硝的作坊或者日杂商店。

邢各庄花炮厂专门安排人不定期去县城的日杂商店购买硝土，回到村里用大柴锅熬硝。先把适量的硝土倒进大柴锅里，然后放入适量的草木灰，再往大柴锅里倒水，用柴火烧火，一边烧火，一边用木棍在锅里搅拌，等开锅以后加入适量的凉水继续烧火，第二次开锅以后撤火，等凉凉了，大柴锅的上边有一层灰白色的结晶体，这就是硝。张茂强老厂长说："那时没有烘干机，熬好的硝要从大柴锅里拿出来，放到干净的大缸盆里晾几天，干了以后放到碾子上碾压成细粉末儿，这样才能和其他原料配比做火药。"

火药的制造离不开硫磺，邢各庄花炮厂生产用的硫磺都要从县城的日杂商店购买，买回来后用碾子加工成硫磺粉末儿。

在木炭的烧制方面，邢各庄花炮厂专门建有炭窑，安排烧炭技术好的王宝田负责烧炭。

烧炭的时候，最初用麻杆和棉花杆，后来这两样原料少了，供不上用，就改用柳木。用柳木烧炭，必须用柳树的树枝、树杈，越细越好。烧炭是个技术活儿，烧嫩了不能用，烧老了都成灰了，白忙活。

在烧炭之前，要把阴干的柳树树枝、树杈放在窑里。点火之后，让这些木材在炭窑里燃烧一段时间，然后封窑。封窑的速度要快，炭窑的进火口和排烟口都要封住，要不然，这窑炭就不能用了。

从村里烧炭行家那里得知，要想烧好炭，就要掌握封窑和"焖窑"的时机，凭经验要看烟囱上冒出烟雾的颜色，通过这个颜色来判断这窑炭烧得到没到火候。当烟囱上的青色烟雾和烟囱之间有一拳头高的无色气体时，说明木炭已经烧好了，这是最好的封窑和"焖窑"时机。"焖窑"要用一天一宿时间，才能烧得满满一窑的好炭。

木炭烧好以后，可随用随取，然后用石碾子把木炭加工成炭粉，再和其他原料按比例配成火药。

说到传统火药的配置比例，张茂强老厂长说："火药配置是一斤硝，二两硫磺，叁两炭。"

制作传统火药，离不开炒药这个必不可少却又十分危险的环节。按比例配好的传统火药在使用前都要炒一下，目的是去湿，否则引燃度不够敏感。

炒药前要用水把配好的火药和成糊状，然后在大柴锅里摊成薄饼，就像农村人用柴锅打糊饼那样，用微火烤干。炒药这个过程必须格外小心。炒药的火候由炒药人凭经验掌握，如果温度高了会引燃火药，温度低了又起不到祛除湿气的效果，所以火候的掌握十分重要。炒火药时，锅不能盖锅盖，还要避免灶膛里的火星子飞蹦进锅里。炒火药都是选择在空旷的院子或空房子里进行。火药炒好以后，还要用石碾子碾成火药粉末儿。后来，为了安全起见，厂里对石碾子进行了改造，找来经验丰富的老木匠把厂里的两个石头碾盘改造成木头的，大大提高了火药制作的安全系数。

邢各庄花炮厂曾经用过氯酸钾代替传统火药，后因氯酸钾敏感度比较高，性能不稳定，安全系数比较低，甚至能在太阳的照射下自爆。为了职工和生产的安全，厂里不再使用氯酸钾，继续使用传统火药。

制作花炮缺不了药捻儿，也叫信子或引信。张茂强老厂长说："制作花炮的药捻儿，要用迁安的桑皮纸和硝粉，用专用工具制作而成。所用的硝粉按一斤硝、叁两炭的比例配制。"

药捻儿制作很讲究，方法是把整张桑皮纸放在硝水里浸泡，拿出晾干后，裁成一条条 1.5 厘米宽的细长纸条，然后把它展开铺平，一头要固定好。制作药捻儿时，操作者左手按住浸过硝的桑皮纸条，右手拿着带有沟槽的竹制药扦，用药扦铲一撮硝粉均匀倒在浸硝的桑皮纸上，然后用双手挫，硝粉就被均匀地裹在纸心里，这就完成了药捻儿的制作。使用的时候，根据花炮不同品种的需要，裁剪成长短不等的药捻儿备用。后来，花炮厂从山西军工厂购买现成的药捻儿，这样的药捻儿点燃后速度均匀，不易断火，燃烧完整，有效提高了产品的质量。

从事花炮制作的邢各庄人，不仅继承了古人制作传统火药的手艺，还逐步提升了花炮的制作工艺，做出了人们越来越喜欢的花炮，让世人领略到烟花爆竹世界的美丽景象，也让人们领悟到其中的文化内涵和精神之美。

二踢脚和麻雷子做法有讲究

邢各庄花炮厂生产的二踢脚和麻雷子，深受人们的欢迎。人们过年的时候，不管家庭经济条件好与不好，都要购买二踢脚和麻雷子这些花炮。至于二踢脚和麻雷子是如何做的，遇上好奇的人，都想去探个究竟。

二踢脚和麻雷子从卷炮筒到成活儿，做法有着明显的区别，除了火药组成成分的加工和科学配制以外，炮筒制作的好坏决定着产品的质量。因此，厂里对这些炮筒的制作都有着严格的要求。

做炮筒的工具主要有尺子、裁纸刀、木扦子或铁扦子、擀筒上板和擀筒下板。

邢各庄花炮厂早先卷炮筒用的纸有草纸，俗称马粪纸。这种纸是用稻草和麦秸等原料做的，因为在造纸的时候加工得比较粗糙，颜色比较黄，人们习惯把这种纸叫马粪纸。此外，还有从旧货市场和废品回收站买的韧性较好的旧图书、旧报刊、旧课本、旧作业本、水泥包装袋，这些纸的成本都比较低。后来，花炮厂还从北京造纸七厂购买做炮筒的纸张，从通百商场购买牛皮纸，成本就相对高了一些。

做花炮的炮筒都离不开扦子这个专用工具。做二踢脚和烟花炮筒的扦子虽说长短粗细不一样，但两头都一样粗细。而做麻雷子炮筒的扦子比二踢脚和烟花有讲究，要一头粗一头细，一头长一头短，俗称大小头。粗头部分有筷子那么粗，细头部分有圆珠笔芯那样细。这些扦子一般用枣木做成，筷子那么长短。后来还有了铁扦子。这些扦子要粗细适中、直溜和均匀光滑。

炮筒制作前，要用尺子量好尺寸，用裁纸刀把纸批量裁成做炮筒需要的纸条，再把这些纸条以扦子为轴，用手卷成筒状搓紧后，再用擀炮筒的工具把纸筒反复擀压几次，直到擀实，用糨子或胶水封住炮筒的纸边，这个炮筒就做好了。后来，厂里再做炮筒时，改进了制作工艺，在保证质量的基础上，提高了炮筒的加工速度，生产效率明显提升。

擀炮筒的擀筒工具是木头做的，分为擀筒上板和擀筒下板。上板是一个木质的吊摆，摆的上端要吊起来，下端是弧形平板。下板是一块平整结实的木板，板下以坚固的木柱支撑。卷炮筒的时候，操作者用手推动上板，让穿在扦子上的纸筒在上板和下板切圆空隙之间滚动，只能往前滚动。经过几次擀动挤压，让炮筒变得十分瓷实。

邢各庄的乡亲们在加工炮筒时，常把擀筒上板吊在房椽上，下板就利用土炕的炕沿或者长条凳子加工炮筒。擀制炮筒的松紧度一般凭经验掌握，如果太松了成型不好，影响产品质量；太紧了扦子取着费劲，影响生产效率。

二踢脚炮筒的制作有特殊要求，里边用书本纸，外边还要裹一层牛皮纸。二踢脚一般 12 厘米长，1.2 厘米粗细，还有比这更长更粗的。制作二踢脚，要经过制筒、打隔截、放药捻儿、填充火药、封上口、拨纸花封下口这些主要工序。

二踢脚的制作比麻雷子稍微复杂一些。二踢脚的炮筒批量做好以后，就要依次给炮筒做两个燃烧室，张茂强老厂长说这是打隔截。打隔截所用的工具有打隔截上桩、打隔截下桩和锤子。先把10厘米长的药捻儿插入下桩的空心柱内，随后把炮筒套在下桩上，用小撮铲把适量事先炒好的黄黏土倒入炮筒内，再把上桩插入炮筒，用锤子敲击上桩，使黏土成为隔层，纸筒内就形成了以药捻儿相沟通的上下两层燃烧室。

填充二踢脚用的火药有两种，上层用的是火药面，而下层要用火药颗粒，就像过去打猎的猎人用的火枪药，需要提前加工好。

把二踢脚的火药分别装在两个燃烧室内，所用的工具是装药漏斗和装药制子。由于二踢脚炮筒的内径比较小，装药不方便，装药漏子一头儿口径大，有效扩大了装药口，方便了火药的填充。使用装药制子能够掌握火药的填充量。

麻雷子只用一个药捻儿，而二踢脚有两处需要使用药捻儿，一处是连接两个燃烧室使用的药捻儿，另一处是在二踢脚的下层安放的药捻儿。

二踢脚之所以能够升入高空，是因底层火药爆炸时对地面产生了瞬间的冲击力，由冲击力造成的反作用力升空的原理。二踢脚的纸筒内分上下两层填充火药，下层火药的作用就是把二踢脚送上高空。随着二踢脚下层药捻儿的点燃，二踢脚先发出一声清脆的炸响，并在火药爆炸产生的气流推动下，迅速升入空中二三十米高。此时，连通上下层的药捻儿又引燃了二踢脚上层密封的火药，三五秒钟后，二踢脚的上层就会在高空发生第二次炸响，先看到的是蓝色烟雾，然后是清脆的炸响声。因此，在二踢脚的封顶、封下口和安放下层药捻儿时，必须按要求精心操作。

二踢脚上下两层的火药定量填充后，为了使火药能够达到一定的密度，要用木扦把火药砸实，以保证火药点燃后能充分爆燃。然后分别把顶部和底部牢牢封住。二踢脚的顶部要用黏土封顶砸实，它的底部装好火药后，要用拔刀按顺序拨出纸花封住下口。传统的二踢脚拨底有九刀、十刀、十二刀之分，主要是为了保证二踢脚升空高度和炸响。

安放二踢脚下层的药捻儿时，先用锥子把二踢脚扎透，然后用扦子把药捻儿拨入二踢脚下层的燃烧室内，外边露出的药捻儿尺寸不小于1.5厘米。

这样，二踢脚就制作完成了。除此以外，厂里还生产更大的二踢脚，顶端往往缠上麻绳，这在过去的市场上常见。

相比二踢脚，麻雷子的制作方法比二踢脚要简单一些，主要有卷炮筒、插药捻儿、填充火药、封口这些主要工序。

邢各庄花炮厂生产的麻雷子，炮筒约1.2至1.5厘米粗细，长约5至6厘米。做好的炮筒一头眼儿大，填充火药和封口用；另一头眼儿小，装药捻儿用。

麻雷子的炮筒批量做好以后，要把炮筒立起来，按照大、小眼儿的顺序，以蜂窝矩阵那样靠拢排列好，用麻绳捆成六角形，每边炮筒的个数相等，数量可多可少，以便于准确统计炮筒的数量，掌握生产的进度。还能放着稳当，便于下道工序操作。

往麻雷子插入药捻儿时，操作者先在打成捆的有小眼儿的炮筒面，依次插入药捻儿，漏出外面的药捻儿不小于5厘米，然后用钉子围着药捻儿周边钉几下，把药捻儿固定住，避免漏风和松动，既不能太紧，也不能太松。

整盘炮筒全部插入药捻儿以后，药捻儿的头要向侧面折一下，然后轻轻地翻转过来，屁股朝上，把装好药捻儿的那头朝下放好。随后在有大眼儿的屁股面刷上糨子，再粘上报纸，用筷子头把炮筒屁股上的孔依依捅破，露出炮筒上的大眼儿，把火药慢慢装进去，确保每个炮筒内都有均匀的火药，但不能装得太满，要给封屁股留有余地。

火药填充好以后，要双手捧起打捆的炮筒往下蹾几下，让火药在炮筒内装瓷实。把富余的火药收拾干净后，就开始封屁股，撒上黏性好的黄土面或胶泥面，用锤子和平头铁钎逐个砸瓷实，避免鞭炮在燃放的时候漏气"开后门"，影响产品的质量。

邢各庄的土地沙子多，不适合给花炮封口用。邢各庄花炮厂常去潮白河东边的燕郊蔡各庄那里拉黄土，那里的黄土黏，是给花炮封口必不可少的好原料。

邢各庄花炮厂生产的麻雷子，还有更粗更长，做工比较复杂一些的。麻雷子做好以后，要用药捻儿给编起来，每挂有50头，100头，500头，1000头，包装好后装箱就能出厂了。

邢各庄的花炮，以前有小鞭炮、二踢脚和麻雷子，还有太平花、炮打灯、彩猴、连珠花、小盘花、盒子灯……后来，除了生产传统的花炮外，还配合国家有关科研部门进行古代火器试飞的科学实验，曾先后试飞过明代火器"火龙出水""神火飞鸦"等，为火药研究提供了十分重要的参数。

火药是中国的四大发明之一，200多年来，邢各庄人在火药的使用上，传承了中国古代劳动人民的聪明才智和工匠精神，把火药用得有声有色。

昔日在北运河、运潮减河、潮白河两岸流传着这样的民谣："白庙的筐箩，枣林庄的筐，北刘庄的笮篱不漏汤，邢各庄的炮仗赛鸟枪，师姑庄出了伙打鱼郎。"这足以说明邢各庄做的花炮名声在外，流传很广，为众人所知。

邢各庄做的花炮，不仅给老百姓带来了过年的年味儿，还给老百姓带来了对幸福生活的祈盼。跟随着时光前行的脚步，邢各庄的花炮早已走进了历史长河的深处，但那些尘封的往事，至今没有被人们遗忘，在不经意间，就会潮水般地从人们的记忆深处奔涌而出，好像鞭炮的清脆声在人们的耳畔回响，又好像烟花的七彩光芒在人们的眼前尽情绽放。

（刘维嘉，通州区残联原副调研员，通州区政协特邀文史委员）

草寺村的离奇 "人鬼" 情

■ 陈喜波

记得是 2010 年，我在宋庄镇做乡村调研，游走于徐辛庄、草寺、内军庄、平家疃、尹各庄、寨里、葛渠等村落之间，考察乡村历史文化以及相关文化遗产。有一天在查阅《光绪顺天府志》中有关通州的文献记载时，发现在《光绪顺天府志·地理志八·冢墓》有一段关于草寺村姚侍郎墓的记载："姚侍郎元之墓，在州城东北草寺庄。"后附"州人李玉菜撰墓考"，其内容如下：

光绪戊寅之秋，菜夜梦　人于座上，冠裳朴雅，意度老成，自称曰：仆姚伯昂也，家本皖人，因作宦京师，亡时无嫡嗣，旅榇未归，久厝于潞，仆之骨殖将不朽于潞矣。兹闻志乘将成，愿附志之，俾后人知此一抔土为流寓之某也。乃拱手作别。余亦惊悟。日者乃以来是梦遍询诸吾乡之耆宿，知者能道其颠末，以为姚伯昂先生讳元之，又号竹叶亭生，官至工部侍郎，年至九十余，卒于官，窆于潞之北乡，地曰草寺，过者犹能指之曰：此姚侍郎墓也。呜呼，梦亦奇矣。

这段文字讲到通州城东北的草寺村有姚侍郎墓，也附带讲了一个小故事。故事说的是通州人李玉菜于光绪四年（1878）秋天的某个晚上，做了一个梦，看到一个人坐在座位上，衣帽朴素雅洁，气态庄重。这个人对李玉菜说："我是姚伯昂，老家是安徽，因在京城做官，死后没有子嗣，棺木一直没有归乡，放在通州很久了，我的骸骨大概永远要安放在通州了。现在听说您的著作即将完稿，愿意附记于书后，让后人知道这一捧黄土（指墓地）埋葬的是寓居之人姚伯昂。"说完拱手作揖而别。李玉棻一下子从梦中惊醒过来。到了白天，李玉棻便到处询问乡里的老人，把梦中之事讲给他们。所幸有知道的人能够把这个故事来龙去脉讲清楚，认为姚伯昂是姚元之，又名竹叶亭生，做过工部侍郎。九十多岁时，逝于任上，葬在通州北乡的草寺地方。路过的人还能指认说：这是姚侍郎墓。

这个故事不长，但很离奇，所以印象深刻。由于姚侍郎墓在后来的社会变迁当中已经平毁，故在草寺村已经找不到其墓地。我在调查中也感觉这个故事很好玩，但对李玉棻和姚元之不了解，且墓地也早已不在，也没有当回事，就没有去深入研究。

不知不觉，十年过去了。

2020年，有幸遇到了来自沧州的李强先生，他对通州乡村文化十分痴迷，我们一见如故。之前我在北京物资学院曾经连续几年做过传统村落调研，李强自己组织队伍也对通州乡村调研，我们两人彼此不知情，各自为战。李强在调研中了解到我也做同样的事情后，他便通过关系与我取得了联系，我们在通州梨园附近见了一面，聊得很投机。自此以后，我便常与李强一起进行乡村调研，但是后期由于工作关系无法持续深入地调研，只能有一搭无一搭地介入，但李强却全身心投入到乡村调研中，一个村一个村的跑，一家一家地访谈，工作细致而入微，虽然辛苦劳累，但李强乐此不疲。

宋庄是我们的调研重点，在宋庄的乡村调研持续了一年多，至今还在进行。2021年12月的一天，李强兴冲冲地打来电话，跟我说发现了一个故事线索，说草寺有一个姚侍郎墓，还说到李玉棻是清代书画鉴赏家，与发现姚侍郎墓有关系。我一下子想起来姚元之托梦的故事，便急忙打开电脑找到这个故事原文，跟李强交流。李强原来在艺术品拍卖行业工作过，对于书画历史很精通，他跟我说李玉棻是通州人，清末著名的书画鉴赏家，在书画行业具有极大影响力，扬州八怪是他最早提出来的。又跟我讲姚元之也是清代著名书画家，有很多作品传世，但时运不济，做官做到侍郎再也没有升迁，当了一辈子"副部级"干部。我把姚元之托梦的故事讲给李强，他特别兴奋，想不到李玉棻与姚元之还有这么一段"人鬼情"。我也感到十分巧合，通过李强我才知道李玉棻是谁，我研究大运河和通州十多年了，各种文献都没少看，但却从未看到过李玉棻的资料，李玉棻这么一个在书画鉴赏行业有巨大影响力的通州人，在通州的志书中竟然失载，可见仅靠文献了解通州是远远不够的。

姚元之是安徽桐城人，出身于书画世家，曾问学于族祖姚鼐，清代著名书画家。嘉庆十年（1805）进士，先后任职礼部侍郎、兵部侍郎、工部侍郎、户部侍郎、刑部侍郎，名副其实的"姚侍郎"。姚元之文章淡雅，书画并工，称得上是大师级的人物。李玉棻在其著作《瓯钵罗室书画过目考》中评价姚元之："书法承旨，隶宗礼器碑，花鸟师白阳。"姚元之病逝于咸丰二年（1852），原准备将其棺椁通过运河运回安徽桐城安葬，但因无子嗣操持后事，棺椁暂时葬在通州草寺村。26年后，姚元之托梦于李玉棻，希望他能将其墓地附记于其著作上。李玉棻受托寻找墓地，最终在草寺庄找到姚侍郎墓。从此，姚侍郎墓记载于通州志书上并传之于后世，也让后人了解了其背后的故事。

草寺村姚侍郎墓演绎了一段光绪年间已作古的书画大师与当时在世的书画鉴赏大师之间的"人鬼"佳话，让人倍感神奇。姚元之与李玉棻虽阴阳相隔，但李玉棻不以梦中托付为荒诞事，身体力行以满足逝者之愿，真是个义人啊，所谓知音难觅，也不过于此啊。在这里，顺便说一说我多年研究通州的一个体会，那就是古往今来通州出的"义人"比较多，有"八十日带发效忠"的江阴典史通州人阎应元，有长途跋涉三千里到湖北将大思想家李卓吾接到通州家中照顾的马经纶，有铁骨铮铮为国事而唾溅龙袍的岳飞后人岳正……在千年大运河的浸润下，通州人都有一种"江湖气"，他们侠肝义胆，义薄云天，每每做出不同凡人之壮举。通州著名作家刘绍棠曾经说："喝运河水长大的——管得宽"，我想这应该就是大运河赋予通州的地方性格吧。

康熙三次驻跸平家疃的故事

■ 陈喜波

平家疃是通州宋庄镇北部的一个自然村,人口四千多,是京东地区第一大自然村。该村位于中坝河东侧,1939 年以前潮白河沿着今中坝河流至通州北关与温榆河合流。历史上,潮白河在宋庄镇域上来回摆动,形成不少河滩地。由于河滩地土壤相对肥沃,因此人们便在河边建立村庄。平家疃俗称平滩,就是村落在河滩地选址的明证。根据考古发掘,平家疃附近有唐代墓群,由此可证明平家疃早在唐代就已经形成聚落,至今已有千年之久。千年历史赋予平家疃村以深厚的文化底蕴,下面让我们从一个神奇的故事开始。

一、一宿建成的大寺庙的传说

在平家疃,有一个广为流传的"一宿建成的大寺庙"的传说。故事是这样的:平家疃村内曾有一座庙叫大寺庙,位于村西,在马石街西口偏北,靠近西大堤的地方。目前大寺庙早已不存,据村中的老人讲,以前大寺庙内供奉大佛,大佛坐在一条大鱼身上(不同于一般寺庙佛都坐在莲花座上),两边是十八罗汉,大佛后面是倒座观音。大殿前面有小殿,内有弥勒佛和四大天王。现在大寺庙遗址上建有民居,看不到任何踪迹了。据说,村西马石街那原来没有庙,后来有一天早上,人们发现运河边突然出现了一个金碧辉煌的大庙，人们都十分惊讶。更让他们惊讶的是，每家每户所养的牛马呀、驴骡呀都大汗淋漓，气喘吁吁，刚刚干完活的样子。人们恍然大悟，原来昨天晚上家家户户的牛马都去帮助建造大寺庙了。至于是谁建造的大寺庙，什么时候建造的大寺庙，没有人能够说清楚。据通州文物专家说，大寺庙叫作石佛庙，光绪《通州志》记载"石佛庙在平家疃，嘉庆十七年刘玉宗重修，道光八年重修，咸丰十年重修"。大寺庙毁于新中国成立后，至今村中的老人还经常回忆大寺庙昔日的景象以及那个一夜建成大寺庙的传说。

很多人会以为，这种荒诞不经的故事在民间有很多啊，没什么大惊小怪的。然而，事实并非如此。

二、康熙曾经驻跸平家疃

《畿辅通志》曾有一首康熙皇帝所写的名为"驻跸平家滩"的诗：

銮舆驻跸近沧浪，

行殿崔嵬对夕阳；

郊外村庄时极目，

秋成处处有风光。

这首诗无疑给出了一个重要线索，那就是康熙皇帝曾经在此驻跸。

根据史书记载，清代历朝皇帝皆去东陵祭祀，因此在北京和东陵之间的御道上建造行宫，也有临时的驻跸之所，以供帝王东巡和中途休息。通州区内有两条前往东陵的御道，一条御道沿今京榆旧路经六合村、宋庄、任庄、白庙，过箭杆河至燕郊，或者从古城村、召里、邢各庄、至白庙抵达燕郊，这是清代帝王经常走的一条御道；另一条御道，称作北路御道，自管头、窑上、平家疃，至燕郊，前往东陵的路线。康熙皇帝曾经东巡遵化皇陵，有三次驻跸平家疃。

康熙十一年（1672）秋，康熙皇帝陪同生病的孝庄皇太后前往遵化汤泉疗养并拜谒东陵，于 1672 年 10 月 9 日动身离开京城，10 月 10 日到达通州，驻跸通州城，然后经三河、蓟州、稻地、明月山，于 10

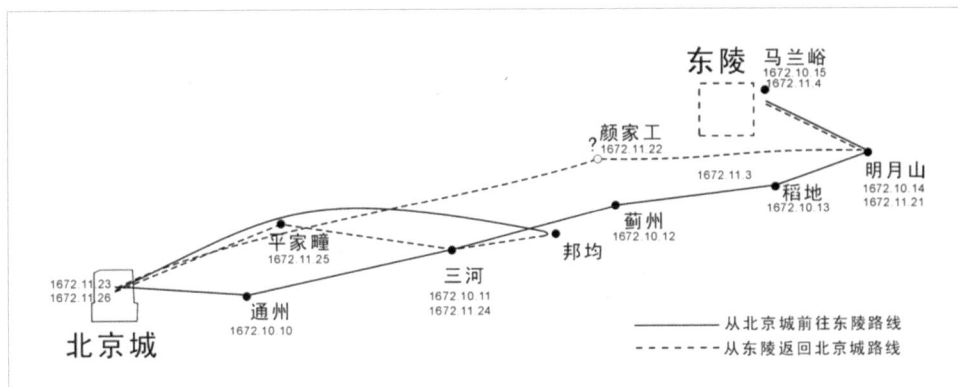

康熙十一年（1672）康熙皇帝巡行东陵路线

月 15 日抵达东陵。康熙帝陪同祖母孝庄皇太后在东陵修养了一个多月，于 11 月 21 日返回。第二天，归途中的康熙得知了皇后赫舍里（清初四大辅臣索尼之孙女，康熙最喜欢的皇后）生病的消息，焦急万分。可是他又无法抛下祖母赶回北京，甚至不能完全表露出自己的担心，因为孝庄太后也才刚刚从疾病中恢复过来。康熙知道孝庄太后与赫舍里的感情很好，如果告诉她的话，很可能产生不好的影响。然而，终究纸里包不住火，害怕一向疼爱皇后的太皇太后怪罪，御医不顾康熙的警告向孝庄透露了真相。果然，一听到这个消息的孝庄太后立刻以命令的口吻告诉爱孙："尔欲奉我同行固是，但中宫病剧，可速往省视，若病势痊愈，不妨再来相迎。况尔奉我同行，固为孝思。遵命前往，亦孝道也。"

用现在的话大致意思是："你陪着我同行固然对，但是皇后病重，你要赶紧去看望，如果皇后病好了，你再来接我。况且你陪我同行，固然是为了尽孝，可是你听我的话前去看望皇后，也是尽孝道啊。"

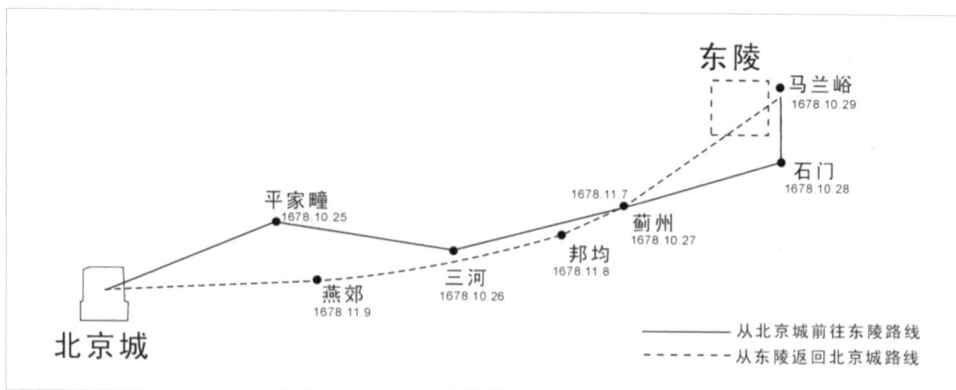

康熙十七年（1678）康熙皇帝巡行东陵路线

得到了祖母的允许后，康熙遂于十月初四下午申时（11月22日下午三点到五点）从颜家工起驾急行，赶赴京城。从位于蓟县西北二十多公里处的颜家工到北京，行程将近140公里，然而康熙只用了不到十二个小时便赶了回去，速度几乎等同于六百里加急，可见他是如何的归心似箭。回到皇宫后，康熙在赫舍里身边陪伴了整整一天，皇后的病情也奇迹般的大大好转。11月23日，康熙看到赫舍里的病情好转，便暂时离开皇后，马上出城去接皇祖母孝庄太后，到平家疃后，康熙命令大部分随从缓行，自己带着几个贴身护卫快马前去迎接皇祖母，走到蓟州的邦均镇康熙遇到了孝庄太后的车队，康熙向祖母问安并告诉祖母皇后的病情已经好转。然后，康熙皇帝陪着祖母抵达三河县城，驻跸于此。第二天（1672年11月25日），康熙陪着孝庄皇太后到达平家疃，在此驻跸一宿。第二天，从平家疃动身回到京城。

康熙十七年（1678）秋，孝庄太后身体欠安，

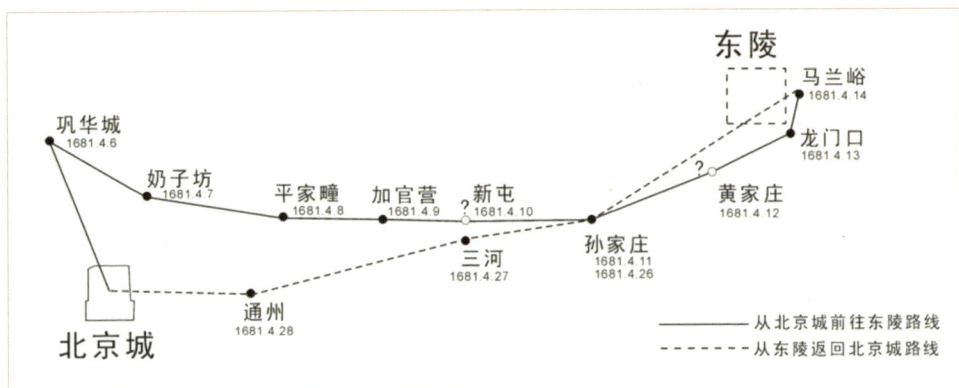

康熙二十年（1681）康熙皇帝巡行东陵路线

康熙皇帝决定陪同祖母去遵化疗养。10 月 25 日，康熙皇帝陪同祖母孝庄离京抵达平家疃，在此驻跸一宿，然后前往东陵。在遵化修养十几天后，康熙陪同祖母回京，回程走的是行经宋庄的京榆旧路御道，没有经过平家疃。

康熙二十年（1681）春，康熙皇帝亲自护送皇后赫舍里的梓宫赴东陵安葬。这里要交代一下，康熙十三年初，康熙最爱的皇后赫舍里在生产时不幸辞世。入殓后，其梓宫暂时安放在北京城北的巩华城（在昌平沙河镇）。赫舍里的辞世对康熙皇帝的打击非常大，康熙经常前往巩华城去探望赫舍里的灵柩，以寄托哀思。据《康熙起居注》统计，康熙十三年六月至十二月，玄烨去巩华城 34 次，平均每月 4.85 次。十四年去 24 次，平均每月 2 次，其中赫舍里氏去世周年的前一天，康熙十四年五月初二日一早，玄烨提前赶至巩华城，当晚留宿一夜，翌日亲行致祭后返回。十五年去 15 次，平均每月 1.25 次。而在三年后康熙即将册立第二位皇后的康熙十六年正月至七月，他仍旧去巩华城 7 次，平均每月 1 次。十三年至十六年，玄烨共去 80 次。从上述记载可以看出康熙对于皇后赫舍里的感情之深，赫舍里的离世对于康熙的打击之大不言而喻。

1681 年春 4 月 6 日，即当年清明节后的第三天，康熙赶往巩华城。第二天（4 月 7 日），康熙亲自护送赫舍里梓宫启行，王公以下、满汉官员及公主王妃以下、大臣命妇以上、全部齐集举哀跪送。当晚驻跸奶子坊。4 月 8 日，康熙皇帝护送赫舍里梓宫抵达平家疃，在此驻跸，次日前往东陵。在东陵，康熙皇帝安葬完赫舍里皇后之后，4 月 29 日回到京城，归途没有取道平家疃。

三、马石街和上、下马石

一宿建成大寺庙的传说似乎和康熙驻跸平家疃没有什么关系。在平家疃村落调查中，却发现了一个比较特别的现象，平家疃是一个大村，村中号称有十三条大街，如大街（盐店大街）、平家街、蔺家街、邓家街、关家街、小横街、新东庄等，其中有一条街叫马石街。这个马石街位于平家疃村内的大街后面，东西向，与大寺庙前有一条街，西端紧邻村西的西大堤路。西大堤是清末李鸿章修筑的一条自顺义安里村经平家疃村西南至北寺庄的潮白河大堤，民间称作"李公堤"，

马石街上马石和下马石

后来因为村民建筑取土等原因，大堤消失，形成一条道路。康熙时期，这条大堤还没有。大寺庙就位于马石街西端以北，西大堤的东侧，显然过去是紧邻潮白河的。在马石街中部路北，道边有 2 块石头，形状为阶梯状，造型古朴简陋，显然是上下马石，村民也不知道为何这里会有上马石，街名显然来自这两块上下马石。根据《清实录》记载，平家疃是有"行殿"的。康熙在平家疃曾经驻跸三次，那么康熙驻跸之处在哪里呢？从康熙的诗句描述来看，"銮舆驻跸近沧浪"，指的是康熙驻跸之所靠近河流，这条河流就是潮白河，当时潮白河流经平家疃村西。"行殿崔嵬对夕阳"是说驻跸处在村西临河处，故有"近沧浪"和"对夕阳"之语。巧合的是，大寺庙就位于村西的运河边，并且在马石街西口北侧，上下马石就在寺庙之东。明晰了"行殿"和大寺庙所在位置，结合马石街和上下马石，可以确定，大寺庙就是康熙当年驻跸过的行宫。康熙皇帝东巡东陵，并不是完全走固定的惯常的大道，有时也临时改变路线走行别的道路，这些道路由于没有建设行宫，因此中途往往在路上以寺庙作为临时行宫，借住休息，平家疃大寺庙就属于康熙的临时行宫之一。"一宿建成的大寺庙"这个传说恐怕与康熙驻跸平家疃驻跸的历史事实有关。

四、为什么是"一宿"建成的大寺庙

为什么出现"一宿"建造大寺庙的这个传说呢，仔细研究《清实录》中康熙皇帝三次前往东陵并从东陵回京的路线和日期，可以发现，康熙皇帝第一次驻跸平家疃的时间，与"一宿"有着密切关系。康熙十一年十月康熙皇帝陪同祖母探谒东陵，在返回的路上听说皇后赫舍里生病，在孝庄太后的催促下紧急赶回京城，探视赫舍里皇后。赫舍里病情很快好转，康熙旋即离开京城去接皇祖母孝庄太后。康熙出京城的日期是 1672 年 11 月 24 日，走到平家疃时便让大部分随从缓行，自己带少数卫士快马加鞭，于当天在蓟州邦均镇接到了皇祖母，当晚驻跸三河县城。1672 年 11 月 25 日，康熙与皇祖母孝庄皇太后到达平家疃并在此驻跸

一宿。这里可以发现，康熙皇帝从离开京城到驻跸平家疃恰好隔了一个晚上，不言而喻，读者一定知道这一晚上发生了什么。平家疃没有行宫，建造新的行宫时间显然来不及，因此就利用平家疃村中的大寺庙临时搭建行宫，连夜兴工，借用了村中老百姓的牛马，很可能还使用部分人力。第二天，大寺庙行宫收拾好了，等待康熙皇帝和皇祖母一行入住。"一宿建成的大寺庙"的故事实际上反映了这一段历史事实，只是民间口耳相传中，历史真实逐渐失真，变成了荒诞不经的传说。

还要补充一下，康熙所写的"驻跸平家疃"这首诗写于何时，书中没有记载，但是根据诗中"秋成处处有风光"一语来看，时间当是秋季，因此康熙皇帝写这首诗的时间与康熙十一年和十七年两次驻跸平家疃的时间相吻合。但这首诗到底是哪次驻跸平家疃时写的呢？这里不妨分析一下。俗话说，诗言志，从整首诗的格调来看，这首诗表达的是一种喜悦的心情。康熙十七年驻跸平家疃时，是去往东陵的路上，当时皇祖母的身体不适，康熙皇帝一定心里不安，且康熙自己心理上还没有走出对赫舍里的深切思念当中，心情处于压抑状态，康熙皇帝怎么会显得高兴呢，无论如何，此时的康熙皇帝是无法写出"秋成处处有风光"这样令人喜悦的诗句的，因此，这首诗不大可能写于康熙十七年驻跸平家疃之时。而康熙十一年（1672）的 11 月 25 日，康熙皇帝回京驻跸平家疃，这时皇后赫舍里的病情已经好转，且自己深爱的祖母身体也康复了，此时康熙皇帝的心情自然十分高兴，看到村外田野丰收的景象，故而写下"秋成处处有风光"的诗句，实际上是利用秋收的喜悦来抒发自己内心之情。"驻跸平家疃"这首诗的格调与康熙此时驻跸平家疃的心情高度一致。可以断定，康熙皇帝的这首诗写于康熙十一年秋九月戊申日，即公元 1672 年的 11 月 25 日晚。

文物古迹

宋庄地区的墓群

■ 刘正刚

　　六合村西汉古墓群　清末民初时，位于六合村东 500 米，呈西北至东南走向排列封土岗坨 7 座，在首坨右侧附 1 座小土坨，共为 8 座。从左侧顺数为 7，回数为 8。清光绪《通州志·封域·古迹》载："虚粮台，旧志云：'在州东甘棠乡堤子里（六合村之其中一村），有土台十余座'，相传赵德钧（五代后唐幽州节度使）抗拒契丹，因军中乏粮，筑此台以张声势"。当地百姓传统上一直把此地段称作"七疙瘩、八疙瘩"。20 世纪 60 年代，六合村大队在首座土岗上设窑烧砖，发现大型 6 室砖墓。1982 年区文物管理所至此进行文物普查时，一些西汉时期散碎陶片被弃置，窑北侧尚露出二耳室，南北并列呈东西向。后原窑地建成宋庄乡内燃机配件厂，二耳室仍保存在该厂院内。其余几座土台有 2 座在前夏公庄地界内，在平整土地时因墓坑较深且处沙层内，有一座挖掘到墓底时出现塌方，内葬器物保留墓中。另有 3 座西汉砖墓封土亦被平除，但砖墓残状尚留原处。普查结论是，此处根本不是《通州志》中所载的五代时期赵德钧所筑的虚粮台，而是一字排列开的西汉古墓群。

　　平家疃唐墓群　位于平家疃村东南部居民院落间。此处原来处于村外，乃一片土坨，南北约 50、东西约 40、高约 2 米，后土坨平除作为耕地。1991 年批准村民于此建房，挖槽时共发现 5 座唐代独室砖墓，墓顶早塌。

当地民俗以庭院内存有坟地为不祥，多被掘除，唯余 1 座未被彻底破坏。墓室平面呈长方形，东西向，长 3.5 米、宽 2.5 米，高度不详。沟纹砖错缝平砌，壁角平直。墓中清出一面完整铜镜，由该村高德龙上交文物管理所。此镜圆形，正面平整，直径 10、厚度 0.3 厘米。背面边缘与中部各高铸一环细弦纹，将纹饰图案分为内外二区。内区中心乃一只伏兽作纽，横穿系孔，无纽座，环纽饰 4 只雄狮追逐；外区临缘环饰内像串串葡萄，间有群鸟飞翔。整体纹饰似圆形高浮雕，其装饰图案想象丰富，布局紧凑，层次分明，动静统一，意趣和谐，符合唐代经济文化特征。

后夏公庄元墓群 位于后夏公庄村东，西、北临民宅，东、南临农田，占地面积约 8000 平方米。此处原是一大块高岗地，东西 100 米，南北 80 米。1994 年 4 月 20 日，该村卖土时发现元代砖墓，四角攒尖穹隆顶，边长 2.53 米，高 1.9 米。出土有双系黑釉瓷罐、四系汲水瓶、铁锈花白瓷碗等，由村委会上交区文物管理所。

西赵村汉墓群 位于宋庄镇西赵村北。占地面积约 5000 平方米。此前于村北挖沟修路时，曾发现一座砖墓。2007 年，高各庄村民在路沟中取土时，再次发现墓室砖壁，结合此前路南施工时发现的几座此类墓葬，被文物管理部门确定为汉代墓群。

皇宗室墓

清惇亲王奕誴墓 位于宋庄镇北窑上村南口外迤东，俗称"大王爷墓"，以其第五子葬在东临王辛庄村，故而另称"小王爷墓"。奕誴乃道光帝第五子，祥妃所生。因道光帝三弟绵恺无子，遂将其过继给绵恺为嗣，承袭郡王爵位。道光帝死后，其四兄奕詝即皇帝位，号咸丰，即命奕誴在内务府任事，管理皇室部分事务，奕誴动止粗率简单，因失礼屡次受到咸丰帝谴责，不受欢迎。咸丰五年（1855）降为贝勒爵位，并且被罢免内廷所任职务，专门读书。不久，恢复其郡王位，再晋爵亲王。咸丰帝死，其子载淳继承皇位，号同治。同治四年（1865）六月，授命奕誴为宗令，为管理皇室宗族事务机构——宗人府长官。同治死，无子，慈禧太后即命奕誴七弟奕譞之子载湉过继咸丰帝奕詝为嗣，而且继帝位，号光绪。如此，奕誴本为光绪帝五伯，一变而易为光绪帝五叔，成为老王爷。光绪十五年（1889），奕誴死，选择在御道之侧，窑上村南置墓葬埋。其墓占地数十亩，砖砌圆形宝顶，高丈余，侧设其妃冢墓，也为砖砌，前有 6 座妾冢南北对列。列冢之东，建南北享堂各五间，硬山筒瓦调大背，陵门一间，四周环以砖壁红墙。陵门之外，挖设南北向金水河，对门建石质金水桥一座，有石雕望柱栏板。桥面正中嵌铺一块巨石。过桥，神道上立有螭首龟趺碑一通，嵌在绿琉璃筒瓦硬山卷棚顶碑楼之内，再前则是大片针叶松林。

清镇国将军载津墓　位于王辛庄村南御道之侧。有东向砖砌并列二宝顶，乃二等镇国将军载津及其妻墓。载津是惇亲王奕誴第五子，当地俗称其墓为"小五爷墓"。墓前曾立有螭首龟趺碑，因此墓曾被土匪盗劫，未发现任何随葬器物。

官吏墓

唐正议大夫高行晖墓　位于宋庄镇大庞村东口，为唐正议大夫高行晖、其子工部尚书高崇文、孙赠司空高承简、曾孙淮南节度使高骈等官宦家族墓。20 世纪 50 年代，墓地尚完整，坐北朝南，占地约 5500 平方米。墓地上有石碑、石牌坊、石像生、石供桌等，坟冢若干。20 世纪 70 年代，墓地上所有石雕、石碑被推倒砸毁或就地深埋。同时，坟冢被掘，发现有砖室壁画，因墓室较深，怕出危险，尚有断壁残画遗留原地。1982 年夏，县文物管理所至此进行文物调查，发现半段汉白玉圆雕马后部，浮雕坐鞍披挂，长尾欲扬，高 1.7、残长 1.4、厚 0.85 米，侧仆坑中；于村中杨姓一家院中见到汉白玉制供桌，长 2、宽 0.8、厚 0.2 米，正立面浮雕群龙海水；又于另一杨姓人家房后护坡处，发现艾叶青石制牌坊构件，残高 0.4、宽 1.7、厚 0.23 米，宝瓶首浮雕缠枝莲，大小宝瓶间浅雕山峦、朱雀、葡萄、莲花等。在首都博物馆，收藏有壁画墓出土之高行晖墓志铭一合。艾叶青石制。志盖覆斗形，平面方形，边长93厘米，顶面篆书题额4行，每行3字，共12字："唐赠户部尚书高府君墓志铭"；四坡面线刻十二生肖像，人身兽禽首，身服宽袍，足蹬朝靴，手执笏板；四角线刻莲朵。志底方形，边长91厘米，内纵刻小楷36行，每行35字，首题"唐故正议大夫、试怀州别驾、赐紫金鱼袋、赠户部尚书渤海高府君墓志铭并序"。志文序中记述高行晖乃炎帝之后，先封姓吕，后分出一族姓高，世居渤海郡（今沧州），晋末避乱至幽州，遂定居于今大庞村。高行晖在平定"安史之乱"时，为唐王朝立下功绩，遂升任河北省怀州别驾，仍加紫印金绶，恩深赐盖。乾元二年（759）十二月二日，卒于宫舍，享年69岁。夫人袁氏于大历元年（766）七月廿九日，卒于幽州平朔里之私第，享年70岁。元和二年（806）十一月，合葬于"潞县高义乡庞村之原"。

明南京兵部尚书李宾墓 位于宋庄镇内军庄村北1公里处，为明南京兵部尚书李宾及其后裔家族墓。坐北朝南，长80、宽70米。祖冢居北首，冢立汉白玉螭首龟趺碑一通，碑前浮雕花饰石供桌一张，桌前为神道，两侧立石雕文武翁仲各一，面向相对；马、骆驼、羊、虎各一对，南向。坟冢若干，以人字形排列。李宾，字廷用，今顺义人。正统进士，授浙江道御史。正统十四年（1449）蒙古兵侵犯北陲，其征募军士万余，军威遥震，蒙古兵闻讯北遁而去，因晋升为都御史提督。天顺元年（1457），明英宗称帝，下令升其为大理寺卿。天顺八年（1464），再升左都御史，后升任南京兵部尚书。

明东宁伯焦礼墓 位于宋庄镇岗子村西稍南。焦礼祖上乃蒙古族人，世居广宁府（今河北省宣化区西北），父称捌思台，元朝中枢右丞，明洪武初降，定居于草寺庄，后授蓟州卫指挥佥事，不久调任通州卫，死后即葬于草寺庄北。后，三代东宁伯焦礼、焦亮、焦寿等后裔均按序葬此，成为焦氏家族墓，墓地原占地约5000平方米，南向，神道立螭首龟趺碑一通，两侧立石翁仲、马、虎、羊各一对。20世纪70年代，出土6

合墓志铭。1984 年秋，于岗子村西口外园田水井处，收集墓志铭一合。艾叶青石制，方形，边长74.5、厚11.5 厘米。志盖玉柱篆4行，每行4字，题额为"皇明诰封东宁伯太夫人张氏墓志铭"。周边以水波纹作窄栏，栏内菱形祥云。志底四边纹饰同盖，内纵刻小楷铭文19行，每行28字，首题与题额相同。从志文看出，张氏乃第四代东宁伯继室，于明万历丙戌年（1586）八月三十日卒，十一月廿五日，合葬于草寺庄北东宁伯之冢。

清太子太保徐元梦墓 位于宋庄镇管头村东 500 米处御道之北。原只有一座墓冢，冢前立有螭首龟趺碑，神道两侧有石像生。为加以保护，2000 年将龟趺重立在草寺村北观文堂院内。乾隆六年（1741）御制徐元梦墓碑，汉白玉制，首高1.6、宽1.2、厚0.52 米，方额无字；身高2.2、宽1.12、厚0.44 米，正面周边浮雕龙、云，无首题，右纵刻楷书5行，每行48字，左刻满文5行，均为乾隆皇帝御笔，系表彰徐元梦功绩及表达敬重怀念老臣之意。龟趺高0.88、残长2.4、宽1.2 米，背无纹饰。徐元梦，字善长，舒赫禄氏，满洲正白旗人。康熙二十年（1681）进士，授户部主事。二十二年（1683），充日讲起居注官，且以讲学负声誉。三十二年（1693），直上书房，仍授诸皇子读书。五十二年（1713），擢内阁学士。次年任浙江巡抚。五十六年（1717）为左都御史及翰林掌院学士，次年升工部尚书。雍正元年（1723），充明史总裁，调任户部尚书。雍正十三年（1735），充翻译乡试考官。乾隆即位，授内阁学士，擢刑部侍郎，以衰老疏辞改任礼部侍郎。乾隆四年（1739）加太子太保衔。乾隆六年（1741）病逝。

清礼部尚书张允随墓 位于宋庄镇草寺村南张家坟。墓坐北朝南，南北长约80、东西宽约60 米。原祖墓后有高大弧形坟围，前有不少土冢成人字形列，神道有石翁仲、马、羊等列置，且有 4 通墓碑立于各冢之前，均为螭首龟趺，汉白玉雕制。其一为乾隆御制张允随墓碑，左满文，右汉文。张允随，字觐臣，号时斋，汉军镶黄旗人。清崇德七年（1642），清廷将投城之明朝汉族将士编为汉军八旗。张允随先世被编入镶黄旗。其初任宁国府（今安徽省宣城市）同知，乾隆间屡升至云南总督。其在滇（云南）黔（贵州）二省镇守三十余年。后调入朝中任东阁（内阁）大学士，兼礼部尚书。卒谥"文和"，择葬于此。

墓 志

唐正议大夫试怀州别驾高行晖墓志 1965年春出土于今宋庄镇大庞村东口外公路北侧，现收藏于首都博物馆。一合，汉白玉材质。志盖横纵均93厘米，四边线刻十二生肖像，内纵刻玉柱体篆书题额4行，每行3字，为"唐赠户部尚书高府君墓志铭"。志底纵横均91厘米，正面纵刻小楷志文36行，满行35字，首题为"唐故正议大夫、试怀州别驾、赐紫金鱼袋赠户部尚书渤海高府君墓志铭并序"。

金同知昌武军节度使李抃墓志 出土于宋庄镇葛渠村北，现藏于北京石刻博物馆。一合，艾叶青石制，均正方形，边长78厘米。志盖呈覆斗形，有唐代志盖遗风，四坡面线刻人身兽首十二生肖像，角线刻牡丹花朵，正中平面纵刻楷书题额4行，每行4字，为"中宪大夫同知昌武军节度使李公墓志"，颇具柳风；志底正面纵刻小楷志文28行，满行28字，首题为"中宪大夫同知昌武军节度使李公墓志铭并序"。

明荣禄大夫应城伯孙享墓志 出土于现宋庄镇寨里村北土岗。计二合，均为汉白玉制，横纵均58、厚9.5厘米。孙享墓志出土后存放在双埠头村李姓家中。

明诰命夫人张氏墓志 出土于今宋庄镇岗子村西焦家坟墓地中，1984年秋收集到县文物管理所。一合，艾叶青石制，横74.5、纵75.6、厚15厘米。四边刻宽5厘米之条框，框线为内向水波纹，框内浮雕菱形朵云，朵云中线刻如意头云纹。方角处为半朵云纹组合为内向三角云纹。志盖篆额玉柱体字4行，每行4字，为"皇明诰封东宁伯太夫人张氏墓志铭"。志底纵刻小楷正文19行，每行30字，首题同题额，有撰文，书丹与篆额者职官、籍贯与姓名。

除上述墓志外，现通州区博物馆还收藏从宋庄镇域出土的明、清墓志两合，一为明代杨隐及夫人墓志，出土于寨里村北原高岗，1984 年 4 月收集；另一为清顺治赵仁轩墓志，出土于富豪村北，1984 年 4 月收集。

碑 刻

重修真武庙碑 原立于尹各庄东口北侧真武庙玄帝殿前。新中国成立后该庙殿宇易作小学校舍，置于操场西南部房前。艾叶青石制，圭首高 48、宽 80、厚 24 厘米，浮雕祥云，方额内刻双沟楷书"玄天上帝"4 大字；身高 123、宽 75.5、厚 22 厘米，两边及下边剔地刻缠枝花，内纵刻楷书铭文 20 行，满行 36 字，右小半面为重修题记，无首题，书体幼稚，有错别字，左大半面为捐修人名。落款为"大清国顺治十三年夏四月吉旦立。住持僧印极募化。"

乾隆御制徐元梦碑 原立于管头村东陵御道北侧，1996 年徐辛庄镇文化站将其移立于草寺村北观文堂院内，2001 年公布为通州区文物保护单位。

田宜人墓碑 二通，原立于平家疃村东蔺家坟处，1995 年修整街道时，将二碑身放置孙姓村民街门外东侧，

乾隆谕祭徐元梦碑（2013 年）

碑体均为石灰岩白石制。其一，首高54、宽68、厚12厘米，减地与线刻结合刻双鱼戏水纹，寓保佑后代富裕长久，方额内双沟刻楷书"万古流芳"；碑身高146厘米，宽、厚同首，阳面四围以同样手法刻"暗八仙"纹，意寓有八仙护佑。内正中双沟刻大字楷书"钟郝仪型"，其上首纵刻楷书"皇清诰授奉直大夫蔺载轩室田宜人懿范"，下款纵刻人名3行，人名下刻大字楷书"恭颂"两字。碑文中提到的蔺载轩即平家疃人，在清光绪八年时为"候选知县。前通州学正"。其二，形制体量与前者同，纹饰手法亦同。首饰对凤衔芝，衬以牡丹、莲朵，寓洁净无染，品操高贵。方额钟纽似印，内刻双沟楷书"万古流芳"；身四围减地刻缠枝莲朵，正中纵刻楷书2行，为"时光绪八年三月榖旦"，其右侧纵刻小楷1行，为"候选知县、前通州学正袁缶虎 （xia）顿首拜撰"，其左侧纵刻小楷2行，为"忝姻晚周儒林、姻再晚杨学震"，2行小楷下刻大字"敬上"两字。

石　雕

隆兴寺镂空石座　原置于富豪村灵佑宫处，1984年4月收集于县文管所内。隆兴寺乃金天会七年（1129）创建，明、清两朝曾多次重修，但寺内所用镂空香炉座一直使用。此座为艾叶青石雕制，整体为圆形，高56、面径92、腹径与足径均107厘米。平顶，束领，丰腰内镂空，圈足，环束领与台沿浮雕缠枝莲，颈上下线刻仰覆莲，肩环刻鸿鹄飞云纹，腹围雕饕餮，四兽足踏圆环，古朴粗放壮观，是目前通州区发现此类石座之最大者，亦为金时香炉石座之典型。

狮首方身门枕石　原置于尹各庄分销店院内，1982年文物普查中发现，即将此登记入档。此对门枕石为石灰岩白石制，方身。顶部圆雕伏狮；方身三纵面高浮雕宝扇、利剑等"暗八仙"纹饰，精致美观。狮为祥兽，寓吉祥喜庆；"暗八仙"纹乃是汉钟离、铁拐李、吕洞宾等八仙手中所持之宝物，寓意八仙于此保佑，任何鬼祟不敢入门呈凶，一家平安无事，又八仙各有奇能之意。

宋庄地区的古庙和遗址

■ 刘正刚

富豪灵佑宫 位于富豪村西南部，俗称娘娘庙，庙内主祀顺天圣母女神，古代民间习俗将女神称娘娘，遂有俗称。明代始建，清康熙五十八年(1719)与民国期间曾重修，坐北朝南，二进院落，山门殿三间，小式作法，明间为通道，硬山筒瓦箍头脊，彻上明造，四架梁，旋子彩画。后殿五间，大式作法，顶式同山门，前后廊推出；四架梁，东、西配殿各三间，小式作法，硬山合瓦元宝顶。后此庙曾作生产大队副业用房，且拆除山门及余存东西配殿。今此庙尚存后殿，附属文物有透雕香炉座一个，艾叶青石制，圆顶阔腹内镂空，兽足踏圈作足，圆肩围刻鸿鹄翔云纹，腹围雕饕餮。面径 0.92、高 0.56、足径 1.02 米，有辽金遗风，存于区文物管理所。经幢顶一个，白石制，八棱扁体，面径 0.66、厚 0.15 米，围面浮雕莲花，似金时遗物；重修灵佑宫记碑，白石制，座无存，碑身置村民安姓人家，高 1.17 米，方首浮雕祥云朵朵，方额内刻楷书"圣母碑记"四字；身边浮雕水波纹，中纵刻楷书铭文 11 行，每行 22 字，无首题，记述重修圣母殿事，但磕击严重，大部字迹失存。尾款尚可辨读，曰"皇清康熙五十八年季夏月 毂旦 立"。旗杆座，汉白玉制，圆形须弥座均分为四，面径 1、高 0.51 米，束腰及上、下沿环雕花纹，仅存其四分之一，现存置区文物管理所；门枕石一对，艾叶青石制，高 0.6

富豪村灵佑宫（2013 年）

葛渠真武庙 （2013 年）

米，方柱，首雕狮，二立面浮雕折枝花，与碑同存置该村安姓人家。古槐一株，在后殿前，三人合抱，树干已空但枝叶旺盛。

富豪真武庙 位于富豪村东南部。古时该村西有温榆河，东有小中河，雨多时河水经常冲决堤岸，合淹田园，乡民受灾，祈祷北方神真武帝却患佑民，遂建庙以祀之。此庙明建清修，南向一进院落，现仅存正殿三间，大式作法，硬山筒瓦调大脊，吻、兽毁没，排山勾滴，飞檐，次间前吞廊，彻上明造，五架梁，明间五抹双交四椀隔扇门四，余为后改门窗。垂带式石阶三级，象角拆除。

葛渠真武庙 位于葛渠村偏西部，明建清修。古时温榆河流经村南口外，雨季泛滥成灾，道教遂建庙于此镇河防灾。此庙现仅余存正殿三间，大式作法，硬山筒瓦箍头脊，排山勾滴，墀头浮雕狮子绣球，前后廊推出，彻上明造，四架梁，彩画已模糊不清。

葛渠关帝庙　位于葛渠村东部，该村南滨温榆河，东有小中河，汛期颇受水害，平时又得水运之利。村民既求发财，又祈平安，遂集资建关帝庙，供奉关羽神像。此庙明建清修，南向，二进院落，新中国成立后村公所曾设此。1982年易作生产队副业用房，现仅余前殿三间，大式作法，硬山筒瓦箍头脊，望兽小跑无存，排山勾滴，彻上明造，五架梁，明间六抹正交斜棂隔扇门二扇，次间坎墙上五抹正交斜棂隔扇窗一扇。明间后檐设门，有同样隔扇门二扇。殿内东次间后檐墙存壁画一幅，重彩画歇山重檐楼阁，尚鲜明；西山墙有工笔重彩三国故事壁画；后廊抱头梁上山墙绘有题名"小堂得道""赵颜求寿"两小幅壁画。

管头药王庙　位于管头村东南高坨上。院内面积约1200平方米，四周占地近2000平方米，南边紧邻清代帝王去东陵祭祖之御道。是庙始建于明嘉靖年间，清光绪十九年（1894）第一次重修，民国二十六年（1937）第二次重修，以后又两次维修。新中国成立前、后曾一度作为本村初级小学校舍，后拆除配殿、耳房，所余易作生产队副业用房。

此庙坐北朝南，一进院落，仅余前、后二重殿。后（正）殿三间，除无轩外，形制俱与前殿同，墀头浮雕坐龙；前殿三间，大式作法，硬山筒瓦箍头脊，垂兽残存其一，

管头药王庙后殿（2013年）

排山勾滴，飞檐，前后廊推出，彻上明造，四架梁，砖雕墀头，明间前出轩，与前殿勾连搭，歇山与箍头脊相结合，六角嵌山窗各一。

遗　址

平津战役指挥部宋庄旧址　1949 年 1 月 11 日至 12 日，平津战役前线司令部从蓟县孟家楼进驻宋庄村，指挥机构设住宋庄村南街王姓富户的宅院内。院落坐北朝南，两所三合院并列东西，格局、形制、体量、装修、色调皆同。二门楼一间，面阔 3.15、进深 1.7 米。顶式特殊，为箍头脊、歇山脊、庑殿脊三种古建传统脊式融合。筒瓦，脊端置砖雕盘子，仿木砖雕椽飞，门额高宽，下面前出垂带式石阶三级。门楼两侧坎墙为硬山筒瓦卷棚顶，砖雕椽飞，檐下饰连珠纹，墙下部正中设斧剁石阴沟双瓣孔。二门内即东、西路井各两间，硬山仰瓦元宝顶，步步紧上下合窗，下嵌玻璃。内宅门早已拆除，内院正房五间，硬山合瓦清水脊，吊顶，门窗若前，如意石阶三级。东西厢房各三间，形制、装修如上房。二院正房天井俱各辟过道门一处，硬山筒瓦卷棚顶，对扇木门，使东、西二院相通，也能使二院与外院相通。在形式上使之为一整体，又在实用上便于联系与预防特殊情况

平津战役指挥部宋庄遗址（2015 年）

发生时规避，此设计为城郊古建鲜有。

1950 年始此院先后作为通县一区（宋庄）区委、区公所、宋庄人民公社、宋庄工委、宋庄乡（镇）等办公机关使用，期间门窗与地面多次改造。1998 年 9 月宋庄镇政府从此处迁出后，曾为宋庄派出所、区公安分局刑警队、镇城管分队使用。2000 年被公布为通州区文物保护单位并立碑保护，2010 年 8 月 17 日普查确定为革命遗址。2015 年区文委作为革命文物遗址立项申请资金进行重新修复。

平津战役纪念馆遗址　位于平津战役指挥部东侧约 150 米处。1949年 1 月 11 日至 12 日平津战役前线司令部入住宋庄村后，林彪曾下榻此院。1950 年土改后曾作为生产队办公使用。据《中国共产党通州区历史大事记 1923—2000》记载："1970 年 8 月 4 日，中共通县党的核心小组和支左部队党委召开联席会议，根据中国人民解放军总参谋部有关领导指示，决定修复位于宋庄大队的'平津战役前线司令部'遗址，作为爱国主义教育基地，并立即成立领导小组，开始进行工作（1971 年 9·13 事件后，修复工作停止）"。修复时完全依照旧时原样，落成后被官方定名为"平津战役前线司令部遗址"，当地群众俗称为"林彪纪念馆"。"9·13 事件"发生后，此院曾被农行信用社、装订厂、汽车改装厂、冰棍厂等先后占用，原有的中式门楼被拆除，重新建造月亮门，现属搁置状态。

翟里革命烈士墓　位于翟里村东南，占地面积 200 平方米。平津战役中，有 7 名解放军重伤员于此村救护时抢救无效而逝，遂择村北立墓。1964 年 4 月，"四清"运动时开展阶级教育，遂给烈士墓树立一块水泥质纪念碑，二层水泥方台，上立水泥记碑，圭首。正面纵刻阳文楷书"革命烈士纪念碑"，背面纵刻铭文 8 行，每行 40 字，落款为"翟里村贫下中农协会"。

1996 年 7 月 1 日，由于规划建设所需，党支部、村委会将烈士墓迁址村南，为烈士墓再立一通汉白玉碑，底置二层递缩石台，高 46 厘米；上立方首圆角汉白玉碑一通，首高 68、宽 72.5、厚 27 厘米，浮雕党旗；碑身高 191、宽 60 厘米，厚同首，正面中间纵刻隶书"革命烈士纪念

1964 年的水泥质烈士纪念碑（2013 年）

1996 年落成的烈士陵园（2013 年）

碑"，背面纵刻隶书铭文 5 行，每行 14 字，落款
为"宋庄镇翟里村党支部、村委会"；方座高 37、
宽 90、厚 40 厘米。碑后石墓长 357、高 51、上宽
15、下宽 63.5 厘米。下设偏方石台，台上置剖面 5
角边象征性墓冢一排，7 座。向碑有一大坡面，坡
面中心浮雕五角星，中间有 6 道界线。

尹各庄烈士陵园　1948 年末，华北军区在尹各
庄村北建立后方野战医院。辽沈战役胜利结束，东
北野战军奉命入关展开平津战役，在辽沈战役中受
伤官兵亦随之入关，将其中一些伤员安置在尹各庄
野战医院进行治疗救护，部分伤员抢救无效而逝，
遂集葬于尹各庄村西南处。此墓群南北长 20 米、
东西宽 17 米，占地面积 340 平方米。1950 年朝鲜
战争开始后，美军曾向志愿军阵地投放细菌弹，导
致部分志愿军官兵染上肺结核病，分流到后方医院

治疗。尹各庄野战医院此间接纳了志愿军伤员，有不治者也葬于该烈士墓。尹各庄烈士墓先后葬有解放军、志愿军烈士44名（后有两名四川籍烈士遗体被家属迁走），每名烈士坟墓均有土冢。初时冢前立一块圆首方身小石碑，均用青砂岩制，上纵刻烈士籍贯、姓名、职务和牺牲时间。

北寺庄知青宿舍 1974年4月26日，北京市广渠门外52中学男女各半共28名首批知识青年，来到宋庄人民公社北寺庄大队插队落户；1976年3月22日，第二批即北京市朝阳区八里庄中学50余名知识青年又陆续来到北寺庄插队，直至1978年全部返城。时由国家拨款在北寺庄大队部院内改建了"知青"集体宿舍和食堂。现存其宿舍10间、食堂5间，每间面阔3.1米，进深5.4米。砖墙红瓦，硬山拔檐，铁架人字梁，后改铝合金门窗。

修复后的尹各庄烈士陵园（2021年）

北寺庄知青宿舍（2015 年）

此建筑是城市知识青年响应党中央号召，下乡插队落户接受贫下中农再教育运动的历史见证，现完整留存较少，通州区文委于 2012 年 2 月将此确定为通州区文保单位并挂牌标识。

北寺庄官堤遗址 又称白河古堤，为防白河向南泛滥，平家疃至北寺庄、喇嘛庄村后白河东南岸筑有高大土堤一条，明代始修。明洪熙元年（1425）六月骤雨，白河泛滥冲决堤岸；清道光八年（1828）于潮白河上游北寺庄建坝砌滩，使新刷岔河入北运河；清同治十二年（1873）全河溃决东注，同治十三年（1874）上游水满向东溢入潲潲河，经督宪派员勘修遂筑长堤。北自顺义安里村起，南至通州北寺庄，计长二千四百七十五丈。民国二十八年（1939）夏，潮白河在顺义苏庄决口，夺潲潲河河道南流，此堤渐废。1958 年修徐辛庄水库，起中坝分成南、北二库，北寺庄大堤复用为南库南岸之围堰。1960 年 2 月南库废，堤仍有留存。1988 年 7 月修建京哈高速公路时，大堤被作为土方出售铺垫路基，但今仍有段落性遗址留存。

白河故道　此河先秦称沽水，汉代称潞水，唐代称潞河，元代称白河，明代开始用此河向古北口一带长城运粮，供给守边官兵。1939 年，白河自顺义县苏庄大坝开口，河水夺潓潓河而流，此河被淤浅而窄。1958 年，在白河故道上修徐辛庄水库，此河作为引水河，而水库中坝以下白河故道则称中坝河。此段白河道自东北而至，于村口外向西南转去，长约 5000 米，宽约 25 米，河坡尚为历史自然状态，野草丛生，两岸植树，河中水草亦多。

此段白河故道历史悠久，是秦时沽水的老河道，在明朝时期，朝廷曾用以运输通州漕粮至古

北寺庄官堤平家疃段遗址 (2013 年)

北口一带长城沿线供应守卫军队，也是漕运文化的载体，对研究北京地区水文与运河文化都有一定的历史价值。

焦亮墓石虎头 此石像生虎头为岗子村西明东宁伯焦亮墓遗物。焦亮祖上乃蒙古族人，世居广宁府（今河北省宣化区西北）。祖父称捌思台，元朝中枢右丞。明洪武初降明，定居于草寺庄，后授蓟州卫指挥佥事，不久调任通州卫，死后即葬于草寺庄北。后，三代东宁伯焦礼、焦亮、焦寿等后裔均按序葬此，成为焦氏家族墓。年年清明上坟，墓地增高成岗，看墓者及租地者年久形成村落，即以墓地称为"岗子上"，"上"者侧、旁之意。

焦亮父焦礼，袭通州卫指挥佥事后晋升左军都督，以屡次保卫北陲有功，升衔东宁伯，食禄 1200 石，子孙世袭，追赠伯爵三代。焦亮，字唯寅，智勇过人，跟随其父镇守辽东宁远，乐与贤士大夫游，不以富贵而骄傲。从征蒙古，亦屡立功，拒不请奖。有人言其太过，其言："吾父荷恩授爵，吾合门袖手享之，恒惧无以仰答，今方效微劳，敢暴白而兴企望耶！" 天顺癸未（1463），焦礼卒，焦亮当袭爵，其以久病上疏请子焦寿袭，英宗仍给其金牌，赐盔甲佩刀，仍命掌典三千营事。成化元年，诰封焦亮为东宁伯。次年六月二十五日，焦亮疾大作，将焦寿召至前曰："汝祖奋身行伍，能输忠贞、故致大爵，汝今嗣之，尚心汝祖之心，期以追躅前休，报称君上，则吾地下无遗憾矣！"语毕而逝。七月，葬于先茔之次。其后代俱演化为汉族。

焦氏家族墓原占地约 5000 平方米，南向，神道立螭首龟趺一通，两侧立石翁仲、马、虎、羊各一对。20 世纪 70 年代间，公社主要负责人一声令下，社员将是墓石碑、石像生全部推倒砸毁，碑之碎块运至窑上村西口外去砌小中河桥墩，余散乱弃置，同时挖掘墓冢，出土 6 合墓志铭，或砌于猪圈，或铺在井口之外，其他随葬品亦毁之。

石虎头被草寺村民张民拾遗至家门口镇宅。后移置于自办搅拌站院内，仍用以避邪。艾叶青石圆雕，只余胸、颈、头部分，残高 48、长49、厚 34 厘米。

石虎头虽是东宁伯焦氏墓地的石像生残遗，但是焦墓的历史见证，其反映了明代武官墓地的习俗。其深层次地表明了中华民族融合过程和主持正义、一心报国的优良传统，有一定的历史价值。此外，其又是新中国成立后极"左"思潮泛滥与愚昧无知的严重后果，有相当的借鉴作用。

乾隆谕祭徐元梦碑　原立于今宋庄镇管头村东，古去东陵御道北侧，"文革"间平整土地，将碑推倒，分弃于是村东口，龟趺首断在坑侧，螭首碑身在坑中。1996 年徐辛庄镇文化站将其移立于草寺村北。2001 年公布为通州区文物保护单位。

徐元梦，字善长，舒赫禄氏，满洲正白旗人。康熙二十年（1681）进士，授户部主事。二十二年（1683），充日讲起居注官，且以讲学负声誉。三十二年（1693），直上书房，仍授诸皇子读。五十二年（1713），擢内阁学士。次年任浙江巡抚。五十六年（1717），以"不畏人兼学问优者任之"为左都御史及翰林掌院学士。次年升工部尚书。雍正元年（1723），充明史总裁，调任户部尚书。雍正十三年（1735），充翻译乡试考官。乾隆即位，授内阁学士，兼刑部侍郎，以衰老疏辞改任礼部侍郎。乾隆元年（1736）乞休，解侍郎任但加尚书衔俸禄。四年（1739）加太子太保衔。六年（1741）秋病，乾隆遣太医予以诊视且赐药治疗。病重，乾隆帝谕群臣曰："徐元梦践履笃实，言行相符。历事三朝，出入禁近，小心谨慎，数十年如一日。寿逾大耋，洵属完人。"且命皇长子探视。临终之前，乾隆遣使问其尚有何言，其伏枕流涕曰："臣受恩重，心所欲言，口不能尽。"使出，其呼曾孙取《论语》检视良久，次日卒，年86。乾隆命和亲王及皇长子前去祭奠，且发帑治丧，赠太傅，赐祭葬，谥"文定"，同时御制此碑。

御制徐元梦墓碑为汉白玉制，首高 1.6、宽 1.2、厚 0.52 米，方额无字；身高 2.2、宽 1.12、厚 0.44 米，正面周边浮雕龙、云，无首题，右纵刻楷书 5 行，行 48 字，左刻满文 5 行，均乾隆帝御笔，系表彰徐元梦功绩及表达敬重怀念老臣之意；龟趺高 0.88、残长 2.4、宽 1.2 米，背无纹饰。铭文抄录如下：

　　"朕惟朝廷推恩之典，每眷老臣，国家褒德之文，尤隆旧学。其有勋劳懋著，径行可风，则眷想遗徽而益加渥泽"。

　　"尔徐元梦学有本原，品标方正，巍科早擢，廻翔著作之林，令誉纷驰，弁冕文儒之选。咀禁迁而讲读，长怀辅德之衷；经易历而清勤，弥著服官之绩。外麾旄钺，廉平风纪之恩；内赞枢机，弼亮寅清之寄。侍从五十八载，谨慎宅心；仕官六十八年，忠勤励志。尚书喉舌之府，地望尤崇；官衔师傅之班，职司尊重。成劳可念，膺显秩于生前；恤典频颁，贲殊荣于身后。谥之文定，表厥生平"。

　　"呜呼！纶绋再宜，贞石焕龙章之采；哀荣勿替，幽堂瞻马鬣之封。勖尔后人，敢承休命"。

　　"乾隆六年　月　日"

　　铭文对徐元梦评价甚高，与《清史稿·徐元梦传》相符，而语言更加精炼，事迹尤为概要，充分表达了乾隆帝怀念老臣之意。怀念祭奠忠廉有为老臣，乃中华民族暨历代王朝的传统，以褒扬而激励鼓舞后人，使国泰民安。今尚然如此，有一定的历史价值。碑文书刻精妙，艺术价值亦颇高。

　　温榆河故道　此段河流故道汉代称温水，东汉时光武帝刘秀采纳上谷郡太守王霸建议，用温水漕运中原粮物，供给守卫北边长城将士。在明代始称温榆河（亦曾称榆河），并曾治理此河，从通州将大运河运到之漕粮经此河剥运至沙河镇，再陆路转运至十三陵，供给守陵官兵。北部山区所产山珍干果也用此河运到通州销售，再经大运河销往南方，使河两岸农民增加收入，故又称富河。20世纪60年代治理此河时，将该河弯曲处裁去取直，留下此段温榆河故道，长约1000米，平均宽约80米。河道保持原貌，自然景观优美，水清澈，水生植物茂盛，两岸种植柳树、枫树、柏树等。现作为格拉斯小镇居民小区休闲场所。

　　此段温榆河故道，见证了东汉以来以此河进行漕运以及民间水路交通的历史，也为研究通州区内葛渠、富河（今称富豪）两大村落间温榆河河道文化提供可靠实物资料，有重要的历史价值。又，其保留历史自然风貌，水生动植物丰富，景观十分优美，也是保护古迹、科学利用历史自然景观为今人生活服务的典型范例，有重要典型和推广作用。

双埠头村古刹大寺庙始末

■ 张 源

新中国成立前的双埠头村，比周围其他村庄都大，村户有八九百之多，该村民众在漫长的历史长河中，从事多项行业，形成了一定规模，如厨师、瓦木匠、棚铺、扛房、茶房、油房、豆腐房，做糕点的、拉面的，乡医、药铺，乐师群体。民间艺人中，有绘画、油漆匠、裱糊匠（即能装饰房间也能糊扎纸人纸马等供祭奠之物的人），说评书的、唱单弦的，还有"功夫市"（劳务市场）、副食商店多处，应有尽有，可谓一应俱全。

村寺庙图

值得提出的行业，还是厨师、乐师和道教乐师，它们三者是有机的，相互影响，相互学习，共同提高技艺。

厨师的技艺高超是乡众所公认的，可做各类烤肉，烤全羊与烤乳猪等高档菜肴。

新中国成立后，一位志愿军高级干部在村内休养，品尝了厨师制作的菜肴，认作是高水平的，不是一般乡村跑大棚的厨师。由于这些厨师手艺非同一般，后来就调到北京小汤山高干疗养院任职。乐师的唢呐演奏水平也可与厨师相媲美。新中国成立前，这些乐师可到北京前门大街演奏与竞赛，而且有人能用鼻孔吹奏的绝活。当时能进京城演奏的必须具备一定水平才能入选。在宗教活动中，以道教为代表，传承已有数百年之久，获得"大老道、小老道，吹打都热闹"的美称，活动范围之广，曾到京城广渠门、天桥、顺义等地演出，可见参与人之多，影响之深。所用的道具也十分齐全，如备有工笔、彩绘、偶像画卷，内容丰富，颇像绘画展览，用丝绸高档布料所制作的旗、伞、帆等饰件，更是五彩缤纷，洋洋大观，相当富丽堂皇。可惜的是，这些有工艺价值的锦绣品，在土改时就分掉了，用于他处，算是文化遗产的一大损失。道教音乐也是极其丰富的，演奏项目相当广泛，别具一格（行内人所称的有观灯、渡桥、跑方破狱等大型演奏方式），处处彩排，非常华贵，规模之宏伟，实属难得，说明富有多层面的技艺内涵。

该村道家活动宗旨，是以公德为本，以慈善为目的，服务于广大村民，为祭奠所故亲人进行诵经超度亡灵，深得群众或事主的敬重。加之道教文化传承已久，历经数代前辈努力，对经卷和大乐谱的积累保护保存，使之极其丰富。更可贵的是这些经卷和古乐谱，均是用墨笔手抄写出来的，使其涵盖了多元的文化价值、艺术价值，是一项不可多得的文化财富。20世纪70年代被毁。

该村儒家文化的传承，也与众不同富有多彩的一章而具有成就的，造就了不少人才。在清代，该村吴姓一支，是以教书为业，他们学识渊博，精通"四书五经"，教学质量技高一筹。所教的学生当中，曾在科举考试中中举，获"文举"学称（相当现在的博士），当时在农村能获此荣誉，是大喜之事，名声四振，影响极大。该村的儒家文化是根深蒂固的，到了20世纪30年代，那时国家公布施行官学制（洋学堂），对旧教学程式予以否定，但该村对旧学教育仍不放弃，依然注重四书五经的学习，为了掩盖与回避官方查学的巡查，就给学生们备两套书，一套是新学国语等课本，一套是旧书如《百家姓》《三字经》《千字文》等，以此来应付查学的人。这是多年形成的习俗，从这件事也可看出儒家文化在该村厚重的底蕴，这自然提高了他们治学、经商、务农的知识素养。由于商业发展及各业的兴旺和文化的积淀，就构成了小商埠之地，故而称双埠头村。

笔者前几年回村探亲时，发现本村车站的站名改成了"双阜头"，看起来是小事，但也说明了对双埠头名称的由来不清。

回忆该村的文化基础建设也好，经济繁荣也好，它适宜了各种文化在此发展和繁荣。人口众多的条件下，就会自然产生不同的信仰，以寄托不同的思想理念需要。历经多年的不断吸收各种文化，就为该村修建庙宇打下思想文化与物质基础 逐渐形成了不同内容与规模的庙宇。据不完全统计，该村大小庙宇曾有十余座，其中规模比较大的有三座，即大寺庙、关帝庙、药王庙。不难看出，该村的文化基础是多元的，可称特点之所在。

上述诸点，是该村文化的侧写。文以题为主，书归正传。

当叙说古刹大寺庙的修建始末。那时在明朝中叶，皇宫里要招选宫女时，当时该村金家是富户之一，是个大家族，人口众多，儿孙满堂，自然也就成了必须应征宫女之户。此桩事，不知情者感到是件好事，但知情者，感到是件大的灾难，谁家要送自己女儿进宫，那就等于将自己的亲生骨肉，送进监牢软禁，只要进去就甭想出来，无法和家人相见。此金家终日愁眉苦脸，觉得大难临头，急得束手无策。经过全家苦思冥想，得一高人指点，想出一个"偷梁换柱"之计，于是将视线盯在所雇用的女童工身上，全家一起经认真比较推敲，认为在女童工中，放鸭女童工，体形相貌，都似自家之女，是最适宜的人选，结果放鸭女童工被送入宫廷。金家住宅南侧，有一处天然大水坑，为金家创造了良好的养鸭环境。而在大坑上坡，原有一座小庙，小庙与一棵大树相伴。放鸭女童放鸭时，就在小庙墙边休息，夏天这棵树为她遮阴纳凉，不管太阳光照在什么地方，树荫永远追着放鸭女童，天长日久，这种情景使放鸭女童感到神奇，认为是神灵保佑，她就许愿说："如果我能得势，升官也好，发财也好，我一定在此修座大庙，以回报神灵"。

别小看放鸭女童是乡巴佬，可是内秀，气质文雅，聪明伶俐，处事能随机应变。被送入宫后，深受皇亲国戚的宠爱。她一直没有忘记童年放鸭时，在小庙树荫下所许的诺言。一天，终于有了适当的时机，将她的愿望表达出来。因为深受宠爱，皇上答应了她的请求，立即下令予以开工修建。但此项工程修建时发生了曲折，因传达诏书时口音不清，使之阴差阳错，将"双埠头"误听为"马头"造成先到"上马头"修了庙。竣工后，监管大臣进京呈报放鸭女童详问，庙建在什么地方？才知铸成大错。也没有其他更好补救办法，只能如实呈报。巧在当时社会大兴修建庙宇之风，也给此事帮了忙，认为修建庙宇是一大善事，就下令在"双埠头"重新修建一座大庙。放鸭女童非常高兴，但转念一想，如何才能使"双埠头"的庙有别于"上马头"的庙呢？于是请皇上为此庙题写匾额(也有说是大臣的)以增光，结果得偿所愿。建庙后所题四字大匾，悬挂大殿之上(四字内容没有流传下来，是个遗憾)。匾额的作用，说明此庙的重要文化价值。

辛亥革命至民国初期，由于时局的变革，产生了一些激进派别。该村也有一些青年参与，他们为了表示自己的决心，就对古刹寺庙大做文章，动手拆除庙内神像。大寺庙的彩塑神像"四大金刚"身高体大，他们就用多匹骡马，套上皮绳，硬把神像拉倒在地，其他殿堂神像同遭此难。庙无神像，何之为庙，一座有价值的明代彩塑雕像群艺术品被毁掉了，优美的古刹园林也遭到破坏，住庙僧人云游他方。这样一座记载历史，艺术绝佳的殿堂消失了。

后来，此庙暂转为小学校或伪乡党部的办公地。到了解放战争时期，共产党派来了的地下党员，以教师身份进行革命工作、发展组织。该校在不同程度上，为革命做出了贡献，留下了光辉的一页。由于那时战乱不断，经过无数战火，此庙最终变成一片废墟。因为当时文物保护意识淡漠，当时仅存的一口记载历史、工艺极佳的大钟，也去向不明了。现今古刹遗址，建成了老年活动中心和集贸市场。这座古刹的消失，也是通州文化资源的一大损失。

白庙桥

■ 耿宝珍 王文续

白庙桥位于通县东与河北省三河县交界处，像一条长龙横卧在潮白河上，距通州镇 11 公里，因离白庙村最近，故称白庙桥。

新中国成立前潮白河经常泛滥，阻隔了交通，此为渡口，历来秋冬架桥，春夏拆桥，免被大水冲走。两岸行旅以船摆渡而行，极为不便。

1940 年，日本侵略者出于军事侵略的需要，在原草桥旧址上修建了一座高架木桥，共 30 孔，孔径 4 米，全长 120 米，高 10 米，宽 6.6 米。单车道，用旗帜做信号指挥来往车辆。桥两端还有日本侵略军守护，并设有伪警察对经过物资征税。他们任意敲诈勒索，商旅视为畏途，当时人民群众气愤地称之"雁过拔毛"。

1945 年 8 月，日本宣布无条件投降，解放区军民为反对国民党军进攻冀东解放区，将木桥拆除。后国民党占领通县地区，又予修复。此桥为防大水冲毁，仍按期拆修，只留桥桩，年复一年，直到新中国成立前夕。

1948 年 5 月，解放军进攻通县，国民党军将木桥烧毁。通县新中国成立后，通县专员公署设置了渡口，用大小船只载物渡人，大船能渡汽车 3 辆，中船能渡大车 3 辆，小船能渡 10 人左右。

1961 年，密云水库建成后，潮白河、箭杆河水患得以控制，为建新桥创造了良好条件。1962 年冬，北京市市政二公司负责设计、施工。1964 年白庙新桥建成，是一座钢筋混凝土的 T 梁桥。桥长 266.4 米（东西引桥各 250 米），共 12 孔，每孔跨径 22.2 米，净宽 7 米，桥高 8.7 米，两侧各有 1 米人行道。此桥为当时通县最长的大桥之一。

1990 年 9 月，又在白庙大桥的南面，新架起一座长虹，名曰潮白河大桥，全长 405.92 米。这两座大桥已成为北京伸向冀东和东北各地的两大重要孔道。潮白河驯服了，两岸交通和人民的往来更加便利了。

（耿宝珍，原通州区潞河中学高级教师；王文续，原通州研修中心教师）

毁没于民国 28 年洪水的广惠庵

■ 马景良 刘正刚

广惠庵原位于宋庄镇白庙村东南潇潇河（又称箭杆河，即现在潮白河之前河道）岸边。据民国三十年（1941）金士坚编纂的《通县志要》记载："潇潇河自顺义县入通县十二学区，穿东、西牛甫两村，南流至诸葛店、夫人庄之间，折而西南入十三学区，沿枣林村之西、白庙村之东，复南，沿广惠庵、田辛庄（今大厂田各庄）之西，迤逦南下，至十一学区贾家疃东南行入香河县境……（民国）二十八年（1939）大水，白庙西南两面之良田变成沙漠。河身自白庙折而东，广惠庵全行坍夫……"

广惠庵涵盖了佛、道、儒三教文化元素。据清乾隆四十八年高天凤《通州志·重修广惠庵记》载："通州东二十里日燕郊，古燕郊也。燕郊西二里有石梁，日绛桥，桥架河。河水北出顺义县牛栏山，经燕郊日潇潇河。畔旧有庵，奉关圣，香火日忠义庵。编茅、垣土、住锡莫考。我仁皇帝，御制之四十有二年，超惺以迎邀经玉像紫三龛尝过，是庵建塔于右。雍正初，超惺入塔。法嗣明慧、明音等，即庵为塔院，狭陋如故。"

"奉关圣，香火日忠义庵"属儒家文化；"超惺以迎邀经玉像紫三龛尝过，是庵建塔于右。雍正初，超惺入塔。法嗣明慧、明音等，即庵为塔院"属佛教文化。通州东南部至香河一带每年都有很多人到平谷丫髻山上香。有的把召里观音寺定一站，燕郊北面孤山定一站，有的则把广惠庵定一站，这又是道教文化。

这篇州牧高天凤亲撰之记告诉我们，是庵于 1703 年由僧人超惺始建。庵西有和尚坟、有塔。到雍正初年，超惺圆寂（死亡），又由法嗣、明慧、明音等僧人主持，但是庙不大，且简陋。

至乾隆三年（1738），这代人的法孙，僧人实洁主持。他立下宏愿，扩大是庵。乾隆十五年（1750），新庵落成。"前殿三楹，后殿五楹，僧寮斋橱咸具。山门颜曰：'广惠庵'。有小桥环以流水，四面多植杨，春夏则弄翠欲滴，盖平畦绵亘间至，是增一幽利矣。"

十八年（1753），实洁圆寂，第二年，他的法弟实玉升任主持。此人"能守律，不墬厥。"到乾隆三十五六年（1770—1771），通州大水，"漂庐舍，庵亦在沮洳中。前通永观察，今安徽方伯、刘公峩，前州牧，今曲靖太守龙公舜琴，相与倡修，得如旧。"

四十五年（1780）"七月，淫雨，山涨四溢。……前守东路，今天津观察，沈公承业，悯垫抚绥。"州牧高天凤也急忙调查灾情，上疏朝廷。"上轸念群黎，发粟大加赈济，蠲缓各赋。""是庵则殿宇门垣，冲决殆尽。"燕郊附近官民踊跃募捐。实玉主持重建，"庀材鸠工，逾年而庵之。规模视昔益整。"大功告成，实玉请高天凤发文记述。他对高天凤说，水来的时候，高七八尺，僧，以得舟免，庵，所有随波而南，惟后殿自在，菩萨像逆北流退坐殿后；前殿关圣像土塑，水没肩，经两宿无损。

是庵四面有庙产地，实玉经营，扩大到了二百零七亩。以每年收成"给香火筹缮补来者，其世守之。"

实玉僧活到七十多岁。此人懂诗书，超乎常人的聪颖。知州高天凤叙述是庵始末，遭灾后重建过程的文章，也刻在了碑上。

至此，广惠庵自 1703 年始建，到 1939 毁于洪水。当是最精确的记录。300 年前规模、庙产亩数、环境、主持僧法号详尽，亦不多见。

广惠庵的兴毁，也是宋庄地区水患、水害频发的一个典型例证。

（马景良，通州区作家协会会员，通州区大运河文化研究会会员，潮白文友会会员）

初探药王庙

■ 刘正刚

2016年4月20日，宋庄镇史志办正式成立，镇党委决定让我牵头负责宋庄地方志的编纂工作。是年7月中旬，时任镇党委书记的孙奎亮同志找到我，说准备要对辖区内管头村药王庙申请立项，进行抢救性修复保护，要史志办首先厘清药王庙的建筑格局及当年各殿所供奉神像数目、位置、名称，以便为立项和今后修复时提供前期基础性资料。

当即，我和办公室工作人员查阅了一些关于管头药王庙的文史记载，但总感有许多不能满足我们需要之处。于是，在是年7月25日、28日、8月2日，我和史志小工作人员顶着酷暑三次赶往管头村，对药王庙现存遗址实地考察，并对村委会推荐的知情人蔡旭老人进行了两次走访。

蔡旭于1925年12月11日出生在管头村，原通县简师毕业，1950年开始在本镇葛渠小学任教，1961年下放管头村务农至今，尚身体健康，思维敏捷。通过访问与实地考察，我们对药王庙的历史探究取得了一些新的进展。

药王庙位于管头村东南端一个自然形成的高坨上，从远处看，高坨形似一只面南而卧的老龟，药王庙后殿恰好坐落在龟尾上。据蔡旭老人讲：村里及周边人一般称药王庙为大庙。他小时候听其父讲，大庙原名叫现龙庵。蔡旭老人少时随家人出入大庙，曾见过庙中竖一块蓝地儿白字的木牌，上面对此庙始建于明嘉靖年间；清光绪十九年（1894）第一次重修；民国26年（1937）第二次重修，后还有两次小规模维修均有记载。

蔡旭老人提到的听其父所说大庙原叫现龙庵，使笔者不禁想到，《通州文物志》中关于管头药王

药王庙后殿（2016年）

庙后殿"墀头浮雕坐龙，应是清帝路过入庙准许道士所请而制"的语句，从此话可以悟出，一般庙宇不是随便可以在建制上出现坐龙的，"应是"从语气中也可视为一种揣测。但如果和原名现龙庵联系起来，此庙是不是有另一种背景与来历？是不是因御赐、御准而建造得名？这些疑问目前还难以作考。

大庙分前后两层殿，共供奉主、次神像12座（包括赤兔马），蔡旭老人向我们回忆了他小时所见到的情景。

后殿三间，殿内东北西三面设有平台，与供桌一平（估计约80厘米高），神像置于平台之上，高度大约1.5到1.6米。正中一间供奉的为观音菩萨坐像；东间供奉的是关公坐像，东侧平台上塑有关平、手持青龙偃月刀的周仓和一马童站像，马童旁边有一匹赤兔马塑像；西间供奉的是手持三尖两刃刀二郎神杨戬的坐像，西侧平台上还塑有另三尊神像，应为二郎神手下神将，各持兵器武将装束。后殿正门外设一比殿磉盘矮一层台阶儿的正方形

阅台，3米见方。阅台南侧设三层石阶便于上下，台上南侧东西两角处各摆放一尊小石狮子（见示意图）。据说阅台是供庙会时僧、道们集体打坐诵经使用。

后殿院内建东西禅堂各三间，禅堂南房山墙外各有一间耳房，东耳房内供有马王爷塑像，耳房南山墙外有供人出入的山门；西耳房内供有监斋爷塑像。两处耳房及东西禅房在新中国成立后相继拆除。

后殿东西禅房之间的院落原有古柏4棵，东西对称各2棵，新中国成立后剩3棵，"文革"中砍伐2棵，现存世一棵，现柏树属北京市二级保护树木；柏树南侧有楸树2棵，东西对称，现为北京市一级保护树木。

据《通州文物志》和《潞阳遗韵》记载：前殿建筑格局为一殿一轩（轩即有窗的小屋子）。当地村民也称前殿建筑格局为"一殿一皋"关于"皋"在这所建筑里怎么解释，我们查阅了很多资料，最后在《中华大字典》中查明，此"皋"应当左侧加一个"山"字旁，意指古亭，通过实地观看，皋应与轩是同指，即与前殿正间连体的开放式单间房子。

前殿与后殿同宽，也是三间，殿前设有禅房，东西两间敞开。殿中一间与轩房檐勾连搭相连，

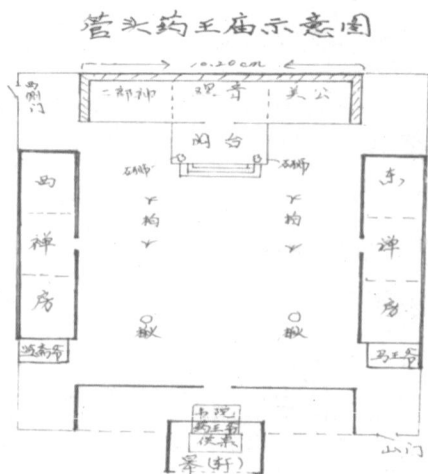

药王庙平面示意图（史志办绘制）

殿内中间屋子靠南有顶到房脊隔墙（板），隔墙北面平台上供奉面朝后殿的韦陀站像，如前殿后门打开，正好眺望着后殿正中供奉的观音菩萨（韦陀拜观音）；隔墙南面供奉面南坐姿的药王爷孙思邈，手托一个硕大的药葫芦，轩内摆放供桌，供香客上香祭拜使用。

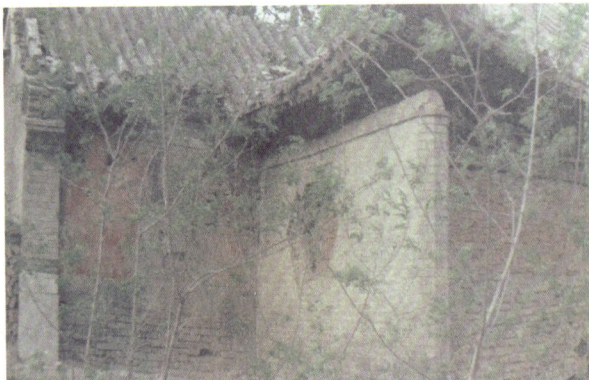

前殿一殿一轩（2016年）

　　至于药王庙前后殿建筑制式与风格，《通州文物志》中有详细记载，这里不再赘述。但在管头及周边村流传一个有趣的传说，值得一提：老年间管头村有一位嫁到顺义杨二营村的韩姓老姑奶奶，一日摔倒在地，长时间昏迷不醒，家人急忙将老太太抬到拍子上停放并准备后事。不料第二天夜里老太太突然出一口长气儿，一挺身从拍子上坐了起来大喊渴饿，家人见了都吓一大跳。细问缘故，老太太说做一大梦，是娘家二嫂子带来一个骑着毛驴儿的白胡子老头儿，号称孙老先生，给她把过脉后，从她两边胳肢窝里掏出一把不明的黑状粘物，立马出气儿就痛快了。家人大喜，等老太太好利索后便前往管头村，找老太太说的那位娘家二嫂子想答谢那位孙老先生。不料，老太太娘家人说那位二嫂子已经死几年了，村里也没有姓孙的老先生，连周边几个村也没打听出孙姓老先生。后来有一位邻村老者悟出，只有管头药王庙里的药王爷姓孙，大家才如梦方醒，可能是药王爷显灵了。

蔡旭老人还记得他儿时的情景，大庙前殿正门平时不开，每月初一、十五上香时才开正门，平时出入走后殿东侧门（即山门），有和尚看管。以前每年正月十四、十五、十六是庙会日子，要吃官饭，和尚、老道要诵经，晚上散灯花，然后各家各户把从大庙散出的灯花接燃到自己门前，以图平安吉祥，非常热闹。老年间大庙南边有一条大道，是出朝阳门至京东第一镇——东坝镇，再往东边三河去的必经之路，古道上轿车、轿子、脚驴、行人络绎不绝，很为繁华。

新中国成立后，大庙香火逐渐衰落，曾一度用为小学校舍、公共食堂和村公所办公，近些年，药王庙后殿被个人承包作为铁业作坊使用。

2020 年，通州区文委经实地考察勘测，对管头药王庙着手立项修缮，大庙周围建筑被全部拆除，修缮工程已于 2022 年全面完成。

消逝的大石桥

■ 孙连庆

历史上，通州域内多河富水，水陆交通便捷。为了便利通行，州城内外建有多座桥梁。所建桥梁有木桥，还有石桥。木桥，因为常被洪水冲毁，大多留存的时间不长，有的连名字也没有留下来。石桥存世时间一般会长一些，但建造难度较大。在没有现代工程机械的古代，开采石料、搬运提举、长途运输等等，主要依靠人力畜力进行，因此十分的艰难。限于财力物力，各地极少建造，大型石桥更是难得一见。因为稀少，以为奇观，那时的文人墨客大凡见到高大石桥，总要舞文弄墨吟咏一番。比如八里桥就是如此。客观地说，那个时代的社会名流虽然走南闯北、见多识广，但终其一生，见到的石桥也是有数的几座。不像现在，乘一趟高铁，穿行几千里，走过的、看到的各种桥梁有高的、长的、悬索的、水泥桥墩支撑的司空见惯，除非专业人士，谁也不会特意计算它的数量，欣赏它的建筑风格。

旧社会的通州位于天子脚下，又是水陆通衢，四方走集，所以石桥数量相对于其他州县，算是比较多的。石桥比木桥坚固，使用时间自然比较长，但也不是一劳永逸的。随着时间的推移，有的石桥像通州北关的通济桥、马驹桥镇的弘仁桥，张家湾的土桥、虹桥以及众多小型石桥已经消逝，代之而起的是形态各异、功能强大的现代桥梁。有的桥梁被保存下来，比如通州城西的八里桥，张家湾的通运桥均建于明代，至今已经存在四百余年，因年代久远，而被确定为文物保护单位，成为了历史的见证。

本文所要介绍的一座在通州历史上堪称壮丽，而史籍未载的大型石桥，记载这座大桥情况的资料，来自明清两代朝鲜国使臣所撰写的《燕行录》。这座大桥叫"永安桥"，位于宋庄镇六合村西过境公路边，那里当时是白河河道。

清顺治十八年（1661）三月，为祝贺康熙皇帝登基，朝鲜国派遣右议政元斗杓为进贺兼谢恩正使，率使团出使中国[1]。"右议政"就是"右丞相"，是当时朝鲜国最高的朝官之一。使团一行经由三河县进入通州境："四月二十九日，三使臣咸到于通州……东城内之北边有大白塔，大胜于永安桥。白塔之高大，而犹不及于辽东之白塔矣。余问驯鹦鹉者：常时，此禽所言者何事耶！答曰：饥则请食，渴则请饮，客到门外则先告其来，驾驴停磨则诉其休息云。又问其食者何物，则答曰：食绿豆云。"

时值初夏，漕运高潮已经到来，通州白河上帆樯林立，"万舟骈集"；河岸，卸船、转运漕粮现场人声鼎沸，一片喧嚣景象。使臣们在进入通州城之前，走过了一座大石桥，在与燃灯塔相比较时，道出了石桥的名字："永安桥"。让我们记住这个名字。那么，这座石桥位置在哪里，大概是个什么样子呢！

清康熙十六年（1677）十月，朝鲜国冬至上使瀛昌君沆、副使参判沈梓，率使团出使中国[2]。当年十二月行至三河县，记载了经过通州途中的见闻。其中，令人瞩目的是，概略地记载了通州城东部的那座大石桥："十二月二十三日乙丑，大风。西行二十里许，过烟（燕）郊铺暂歇，桥头古寺，汉僧佛圣颇致款汤茶以进，恳请还程时更留。盖喜见汉官威仪者也。又行十里，望见堡楼白塔耸出云中，即通州也。行到潞河，上下江岸数十里间，画舫彩樯首尾相接，不知其几艘。此水道之所聚公船

1　《燕行录》卷三十四：《燕行录》第 287 页

2　《燕行录》卷二十八：《燕行录·野村先生集·卷四》第 353 页

之漕运，私船之兴贩，皆会于此，诚天下转输之地也。渡河五里许，至东城外，有大石桥，桥上建二彩门，一则'利民金堰'；一则'通庾玉津'。桥下为虹门，以通船路。盖城中凿河，之下流为泓处也。由东门而入，重门复关，屹然完固。人民之众，车

东六环六合村桥下古石桥遗址（2002.9）

马之多，輷輷[3]殷殷，磨戛杂沓，市肆繁华，触目眩熿[4]，非所经列邑之比也。转而北折，至一虹门，上建三层楼，匾曰'京东重镇'。又有虹门，上建三层楼，匾曰'司空分署'。其余牌门之侈，楼橹之繁，不可殚记。转而东折，至察院，为小牌门，书曰'攀龙重门'。杰阁与永平同，即试士之院也。是日，行八十里。"

这段文字形成于三百多年前，文通字顺，简洁明了，其中最重要的是记载了我们所未知的一座大石桥。这座桥在通州城东门外，距城五里左右。桥的形制没有记清，但从记述中可以看到，大桥的两头设有类似于牌楼的高大桥门，一面题"利民金堰"；一面题"通庾玉津"，桥下可以通船，可见，这座石桥的形制至少可与通州城西的八里桥和张家湾的通运桥相媲美。桥的两边还建有牌楼，这样的架构相比八里桥、通运桥更为壮观，那么，能不能找到

---

3 輷 hōng：许多车辆的声音。

4 熿 huǎng：明亮。

修建东六环排水沟时发现古石桥西端金刚墙（2002.9）

这座桥的具体位置呢？据《潞阳遗韵》载：2002年9月，工程单位在宋庄镇六合村西约600米东六环路六合桥施工时，在京榆公路南侧边沟下，发现古代石桥两端南燕翅，相距约30米；在铺设六环路西侧（京榆公路南侧）排水沟时，还发现了石桥西端的金刚墙。因石桥桥面在京榆公路路面下，为了不影响交通，施工方没有清理，就地掩埋。

石桥的位置，在京榆公路上，东临六合村，南北为农田。距离通州城5华里左右，与上述文字记述相符。这样，我们已经知道了石桥的名字，大体的形制和具体的位置，那么，它存世时间有多长呢！

道光九年（1829）十一月，朝鲜国以判中枢李广文为冬至兼谢恩正使，以吏曹判书韩耆裕为副使，以掌令姜时永为书状官，率使团出使中国[5]。下面是朝鲜国使团途经通州的见闻："十二月二十六日晴和。枣林庄四十六里中火，通州六十一里宿。

……又行二十里至燕郊堡，即场日也。别无他物，都是猪也。人众喧嚷，挨挤喝道，前进至白河，河水甚浅，而石桥横跨，此是昔时不见者也。渡桥而至通州城外，左右廛肆连亘络绎，牌号杂错，金碧交辉，窗牖奇巧，萍货汉物，形形色色，眩恍人目。"

上述文字形成于道光二十九年（1829），距离最初记载"永安桥"的顺治十八年（1661），已经过去了两个多世纪。此后，《燕行录》中再未见到有关这座石桥的记载。就已有资料推断，永安桥始建于清朝初期的顺治年间（1644—1661），至少延续到清朝道光朝（1821—1850）。这座桥横跨白河，是通州连接东部的重要交通孔道。然而，这么重要的一座桥梁，却没有在康熙、雍正、乾隆年间的《通州志》内留下只言片语，不可思议。

5　《燕行录》卷九十五：《燕辕日录》第286页

管头药王庙修缮记

■ 王铁军

　　管头药王庙位于通州区宋庄镇管头村东口南侧，初为道教药王庙，始建于明末，是清代帝王去东陵祭祖的御道北侧，庙坐北朝南，一进院落，仅余前、后二重殿。前殿三间，硬山筒瓦箍头脊，排山勾滴，飞檐，前后廊推出，彻上明造，五架梁，后改玻璃门窗，砖雕墀头；明间前出轩勾连搭，歇山与箍头脊相结合，六角嵌山窗各一。正殿三间，除无轩外，形制俱与前殿同，墀头浮雕坐龙，应是清帝路过入庙准许道士所请而制。前殿之后东侧，幸存古楸三株，为老树锯后复滋生者，已二人合抱，葱郁；犹有古柏一株，与古楸辉映。是自然文化遗产。

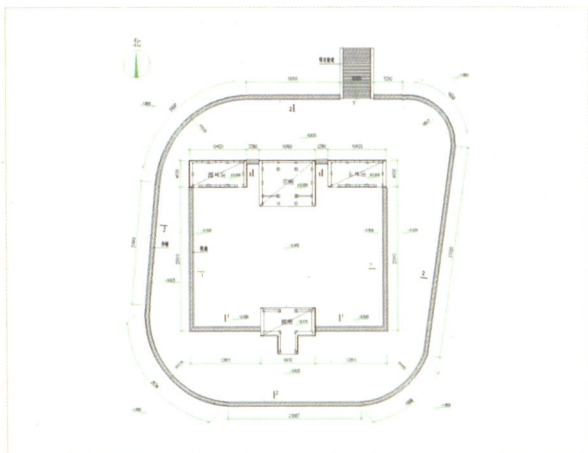

基础平面布置图 1:200

药王庙外景

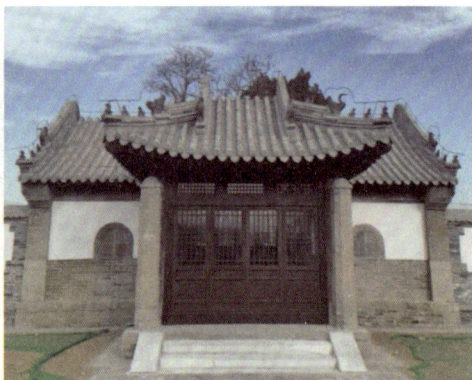

药王庙景

　　药王庙占地面积 1208.75 平方米，建筑面积为 264.69 平方米。

　　此庙据本地老人讲，新中国成立前庙里住有喇嘛，庙前殿摆放药王像，背后是韦陀像，庙正殿正中是观音菩萨，两侧分别是关公和二郎神；西配殿是监斋爷像，东配殿是马王爷像。可见此庙是一座混庙。前殿明间前出歇山箍头脊是北京地区罕见的特殊结构建筑。具有一定的建筑艺术价值。

　　新中国成立前后此庙作为本村小学，后小学搬走拆除东西配殿、耳房，作为大队的副业用房破损严重。经宋庄镇政府大力工作将周边的违章建筑拆除后，由区文旅局主持在 2020 年 6 月开工修缮，2021 年 12 月完工，交付本村。

　　以下是修缮过程前后比较：

前殿施工前　　　　　　　前殿施工中　　　　　　　前殿施工后

1.补配小停泥砖，恢复尺二方砖地面、垂带踏步、褥子面散水

2.补配小停泥砖、红砖、戗檐砖、博缝头、排山沟滴、拔檐砖；恢复馒头顶签尖；重做墙面靠骨灰，刷白色涂料

3.柱子墩接、更换糟朽大木架

4.挑顶修缮、补配筒板瓦、勾头、滴水、脊件、小兽、檐椽、飞椽，更换连檐、瓦口、糟朽梁架，恢复木望板

5.重做门窗

6.重做油饰地仗

东耳房施工前　　　　　　东耳房施工中　　　　　　东耳房施工后

1.补配小停泥砖、阶条石，恢复十字缝地面、如意踏步、褥子面散水

2.补配小停泥砖，拆除内墙，重做靠骨灰墙面，外刷白色涂料

3.柱子墩接、加固，更换糟朽上架木构件

4.落架修缮，更换、补配水泥瓦、檐椽，恢复木望板，新作石膏板吊顶

5.补配装修

6.新换装修做断白处理

西耳房施工前

西耳房施工中

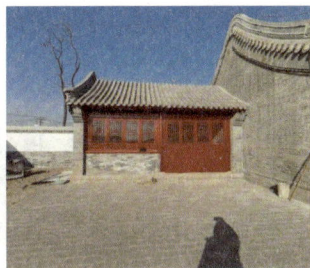
西耳房施工后

1. 补配小停泥砖、阶条石，恢复十字缝地面、如意踏步、褥子面散水

2. 补配小停泥砖，拆除空鼓，重做靠骨灰墙面，外刷白色涂料

3. 柱子墩接、加固，更换糟朽上架木构件

4. 落架修缮，恢复青色水泥瓦屋面，补配檐椽，恢复木望板，新作石膏板吊顶

5. 重做门窗，恢复装修

6. 新换装修做断白处理

围墙施工前

围墙施工中

围墙施工后

毛石墙施工前

毛石墙施工中

毛石墙施工后

正殿施工前　　　　　　　正殿施工中　　　　　　　正殿施工后

1.补配小停泥砖、面石、阶条石、角柱石，恢复尺二方砖地面、垂带踏步、褥子面散水

2.恢复淌白檻墙，补配小停泥砖、戗檐砖、排山沟滴、小脊子、卧八字砖、搭脑砖；重做白灰罩面、靠骨灰墙面，外刷白色涂料

3.柱子墩接、加固，更换糟朽上架木构件

4.挑顶修缮，补配筒板瓦、脊件、小兽、勾头、滴水、檐椽、飞椽，恢复木望砖，更换连檐、瓦口

5.重做门窗

6.重做下架油饰地仗

药王有佛、道两教神祇，佛教药王是净眼如来、药师如来；道教药王是神农氏、战国名医扁鹊。世人祈祷药王保佑延年益寿，而又拜寿星，此星为东方角、亢二宿，因上下结合建药王庙于村东口南侧。故为道教药王庙。后因庙内住过和尚故又是一座混庙。

人物春秋

一名曾被历史遗忘的抗日英烈

■ 刘正刚　王乃旺

王九仲，男，1926年出生于时属通县宋庄村的一个比较富裕的家庭。王九仲8岁入私塾学习，曾一度师从于当时在通县教育界富有声望的教师贾竹三门下。由于他自幼聪明伶俐，勤奋好学，深受贾竹三先生的喜爱。

1942年，王九仲年满16岁并结束了学业，家里以十石黄豆作为费用，把他送到通州镇北街的顾记豆腐坊作学徒。顾记豆腐坊主人叫顾德明，和宋庄村王姓家族沾点远亲。其实，顾德明真正身份是北平地下党通县负责人。他以豆腐坊和天主教徒集聚点儿作掩护，在当时北平地下党的领导下，开展通县与冀东抗日根据地之间的地下抗战工作。王九仲到了顾记房豆腐坊不久，就被顾德明秘密发展为抗日地下工作者，经常利用四处购买黄豆，出售豆腐的机会为八路军传递情报。

由于特殊身份和保密的需要，王九仲极少回家。父母由于不知内情加上兵荒马乱的年月，很为儿子的安全担心。所以在他离家的第二年，父母便不再让他到顾记豆腐坊了。为了稳住儿子的心，父母给王九仲娶了一个大他5岁的妻子——王许氏。时年，王九仲17岁。次年，王九仲有了头一个儿子，但未出满月便因故夭折。

王九仲虽然离开了顾记豆腐坊，表面上在家务农。但实际上是接受了通州地下党的委派，在家乡宋庄一带发展地下工作者、交通员、情报员，建立基层群众抗日组织，筹集粮款，支持冀东革命根据地的正面抗战。当时，由于一切活动都要在秘密的状态下进行。所以地下工作者不仅要经常改换名称，在与互不相识的人员接头联系、传递情报时还要说明或出示自己的代号或信物。当时，王九仲的代号叫"籍傑"，并把代号用篆体刻成一枚圆柱形水晶印章，经常携带在身上。

1943年，中国抗战已经开始转入战略进攻阶段。这一时期前后，通县伪政府在各（伪）乡村组建了多支民间武装。有"保甲自卫团（也称棍儿团）""剿共自卫团"等名目不一。宋庄一带组建了一支"义勇壮丁队"，王殿荣（又名王宝三）出任队长。这支临时拼凑起来的队伍，名义是保乡护民，但暗里却毫无章纪，胡作非为，巧取豪夺，欺诈百姓。王九仲为了多渠道获取情报，使这支队伍日后能为抗日武装出力，也加入了"义勇壮丁队"。同时，王九仲在村里秘密组建了八路军村干会。这期间，通县地下党负责人顾德明常以走亲戚的名义到宋庄村找王九仲传达上级指示，指导通县东部地下工作的开展。

1944年秋后的一天，王殿荣通过情报得知有几名日军从燕郊驻地出发，要到通县城里办事，突发了缴把"王八盒子"玩玩的奇想。于是就在敌人必经的京榆旧路白家坟村东的宋庄南园子设伏，袭击了敌军的人马。枪战中一个日本军官被打成重伤并被缴了械，最后爬进白家坟村王玺家的水井中淹死。事发后，王殿荣率人迅速撤退到双埠头村前的树林中躲藏起来。

驻守在白庙炮楼日军队长小林得到消息，很快抓捕了王殿荣。关押期间，王殿荣叛变投敌，并加入了日本"1418"特务组织，接受了伺机破坏宋庄一带的基层群众抗日组织，杀害基层抗日干部的任务。几天之后，王殿荣出现在宋庄村。为掩人耳目，他到处声称是从日本人的关押地点侥幸逃脱出来的。1944年农历腊月三十晚上，趁着天色黢黑和嘈杂的爆竹声，王殿荣与其同伙，把宋庄村基层群众抗日组织所设的副村长王某耕骗到深巷里残忍杀害。次日，王殿荣移花接木，欲盖弥彰，放风儿说昨夜敌人的夜袭队进了村，王某耕是被日本人所害。一时使村里人陷入了困惑。

此时，已经暴露了身份的王九仲也成了王殿荣的心头大患（王九仲为基层群众抗日组织村长）。王殿荣与同伙几次密谋后，与驻守燕郊镇和白庙炮楼的日军定下了抓捕王九仲的行动计划。

1945 年 2 月 24 日（农历正月十二）早晨，驻守燕郊、白庙的日伪军秘密来到宋庄村，由王殿荣事前安排好的人带道儿，迅速冲进了王九仲家。王九仲的妹妹还尚未起床，被日军隔着被子一刺刀扎伤了小腿儿，王九仲的妻子王许氏左腿也被敌人用枪托砸伤。此时，王九仲正在吃早饭，他见日、伪军突然闯进来，急中生智，当着敌人的面从身上掏出情报吞咽肚中。在被押出家门时，又趁敌人不注意，把刻有"籍傑"字样的印章从身后抛到大门口的碾盘下边。日军先把王九仲带到村北的护村沟，对他进行百般折磨，逼他说出地下党其他成员下落并且交出情报。见王九仲宁死不肯，他们又用灌凉水，然后踩踏肚子等残忍手段，想让他把之前吞进胃中的情报再吐出来，但王九仲始终咬紧牙关。后日军把他装进一条麻袋里，带回村中的一所宅院继续审问，期间王九仲头部被打得血流如注。到了深夜见仍无果，日军把王九仲押解到燕郊镇关在关帝庙里。王九仲的母亲每天给儿子送饭，看到儿子被日军折磨得形同枯槁，心如

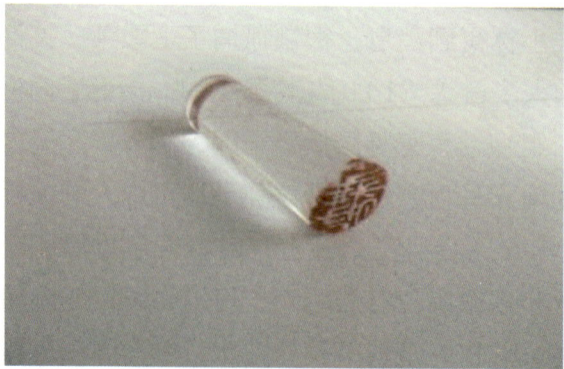

烈士生前用过的印章（王乃旺提供）

刀割一般难过。

1945年3月3日（农历正月十九），王九仲母亲在送饭路上，碰上了赶集回来的乡亲（燕郊集旧时是每月农历一、四、六、九），说王九仲已被日军杀害在白庙桥头，王母听了即刻瘫倒在地上。之后，王母被乡亲们扶回家里，和家人商量要到燕郊镇给王九仲收尸。但王姓族人唯恐是敌人设下的圈套，怕再有人落入虎口，对王九仲父母极力相劝。王九仲父母和妻子最终放弃了这一愿望。王家放倒了几棵大杨树，做了一口棺材。又用一块砖刻上王九仲的生、卒时间，用红布包裹装入棺中下葬。民间称为"招魂葬"。时年，王九仲19岁；其妻王许氏24岁，并正身怀六甲。

王九仲已被日军杀害，可生前却从未向家人透露过真实身份。到现在事发，家人才从他生前的只言片语和外人对他的品评中看出一些端倪。既然遭到日军杀害，那他肯定是为八路军和抗日组织出力办事无疑。但由于当时敌伪统治下的残酷环境和地下工作的特殊性，王家不敢再招惹更大的风险，也没有办法求得更多的证据。这也为王九仲"曾被历史遗忘过"埋下了伏笔。

王九仲牺牲后，顾德明冒着生命危险秘密到宋庄。现在分析起来，他很可能是为处理烈士死后一些相关事宜而来，但还是被王殿荣发现了。王殿荣早就认定顾德明也是地下党，而且与王九仲过去存在诸多的联系，当即抓捕了顾德明，把他关押在村西北的园子房里。两天后，王殿荣一伙将顾德明带到小堡村东的高家坟，"把顾德明杀害在一个连根放走的榆树坑里（王殿荣在受审时的口供）"。这使唯一能够认证王九仲地下工作者身份的线索彻底断裂。

1948年12月通州宣告解放。1950年6月宋庄村开始进行土地改革。王九仲家时有人口4人（王许氏生下一遗腹子女儿），土地70多亩，雇有一长工。但王家房产很少，最初被划为"富农"成分。王九仲父亲据理力争，说儿子当年长期为八路军办事，乃至被日本侵略者杀害，是抗战有功之臣。当时基层政权组织也考虑了此事，认为如果定王家为"富农"，就要涉及分田又要分房，王家没法居住。所以几经权衡后，把王九仲为抗战出力与雇长工相抵，最后定王家为"上中农"成分。

土改过后，上级组织（现已无法考证到底是哪级部门）曾派人到过王家，填写表册并索要了王九仲的相片。之后，每年组织上都派人来王家慰问。但从 1958 年以后，不知出于什么情况，慰问中断。20 世纪 60 年代初，在通县开展的声势浩大的"民主补课"运动中，在重新划定阶级成分时，王九仲家被定为"漏划富农"。

1965 年，以社会主义教育为主要内容的"四清"运动基本结束。据王九仲女婿王乃旺（为本文作者之一）回忆，他曾听岳母王许氏后来讲过。在"四清"运动进行登记时，一个叫郑万隆的工作队长曾到过王家，了解完全部情况后，说王九仲应为革命烈士。郑队长还亲手整理了材料并上报到相关部门，但始终没有听到回音。后"文化大革命"开始，这件事又如石沉大海。然而，这时一个意外的发现，让王乃旺有所醒悟：他在放树时不慎砍伤了脚腕，岳母王许氏告诉他东屋一个小木箱里有治红伤的药（岳母王许氏和其婆母王氏由王乃旺与妻子赡养）。王乃旺在找药时发现了上述的那枚圆形篆字图章，问王许氏其来源。王许氏说这是你岳父活着时用的物件，曾一度丢失过（王九仲被捕时抛在磨盘下）。后来让驴从磨道上给踢出来，我就把它放箱子里了。王乃旺找人帮助识辨，认出图章上篆刻二字为"籍傑"。王乃旺具初中学历，也有了一定的见识。他想这枚图章会不会是岳父当年做地下工作时的化名。从此，"籍傑"俩字便深深地植入他的脑海。果然，这枚图章成为他日后求证岳父王九仲抗战期间地下工作者身份的一把金钥匙。

时光进入了 20 世纪 80 年代初期，农村生产队体制已经更改。王乃旺凭着熟练的木工手艺，到北京城里打工。打工期间，他结交了城里的一些知识分子和法律工作者。他把岳父王九仲当年的遭遇和他们诉说，并向他们咨询进行重新认定的方式、路径。这些人给他出了不少主意，这更加坚定了王乃旺为岳父求得应有荣誉称号的信心。

从 1984 年开始，王乃旺利用工作之余，注意搜集、了解岳父生前的材料、信息，并购买不少反映北京新中国成立前地下工作者活动的书籍。但出于多种原因，求证的效果甚微。1996年，北京电视台首播由王保华导演的电视剧《第二条战线》。这部电视剧描写的是一批为北平及全国解放而无私奉献青春热血乃至

烈士遗孀（王乃旺提供）

生命的北平地下党人革命斗争经历。由于情系所在，王乃旺力图从中得到有价值的信息。每集播出时，他宁肯放弃工作也要坚持从头至尾认真看完。果然，在某集反映抗战结束，刘仁（剧中角色）在向基层地下工作者做动员部署时有这样一段剧情：刘仁说："我们的人籍傑同志被敌人杀害了（台词）"。全体地下工作者脱帽默哀（画面）。哀毕，刘仁又说"今后我们的工作重点将转入解放战争时期（刘仁1944年任晋察冀中央局城工部部长）"。听见"刘仁"说到"籍傑"二字。王乃旺虽然当时尽管不敢肯定剧中人物和他岳父之间存在的关系，但还是欣喜若狂，似乎从中看到了一丝成功的曙光。

费尽周折，王乃旺找到了该剧导演王保华，说明了他的来意。王导沉思后从艺术理论的角度给他作出了解答，大意是艺术虽然出于生活但高于生活，剧中人物不一定就是生活中的真实存在。如果你认为这是个线索，也要先从查找档案材料入手。王乃旺还试图与编剧王力行联系，想了解人物是否有其

原型，但联系未果。

之后几年里，王乃旺先后到顺义（1944 年 11 月至 1950 年 3 月宋庄村先后隶属三通顺联合县第五区、顺义五区）、通县、天津市蓟县、河北省三河县、石家庄、西柏坡，北京大学档案馆，查询相关材料。但由于在查询时没有很强的针对性，仍无实质性进展。直到 2007 年，王乃旺才有了进一步的收获。他从通州区党史办档案室里查到了一本《革命烈士综合册》，在编号第 58 页出现了王九仲的名字。在烈士生平事迹简介栏目中，有这样的文字表述："王九仲是北寺庄人民公社宋庄村人（时为通县宋庄工委下属的北寺庄公社宋庄村）。1944 年因开展革命地下工作，由于行动不密（后证明是叛徒告密），被日本小林队长抓捕。在关押期间受到严刑拷打，宁死不屈，光荣牺牲"。

据王乃旺事后了解，当时编写提供这份革命史资料的人正是当年王九仲的恩师贾竹三。贾竹三是小堡村人，名廷松，号竹三。从教授私塾到民国公立学校直至新中国成立后成为人民教师，一生从事教育事业。20 世纪 60 年代初、中期的"民主补课"和"四清"运动时，贾竹三先生曾一度受有关部门委托，参与编写部分革命史资料。

贾竹三真情怀念他这个当年为革命献出生命的学生，通过所了解掌握的情况并综合各方面材料，依照客观事实，把王九仲作为抗战烈士编进册里。但出于接二连三的运动、王家新定的"漏划富农"成分以及王家与当时村政干部的复杂关系，贾竹三可能怕这种定性受到阻挠或把王家置于矛盾漩涡之中。况且，在当时的历史条件下，对烈士又没有太多的物质补偿，所以采取了规避之策。王九仲这个烈士名分只是静静地落在档案材料的纸页上，并没得到国家权威部门的授予认定。

王乃旺将从通州区党史办得到的《烈士综合册》复印资料、刻有"籍傑"的二字的印章和其他一些证明材料上报了通州区民政局优抚科，优抚科让其先将材料上报北京市民政局优抚处备案。王乃旺到市民政局优抚处，接待人员答复说，这种申报我们对公（国家行政部门）不对私（人）。另外，你上报的材料属文献性资料，不能作为依据。应具有当地行政部门加盖公章后的档案证明材料、人证材料及反面（敌方）人员证明材料。

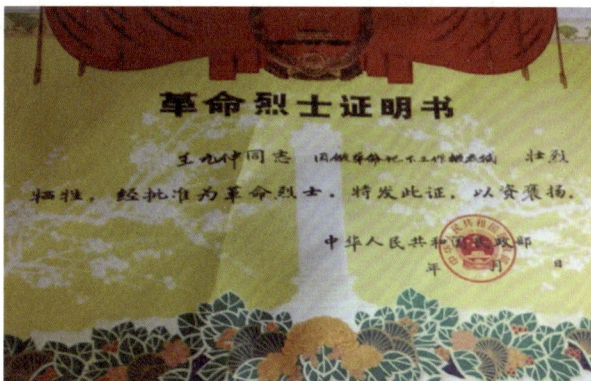

革命烈士证明书

烈士证明书（王乃旺提供）

王乃旺又先后找到时任通州区史志办史志科的孙连庆科长、时任通州区政协文史委文史科的王文宝科长，二人均被烈士的境遇所感动，对王乃旺的求证给予了大力支持。孙连庆科长还特意给王乃旺写了一张条子，让他到区档案局查找"民主补课"和"四清"运动时的档案材料。真是天助人愿，王乃旺果然从上述这些档案中查找到一页与他在区党史办看到的证明王九仲烈士生平简介相同的材料，而且证明人是当年王九仲的恩师贾竹三。他说明情况后，又得到王文宝科长的从中协助，区档案局为其加盖了公章。接着，王乃旺又从区法院的档案中，查到当年杀害王九仲烈士的凶手王殿荣接受审讯时的口供（属敌方人员证明）并复制了供词材料重新上报市民政局优抚处。市民政局将材料整理后又按审批程序逐级上报。2009年5月8日，北京市委、市政府批准王九仲为"抗战烈士"。同时，由中华人民共和国民政部颁发了"革命烈士证明书"。

善恶到头终有报。当年投敌变节，心毒手狠，疯狂地破坏我基层抗日组织，杀害我抗日干部和地下工作者的王殿荣，在通县解放时（1948）即被我民主政府公开逮捕。但王殿荣在看押期间逃脱，秘密潜回家中，在自家的炕洞里藏匿起来。1952年秋被村民意外发现并及时报告通县一区政府（区政府住地宋庄村），王殿荣被再次抓捕，人民政府司法机关经审定后依法判处王殿荣死刑。

历史尽管曲折的，但也是公正的。王九仲被正式批准为"抗战烈士"后，在家乡引起了极大反响。为了深刻缅怀王九仲烈士在抗日战争中不计个人安危得失，积极发展基层抗日组织，开展地下工作，最终奉献了年轻宝贵生命的革命斗争经历。2009年8月1日，宋庄村党支部、村委会决定为在抗日战争中英勇献身的王九仲、王九富（正面战场牺牲）两位抗日英烈建立了"烈士公墓"并且树碑立传。每年度"八一"建军节、9月30日"烈士纪念日"，宋庄村党支部、村委会都组织全体党员、村干部和烈士家属到此对两位革命英烈祭拜凭吊。要求全体党员、干部要时刻以为中华民族解放英勇献身的革命先烈为榜样，不忘初心、牢记使命，为实现中华民族伟大复兴贡献自己的全部力量。

宋庄村干部、群众对英烈祭拜凭吊（王乃旺提供）

（王乃旺，宋庄村人）

宋庄有个全国劳模孟宪峰

■ 李永刚

通州区宋庄镇，有个普普通通农民孟宪峰。在部队他荣立一等功，受到党和国家领导人的亲切接见。复员回乡修鞋谋生，他先后获得首都精神文明建设奖章，全国文明诚信个体工商户，全国劳动模范，他创造了一个又一个通州之最。

1954 年，孟宪峰出生在通州区宋庄镇六合村，家里祖祖辈辈都是地道的农民。1972 年 11 月，他应征入伍，成了一名军人。他立志当一名好兵，思想先进，作风正派，团结助人，第二年就光荣地加入了党组织。虽然只有初

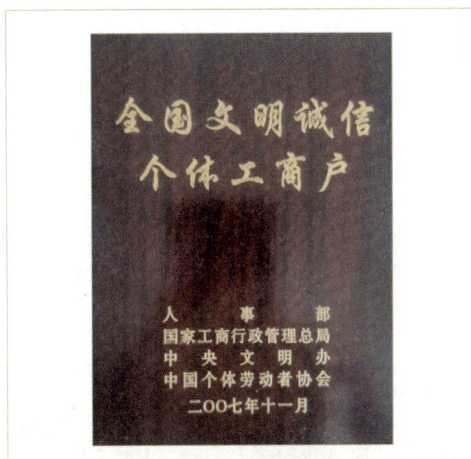

荣誉证

中文化，但是凭着一股子钻劲，他苦练基本功，军事技术不断提高。第三年，就担任全团唯一的迎外表演炮兵班班长。作为全能炮手，他个人或带领全班，先后为几十个国家的领导人进行射击表演，为祖国赢得了荣誉。服役期间，他像雷锋一样工作学习和生活，被部队树为学雷锋标兵。特别是唐山抗震救灾过程中，奋不顾身的抢救群众的生命财产。那是一场战争，一场没有硝烟的战争，一场与大自然搏斗的特殊战争。连日的奋战，积劳成疾，孟宪峰险些双目失明。救灾任务结束后，经过两个月的住院治疗，终于保住了双眼。由于表现特别突出，被部队授予个人一等功，在北京人民大会堂，受到党和国家领导人的亲切接见。当兵成了他一生的荣耀和自豪。从那时起，尽己所能帮助别人的想法，深深地植根在他的心里。

虽然他服役 10 年，虽然他 9 次受到嘉奖，但是由于种种原因，他没能被提干，没能被转业安置。

1981 年 2 月，他复员回乡，重新当起了农民，后来到村办企业工作。厂子经营不善被迫倒闭，他也失去了工作。没有本钱，没有技术，没有门路，他只能靠打短工糊口。皮鞋厂、养鸡场、面包房，一直囊中羞涩，过着紧张忙碌的日子。1995 年，听

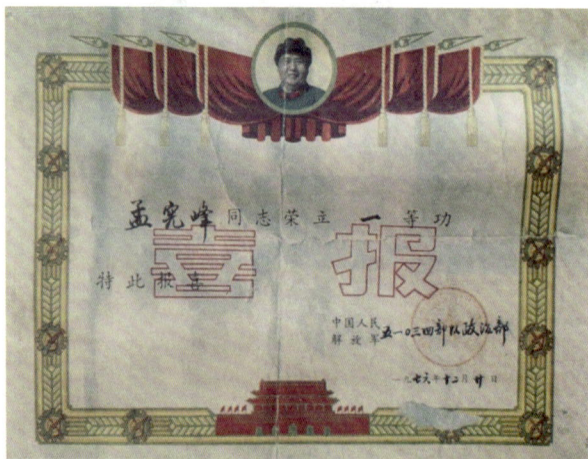

喜报

从朋友建议，他到通州工商局办理营业执照，干起了修鞋匠。

有人说修鞋简单，其实真不是，他历经坎坷艰难。东摘西借，他凑钱置办了三轮车，购买了手摇缝纫机、锤子等专用工具，以及修鞋的辅料。在县城中仓小区南门外，支起了修鞋摊儿。创业酸楚，冬天寒风刺骨，手脚冻得裂开血口子。夏天酷暑难耐，蚊虫叮咬青一块紫一块。最重时，脖子感染化脓。他坚持以礼待人，诚实守信，童叟无欺。孟宪峰还总结出自己生意的诀窍。和气生财讲真诚，质量第一讲信誉，收费合理讲协商。能修的鞋，事先讲清怎么修，用什么材料，协商收费。精心修理，保证质量。不能修的鞋，向客人说明白，不花冤枉钱。日积月累，他用辛劳和真诚迎来回头客，再次收获成功的喜悦。

一位家住东里脚上有残疾的妇女，不好意思地低声说："您能把我这鞋修修吗？"接过鞋，又看看顾客残疾的脚。"能修。"他果断的回答，"不过您得多等一会儿。"他仔细观察客人特殊的脚型，提出来鞋里鞋外分别加高的方法和收费。顾客连连点头。孟宪峰手脚麻利，左量右比，下料粘接、缝合钉钉，鞋里面垫高4厘米，鞋外面垫高6厘米，保证鞋底平坦。半小时工夫，他请客人试鞋。"我活了30多年，还是第一次穿上这么合脚的鞋，太谢谢您了。"顾客喜出望外。一个月后，女同志又来到鞋摊说，"穿您修过的鞋特舒服，听说您过去在鞋厂上班，您能给我做一双新鞋吗？"孟宪峰有些迟疑，手工做鞋太费工了，设计画图配料，粘帮扣底搓面，特别是特型鞋，磨鞋楦就是个大功夫。但是，看着顾客近乎恳求的眼神，还是答应了。您两周以后来取鞋吧。手艺好，收费合理，通州的报纸，经常看到老孟的消息。通州区煤炭公司54岁的下岗工人王先生，鼓起勇气，请孟宪峰收他做徒弟。意想不到的是，孟宪峰爽快地答应，教他技术，教他做人，教他生意。几个月后，真的在北苑附近的市场挂出了招牌。

孟宪峰鞋摊儿附近住着杨大爷老两口，独生女儿和女婿都不在身边。他主动帮助老人买煤、换煤气等干些力气活儿。杨大妈病重，孟宪峰带着爱人帮助做饭洗衣服，还主动与杨家人一起轮流照料。杨大妈去世，为了不让杨大爷孤独，他增加了上门的次数。有一天，杨大爷感到身体不适，他跟杨大爷的女儿一起，蹬三轮去医院检查，没想到老人已是肝癌晚期。不能把实情告诉老人，他像亲人一样帮助买药，买补品。1999 年，老人病情恶化，大小便失禁，卧床不起住进医院，需要 24 小时陪床。孟宪峰顾不上出鞋摊儿，赶到医院全心侍候。孟宪峰的爱人还承担起送饭、洗衣、拆洗被褥等家务。出院后，孟宪峰干脆搬进杨家，挤出更多的时间陪伴老人。一年多的时间，老人终于安详的闭上了眼睛。

几年的修鞋生涯，孟宪峰把中仓当作自己的另一个家，跟附近居民关系融洽。鞋摊儿附近有一所小学，一些孩子放学就到鞋摊儿等待家长来接。在家长眼里，鞋摊儿就是孩子们的安全岛。许多老人聚到鞋摊儿下棋聊天，在他们眼里，鞋摊儿就是大伙儿的文娱活动站。顾客忘记摊儿上的手机、钱包、皮夹克一样儿不落，他都物归原主。通州的报纸电台电视台纷纷报道了老孟的消息，孟宪峰成了通州名人。很多慕名而来的人到这里修鞋，在顾客眼里，孟宪峰是个值得信赖的修鞋匠。2001 年年初，通州区精神文明办授予孟宪峰通州区精神文明建

劳模孟宪峰

设奖章。通州区委区政府印发《关于在全区广泛开展向孟宪峰同志学习的决定》，红头文件，号召全区人民学习孟宪峰，岗位做贡献。很快，孟宪峰的事迹被北京市级报刊广泛宣传。通州区委宣传部还专门编辑出版了《新时代的道德楷模孟宪峰》一书。

2002 年，孟宪峰获得首都精神文明建设奖章。接着还获评京郊十大新闻人物。名气大了，不少单位请他去做报告。中小学校请他，他讲友善互爱，讲学习雷锋的体会。机关单位请他，他讲岗位奉献，讲共产党员的责任与担当。部队请他，他讲苦练技术，讲全能炮手修炼的经过。2003 年，孟宪峰被中宣部、中央文明办、解放军原总政治部、团中央四部委命名为全国学习雷锋志愿服务先进个人。也是这一年，孟宪峰获得全国精神文明建设十佳人物，五一劳动奖章，还上了中央电视台新闻联播。非典刚过，他还自制 20 张修鞋卡捐给医院，为医护人员免费修鞋。2005 年，他被评为北京市劳动模范和全国劳动模范。2007 年，他被选举成为通州区党代表。也是这一年，他被评为全国文明诚信个体工商户。经过层层推荐评选，他还光荣地成为奥运火炬手。2007 年，孟宪峰咽喉沙哑，继续修鞋。2015 年，他的鞋摊歇业。2018 年，他永远地离开了这个世界。

孟宪峰很平常，但是，在我看来，孟宪峰很不平凡。毛主席说，一个人做一件好事并不难，难的是一辈子做好事，不做坏事。工作的原因，孟宪峰的事迹我写了十几年。遇见他，我感到幸运，我发现了新时期最质朴、最无私、最神圣的民族精神所在。采访他，我得到感染，激励我捕捉名利他助人的点点滴滴。宣传他，传扬他的精神，使我的工作本身得到凝练和升华。孟宪峰是值得仰视的人，是宋庄的骄傲，也是通州区的骄傲！

（李永刚，通州区北苑街道办事处一级调研员，通州区政协特邀文史委员）

邻居黄永玉和他的万荷堂

■ 任德永

　　2023 年 6 月 13 日 3 点 43 分，一条微信刷屏，位于宋庄艺术小镇北部大名鼎鼎的万荷堂的主人黄永玉老先生去世了，享年 99 岁。因为万荷堂建在我们大庞村东边的一片果园里，所以村民戏称他为果园里的庄主、独居的大画家。归纳这位邻居的一生，至少有三件事可圈可点：一是他的选址。二是他的小说。三是他的遗嘱。

　　关于选址——位于宋庄艺术小镇北部的黄永玉老先生的万荷堂总计占地有八亩，是一处仿江南园林式古建筑群落。当时老先生，为何选址京东？为何是大庞村？有人说亲自踏勘，有人说游猎相地，还有人说飞机上梦见。20 世纪 60 年代大庞村东曾出土唐代正议大夫高行晖墓志铭一合现收藏于首都博物馆，志铭记载：（唐代时，此处为）潞县高义乡庞村。当时著名的北运河的上位水源之一的潮白河就从这个村子的东部蜿蜒朝西南而去；民国二十八年（1939）潮白河水夺漷漷河而去才形成今天的流向，今村东的中坝河为其故道。20 世纪 50 年代末，这里修建起平原水库名为徐辛庄水库后废弃，因为土质沙化严重，20 世纪 80 年代成为徐辛庄乡大庞村近 3000 多亩的果园用地。中坝河自北而南就从种满了桃树、梨树、苹果树等各种果树的西北侧擦肩而过。由于黄永玉老先生年轻时曾经到通县东南部的西集游猎过，所以他与通州的缘分可能早已就注定。1997年春节之后，移居香港的黄永玉老先生在朋友帮助下几经探勘在京郊考察了不少地方，这其中不乏也有中意的，但一看到现在万荷堂所在的位置当即拍板定夺，最终选址当时属于北京市通县徐辛庄镇大庞村东的这片果园来兴建他的传世之作——"万荷堂"。当时1997年底通县才改名通州区，直至2001年徐辛庄镇才并入宋庄镇。整座院落布局与主体建筑风格均由主人亲自设计与定夺，来年才告竣工。整个地块分为东西两院。西院为生活区，中规中矩，主要由大殿和老子居两座建筑组成，前面围成一个院子种满了绿植。东院为休闲区，中间是种养了一池满满三亩地的荷塘，应该是集颐和园等北京园林荷花精华于一处，似乎这也是主人给他取名"万荷堂"的真正用意。在这里主人会随一年四季春夏秋冬季节变化来看风景，令人想起了他为北京琉璃厂荣宝斋过厅处特意创作的大幅油画荷花来。东院四周则是随形的江南水乡风格的亭台、楼阁、回廊、照壁等仿古建筑，成为东院万荷堂的围合。

关于文学——黄永玉老先生受自己的表叔也是著名作家沈从文的影响至深，可以说他的一生也一直被表叔激励着、感染着。他说过："有三个人，文学上和我有关系。沈从文表叔，萧乾三哥，汪曾祺老兄。"在他一生中从事与艺术沾边的种类不下十种：什么书法、国画、油画、雕塑、瓷器、石器、木刻、《猴票》的邮票设计、《酒鬼》酒瓶外包装的装潢设计等，乃至于建座大砖木的房子来种种花草与竹子、挖个池塘种种荷花与造条船、溜遛弯与养养狗等等，这些与艺术贴边的事情，在他眼里似乎都没有他的文学写写小说什么的更为重要。有一次我在报亭的书摊上翻阅上海的文学刊物《收获》杂志时，见到署名黄永玉的小说连载，当时还以为是同名同姓作者的文章呢。后来鉴别才知道，原来这位老先生不是不守艺术本分去跨界玩文学——其实，他将文学视为自己最倾心的行当；在他的一生中，文学才是他一生的最爱。不是吗？他一生先后有诗歌、散文、杂文、小说诸种体裁的《见笑集》《永玉六记》《吴世茫论坛》《老婆呀，不要哭》《这些忧郁的碎屑》《沿着塞纳河到翡冷翠》《太阳下的风景》《比我老的老头》《无愁河的浪荡汉子.朱雀城》《无愁河的浪荡汉子·八年》《无愁河的浪荡汉子·走读》《还有谁谁谁》（遗作）等文学作品出版问世。他从事文学创作的时间，从年轻时算起有七、八十年。他的《朱雀城》连载后又结集出版，这是他的一部自传体长篇小说，写的是小主人公序子（小名狗狗），在朱雀城（即凤凰古城）的童年生活。这部小说，我是在宋庄小堡他常去的蜜蜂书店买到后进行了通读，从书中我看到了老先生快乐的童年，读后仿佛 20 世纪湘西凤凰县城的一幅民俗风情画卷在你面前徐徐展开。黄永玉凭借他在当代中国美术界的地位与影响本可以尽情地驰骋，但是他不止一次地对世人说："文学在我的生活里面是排在第一的，第二是雕塑，第三是木刻，第四才是绘画。"可见他对于文学的钟爱远远胜过常人眼中他的美术绘画。1951 年，作家汪曾祺在媒体坦言："（黄）永玉是有丰富的生活的，他自己从小到大的经历都是我们无法梦见的故事，他的特殊的好'记性'他对事物的多情的、过目不忘的感受，是他的不竭的创作源泉。"纵观黄永玉一生文学与艺术的成就，不是也很好地诠释了汪曾祺的这一见解吗？

关于遗嘱——黄永玉老先生生前明确说过："待我离去之后，请将我的遗体进行火化。火化之后，不取回骨灰。任何人和机构，包括我的子女、孙子女及亲朋好友，都不得以任何理由取回我的骨灰。我希望我的骨灰作为肥料，回到大自然去。请所有人尊重我的这个愿望。我离去之后，任何人不得办理各种类型的纪念活动，我的家人不得去支持或参加其他人组织的纪念活动。"我个人倒也经历过父母与亲人的离去，开始总是认为养育自己的亲人若没了，会如天塌下来一般，叫人没招没捞的。其实，要真像黄永玉老先生说的那样："到时候送到火葬场，送过去就行了。骨灰不用领回来了，不太好分，挺累的。"众人会多么地释然呀！那年，在中国国家博物馆举办他的画展，在众多展品中，我倒是对他的一棵大青松画作驻足不前，边上的展着他写的一句话："世界长大了，我也老了。"观后确实令人捧腹大笑。我倒也认为：他不但是当今中国排名第一的大画家、大艺术家，而且也是活得最为明白、最为通透、也最为洒脱的一个人。

以上是邻居黄永玉和他万荷堂的点滴。

老乡双埠头村张源先生二三事

■ 任德永

　　我与张源老先生相识多年，我们在通州区政协特邀文史委员会开会时都习惯地称呼他为张老。记得在 2000 年左右，我还在北京市通州区中小学生农业教育基地工作时，那里原来是 20 世纪 90 年代初期日本友人关锋在京东开创的中国书画教育基地之观文堂，就是在这个基础上建立起来的面向全市中小学生进行农业素质劳动教育动手实践基地，当时的北京市通州区中小学生教育基地还保留了传统书画装裱车间。记得某天镇里一位工作人员来这里裱画，我第一次见到了红红的金鱼图，他说这就是邻村双埠头村张源先生创作的。真是未见其人，先睹其画，也算是与老乡谋了面。随后，从 2004 年 2 月算起，我从通州区教育口调入文化口已经有 20 个年头了。紧接着我加入了通州区政协特邀文史委员的队伍，其后得以与包括张老在内的诸多通州文史界的前辈们共同学习有关大运河文史知识受益匪浅。2022 年 10 月 17 日，我们邻村双埠头的张源老先生永远地离开了我们。在此期间，我也先后失去了几位亲人。回首往事，张老留给我印象最深的二三事有如下。

　　一是在通州区博物馆成功举办全国著名书法家书法作品展览，并将全部书法作品捐献给通州区档案馆永久存档。张老本人热心公益事业，又是热心肠的人，最令我难忘的是他极力为自己家乡文化建设做出的具体贡献：首先自己于 2001 年，向通州区档案馆无偿捐赠了 100 余幅自己精心创作的书法作品。随后又于 2004 年，联合全国名人名家来创作歌咏通州历史的书法作品 100 余幅，存世鉴今，并向通州档案馆捐赠且永久收藏。记得当时有一年春节前夕，通州区政协特邀文史委拜访张老在潞城镇大营村的居所，老先生为我们准备了写好的春联。由于当天知道后去的人多，所以提前备好的春联不够分发的，老先生即刻提笔补救。因为春节临近，还得知当天写好贴在自家大门两侧的春联早已被人揭去。张老得知不但不急反而乐呵呵地说：这是人家看得起咱，不用追讨，揭去再写，又不费大工夫的。可能是因为外人以得到张老的春联书法为荣，自己径直揭去直接贴到自家的大门上了或者用以收藏了都不得而知。这对于一生热爱笔墨的张老，却认为是对自己学业的肯定，足见其恢宏大度的一面。用鲁迅先生的话笑谈就是：窃书——那是读书人的事。

2004 年 7 月，已经调入文化口的我得以在通州区博物馆现场见证捐赠张老领衔全国文化名人名家书法作品展览开幕式盛况。今年 2023 年盛夏，在参观张老从小出生的村庄——通州区宋庄镇双埠头村之村史馆展览后，村党支部李敬媛书记还赠送了我一本厚厚的当年的捐赠作品集——《运河古韵翰墨集》。通州区人民为回馈感念张老的无私壮举，在通州区档案馆专门设立张源艺术馆，以展示其在书画创作与国内外文化艺术交流过程中形成的证书、奖章、书信、实物、剪报等 10 多个种类的历史档案资料。又在运河中学东校区东侧的万春园内，建设了以歌咏通州历史题材同版的全国名人名家书法作品主题石刻碑廊，以祥云浪花元素构成的龙行碑廊掩映在绿柳白杨中，其墨色深重金石之上遒劲的名人名句，则彰显着传统书法艺术与大运河文化的历史厚重。可以看出张老以自身的艺术创作成就与影响力，凝聚了当时全国著名的书法大家的墨宝，实实在在地为家乡、为通州区、为宋庄镇、为双埠头村的文化建设事业做出了自己的贡献。其赤子丹心，跃然纸上、感怀友人，其家国情怀，负载乡梓、永载史册。这些珍贵的书法艺术档案，将成为对下一代开展"知家乡、爱家乡"爱国主义传统教育的生动素材。

二是在通州区三义庙和文庙举办捐赠奇石艺术展览。通州古城始建于明初，历史上有"一京二卫三通州"之美誉。在通州城内的千年燃灯塔下有座始建于元大德二年（1298）的通州文庙，在通州古城新城南门外之东侧的护城河玉带河南岸，又有座始建于明万历九年（1581）的通州三义庙。我们知道，张老自小深受家乡佛道文化影响至深，他在书画界的艺名就叫金石道人，足见他对中国传统道家文化的挚爱。如果说书法是张老的第一挚爱，那么我个人认为他的奇石把玩与收藏就是他的命根子了。他一生走遍祖国的大江南北，深得祖国大好河山的滋养与福泽，他不但用画笔书写她、赞美她，而且他还俯下身子亲近她、爱抚她、鞠捧她。他从大自然奇石壮美的身影中得到体悟与灵感，他把近百枚奇石与书画作品又无私地捐赠给他挚爱的家乡。为此，2009年金秋十月，通州区人民政府在三义庙为其举办了张原奇石艺术馆开幕式与展览，随后展厅移师到通州区文庙大成殿西侧的西庑继续进行展览。张老家乡奇石展的举办为大运河文化的弘扬增添了无穷的魅力。走进张老在通州区大运河畔潞城镇大营村的故居，满屋子的奇石映衬着他的书法与大幅的金鱼图画，包括他最为得意的"米芾拜石"在内的上万件奇石等等，为我们今天留下了宝贵的文化财富。

三是为家乡和全国各地文化机构无私地馈赠墨宝。我们知道，张老的书法用笔老道、遒劲、有金石之味，他的绘画尤其是他的金鱼图洒脱、自然、韵味无穷。因为他在蒙童时期，受到过严格的私塾里的习字教育，并在有六七座庙宇的村子中有受到传统的儒道文化的熏陶。他起步于私塾与北关小学，在潞河中学与大运河作家刘绍棠为同窗，在20世纪50年代即开始业余书画创作。1960年考入中央美术学院版画系，师承古元、李桦、王琦、黄永玉等大家，重点向吴作人先生学习中国传统画法。生前在与张老接触中得知，他曾是中国书法家协会始建人之一，任过中国书法家协会理事，张老的大公子张艺群老师退休前也曾在中国书法家协会工作过，而且也任中国书法家协会理事，张家一家两位理事，全国少有。张老生前曾先后组织策划了第二、三、四、五届全国等国内外书法篆刻作品多种大型展览，为我国书画艺术界做出了突出贡献。就是如此一位书画艺术成就斐然又谦逊和蔼的老人，面对每天各行各业、方方面面的无论是陌生人还是亲朋好友到访求字求画时，只要时间允许他都能慷慨应允、泼墨挥毫、一蹴而就、从不吝啬。比如他为家乡书写的墨宝——通州区图书馆与通州区文化馆，我个人认为最为到位也最为可以观瞻。因为这两幅题字书法作品，可以说也代表了这位乡贤、这位金石老人一生对中国传统文化书画艺术的不懈追求与对家乡文化事业寄于祈望的精彩呈现。

见义勇为美名扬
——记退伍军人任庆奎勇救落水女青年

■ 任德永

时光倒转到 1992 年初春的一天傍晚，天气乍暖还寒，通州城里住上楼房的人家也就刚刚停止供暖才两天，位于城北 10 公里开外的老徐辛庄镇大庞村的人们奔走相告：

"任庆奎救人啦，有个外地的女孩跳村北角的鱼坑了，（任）庆奎二爷见状，二话不说，扑通就跳下冰冷的河水里，一把就把人拉了上来。"

"也真似的，大冬天的，跳哪门子坑呢，冰冷的河水。得回遇上了好人，抢救及时，不然后果不堪设想。"

"人家（任）庆奎二爷，复转军人（出身），还得说人家在部队锻炼过，遇到事情就是敢于往前冲，关键时刻还得看共产党员不是？"

任庆奎

原来事出有因：就在1992年3月17日（星期二）晚上7点40分左右，正当夜幕刚刚降临时分，村民发现有一陌生年轻女子，在徐辛庄镇大庞村村北的鱼塘处莫名其妙地徘徊，村民觉得可疑就第一时间报告给了居住在本村后任家胡同东头路南的任庆奎同志。

任庆奎同志1954年9月1日出生，时任通州区徐辛庄镇法律服务所副所长。在19岁的1974年1月从村里被选拔推荐光荣入伍，在海军部队一锻炼就是5年时间。入伍中于1977年10月光荣加入中国共产党，1979年2月从部队退役。先后从事过大队治保、民兵连长和团支部书记以及管理村子自来水工作有六七年的时间，最后调入徐辛庄镇法律服务所任副所长直至退休。

当天晚上，正在家中吃晚饭的任庆奎同志在接到村民报信后，凭着多年职业敏感与强烈的社会责任，二话没说他立即放下手中的碗筷，飞快地跑到了村北角任万春家房后的鱼塘边，主动上前询问在此徘徊的陌生女孩。他边问、边仔细地观察揣摩着：但见这名女孩的相貌与衣着，首先判断她不是本村人。又通过简短的对话，女孩显得语无伦次，而且面容憔悴，精神也打不起劲来。当时任庆奎同志就判定这名陌生女孩，可能因为某种情况受到了强烈刺激，才使得其心智错乱、头脑迟钝、语言含糊其词。他想这么年轻的女孩傍晚外出没有家人陪伴在身旁，出了事可怎么办？她的家人现在一定也很着急，必须尽快和她的家人取得联系。当时就把她带到大庞村大队，想通过徐辛庄镇派出所来正式通知其家人将她领回家去。就在任庆奎同志与此时前来大队几位村民正合计的节骨眼上——都说这个主意好、就照这法办尽快通知其家长时，这位陌生女孩趁人不备拔腿又往村北的鱼坑跑去，众人见状也紧随其后……

"不好了，她要自杀！"任庆奎反映到。

不大一会，只听前面"扑通"一声，陌生女孩径直跳进两米深的渔坑。

说时迟那时快，紧随其后的任庆奎同志，边喊边脱去大衣，也一猛子纵身扎进冰冷刺骨的河水里……

几经周折，在村里众乡亲们的热情帮助下，任庆奎同志与村民李万海等人才把已经失去知觉、奄奄一息的陌生女孩，从鱼坑里捞了上来。

这时候，陌生女孩的举动已经惊动了大半个村子。闻讯而至的乡亲们，也都伸手帮忙把这名陌生女孩抬到了当时任大庞村党支部书记王怀仁的家里。王怀仁书记的爱人王凤荣大婶，也找出干净的棉衣及时给陌生女孩换上；王凤荣大婶还给女孩做了一碗香喷喷的鸡蛋挂面汤，也让女孩赶快喝下去以避免感冒着凉。

原来这名女孩，时年 24 岁，是一名新毕业的大学生，在某研究所上班，家住北京市丰台区。因为与男朋友处对象受到挫折，精神上受到了强烈的刺激。那天自己一时想不开，便漫无目的地离开家里，出走到了我们大庞村北角的鱼塘，欲寻短见。稍后，前来接自己女儿回家的老父亲，非常感谢任庆奎与大庞村的村民们好心相助，从冰冷的水里把自己的宝贝女儿救起。今天回首往事已经过去整整 31 个年头了。

时通县徐辛庄镇有关部门得知此事原委后，鉴于任庆奎同志见义勇为、救死扶伤的英勇表现，经逐级上报镇县相关部门，中共通县委员会、通县人民政府于 1912 年 5 月给任庆奎同志认定并颁发了《荣誉证书》：任庆奎同志，（你）被评为通县最佳见义勇为先进个人。在获得证书的同时，中共通县委员会、通县人民政府还为其颁发了立座式铜《奖牌》：奖（任庆奎同志），通县最佳见义勇为先进个人。为此，通县有关部门还将任庆奎同志的先进事迹再行上报。最终，北京市司法系统还给予任庆奎同志记"三等功"一次。

面对当年自己奋不顾身的往事，面对当年获得的荣誉与表彰，任庆奎同志很是淡定。每当提起此事，他总是说："遇到这事谁都会伸手相助的，我只不过做了我应该做的"。

现如今，任庆奎同志已经从工作岗位上光荣退休过起了充实的晚年生活。几年前，他又拾起了从小的爱好——书法，写起了毛笔字，而且还小有成就。他的小楷《心经》书法作品，还荣获了北京市劳动服务管理中心组织的北京市社会化管理退休人员——首届"京颐杯"书法绘画摄影展的书法组"二等奖"，与北京市通州区人力社保局组织的北京市通州区社会化管理退休人员——首届"运河金辉"书法摄影绘画大赛的书法组"一等奖"的奖励。因为他的书法特长，四乡八里的村民谁家有红白喜事也都争着请他去书写账桌做记录。他在本族里辈分算高的，在家里男丁排行数二，人称庆奎二爷。他人好、手也勤，不论上班还是退休在家，行为举止得到了乡亲们的一致称赞。笔者在与同是本村、同姓、同族爷爷辈的长者任庆奎同志的几番交谈后，得知他每年还要参加通州区见义勇为活动，才晓得他感人的先进事迹。他多次说那都是过去的事了不值得一提。

随后，笔者走访宋庄镇相关部门后得知：全镇目前已有"见义勇为"人士2名。其中一名是宋庄镇小堡村的。每年区里和镇上要组织相关慰问活动，以表彰荣获此荣誉的英雄们。通过与这些群体人士的直接交流，让笔者对我们宋庄打造艺术小镇的同时，也认识到我们还有这么一个英雄的群体。习近平总书记指出："崇尚英雄才会产生英雄，争做英雄才能英雄辈出"。伟大出自平凡，英雄来自人民。随着时代进步，舍身忘己、见义勇为，拾金不昧、助人为乐等中华民族的优良传统，在我们的社会还需要大力提倡；而且对于他们，我们无论在今天还是明天，都不应忘记，而且也不能够忘记——他们的先进事迹，也正是中华民族优秀传统文化的重要体现。

荟萃时代的名流精英

■ 刘正刚

宋庄地区物华天宝，人杰地灵，自古至今，在各历史时代、各个领域均涌现出在通州、北京乃至全国有着非凡影响的名流精英。这里只是精选几个不同历史时期具有代表性的人物，以此展现和传播他们对弘扬宋庄地区声誉所作出的丰功伟绩。

高行晖

高行晖（690—760），男，大庞村人。唐代正议大夫，试怀州别驾。

高氏，炎帝的后裔。自唐尧大臣羲和的第四子到周武王时的太公望，封地在今山东，因封地而姓吕。自太公到敬仲（管仲），以他父亲的字称"高"，另分出一族，开始姓高。敬仲的十代孙高洪，在东汉光武帝刘秀时是孝廉，在明帝刘庄永平年间，任渤海郡（治所在今河北沧州）太守，在宗族中很有声望。再十代孙高隐，正是西晋末期"八王之乱"之时，他为躲避战乱来到幽州，任玄菟郡（治所在今朝鲜咸兴府东北）太守，于是将子孙安置在潞县庞村（今宋庄镇域大庞村）。他雅志沉静，襟怀博大，以德治郡，深受当地百姓爱戴，积德垂裕。其子高庆，任北燕司空，掌管全国工程，被封为汶阳侯。高庆五代孙高普，在北齐时任豫州刺史、太宰，由掌握一州军政大权到宰相，并被封为武兴王。再六代孙就是唐时的高行晖，高姓家族可谓是冠冕蝉联，功德世袭。

高行晖，字同名。他的曾祖父高道，曾做过镇军大将军，试殿中监，职掌皇廷仪卫及京城的纠察任务。其祖父高艺，是朝散大夫，任试汴州长史，勋位上柱国，摄行一州之事。其父高夔（kuí），是朝请郎，试梁州司马，赠梁州都督。芳猷盛绩，无代无之。

高行晖从少年时代起，就好学不倦。到成年时仍然心志不移，不但博学百家，并且能够赅详要义，讲求礼仪，用以勉励敦促恭敬而谨慎，使上下左右和谐。在治政方面施行惠爱仁慈，而且能够辨析分明，不被迷惑。在节操方面高风亮节，刚直不阿，执心孝慈，不因友谊而蔽其心智，明于变通，无所凝滞。

唐天宝十四年（755），节度使安禄山在幽州（原北京宣武区一带）起兵叛乱，攻陷首都，迫使唐玄宗西逃巴蜀。在此危急之季，朝廷拜命高行晖为正议大夫、试怀州（治所在今河南沁阳市）别驾，总理众务，并授以金印，赐穿贵官公服。高行晖身肩重任，日夜操劳，主持平叛。最后由于辛劳过度，患病不治而逝于官舍，享年六十九岁，封赠户部尚书。高行晖死后安葬在现

高行晖墓石牌坊构件在大庞村出土

宋庄镇域的大庞村东口外公路之侧。1965 年春，高行晖墓志在此处出土，现收藏于首都博物馆。

高崇文

高崇文（746—809），男，大庞村人，高行晖之子。唐邠州刺史兼邠、宁、庆三州节度观察使及京西都统。

高崇文自幼爱好习武，朴实厚道，不善言语，没有成年就入武参军。后成为平卢军（今辽宁朝阳县）一名将官。

唐贞元初，他辅佐禁军偏将韩全义镇守长武（今陕西长武）县城，治理军队很有声望。贞元五年（789）夏天，吐蕃王朝派兵 3 万侵犯宁州（今甘肃宁县），他率兵三千前往救援。在佛堂原之处大破敌军，因功而掌管行营节度留务，代替韩全义统兵，不久再升职兼御史中丞，负责监察、执法事宜。贞元十四年（798），他任长武城使，总揽这一地区军政财物，积储粮秣，操练军队，军声大振。

唐永贞元年（805）冬，剑南西川节度使刘辟以掌有重兵而割据一方，独自称王，朝廷决议进行征讨。受宰相杜黄裳举荐，次年春，升高崇文为检校工部尚书兼御史大夫，任左神策行营节度使，统领大兵前去平叛。当时众多能征惯战的宿将大惊，有些看不起他。大军行至兴元（今陕西汉中）用餐时，有的军士故意折断旅店的勺筷，他立即命令予以斩首，以肃军纪，深得民心。既而他组织将士英勇进攻，打退剑门之叛军，解除了梓潼之危，他也晋升为东川节度使，威震一方。

在鹿头山要隘，他冒雨指挥强攻，布弓箭滚石，连续进行八次战斗均获大捷。叛军开始军心动摇，无不望旗而降，迫使刘辟西逃，欲投吐蕃。高崇文率兵穷追猛打，终予生擒叛将，委人械送京师。接着高崇文又领兵进入成都，彻底扫平此次叛乱。城中叛军仓库不乏存储大量珍宝，他与将士均军纪严明，秋毫无犯，并安抚百姓，使街市安宁如常。他还上奏朝廷，不要轻易罪杀随从刘辟叛逆者，因此解救无数叛军官兵。

高崇文以平叛之功升任检校司空兼成都府尹，兼任剑南西川节度使、辖内度支营田观察处置使、安抚使，进封南平郡王。皇帝下诏在鹿头山立碑记其战功。高崇文因自幼偏于习武，少通纹路，因此厌烦官府繁巨的案牍、咨询、禀报等事务，便多次乞求到边塞之地去防戍。唐元和二年（807）冬，朝廷给他加官为同中书门下平章事（宰相），任邠州（今陕西县）刺史，兼邻、宁、庆三州节度观察使及京西都统，成为西北地区军政长官，使西北安宁。

元和四年（809），高崇文因病逝于官邸。朝廷停止上朝三日，赠他为司徒（丞相），谥号"威武"，并且附唐宪宗影像旁，享受祭祀。高崇文死后，随高姓先人葬于大庞村高姓家族墓。

高承简

高承简（？——？）乃高崇文之子，自幼受家风熏陶，少年时已成为忠武军（治设河南许昌）一名部将。后入神策军（宦官所领的京军）。元和十二年（817），宰相裴度指挥讨伐淮蔡等处割据势力，高承简以部将兼御史中丞，充当王师都押，监察军中诸事。淮西平后，高承简升任邠州（今河南郾城）刺史，不久改任邢州（今河北邢台）刺史。当时观察使急令征收赋税，而数百户穷苦农民无银缴纳，高承简自己慷慨解囊代交，深博当地百姓厚爱。

高承简迁任宋州（今河南商丘市南）刺史时，汴州（今河南开封）军帅率大兵来攻，他指挥全城守军将士坚持回击，最终获援得以解除危难，以功升任检校左散骑常侍兼充、海、沂、密州节度、观察、处置等使，成为山东一带四州军政长官。不久，再升任检校工部尚书等职，入朝中拜为右金吾卫大将军，成为宫廷侍卫军大将。后西部地区紧急，又命他为邠、宁、庆等州节度、观察，处置使。羌族人多在秋季侵犯边陲，抢夺粮物，唐太和三年（829）八月，他迅速上表且入见唐文宗，献御敌之策，随后带病回去抗击羌族兵犯，行至永寿县（今陕西永寿）驿站病卒，赠授司空。高承简死后葬于大庞村高姓族墓。

李抟 (tuan)

李抟（1122—1178），男，潞县潞水乡（约在现镇域的双埠头、葛渠一带）人，金同知昌武军节度使。

五代后晋开运四年（947），契丹攻灭后晋，李抟的家族中有一祖辈当时任沧州节度使，被俘入辽，定居在潞县潞水乡。他的后代有一位称李匡业者，曾经拔取为进士第，官位升到朝散大夫、太子少詹事，为太子官属之长。他有个儿子叫李佩，也是进士，官做到范阳（今河北涿州）令，为一县之长。他有一子称李克昌，任职到太仆寺卿，是朝廷九卿之一，掌管皇帝的舆马和马政，也就是李抟的曾祖。李抟祖父李伟，曾在金安州（今河北高阳县东）为官。他的父亲李师吉官至右殿直，负责宫廷右部安全，扈从皇帝。以功劳显著赠儒林郎。他的长兄叫李挥，因军功官至武德将军。次兄李托也因军功官至校尉，职务仅次于将军。

李抟在少年时代，刻苦读书，坚持不懈，所以在金代皇统九年（1149）考中进士，后任职承事郎，负责朝廷吊丧、奉祀之事。由于政绩卓著，升任沁水（今山西沁水县）县令。李抟在任五年，邻县寇盗充斥，唯独不入沁水县境，以其治寇有方域内安定，又以优绩而升任耿州（今山西吉县）军事判官，负责一州军事戎务。廉访使到州内考察，认为李抟为官清廉，在本地区居属第一，并禀报上司，又委任其为县令。李抟上任数月后，县内无有诉讼。

大定初年，金世宗召李抟筹措元帅府粮草。不久，又补任为尚书省刑部主事，正六品职位，负责刑部具体事务。凡是证据不足或冤枉而受到重判者，李抟都竭力为其开释，以张扬法律的公信力。由于考绩突出，他又升任为观察使，成为一府行政长官，负责考察州、县官吏的政绩，并兼理民事。后再升任为同知昌武军节度使兼许州管内观察使。

大定十四年（1174），李抟因为眼病告归京师。家居数年间，清心寡欲，饮食清淡，以使眼疾得以康复。这时朝廷有意继续召用李抟，但李抟这时又不幸患上其他疾病，最终去世。李抟死后葬在潞县潞水乡今葛渠村北的族墓。1949年，李抟墓志铭在葛渠村出土，现收藏于北京石刻艺术博物馆。

李抟为文敏捷老练，而且有劝勉力，未及弱冠，就在士林中有着很好的声誉。他为官一生，从政严毅果断，始终没有秋毫之私，而夙夜在公，一直履行忠君泽民之志。朝廷要他后代袭职，他首先推荐两个侄子，而不为自己亲子考虑，真正做到选贤任能，李抟官至中宪大夫。

焦 亮

焦亮（1415—1466）男。明东宁伯。焦亮的祖辈本是蒙古族人，世代居住在广宁府（今辽宁北镇市），有一祖称捌思台，官任元朝至顺年间的右丞相，总管兵、刑、工三部。明代初期，大将军徐达、副将军常遇春奉命领兵扫北，攻克通州和元大都，捌思台降明，并受到重用，任他为蓟州卫（今天津蓟县）指挥金事，协助指挥使掌管地方治安，守扼辽东进入北平的大道。不久，调任通州卫，仍为指挥金事，镇守着北平东大门的通州城。于是，焦亮举家迁到通州定居。

捌思台卒后，焦亮的父亲焦礼袭职，为通州卫指挥金事，以功渐升任左军都督，镇守辽东（今辽宁大部）宁运卫（今辽宁兴城），抵抗蒙古族也先部入犯，屡立战功，朝廷提升他的衔位为东宁伯。因为娶了汉族程氏为妻，后来就改为汉姓，此是草寺村焦姓的由来。

焦亮是焦礼的儿子，自小聪慧灵敏，感悟能力很强。青年时习练武艺，智勇过人，随父亲守卫边防，不仅表现英勇，并且善于与当地的贤人名士交游，自觉地受到熏陶。他从不以富有显贵而藐视他人，每次见到父亲的部下官属或士卒偶有过失，从容进行解释，使有过者得到改正机会而不受到谴责和降免。他跟随父亲抗敌保疆多次立功，按规定应当受到奖赏和表彰，但他都辞谢不受。有人讥笑他太过分，他说："吾父荷恩授爵，吾合门袖手享之，恒惧无以仰答。今成效微劳，敢暴白而兴企望耶！"讥讽者抱歉说："我实在不知道仁人君子有如此的胸怀和情操！"

明朝天顺七年（1463），焦礼去世，焦亮理应承袭东宁伯爵位，但他以久受风寒得病为由，上疏给明英宗说："臣焦亮有病，不能够袭爵，臣长子焦寿，精力富强，而且曾从其祖父抗敌征讨，实在可以承袭爵位。"

皇帝纳言允准，就把东宁伯爵位赐给了焦寿。

没有多久，英宗下诏，赐给焦亮一块金牌、一副盔甲和一把佩刀，任命他掌管三千营（明"永乐"时以塞外降丁三千组成），率三千蒙古骑兵，巡防北京内外，保卫首都，安定京郊，其间得到皇帝宠信并多次荣获赏赐。

焦亮从辽东来到北京之后，就在紫禁城东侧建造房舍居住。明成化元年（1465），明宪宗大施恩惠给大臣，赐封他亦为东宁伯。次年六月二十五日，他忽然病重，将长子焦寿召到面前叮嘱说："你爷爷在军队里奋勇征战一生，能对国家献出忠心，忠诚而坚定，故而得升高爵。你今天继承爵位，要崇尚你爷爷忠贞之心，希望你跟随祖先品德高尚的足迹，用以报答朝廷恩德，与朝廷给你的实惠和荣誉相称，我就死而无憾！"焦亮病逝时，享年五十一岁。

明宪宗见到讣告后，立即派遣礼部主官前去追悼，并宣读了皇帝祭言。又命工部按照朝廷规制，为焦亮营造坟墓，葬在故乡草寺村北祖茔。守坟人久居墓东，后又有人在此聚落，渐成一村称为岗子上，也就是现在镇域内的岗子村。

张永和

张永和（？——？），字育齐，白庙村人，武庠生（武秀才）。张永和于清咸丰三年（1853）举办团练，因任事劳怨不辞，得到地方政府的信赖，被清廷督办团练使赠以题为"众志成城"的匾额。清咸丰六年（1856），张永和集资捐款修筑北寺庄官堤，并负责查验工程进度。清咸丰八年（1858），僧格林沁率大军进驻通州修筑炮台，张永和捐献树木两千株，与僧格林沁会面并被僧王赏识。清同治四年（1865）大旱，张永和捐款救灾并协助清地方政府处理赈灾事务。张永和为人急公好义，慷慨乐施，生平多有捐资兴建义塾、施舍粥汤、资助贫困家庭的丧葬、迎娶等行为善举，颇有声望，终年89岁。民国十二年（1923），时任中华民国大总统为其题词"必恭敬止"加以褒奖。

高士禄　　　　　　　　刘贯一　　　　　　　　池有德

高士禄

高士禄（1909—1946）　男，宋庄镇翟里人。1938 年 7 月"冀东暴动"失败后，冀东抗日武装力量渗透到域内东北部的部分村庄。1940 年高士禄被冀东抗日根据地党组织秘密发展为域内的第一个中共党员。在冀东抗日根据地党组织的领导下，他带领群众进行减租、减息斗争，为八路军筹集粮款，支持抗战，在当地产生很大影响。抗战结束后，他又投身于解放战争，国民党反动派和反动地方势力对他恨之入骨。1946 年 9 月，高士禄被国民党反动派操纵下的反动地方武装（伙会）残酷杀害，时年 37 岁，新中国成立后高士禄被授予"革命烈士"称号。

刘贯一

刘贯一（1908—1991），男，汉族，中共党员，宋庄镇大兴庄人。1925 年在全国各界人士声援上海"五卅惨案"受害工人群众的革命活动中，刘贯一加入了中国共产主义青年团；次年 2 月加入了中国共产党。他曾化名刘稚秋、刘明轩、芦德明，被党组织派往国民党统治区从事秘密革命斗争工作。后以包头《西北日报》（后改《中山日报》）记者、编辑身份进行地下革命斗争活动。

1928 年，刘贯一出任皖北蒙城县委书记、中共皖北特委宣传部副部长，参与组织安徽阜阳暴动。后以开封《河南民报》总编辑、社长名义开展革命活动。

1931 年九·一八事变后，刘贯一奔走于山东、陕西、甘肃等地做抗日救亡工作。1936 年秋，又受中共北方局派遣，任察哈尔省联络局书记，以《国民新闻报》编辑之名搜集情报和宣传统战。

1937 年七·七事变后，刘贯一在中共北方局联络局，主编《广闻通讯》。大力宣传抗日民族统一战线，激励民众抗击侵华日寇。次年，他先后任中共长江局豫鲁联络局副书记、书记，河南省委统战部部长。同年夏天，党派他为国民党将领李宗仁部的中共代表，协同抗战。年末，刘贯一被调往河南省夏邑县任县委书记兼县长。1939 年夏，刘贯一被组织调到新四军第四师工作，曾至开封孙桐萱、洛阳卫立煌等国民党军队高级将领处搞统战工作，共同抗击日寇。

1940 年冬，刘贯一任新四军第四师政治部敌工部长。1942 年至1945 年间，升任新四军政治部敌工部长兼司令部军法处长、新编第一军军政委员会书记，直到抗战胜利。他为中华民族的解放事业呕心沥血，出生入死，作出了重大贡献。

解放战争时期，刘贯一在中共华东局与华东军区工作，争取并瓦解了大批国民党军队，为中国人民解放军在华东战场取得辉煌胜利做出了大量工作。

新中国建立后，刘贯一被调至北京编写《帝国主义侵略西藏简史》。1950 年后，刘贯一历任中国驻联合国代表团党组成员兼专员、中国人民外交学会理事、中国人民保卫世界和平委员会及抗美援朝总会秘书长兼机关党组书记。1954 年当选为第一届全国人大代表。1956 年，任第二届全国人大常委会副秘书长。1959 年下放锻炼任北京机械厂厂长。1961 年，调任国际大学常务副校长、党委书记。1963 年，任中共山西省委常委兼副省长。20 世纪 70 年代，刘贯一受康生、江青一伙残酷迫害，被监禁 8 年有余。1978 年中共十一届三中全会后，得到彻底平反。晚年，刘贯一曾主编《冯玉祥选集》《新四军及华东七省市地区敌军工作史》。

1991 年 11 月 18 日，刘贯一病逝于北京，享年 83 岁。

池有德

池有德（1929.3—2005），男，汉族，宋庄镇白庙村人，中共党员，初小文化。曾任白庙大队党支部委员、副大队长；白庙大队第四生产队畜牧队长、生产队长、白庙大队畜牧大队长；改革开放以后，曾任白庙村村办铸造厂厂长。

1929 年 3 月，池有德出生在白庙村的一个贫苦家庭，年轻时给地主扛活。新中国成立后，池有德带着满腔的喜悦，带着对新中国、对社会主义制度的爱，积极投身到家乡的各项建设事业中来，深深赢得了家乡人民的拥护和爱戴。

池有德同志一生无论在哪个岗位，总是一心为公、热爱集体、任劳任怨、埋头苦干。他任畜牧队长期间，为了发展壮大集体的畜牧事业，把自家的一头猪和两只羊送到队里，为集体的畜牧种群繁育无偿贡献；集体的大牲畜病了，队里没钱医治，他就将自家的肥猪卖掉，用卖猪的钱给队里的牲畜看病。

有一年冬天，队里养猪场的几头母猪产仔，正好他家的母猪也在产仔。他一天到晚在集体的猪场忙碌，难以顾得上照看自家的事，结果自家的小猪仔全都冻死了。他马上吸取了教训，把队里猪场的小猪仔抱回家中，让自家的母猪给队里的猪仔喂奶。夜里的天气特别寒冷，他就把自己的被子铺盖在猪舍里，让猪仔安全地度过了冬季。

池有德在任白庙村炊事员期间，为了给村集体节约开支，竟然从白庙村徒步出发，一直走到了县城的一家土产日杂商店。买完灶具上使用的炉条后，天色已将傍晚。
他宁是扛着 65 公斤重的
炉条，走了将近四个多小
时，直到深夜才回到村里。

1980 年，池有德出
任白庙村第四生产队队
长。他带领群众狠抓粮食
生产，发展集体经济，使
当年粮食增产 9.5 万公斤。
在狠抓粮食生产的同时，
注重增加集体收入。他带
领村里的畜牧养殖人员，
通过引进良种，科学饲养
等手段，使集体养猪生产
再上新的台阶。1980 年

为歌颂周波烈士所创作的歌曲《永恒的生命》
曾一度在通州广泛传唱

集体猪场实现养猪盈余 5900 多元；1981 年实现养
猪盈余 4100 多元。由于集体猪场的带动效应，白
庙村人均养猪由 1977 年的 1.3 头，增加到 1981 年
的 1.8 头。

由于池有德同志在农村基层工作中的杰出贡
献，上级多次授予他荣誉称号。1965 年，池有德
同志被评为北京市劳动模范； 1977、1978 和 1981
年三次被评为通县劳动模范；1978 年荣获北京市
和通县两级畜牧战线先进生产者；1981 年，池有
德同志再一次被评为北京市劳动模范。

周 波

周波（1987—2008），男，汉族，重庆市涪陵

区青阳镇双石乡兴园村人，生前为北京卫戍区 66055 部队战士。

周波虽然不是宋庄本地人，但是他年青鲜活的生命，却壮烈牺牲在宋庄这块沃土上。他用一腔青春的热血，谱写出一曲惊天地、泣鬼神的激昂乐章，为自己短暂的人生画上一个完满的句号。

周波 2006 年 12 月入伍。2008 年 2 月 14 日下午，驻宋（庄）部队某警卫师组织 270 名新兵在徐辛庄靶场进行实弹射击。警卫师防化连上等兵周波、刘冰恒在靶场西南围墙外执行警戒任务。14 时 30 分左右，从靶场外的一个废弃的砖窑池塘中传来紧急呼救声。周波和刘冰恒闻听后连忙跑往出事地点，看到两名男童正在池塘的冰窟中挣扎。周波、刘冰恒二话没说，先后跳入水中对两名男童进行施救。在现场民工许传付的帮助下，两名落水儿童很快被救上岸边，但周波此时却因寒冷和溺水处于昏迷状态。

部队官兵闻讯赶来，立即对周波进行了抢救，并及时把两名落水儿童送到徐辛庄卫生院。15 时 18 分，部队官兵把周波送往中国人民解放军 263 医院进行抢救。16 时 36 分，因抢救无效，周波同志的心脏停止了跳动，年仅 21 岁。

周波同志牺牲后，北京卫戍区追认周波同志为中共党员，批准他为"革命烈士"；同时授予刘冰恒"一等功"称号。北京市政府追授周波同志"五四"奖章和"北京市优秀青年""首都十大道德模范"荣誉称号。2009 年 9 月 20 日，周波被评为"全国见义勇为道德模范"。周波同志的家乡重庆涪陵区授予他"见义勇为好青年"称号。

樊春玲

樊春玲，女，汉族，1972 年出生于宋庄镇师姑庄村。

樊春玲自少年时就酷爱体育运动，在上小学的一至四年级期间，一直是师姑庄小学和宋庄学区女子短跑记录的保持者。

1981 年，十岁的樊春玲终于获得了专业发展的机会，她被破格录进通县体校。在通县体校学习期间，她一边学习文化知识；一边在专业老师的指导下，刻苦练习短跑、中长跑项目。经过科学、系统的训练，她的成绩提高得很快。一举刷新通县少年女子百米跑和中、长跑的记录，并在代表通县队参加市级的比赛中，屡次折桂。

1983 年 9 月，樊春玲以优异的文化成绩考入通县潞河中学。在此期间，她又以女子短跑的创新成绩，在北京市级的比赛中，为学校争得了不少的荣誉。功夫不负有心人，1986 年 6 月，樊春玲终于以不断进取的脚步，进入了北京田径队的大门。这一年，她刚刚十四岁。

也许是命运所致，一次纯属偶然的机会，让这个十六岁的姑娘"转了行"。

1988 年 5 月，正在田径场上春风得意的樊春玲，被北京女足的主教练商瑞华一眼相中了。随之，她被选进了北京女子足球队，开始接受足球体能、技能的专业训练。

这一天，樊春玲休假。当她从北京女子足球队赶到家中时，母亲望着遍体鳞伤的女儿，一串串的泪珠情不自禁地滚落下来。她用手抚摸着女儿腿上、胳膊上的块块伤疤，用一种关爱的语气说道："闺女，要不咱不踢啦"。春玲也用一种非常平静的口气回答："妈，没事。不仅是我一个人，足球队的姑娘们都这样，摔打摔打就好啦"。她的父亲樊福林是一个老资格的农村基层干部，用充满父爱的手轻轻地数着女儿身上的伤疤，沉思着说："这说明春玲在球场练得很顽强，很刻苦！依我看这伤疤就是上

樊春玲

天提前赐予你的奖章"。

春玲饱尝了母爱的温情，但更品味到了父亲大爱的内涵。她仿佛觉得母爱像身上的皮肉，而父爱却给了她支撑自我的脊梁。这次归队以后，她以更加饱满的青春激情，驰骋于熔炼意志、铸造灵魂的绿茵场上。

1990 年，她终于以"体力充沛、速度奇快、边路突破能力强"，适合做"边后卫"的战术人选，被主教练一眼相中，一脚"踢"入了中国女子足球队。她清楚地记得，当时发现她的伯乐正是中国女足的主教练马元安。

樊春玲被选进中国女子足球队以后，更是如鱼得水，如虎添翼。在绿茵场上她像一辆开动最大油门的战车，和中国女足的姑娘们一起，不断地创造着一场又一场的辉煌。

当时的樊春玲有个绰号"草上飞"。然而，1995 年，在一场激烈的足球大战中，樊春玲因膝盖"半月板"被踢裂，住进了北医三院施行手术。她的父母亲来医院探望她，母亲一见躺在病床上的女儿，再也承受不住了。她的嘴一咧刚要哭，被樊福林当场"喝"住，说："玲子受那么重的伤都没哭，你哭什么，她现在最需要的是别人给予她坚强。"

春玲的母亲泪流满面地说："孩子，治好了腿咱回家吧。你要是踢成了残废，往后可咋成家立业、咋生活哟！"

春玲理解母亲的心，但她比母亲想得深。她劝慰着母亲说："妈，球场就是战场。在战争年代，人家把儿女送到前线打仗，流血牺牲为的是啥呀？咱不就是负了点伤吗，和人家比可差得远那！"

当了二十多年农村基层领导干部的父亲，听了女儿这番话，眼睛湿润了。他望着女儿脸上浮现出的坚毅笑容，深感自慰，他觉得自己的女儿长大了，特别是她不畏艰难的风骨，竟与自己一样的坚硬。他在女儿的病床前轻轻地踱着步子，半晌，才从沉思中醒来。他扫了一眼以泪洗面的妻子，又看看以坚强意志对抗伤痛的女儿，斩钉截铁地说："真金不怕火炼，好铁不怕重锤。泥巴不经摔打，扣不出好的砖坯！"他像在说给妻子，又像在激励女儿。

中国女子足球队在美国纽约参加世界杯比赛时合影

　　经过一段时间的治疗，樊春玲的腿伤痊愈。出院后她青春的倩影又重新闪现在角逐激烈的绿茵场上。她像一架上满弦扣的生命之钟，勃发着昂扬的活力，勃发着韧性的进取，勃发着父爱给予她坚如磐石的信心和力量。

　　铿锵玫瑰在风雨中绽放。樊春玲和她的战友们终于将足球踢进了"亚洲杯"女子足球赛的竞技场，踢进了泰国曼谷亚运会的会场。因此，她成为1995年和1997年两届"亚洲杯"冠军队的中坚。1999年7月，她又作为中国女子足球队的一员，四次横贯美国东西海岸两万余公里，鏖战于大洋彼岸的旧金山、波士顿、纽约和洛杉矶的绿茵场。1999年7月10日，在洛杉矶玫瑰碗体育场与美国女子足球队的决赛中，中国女子足球队以一个点球之差居于亚军，为祖国人民争得了荣誉！

1999 年 7 月 13 日，党和国家主要领导人及在京的政治局常委亲切接见了载誉而归的中国女子足球队的全体队员。出生于宋庄镇师姑庄村的中国女足 16 号樊春玲，像一朵怒放的玫瑰，傲然挺立在中国女足姑娘的队列中。一时间，"香馨的国脚""绿茵巾帼""铿锵玫瑰"等对女足的赞誉之词，频频出现在全国报刊的字里行间，融入神州大地的电波信号。

通过全国媒体对中国女足队员的广泛宣传介绍，宋庄人对樊春玲的身世继而熟知。每当电视台直播或转播中国女足的赛事时，散居在通州、北京乃至全国的宋庄人都会站起身来，骄傲地向旁边人介绍："快看——那个 16 号姑娘，她就是从我们家乡走出来的樊春玲"。

艺术兴镇

宋庄艺术区的三十年

宋庄经历了从最初的画家村，到宋庄艺术群落，到宋庄艺术区，再到宋庄艺术创意小镇的三十年。艺术家数量，从 1994 年的 15 人，2005 年的 316 人，发展到今天登记在册近 7000 人。宋庄成为中国自由职业艺术家群落的一个先导，也成为社群模式的一个样板。

宋庄的前世

1993—2004 年，"圆明园画家村"艺术家转移到宋庄生活

圆明园是宣言，宋庄是实验

地理空间的宋庄

2004 年前的宋庄，全镇有 47 个行政村，户籍人口 6.3 万人，外来常住人口 7000 多人，主要外来人口是镇办企业工人，其中外来的艺术家 316 人。全镇主要产业是传统种植农业，村镇工业不发达，有 100 多家工业企业。据统计，2003 年全镇企业厂房场地闲置率 60%，2003 年

全镇财税收入7400万元，本镇可支配资金不足3000万元，全镇人均可支配收入4310元，居民生活水平较低。2003年全镇农民住宅闲置率50%多，全镇范围内被动的城市垃圾场20多个。全镇公办幼儿园2所，公办小学5所，公办中学2所，全部在校生7000多人。全镇高考入学率50%左右。

艺术空间的宋庄

从圆明园到宋庄，体现了艺术家从偶然到自觉的聚集过程。宋庄画家村的发展，以艺术生态的精神价值和生活方式的生态共同体为发展序幕。宋庄画家村的最初形成，与圆明园画家村有不可割裂的关系。

1994年春，方力钧、刘炜、岳敏君等人，为了躲避喧闹，离开圆明园寻找新的创作地。由于张惠平学生小堡村人靳国旺的关系，大家最后选择了小堡。1994年下半年，艺术家杨少斌、王秋人、王强等也从圆明园迁移到小堡村买房。1995年秋，圆明园画家们彻底被遣散，小堡村陆续迎来了很多艺术家。之后，从别处陆续迁入的高惠君、任戎等，以小堡村为核心的宋庄，作为一个新的艺术家聚集地已经初具规模。

由于当时的村主要领导表现出了宽容、呵护，艺术家开始往小堡及周边村迁徙，这也为艺术家集聚和后来宋庄镇党委、政府做产业要素的选择奠定了基础和提供了条件。

艺术家来到宋庄并安定下来，标志是购买农民房修建工作室，结束了圆明园时期居无定所和担惊受怕的生活，开始进入一种相对稳定的状态。

经过10年发展，到2004年，整个宋庄镇，包括小堡村、任庄村、六合村、宋庄村在内共有艺术家316位，其中小堡村最多，164位。这316位艺术家当时已经在国内、国际艺坛颇有影响。

宋庄的今生

2005—2023 年

宋庄艺术群落——宋庄艺术区——宋庄艺术创意小镇

近 20 余年的时间，宋庄聚集了大约 5000 位艺术家。在圆明园画家村的艺术家群落雏形的基础上，宋庄真正形成了中国最早、最大的艺术家群落。艺术给宋庄带来了社会效益和经济效益，改变了居民的生活方式、生产方式和思维方式。

当下，宋庄艺术区经历 30 年的发展历程，已成为中国乃至全球规模最大、共生机理最完善、社会影响力最著名的文艺社群。宋庄艺术区从人才集聚发展为产业集聚。在艺术理想的感召下，在艺术家群体的坚守下，在以小堡村为核心行政村村民的参与下，宋庄从自发的艺术群落发展为努力打造国际影响的艺术创意小镇。宋庄艺术创意小镇的核心区，以小堡村为基础，以规划建设 6.8 平方公里的宋庄小堡艺术区为核心发展区，积极推进艺术区的提升改造。目前宋庄艺术创意小镇持续激发艺、文、教、创、旅活力，新增声音艺术博物馆、体育博物馆，宋庄小堡 10 万平印象街项目及周边区域改造提升项目在加快建设，还有"不落幕"的艺术市集……

相关政策对宋庄艺术区发展的积极推动

2005 年，北京市农村工作委员会确定宋庄为都市农民就业产业基地，对农村土地依法开发、有序流转，对农民的土地补偿要逐个到位，促进农村向二、三产业转移。这奠定了以后宋庄对土地的有偿流转，在文化用地上给予了相对宽松的环境，可以把闲置土地租给艺术家来建造风格各异的工作室。这个方案意图为打造百年后宋庄的建筑艺术博物馆群。

《宋庄文化造镇战略》实施纲要开始实施，吸引大批创造型人才。在全国范围内征集宋庄 logo，"宋庄"作为一个品牌加以注册。举办首届宋庄文化艺术节。开始运用市场规律着意打造文化品牌，使宋庄因艺术而声名鹊起，增强地区发展的核心竞争力，进而吸引更多人才前来集聚。

2005 年底和 2006 年 2 月，时任中共中央政治局委员、中共北京市委书记刘淇和中共北京市委副书记、北京市市长王岐山分别考察宋庄，肯定以小堡村为核心的文化创意新村建设。

2006 年 4 月 3 日，北京市通州区人民政府办公会上，就宋庄小堡村规划文化创意新村建设有关问题进行了研究，会议认为宋庄镇小堡文化创意新村建设，符合市委、市政府重点扶持的文化产业发展方向，又符合通州区打造文化产业基地的功能定位，应作为重点项目予以支持。

2006 年 9 月 13 日，中共中央办公厅、国务院办公厅印发了《国家"十一五"时期文化发展纲要》，"文化创意产业"这一概念首次出现在党和政府的重要文件中。2006 年 10 月 30 日，北京市颁布促进文化创意产业发展的若干政策，明确重点支持建设文化创意产业集聚区。

2006 年 12 月 8 日，北京市认定第一批十个文化创意产业集聚区，"宋庄原创艺术和卡通产业集聚区"位列其中。宋庄原创艺术集聚区是中国最大的原创艺术家集聚地，其发展模式不是政府主导的园区模式，而是在一个特定的开放的地理空间，对创意阶层和文创企业的聚集行为加以规划和引导，形成松散型的、与原住居民混居的模式。

宋庄在规划之前考虑了市场化发展和艺术家长期生存的规划，既保护又建设。例如小堡村就不是大拆大建，而是保留、升级、改造。原创艺术区，用农村集体建设用地为艺术家规划出低廉用地，为他们提供低廉的生存、创作环境。

2012 年，由文化部和北京市人民政府共同主办的首届中国艺术品产业博览会在通州宋庄开幕，在 2014、2016、2018 年共延续四届，为宋庄艺术区的构建积累了艺术资源和市场资源。"十三五"时期北京市文化创意产业重点建设项目是中国宋庄艺术区，建设集艺术、文化、办公、商业为一体的文化创意产业集聚区。2015年北京市正式公布加快北京城市副中心规划和建设。城市副中心的快速建设发展，成为宋庄艺术区走向国际化的机遇。2018年9月，北京市委书记蔡奇调研宋庄艺术区建设工作时强调：要在规划建设城市副中心的格局下考量和谋划宋庄发展，坚持规划引领、品质提升，更上一层楼，努力打造具有国际影响的"艺术创意小镇"。

宋庄的官方组织、社会组织形成

宋庄坚持引驻艺术家，坚持市场主体建设和项目建设并重，积极催生市场主体，引进艺术文化机构和企业，加强基础设施建设，建设了以宋庄美术馆、上上国际美术馆、树美术馆、宋庄当代艺术文献馆、声音艺术博物馆、体育博物馆、李可染画院为代表的文艺展示、交流、交易等服务设施。

直接服务于宋庄艺术家群体的宋庄艺术区党委，和服务于文艺社群、产业的社会组织，如：宋庄艺术促进会、北京宋庄艺术发展基金会、宋庄新联会、宋庄艺术区场馆联合会等社会组织，对宋庄艺术区的升级起到助推作用，为艺术创意小镇增添在场文化内容。

宋庄学术、市场、传播平台的搭建

中国美术批评家年会：由宋庄艺术促进会发起并主办。首届年会在2007年第三届中国·宋庄文化艺术节时作为重要单元，会议由王林、殷双喜共同主持。第二、三届批评家年会同样在艺术节之机下于宋庄召开。之后，在全国各地市巡回召开。

中国当代艺术收藏家年会：是推动当代艺术发展的项目，旨在逐步建立中国当代艺术收藏家的审美标准和价值体系，培养更多收藏家关注中国当代艺术的未来和发展。首届由宋庄艺术促进会发起，于宋庄举办。2009 年后，每年定期在具有历史文化底蕴的不同地区召开。

宋庄的未来发展

功能地位：

建设具有国际影响力的艺术创意小镇，实现文化创意、旅游休闲、生态宜居功能，成为承载城市副中心文化旅游功能的重点地区，创意产业功能实现转型升级。

发展目标：

建设成为北京创意发源地、副中心艺术花园。立足宋庄生态环境、艺术创意的特色优势，在服务保障城市副中心、协调区域发展的要求下，推动形成特色突出、城乡繁荣、生态与艺术交相辉映的和谐局面。

规模结构：

在常住人口规模、城乡建设用地与建筑规模、三维空间结构上实现平衡发展。

空间布局：

构建两带、两区的城乡空间结构。

文化造镇

2004 年初，宋庄镇党委、政府制定了"文化造镇战略"实施纲要，明确提出建立文化产业集聚区，总目标就是：用当代人的勤劳和智慧，打造百年后的文化遗产。

同年 7 月，宋庄镇党委、政府研究确定了《2004—2020 年宋庄镇文化造镇工程实施纲要》和《宋庄镇文化产业发展纲要》。《纲要》确定了未来宋庄发展的重点及核心产业为文化产业，方向就是打造文化名镇，并通过文化产业的大发展使宋庄成为可持续发展的经济强镇。《纲要》还明确了未来的宋庄将借助现有文化艺术资源顺势引导，加速发展，使之成为宋庄发展文化产业的原动力和核心竞争力。

《纲要》制定了三步走的发展战略。第一步实现文化艺术人才的集聚。2004—2009 年利用五年的时间进行文化艺术生态的建设。全国范围内征集宋庄 logo，打造"中国·宋庄"品牌的建设，举办首届艺术节，通过建设开放、包容、创新、诚信、仁爱的人文环境，吸引更多的艺术家、艺术机构入驻宋庄，吸引更多的国内外、海内外的艺术群落集聚宋庄。第二步实现文化艺术产业的集聚。2010—2015 年在人才集聚、艺术产品更加丰富的同时，实现文化艺术产业的集聚，以文化艺术产业反促人才的进一步集聚和原创艺术资源的进一步发展；以文化艺术产业促进地

"中国·宋庄"logo 征集

区经济增长方式和环境建设方式的转变，进而拉动地区经济的增长和增加农民收入。第三步实现艺术区全面升级，成为国际文化艺术活动中心。2016—2020 年实现文化产业、创作区综合配套设施和服务设施建设的全面升级，使宋庄真正成为世界当代艺术的圣地、文化创意的硅谷。

在三步走的发展战略中，实现五个平台建设：

1. 社会服务平台——宋庄艺术促进会；

2. 产品展示交易的平台——"中国·宋庄"文化艺术节和各种形态的艺术馆、画廊；

3. 信息服务平台——中国宋庄门户网站；

4. 金融服务平台——宋庄文化艺术专项基金；

5. 资源整合平台——宋庄文化创意发展有限公司。

同时实现三个艺术高地的建设：中国美术批评家年会，创建文化艺术评判话语权的高地；中国当代艺术收藏家年会，创建收藏家资源和收藏界话语权的高地；三是举办中国文化创意产业高峰论坛，创建文化创意产业研究发展的前沿阵地。

艺术节与艺博会

宋庄艺术节

中国·宋庄文化艺术节是国内独具区域影响力的当代文化艺术活动，自 2005 年创立以来，至今已成功举办了十三届，成为宋庄对外产生重大影响的一个文化符号。

2005

首届中国·宋庄文化艺术节

首届中国·宋庄文化艺术节以"宋庄路"为主题，展览时间为：2005 年 10 月 21 日－24 日。由国家文化部民族民间文艺发展中心、通州区宋庄镇人民政府和宋庄艺术促进会共同主办。

316 位宋庄艺术家的 760 件作品在两公里的街道上露天展出；来自全国 20 多个省、自治区、直辖市的 150 多位民间歌手进行了 6 场民歌展演，历时 3 天，到场观众 10 万人。首届宋庄艺术节极大地鼓舞和振奋了宋庄艺术家的创作热情，进一步增强了宋庄艺术家群落的集聚效应。艺术节将最具民族性的原生态民歌展演和最具时代性的当代艺术展示推上同一个大舞台，引起国内外媒体的强烈关注。首届艺术节作为中国当代艺术发展史上年度重大事件，创造并载入历史。

2006

第二届中国·宋庄文化艺术节

2006 第二届中国·宋庄文化艺术节，以"打开宋庄"为主题，活动时间为：2006 年 10 月 6——16 日。艺术节包括文化、学术、产业论坛，艺术展览，文化创意产业展示等各类活动 21 项，历时 11 天，累计到场观众 15 万人，参与报道的国内外媒体 115 家，活动引起了广泛而深刻的社会影响。

本届艺术节以"打开宋庄"为学术主题，大量开放了宋庄艺术家工作室，并广泛吸纳了全国当代艺术家的优秀作品参展，无论内容还是形式，都更具突破和创新，更为多元化。

2007

第三届中国·宋庄文化艺术节

2007 第三届中国·宋庄文化艺术节，以"艺术链接"为主题。活动时间为：2007 年 11 月 8——20 日。艺术节主要分为两大部分：论坛和展览。

论坛包括中国美术批评家年会、中韩动漫产业（北京）高峰论坛。

展览分为主题展和分题展两个部分，主题展含国内展览和国际展览，国内国际的优秀作品云集宋庄，充分体现了"艺术链接"的广泛性和思想深度。分题展作为主题展的有效补充和延伸，分题展与主题展共同呈现了宋庄当代艺术创作的总体风貌。

2008

第四届中国·宋庄文化艺术节

2008 第四届中国·宋庄文化艺术节，以"宋庄进行时"为主题，活动时间为：2008 年 10 月 25——11 月 25 日。

第四届宋庄文化艺术节内容丰富、形式多样。分四个板块：一是学术板块；二是生态板块；三是产业板块；四是市场板块。四个板块之间既各自独立，又相互交叉。学术板块由高端年度论坛和学术主题展览，公共艺术展，影像艺术展构成。静园美术馆在此期间也将举办"90 年代中国当代艺术馆藏作品首次开放展"，具有一定学术研究价值。

宋庄音乐现场则是首次将音乐演出带入宋庄艺术节，突出宋庄艺术节及宋庄发展文化艺术产业的多元性。而艺术家工作室开放展、宋庄艺术家自选作品展、宋庄艺术集市旨在让更多的宋庄艺术家和普通百姓参与到原创艺术中来，实现精英文化与大众文化、主流性与边缘性、学术性与商业性、实验性与市场性之间的良性互动。

2009

第五届中国·宋庄艺术节

2009 第五届中国·宋庄艺术节，以"群落！群落！"为主题，展览时间为：2009 年 9 月 19 日——10 月 13 日。

活动期间，有国内外 3000 多位艺术家和 100 多名专家学者、30 多位重量级收藏家齐聚宋庄。四十二个展览展出了 1600 多位艺术家的近4000 件作品。参加开幕式、观看展览、音乐及话剧等活动的观众超过20 万人次。

第五届宋庄文化艺术节内容丰富、形式多样。为会议板块、收藏拍卖板块、展览板块、活动板块。会议板块由第三届中国美术批评家年会、2009 首届收藏家年会和"2009 北京新城·通州国际商务年会"专场活动——北京市当代艺术拍卖季暨项目对接会组成。展览板块包含艺术群落展单元，青年策展人邀请展单元，艺术机构展三个单元。艺术群落展单元纳入成都蓝顶、南京幕府山、西安、厦门、沈阳、南昌、长沙、青岛、武汉、云南、台湾地区以及韩国首尔，意大利普利亚大区和宋庄在内的 14 个艺术群落会师宋庄艺术节，超过一千位艺术家，

2000 多件作品聚集宋庄。艺术节青年策展人单元邀请了九位这两年十分活跃的青年策展人组成了一个团队，每人策划一个不同的主题展览。活动版块主要有：宋庄音乐、宋庄戏剧展演、著名艺术家工作室开放、宋庄艺术群落——艺术集市等活动。

2010
第六届中国·宋庄艺术节

2010 第六届中国·宋庄文化艺术节，以"跨界（CROSSOVER）"为主题，展览时间为：2010 年 9 月 10 日——10 月 10 日。

本届艺术节展览活动传承了第五届艺术节的主题"群落"，继续发掘全国各个艺术群落的资源，把重庆、西藏、新疆和台湾等多个艺术群落纳入本届艺术节群落版块，触及更高的人文高度和更深的历史深度，共有十二个群落和十六个国家的十七个艺术机构参加本届宋庄艺术节，集聚了世界和中国各地的艺术能量，进而扩大宋庄艺术节的全球视野和影响力。与此同时，八个专业艺术院校的参与，为本届艺术节增加了一个更为基础性的教育话题。本届艺术节更加关注诗歌、电影、音乐、戏剧、讲座五大艺术专题的相互穿越和互动。

2011
第七届中国·宋庄艺术节

2011 第七届中国·宋庄文化艺术节，以生态为主题，秉承宋庄当代、原创、前沿、生态艺术的品牌特色，以更加丰富多彩的形式向外界展示宋庄这一快速发展中的文化产业聚集地。展览时间为：2011 年 10 月 14 日——11 月 14 日。

本届艺术节分为论坛、展览和主题活动三个板块。展览内容包括了宋庄 24 个艺术机构联展、国际科技动漫展播等 11 类。

艺术节上最吸引人的还是展出的一批国外艺术珍品。比如，极负盛名的德国哈格曼画廊专业经营 17 世纪荷兰、弗兰德斯及 19 世纪法国印象派绘画。此次，他们携十几幅毕加索等欧洲现代主义大师真迹来到宋庄。丹麦艺术家安妮·茱莉以创作烟斗闻名，她的个人作品展将让爱好烟斗收藏的观者大饱眼福。

为了全面呈现宋庄的艺术风貌，艺术节还开设了"宋庄海报墙展示平台"。海报墙从宋庄大门一直向北延伸到方力钧圆形雕塑处，途经宋庄各大美术馆和画廊，这里是艺术家们生活、工作、娱乐、学术交流的场所。在海报墙上，参观者能一睹宋庄500多位艺术家的作品及生活状态。

2013

第八届中国·宋庄文化艺术节

2013年第八届中国·宋庄文化艺术节，以"人人艺术、艺术人人"为主题，展览时间为：2013年10月31日——11月15日。

在艺术节举办期间，各项活动都围绕人与艺术的关系、艺术与人的关系、艺术与艺术的关系、艺术与公共空间的关系、艺术与艺术区的关系、艺术与原住民的关系等方面进行。

2015

第九届中国·宋庄文化艺术节

2015第九届中国·宋庄文化艺术节，以"转体与重建"为主题，展览时间为：2015年9月24日－10月8日。

艺术品市场的金融化、艺术产业的规模化，信息交流的自媒体化，三个拐点是艺术界共同面临的一个广泛意义上的社会背景，宋庄作为国内时间最早、规模最大的一个艺术聚集区，必然要面对这个广泛的社会大背景所带来的结构性的调整和变化。"转体与重建"，围绕"变"与"不变"的两个价值维度，呈现顺时与守心两种心理态势，对艺术家、对宋庄也是对今天的艺术界所带来的一系列新的思考和新的选择。

2015 第九届中国·宋庄文化艺术节组织了八大主题展览，联合宋庄十家专业性、学术性的艺术机构，期间开设同期展，并举办论坛。

2017

第十届中国·宋庄文化艺术节

2017 第十届中国·宋庄文化艺术节以"宋庄梦·艺术梦·中国梦"为主题，展览时间为：2017 年 9 月 27 日—10 月 15 日。

这届艺术节，强调关注宋庄文艺生态和文化业态（文艺事业状态和文创产业状态）成长，主要活动内容，分为四个板块：艺术展览板块、艺文专题板块、文旅产业论坛、艺术生活互动。通过展览和活动充分展示宋庄文艺社群、彰显本土特色基因。

2019

第十一届中国·宋庄文化艺术节

2019 第 11 届中国·宋庄文化艺术节于 2019 年 10 月 5 日上午 10 点整在北京通州宋庄艺术区隆重开幕。

艺术节在中华人民共和国七十周年国庆、北京城市副中心建设的背景下举办，从某种意义上来说，不仅是宋庄艺术区的大事，也是为宋庄艺术创意小镇未来的打造而逢时举办的艺术盛典。

此次艺术节主题展以使中国·宋庄文化艺术节成为北京城市副中心文化建设中的新亮点为主要建设目标，结合宋庄的 14 家专业场馆，以徐宋路为展览主动线，展览在学术上互补融合、发挥宋庄现有艺术展览资源优势，充分呈现宋庄艺术区的多样性和宋庄艺术区丰富的艺术生活形态和格局。

2021

第十二届中国·宋庄文化艺术节

新活力·心创想第 12 届中国·宋庄文化艺术节于 2021 年 10 月 1

日在宋庄小堡文化开幕。第 12 届中国·宋庄文化艺术节以"艺术映照时代精神"为主题，以形式丰富的艺术活动，呈现宋庄艺术区的风貌。为期 17 天的文化艺术节为首都市民献上一场"艺术盛宴"。

2023

第十三届中国·宋庄文化艺术节

2023 年 9 月 28 日，第 13 届中国·宋庄文化艺术节在中国宋庄艺术市集开幕，此次艺术节主题为"回溯·前行"，是在艺术创意小镇建设提质升级的大背景下，对艺术区 30 年发展历程的回顾和对小镇未来发展方向的展望。艺术节的主体内容包括开幕式、展览、主题活动、论坛及艺术沙龙、拍卖、艺术创意小镇整体资源宣传推介六方面内容。展览面积约 50000 平方米，共 23 个展馆，开放 300 家工作室、画廊，展览活动吸引市民游客超 15 万人次。

艺博会

2012

中国艺术品产业博览会

首届中国艺术品产业博览会于 2012 年 9 月 26 日北京市通州区宋庄镇举办。艺博会以"打造国际级的艺术品产业交易交流平台"为目标，以"艺术放飞产业梦想，产业成就艺术未来"为主题，设置有开幕式、艺术品展览、高峰论坛和主题活动四大板块。

2014

中国艺术品产业博览会

由国家文化部、北京市政府主办，通州区委、区政府承办的 2014 中国艺术品产业博览交易会于 2014 年 9 月 29 日在宋庄开幕。本届艺博会承办地点突破了点的限制，覆盖了整个通州区。也是史上覆盖面积最

艺博会

中国艺术品产业博览会

广、参与面最大的一次艺术类博览会。其设置的2大主展馆、5个主题展馆、1条艺术淘宝街、5个分会场及高峰论坛和工作室开放等内容。本次艺博会突出了产业和交易两大核心点，旨在着眼艺术品产业全产业链的交流与互动，这也是我国最高规格、最大体量艺术品产业博览交易会，为中国艺术品产业的可持续发展发挥出越来越显著的正能量。

2016

中国艺术品产业博览会

2016年9月29日，第三届中国艺术品产业博览会在通州宋庄开幕，本届艺博会着重突出京津冀文化协同和北京城市副中心文化底蕴挖掘和传承，通州宋庄为主会场，设置核心交易区和13个特色交易馆。核心交易区设置主交易馆、北京城市副中心特展、淘宝街。

2018

中国艺术品产业博览会

2018 年 9 月 29 日，2018 中国艺术品产业博览会正式开幕。本届艺博会继续秉承"艺术品让生活更美好"的主题，开设 1 个主会场、4 个分会场，5 个艺博体验馆，19 个特色交易馆，70 个国家的艺术作品、256 名国内外艺术家参展，最大限度满足不同群体艺术欣赏需求和消费需求。

中国艺术品产业博览会

中国艺术品产业现场

尽"展"艺术之美
——第13届中国·宋庄文化艺术节

为期9天的艺术节共举办了展览、文娱活动、论坛及艺术沙龙、拍卖等近百场活动，在中秋、国庆"双节"期间为广大市民献上了一场有声有色、有滋有味的原创艺术盛会。

艺术节展览

回溯与前行并存 凝心聚力开创新局

从无到有，积沙成塔，延展流变，1993 年至今，宋庄艺术区已经度过 30 年的寒暑春秋。7000 多位艺术家，近百家艺术场馆，上千家文化艺术企业……经过 30 年的潜心积淀，宋庄，这个国内最大的原创艺术聚集区，正以时不我待的姿态和面貌，砥砺奋进、不辍前行，全力打造更有温度、更具生命力的艺术小镇。

举办 2023 第 13 届中国·宋庄文化艺术节，是在艺术创意小镇建设提质升级的大背景下，对艺术区 30 年发展历程的回顾和对小镇未来发展方向的展望，是集中宣传展示近几年建设成果的窗口，是促进艺术展览与艺术产业深度融合的平台，是在新时代新征程上，结合宋庄艺术创意小镇建设实际，坚定文化自信，秉持开放包容，坚持守正创新，更好地推进"两个结合"，推动中华优秀传统文化创造性转化、创新性发展的生动实践。

多元与创新并存 艺术展览精彩纷呈

本届艺术节共推出"1 主 +6 副 +17 个联展"共计 24 个展览，展览面积约 50000 平方米，涵盖 23 个展馆、300 家工作室和画廊，展览活动吸引市民游客超 15 万人次。有聚焦小镇艺术发展变迁的"再宋庄：宋庄当代艺术 30 年"主题展和"宋庄·30 年"文献展，有围绕艺术与公众关系、探索青年艺术家生活创作状态的"宋庄·搭子——青年艺术邀请展"，有以区域化视角观察研究中国当代艺术史的"时空折叠——中国当代艺术史的非线叙事"主题展，还有传承发扬非遗工艺的"熊氏珐琅艺术展"，精美华贵的珠宝设计创意展，画在器皿箱箧上的黄敏怀旧个展……此次艺术节呈现的系列展览兼具学术性、大众性、艺术性、趣味性，生动、深刻地展示出宋庄艺术创意小镇在中国艺术领域中不可或缺的地位，同时为广大市民游客提供了近距离观赏、体验艺术的平台和途径。

温度与活力并存 社会效果反响良好

艺术节期间，几十场丰富多彩、创意十足的主题活动让人目不暇接，为游客带来了妙趣横生、别具一格的艺术体验。在宋庄艺术生活广场，可以面对面与50多位艺术家互动交流，感受艺术创作的惊喜与灵感；在宋庄艺术市集，可以与艺术家共赏花好月圆，享受中秋国庆"双节"的欢乐与团圆；在声音博物馆，可以聆听极具冲击感和前卫性的实验电子音乐；在辰园传统文化园，可以着汉服、舞折扇感受中华民族传统文化的动人之处；在艺术区重要节点区域，可以拍照打卡，观赏近3000平方米五彩斑斓、创意十足的"点亮艺术区"涂鸦墙绘……此外，在宋庄艺术生活广场举办了"艺术赋能公益 爱心接力未来"公益拍卖活动，对艺术节期间50余位艺术家现场创作的100幅作品进行了公益竞拍，拍卖金额共计21万元。此笔善款扣除运营成本后将存入通州区慈善协会专用账户，专门用于艺术家大病救助支出，在关键时刻帮助艺术家群体渡过难关。艺术节期间多场鲜活生动、多元开放的文娱活动，不仅让广大市民游客身临其境，流连忘返，还充分展示了宋庄艺术创意小镇生机勃发、人文底蕴深厚的精神面貌，为城市副中心的文化建设和旅游事业增添了色彩。

推介与扶持并存 小镇发展生机盎然

为迅速有效地提升小镇城市风貌，打造良性有序的艺术产业环境，宋庄镇党委政府精心谋划部署，在此次艺术节期间，隆重推出了宋庄艺术创意小镇整体资源宣传推介。全球音乐教育联盟、中国艺术研究院工笔画院及何家英美术馆、李可染画院、青年艺术家工坊、元亨利艺术大厦等重点项目签约落户宋庄，为小镇集聚优质艺术资源、打造北京创意高地、副中心艺术花园增光添彩；北京市通州区文化网络直播协会、中国宋庄艺术培训行业协会、北京通州宋庄艺术区新国潮艺术家联合会三大新成立社会组织正式亮相，并组织开展艺术直播沙龙、"点亮艺术区"墙绘等活动，进一步链接各种艺术资源，为促进艺术产业发展打下坚实基础；艺术区首批优秀文化创意企业授牌，鼓励各类文创企业扎根宋庄、融入宋庄、助力宋庄；艺术区特别贡献场馆颁奖，为本土6大主力美术馆送去肯定支持和人文关怀，坚定了他们发展的信心和定力；宋庄·白山艺术采风写生创作战略合作正式开启，为促进两地交流互动共建，推动艺术资源走出去打开新窗口；"来自生命对生命的邀请"，宋庄艺术创意小镇宣传片全新发布，彰显了小镇开放包容、自由乐活、热情四溢的形象面貌。

此外，宋庄艺术创意小镇高质量发展论坛、"艺文新叙事——中国艺文乡城发展建设"沙龙等学术活动圆满落幕，文化和旅游部艺术发展中心副主任乔宜男，中央美院教授、博导、科研处处长于洋，景德镇三宝蓬聚落创始人、三宝蓬美术馆馆长肖学锋等全国知名学者、艺术经营者及从宋庄走出去的多位艺术家，围绕宋庄艺术生态现状、艺术产业发展路径进行了交流和探讨，进一步明晰了小镇发展方向和思路，有效助力艺术产业提质升级、取得高质量发展。宋庄镇党委委员、人大主席李树东在艺术创意小镇高质量发展论坛上表示，宋庄在北京全国文化中心建设、城市副中心建设及构建大文旅格局中起着至关重要的作用，本次论坛以"艺术生态体系""产业提档升级""关注青年一代"等关键词为核心，海纳百川，博采众长。对于研讨小镇艺术生态健康发展的思路和方向，探索艺术产业提质升级策略，助力小镇高质量发展取得新的突破，意义重大，影响深远。

讲述与抒情并存 IP 形象焕然一新

走进宋庄艺术区，立刻被今年艺术节的视觉形象体系所吸引，以"宋庄"首字母"S"为核心的主 Logo，以紫色为基调的主背景，搭配丰富多样、色彩斑斓的场景画面，衍生出一系列生动有趣的视觉画面，代表了小镇对外多元包容、开放合作、交流共建、守正创新的积极主动姿态，得到广大业内专家、艺术爱好者、市民游客的普遍认可和好评。与此同时，《看见宋庄的三十年》《你好，宋庄》《上"庄"，我们准备好了》《点亮艺术区》等一系列宣传推广视频在艺术节期间陆续精彩呈现，并被广泛转发和点赞，向大众传递了一个活力四射、生机勃勃的小镇形象。

今年的艺术节充分整合传统媒体和新媒体资源，通过短视频、公众号、私域流量、社群运营等全新形式，网络达人直播、快闪、Vlog、街头 UGC 等宣传手段，打造宋庄艺术节一体式新闻发布、活动推介、资源共享平台，共推出 20 余支宣传类视频、40 余篇文字报道，有 200 余家媒介发布转载了艺术节近 300 条相关新闻与信息，涵盖人民号、视频号、抖音、新浪等 30 多个平台，点击量达到百万级。本次宣传矩阵的重点打造，进一步强化了宋庄艺术创意小镇的形象建设，吸引全国各地的市民游客、艺术爱好者、艺术家及从业者深入了解宋庄、走进宋庄、喜爱宋庄。

宋庄镇党委书记任存高表示，2023 第 13 届宋庄艺术节在市区领导及有关部门的大力指导和支持下，得以顺利圆满收官，受到了社会各界人士的广泛肯定和传播，本次艺术节有效推动艺术创意小镇文化艺术事业的繁荣发展，成为文化艺术交流展示、彰显文化自信和宋庄艺术特色的主阵地。

自 2005 年至今，中国·宋庄文化艺术节已经成功举办 13 届，回溯过往，宋庄潜心沉淀、厚积薄发，已经成为城市副中心重要的公共文化活动。面向未来，宋庄文化艺术节将全面强化艺术展览与艺术产业的共建融合发展，持续激活宋庄艺术创意小镇的一池春水，促进优秀文化艺术交流互鉴和共同繁荣，为副中心文化发展注入不竭动力！

中国·宋庄文化艺术节

宋庄艺术市集

■ 任德永

　　宋庄艺术市集,位于宋庄艺术小镇核心区域——大巢艺术区正南。2023 年初试营业,2023 年 8 月 26 日正式开张。它是三年疫情之后,宋庄艺术小镇打出的一张最接地气的艺术王牌,使得接近凝固的艺术村落又恢复了往日鲜活的生机。

　　该市集最大的特点是采用搭建平地之市集摊位与艺术家小型工作室的集聚展示与交易的时尚文旅场所。总计占地面积 90 亩,有 6 万平方米。在 12-18 平方米不等的近 400 个不同风格的艺术家展创空间中,有四分之三由艺术家直接经营打理,其余则由艺术机构与艺术公司进行公益性运营。

　　宋庄艺术市集是新时代以政府相关部门为引领,融合了诸多艺术名家

宋庄艺术市集

原创艺术为特色，直接将艺术家工作室整齐有序地部列于此而形成艺术创作与展示交流的市集。可以让游客足不出市集就可以进入艺术家工作室——免去了诸多不便，大大节约了艺术家与观赏者、参与者、购买者的时间与空间，更便于市集相关部

宋庄艺术市集

门安全管理与上门服务，是利用市集艺术化，艺术市集化的成功典范，有效吸引了艺术客流又规范了艺术市场。

初步统计，预计年客流量在 200 万人次左右。直接参与艺术家数量达到近千位，其中不乏知名领域领军人物。比如张大千嫡传弟子张朴野、中国"画中画"创始人徐鸣远、北京荣宝斋画院范扬名家工作室班长郭利光等。作为中国宋庄艺术小镇集中展示艺术的交流与交易之所，它涉及了艺术的各个领域：比如书法、国画、油画、雕塑、篆刻、青铜、瓷器、木器，以及诗歌、音乐、非遗、国潮与文创等诸多新领域。

前期，宋庄已编制完成《宋庄艺术创意小镇高质量发展三年行动计划（2023-2025 年）》，区域内各类艺术项目建设相继实施，创意小镇建设进入快车道。目前宋庄艺术市集形成如下特色：

一是利用腾退闲置土地，由政府主导，已经形成全年不闭园独立的艺术市集特色公园。目前，由

镇政府牵头打造"365 天艺术市集不打烊"的艺术市集公园已经初步形成，它填补了宋庄艺术创意小镇艺术品在规模化与艺术市场面对面交易上的空白。鉴于以往每年都要搞几天十几天大规模的艺术节，成本大不说，干扰也大，不确定因素也多，而且往往在十一前后进行与百姓节日出游对撞，现在艺术市集则天天有，解决了艺术节的弊端，形成了活态化、市民化的节日。而且，还融入民俗节日等新的业态与产业项，使市场更加贴近生活、贴近百姓、贴近时代。艺术市集正式运营，对吸引社会资源、提振社会风气、传播正能量具有积极的意义。

二是注重乡村绿植培育布景与北京蓝天白云的立体呼唤与活态之呈现，积极营造有声有色艺术市集之美丽乡村建设成果展示。宋庄艺术小镇核心区域位于最美乡村——小堡村潞苑北大街北侧。这里为最新腾退闲置的区域，在艺术市集西北角设置的"星空露营"是为艺术家与游客特意留白的真实画作——实景种植的向日葵与金黄花。大片大片的向日葵春天展露在"星空露营"中央，夏秋盛开结实，又展现一片红红火火、欣欣向荣的景象。金黄花则种植了上万平方米，周边 30 座露营帐篷部列周边；坐在其间白天抬头可见大片花的海洋与湛蓝湛蓝的天空中流云在漂浮、在游动。夜晚抬头则可见天空里的星辰或是皎洁的明月，令你仿佛置身于原野郊外。若冬季来临，下雪的天气还可以改造成为市民的滑雪场、儿童的溜冰场。这里一年四季会有不同的场景置换与玩法。近处的"神农亲子乐园"则为有儿童的家庭亲子活动首选：秋千、跷跷板、滑梯等情景均采用原木造型，为孩子们直接感受"森林探营之惊险"。这里还定期举办天然露天电影放映活动，又仿佛穿越 20 世纪 60 年代夜消费的农村场景。2023 年以邀请北京本土乐队为主，邀请摇滚、爵士乐、电子乐等不同国家与地区的民族乐器、民谣为辅的全新融合中外的演奏方式，展现"夜幕华彩，艺声绽放"主题音乐节，让音乐助力艺术缤纷，让心灵与夜幕自由驰骋。在艺术市集南侧，还近距离融合了 80 个摊位的美食夜市，为艺术家与游客提供美好夜生活站脚助威。另外，还会定期举办百米长桌椅艺术现场创作分享活动，会有近百位艺术家伏案于长桌上创作书法与绘画，融合有游客与艺术家现场互动之场景。

三是与周边营商成熟区域紧密联动，彼此形成配套互动型"吃购住游乐娱"一站式消费新模式。与年初山东省淄博以"烧烤"带动全域旅游模式相比，宋庄艺术市集拟打造以艺术为龙头牵引模式的全新融合型消费业态。与周边一公里区域范围内博物馆——比如北京大戚收音机电影机博物馆、元亨利文化艺术馆，百年世界老电话博物馆、声音博物馆、祥体育博物馆等类博物馆；艺术馆——云通美术馆、宋庄当代艺术文献馆、宋庄美术馆、上上国际美术馆、树美术馆、大地艺术中心等；特色餐饮——苹果树下、米娜餐厅、一凡、金海食府、禾汐小馆、园味艺术餐厅、魁元艺术餐厅、长顺阁烤涮自助、东北炖鱼村与1988国际体育小镇等；特色书店——春风在书店、佳作书局、三暮书店等，以形成全域性文旅联动互动模式。不仅仅局限于高端专业收藏家、时尚卖家、艺术工程采买，而且还关注到广大文艺青少年人群与周边群众，将接地气的音乐广场、好食街、星空露宿、亲子乐园以及国潮、诗歌朗诵、跳蚤市场、艺术培训等项目与设施直接引入，满足来此艺术受众各方需求，形成宋庄艺术小镇新的线下线上时尚结合、全域旅游网红打卡之地，进而推动宋庄艺术小镇浓厚文旅氛围，助力北京城市副中心文化高质量发展。

春风在书店春常在

■ 刘维嘉

充满墨香的宋庄小堡村是知名的"画家村"，在这个村里有个以"春风在"为品牌的实体书店，成立于 2018 年 10 月，位于村里的核心位置，是一家以人文社科类图书为主，"阅读 + 体验"为经营模式的体验式书店。

书店主人马丽洁是土生土长的小堡村人。她大学毕业后做了 20 多年的媒体工作，成功开办了一家广告公司，服务过一线大品牌，经济效益不错。

春风在书店

2018 年，她怀着对阅读的热爱，对书业的情怀，毅然放弃了原来的工作，开办了这个书店。在她看来，办书店远远不如广告公司，但她从不后悔，为的是让画家村，让宋庄，让通州多一个能让人安静读书的场所，多一个能相互交流读书思想的平台。

在开店的过程中，马丽洁得到了文化部门和许多热心人的帮助，她的母亲也把位置最好的房子给她当经营场所。她还坚持定期给母亲交房租，她是这样想的："经营书店毕竟是一门生意，做生意就要遵守规则。同时也让老人看到书店是有发展前景的，让她放心。"

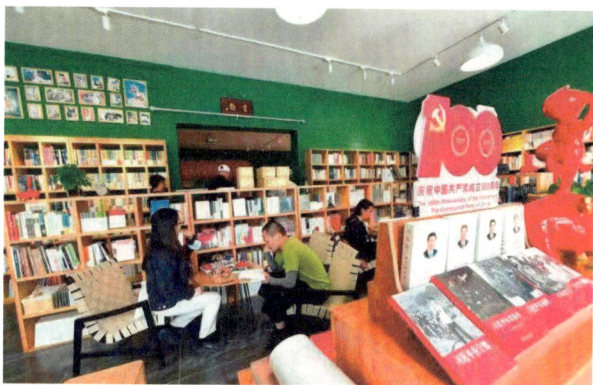

春风在书店

这个书店以前叫"享悦书店"，意思是读者享受的是图书带来的安宁、艺术带来的精神愉悦、咖啡带来的苦中有甜。后来，马丽洁把享悦书店更名为"春风在书店"，其含义是春风吹过的地方，就有希望在生长。一本书宛如一缕和煦的春风，吹进人们心田，滋养我们心中那粒觉悟的种子，让我们的希望生根发芽。

书店里的墙上有很多照片，还有许多激励人的字，最先映入读者眼帘的是"你读书的样子真好看"这句话，这既像书店的广告词，又像对读者的褒奖。马丽洁把这句话用得恰到好处，激发了读者的读书热情。

春风在书店有前后两个营业大厅，大厅中间有门洞相通。两个大厅的书架上整齐地摆放着政治、法律、文化、科学、教育、语言、文学、艺术、少儿读物等图书。高低搭配、错落有致的绿色植物点缀其间，把书店打造成了一座温馨的小花园。

前边大厅的右侧和对面有高高的书架，上面摆满了各种图书。中间位置还有摆满图书的小型书架和桌椅。左侧有个小小咖啡屋，来这里买书、看书的人，能一边看书，一边喝着热茶或咖啡，饿了有甜点，夏季还有冷饮。在紧里边的营业大厅，对面的书架子也是摆满了图书，中间有桌子、凳子和沙发。右边有个小舞台，每年的世界读书日，书店都要举办活动，前来参加活动的有慕名而来的作家、诗人和朗诵者，高校教授、学生和机关干部等，他们既有通州的，也有其他区县的，还有从天津、河北等地远道而来的。平时，书店也会定期举办文学讲座、朗读会、戏曲演唱、评书连播、相声、咖啡分享、茶道等活动，不少读者会主动来当志愿者，力所能及地助一臂之力。

春风在书店每年都要推出150多场形式多样的阅读活动，其中有定期举办的中华经典诗词和散文朗诵会、"典亮乡村"红色经典阅读会、人文美学草地朗读会等，吸引了社会各界的读者，成为书店的特色文化品牌。

走进春风在书店，陪伴读者的除了书香、茶香外，还有与众不同之处，那就是店里有很多猫，它们有的躺在窗边晒太阳，有的喜欢趴在书架上看人们读书，还有的干脆跳上书桌，近距离和读者接触。这些猫很温顺，很少叫唤，既不咬人，也不挠人，喜欢小动物的，可以尽情地撸猫，享受有猫的乐趣。马丽洁是位心地善良的人，她已经收养了70多只流浪猫，不仅给它们打了疫苗，还把它们打扮得干干净净。就在2023年春节前夕，她又收到了一个大礼包，打开一看，里边有两个可爱的小猫。这些"猫咪店员"们漫步在书店里，游走于书架间，给书店增添了不少灵气，在书店和读者间已成为团宠。

春风在书店自开业以来，始终坚持不卖畅销书。书店卖的书常常只比进价高一元，为的就是留住那些真正爱书、珍惜实体书店的读者。时间久了，很多读者就成了书店的常客，并和马丽洁以及员工成了好朋友。马丽洁说："店里的书大多数都是我自己喜欢的，进货不多，万一卖不出去，就作为自己的藏书。"

这些年来，书店没有弄公众号，也没做过什么广告，但是在读者的口口相传下，已经远近闻名。"我不想把它变成一个网红打卡地，书才是一家书店的灵魂，我希望为爱读书的人提供一个安静、舒适的环境，希望通过书店让心灵契合的人走到一起。"这句话表达了马丽洁办书店的初衷和情怀。

马丽洁思路宽、点子多，懂经营、会管理，她推出的"乡村领读人"计划已初见成效，成功地带动了周边村民的阅读热情。

常来书店看书买书的，有画家村的村民、书画家和周边的学生，有通州城里和西城、朝阳、丰台、顺义等区的读者，还有河北廊坊等地爱读书的人。就连南方也有慕名来店买书的，不用说，他们都是从朋友那里知道春风在书店的。

书店之外，马丽洁还帮助组建了春风奶奶合唱团和春风少年朗诵班，解决了不少家庭一老一小的活动问题，让老人们在文艺表演中老有所乐，愉悦身心；让少年儿童喜爱读书和朗诵，从小锻炼和提高口才的表达能力。

这些年来，春风在书店越办越好，且远近闻名，还获得了不少殊荣。在 2020 年中国书刊发行业协会举办的"致敬年度书店"活动中，被评为北京唯一的一家"年度乡村书店"，以后连续两年被评为北京"示范书店"。

春风在书店自成立以来，不断探索丛书到活动再到生活的阅读路径，致力于倡导"回归经典，回归最质朴的中式生活美学，回归中华民族经典的人文精神"，以"书＋艺术＋咖啡"相互带动促进的阅读体验空间，给读者提供了一片宁静的精神乐土和文化涵养的绿地。

北京大戚收音机电影机博物馆

■ 任德永

目前，宋庄镇作为三个特色小镇之一的艺术创意小镇，除宋庄美术馆、上上国际美术馆、树美术馆、国防艺术区、艺术市集、东区和西区等艺术类场馆与街区之外，期间还隐藏有几座基于私人收藏而建立的专题性博物馆和几家北京市文物局新批成立的类博物馆，比如——北京大戚收音机电影机博物馆、祥体育博物馆、声音博物馆和老电话机博物馆等。另外，还有企业自己独资建立的行业性比较强的专题类博物馆，比如元亨利博物馆。

在宋庄艺术小镇如此众多的博物馆中，北京大戚收音机电影机博物馆是我接触区内最早的一家民营专题博物馆。2008 年 6 月 25 日，位于梨园镇主题文化公园的北京韩美

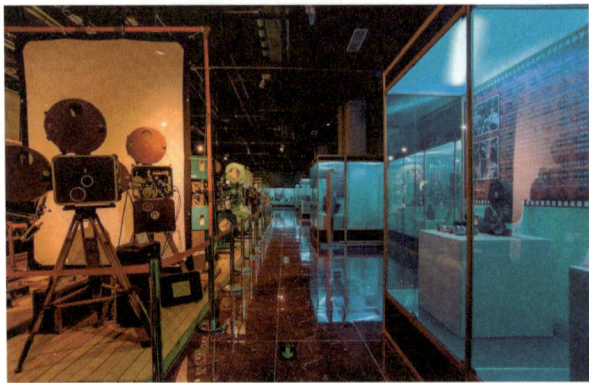

大戚博物馆展品

林艺术馆对外开放。其后的某一天，这里迎来了北京大戚收音机电影机博物馆创办人戚建钢先生和他的爱人，我陪同他们详细地考察了艺术馆的整体布局与经营模式，都感叹公立馆与私立馆现实巨大的差异，他决心要闯出一条以馆藏品直

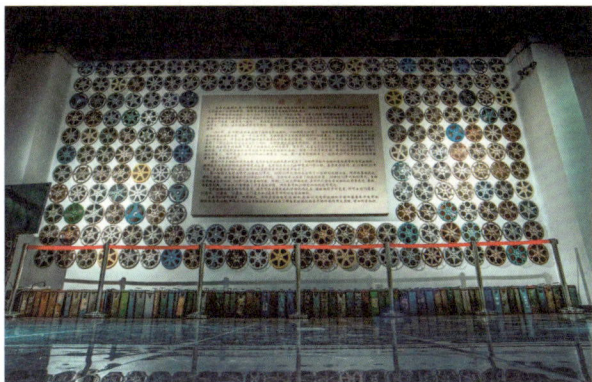

大戚博物馆展品

接服务社会来涵养博物馆公益性对外接待运营的新思路与新模式来。

实践证明：经过近十年的顶层设计与全体员工努力，可以说北京大戚收音机电影机博物馆他们做到了，也就是说戚建钢先生与他的伙伴们在人少业务量大的复杂情况下，兑现了当初的诺言。他们闯出了一条适合自己企业生存而且独具民营博物馆发展的特色之路，同时更赢得了博物馆业内高度认可与一致好评，是我们中国宋庄艺术小镇的骄傲。可以说北京大戚收音机电影机博物馆是迄今为止国内乃至世界上，在收藏与利用收音机与电影机行业领域中，无论其藏品展示空间与收藏的规模上与数量上，都是首屈一指的，而且别具一格；其品类上与档次上，也最为齐全的，极具公益性专题类的民营博物馆。

目前，博物馆地上五层与地下一层。总展览面积达 4000 平方米，其馆藏品数量亦显得庞大，约有 20000 余件。它几乎涵盖了目前世界上不同国

家生产的不同年代、不同型号的收音机与电影机。近距离走进二层的展览大厅，首先您就可以见到 128 年之前的世界上较早的电影机——1895 年美国生产的 EDISON 牌瓦斯光源手摇电影放映机。

在这里您不但可以亲身感受到老式电子管收音机的音质效果，还可以自己动手用老式的电影机来放映古老的电影，另外您还可以自己动手制作属于自己的收音机带回家里。除了以上动手操作之外，您还可以和亲朋好友一起坐拥 130 个座位的实景电影放映厅。灭掉灯光，一束光芒从您头顶打到眼前的落地屏幕上，坐在板式联排的硬靠背椅上，您会稳稳地听到只有老式电影机才能够发出的"吱吱"的胶片传动摩擦时的声音，看到令您心旷神怡的胶片电影，令您大脑洞大开，似乎穿越到了 20 世纪 70 年代的昨天。在这里，从胶片到数字、从电子管到晶体管，您都可以得到全方位的体验与享受。

电影机——相对于 20 世纪 60 年代的人来说，如果拥有一件，那可是件奢侈品；看一场电影，更是一次精神享受。那时候，通州城里看电影得买票进电影院，农村只有看免费的露天电影。什么《地道战》《地雷战》《英雄儿女》《小兵张嘎》等等，只有通过看电影才可以得到满足。而小巧玲珑的收音机从 80 年代才进入家庭，电视机也只有在生产队的大队部才可以看到黑白的，彩色电视机则更是奢侈品。所以当时的收音机与电影机，连同电视机与纸质报纸，才真正成为那个年代让人们了解外部世界的四大传统媒介。随后，进入 90 年代，伴随着电脑网络与手机等高科技产品的不断面世与普及，以至于今天除非特殊环境与场合，收音机和电影机几乎早已无人问津。至于当年放映的这些器材与设备，由于受到保存空间、条件与维护技术、成本等方方面面的限制与制约，其大部分家用与专业的设备，似乎都已被当作废品来被拆解掉或者丢入垃圾桶被遗弃掉。其实对于退出历史舞台的又有历史痕迹的收音机和电影机等等这些老的物件来说，它们曾经见证过人类社会因科技进步而快速发展的历史进程，也同时记录了在那个时代人们的乡愁记忆与悲欢离合，对此我们是有责任来保护他们传承他们的。北京大戚收音机电影机博物馆就担当起了这个使命，承担起了社会的责任。

博物馆的主要社会功能是以收藏、保护、研究、记录、展示和宣传系列藏品的公益性活动，来有效体现社会主义核心价值观与新时代精神文明建设成果。北京大戚收音机电影机博物馆就是要让社会各界认识和了解在生产生活中收音机和电影机，对社会发展所起到的作用，为人们了解电影机与收音机原理以及它们所呈现出来的各种类型与状态的参考数据。通过专业的展示和完善的服务来引发广大人民对收音机和电影机的兴趣，为广大的收音机和电影机爱好者提供一个学习和交流的平台，尤其是要尽到科普教育责任，为广大青少年提供电影机和收音机的科普宣传与实践活动。北京大戚收音机电影机博物馆自 2013 年开馆至今已有十年。截至 2023 年上半年，先后接待社会各界观众与团体有：著名画家徐悲鸿子女徐庆平、徐芳芳，著名演员赵尔康、徐锦江，《一江春水向东流》剪辑师傅正义，中国爵士乐教父刘元，中国摇滚教父崔健，以及北京政协、国旗班、美驻华经济大使、华人华侨子女与各类中小学研学团等，总计有 10 万人次。

除去展览与展示之外，用以维持博物馆巨大的运营费用也全部由企业自行承担。主要渠道来源就是依托于博物馆丰富的收藏品品类与数量，直接参与到现代市场电影事业生产当中，积极为全国乃至世界一流的电影档期拍摄，来提供最地道最优廉的专业道具，以此服务社会得到回报再以公益性展览接待方式形成良性循环。通过租赁方式，博物馆直接参与的电影——《一秒钟》《长津湖》《中国女排》《中国乒乓》《中国合伙人》《阳光劫匪》《鬼吹灯》等拍摄工作；参与过电视剧——《潜伏》《伪装者》《大江大河 2》《大江大河 3》《理想照耀中国》《平原上的摩西》《看不见影子的少年》等拍摄工作。

大运河礼物

■ 王 菲

大运河作为南北文化交流的"大动脉",串起了 20 个市区,串起了北京、苏州、杭州等多个明珠般的古城,对沿线城市文化融合发展起了巨大的作用。通州作为北运河的起点,有着丰富的历史文化遗存,是承载并弘扬大运河文化的重要载体。而通州宋庄由于拥有深厚的文化底蕴,多年来,吸引了不少文创企业前来扎根。"大运河礼物"应运而生。

运河文化传承新起点

"文化造镇"这一概念的提出,最早出现在宋庄镇《2004—2020 文化造镇工程实施纲要》中,由此确立了宋庄镇大力发展文化创意产业的方向。举办宋庄文化艺术节、开发文化创意产业集聚区、开设美术馆等一系列举措,让宋庄"文化造镇"贯彻宋庄发展始终。不但给宋庄的艺术家们以极大的信心,也给外界想来宋庄发展的艺术家们发出了信号,吸引大量艺术家到此建立工作室,也吸引了不少文创企业来此扎根。同时文创产业的兴起和发展离不开宋庄镇党委政府的大力推动。在众多文创企业中,"大运河礼物"以其独特的品牌理念和深厚的文化内涵,成为宋庄镇非常重要的文创企业之一。

2015 年，怀揣着对艺术设计的向往，以及对宋庄这片艺术土地的热爱，"大运河礼物"创始人冯继革扎根宋庄，并在宋庄东区艺术中心创立了属于自己的工作室。冯继革说："自成立公司起，我除了设计品牌、产品外，也参与并策划了许多艺术活动和展览，但是最终还是想做通州和宋庄的亮点品牌和产品"。工作室在经历了五年的沉淀和学习后，随着通州区正在逐步走向北京城市副中心的道路上飞速发展，冯继革也在不断地被运河文化的情怀与魅力所感染，也出于对通州、对宋庄的热爱，2019 年"大运河礼物"品牌正式成立了。

"大运河礼物"作为大运河文化的挖掘和丰富者，充分利用了国家对大运河文化带建设的高点文化定位，展现了大运河遗存承载的文化、活化了大运河流淌伴生的文化、弘扬了大运河历史凝练的文化，依靠着整个团队对于运河文化的理解与研究，开始研发了大运河文化创意产品，并进行推广。

2019 年，"大运河礼物"在融合了大运河通州段的燃灯塔、运河公园、运河商务区和北京市城市副中心等元素，研发了"通州大运河景观立体拼图"及景观有声介绍。将文创产品赋予了娱乐性，既能增强动手实践能力，又能学习文化知识。其中燃灯塔金属书签还荣获了"2019 通武廊首届文创产品设计大赛"铜奖。无论是其设计理念还是其背后的历史文化底蕴，都得到了社会的认可。自 2019 年起，"大运河礼物"先后推出了"通州大运河景观立体拼图"、大运河平安兽及各运河景观（燃灯塔、东关大桥、玉带河桥、月岛观景台等）系列金属书签，在宋庄文创企业中脱颖而出。

非遗国礼 运河文化传承新延续

国礼通常指以国家元首、政府首脑或以国家和政府名义互赠的礼品。中国的国礼彰显中国气质，传播中国文化。

作为国礼，景泰蓝元素多次出现在外事场合。2014 年 11 月，亚太经合组织第二十二次领导人非正式会议上对外赠送的"四海升平"景泰蓝赏瓶，以及 2015 年 9 月，联合国成立 70 周年系列峰会上，中国赠送的巨型景泰蓝"和平尊"，均以"大国重器"的形式出现在大众视野。

2022 年 9 月，"大运河礼物"就推出一款景泰蓝主题中秋礼盒，将景泰蓝制作工艺做成了可以动手体验的 DIY 材料包。其中保留核心，将景泰蓝制作中制胎、掐丝、点蓝、磨光、镀金六道工序简化为复写、掐丝、填彩、封胶等几个步骤，让景泰蓝工艺体验以喜闻乐见的方式进入寻常百姓家。做好的成品可以作为日常生活中的茶托和工艺摆件使用。精心设计的 DIY 礼物，让人们亲手体验景泰蓝掐丝工艺的魅力。由于其丰富的文化底蕴及其精心的艺术设计，该产品还荣获了 2022 北京旅游文化创意商品大赛 TOP20 奖。

京城"四大名旦"之雕漆技艺制品也曾出现在外交国礼中。2006 年，雕漆被列为国家级非物质文化遗产保护名录，进入被保护的范畴。2017 年 5 月，錾刻铜胎雕漆"丝路绽放"赏盘成为首届"一带一路"国际合作高峰论坛对外赠礼。

雕漆，又称剔红，是中华民族传统工艺的瑰宝和精华，与景泰蓝、象牙雕刻、玉雕一起被誉为京城工艺"四大名旦"，再加上宫毯、京绣、金漆镶嵌、花丝镶嵌，则合称"燕京八绝"。

所谓"百里千刀一两漆"，意思是要走 100 里路，在漆树上割 1000 刀，才能得到一两生漆。"大运河礼物"也将雕漆技艺浓缩在一件件精巧产品中。棋篓、手镯、首饰盒，甚至是包装上的纽扣。把重工作品，浓缩成精巧的文创产品展现在大众视野里。

陶瓷也是"非遗国礼"系列中一个重要品类，"大运河礼物"迄今为止创意设计了 60 余种有趣的陶瓷类非遗产品。其中，萌趣十足的平安兽捏陶香插摆件系列还获得了 2021 中国世界遗产旅游文创商品十大专家推荐奖。

中国制陶技艺历史悠久，仰韶文化的彩陶工艺已达到了相当完美的程度，是中国原始彩陶工艺的典范。平安兽又称避水兽、镇水兽，在大运河沿岸乃至故宫、天坛建筑中都能看到它的身影。传说是龙的儿子，具有镇水法力，也有祈福平安的寓意。

将传统制陶工艺与国家级非遗"中国景德镇手工制瓷技艺"相结合，创作出中国传统的捏陶工艺和陶瓷艺术创新的大运河平安兽香插摆件系列产品。

这些摆件中，一套德化捏雕工艺陶瓷扩香桌面摆件很是特别。德化瓷烧制技艺是国家级非物质文化遗产，产品常见于观音像等，而大运河礼物将这一技艺应用在了常见且小巧的扩香桌面摆件上——恬淡平和的隐逸黄菊、国色天香的秀雅牡丹以及清新脱俗的皎洁莲花。将具有大运河城市地理特征的牡丹花、莲花和体现君子气质的梅兰竹菊融入进产品中，也成了"大运河礼物"延续中国传统文化的小巧思。

如今，"大运河礼物"多项产品入选了"北京礼物"，更多次代表北京文旅局参加国际博览会。并入选2022年北京文旅重点投融资项目。

政府扶持 运河文化传承新高度

2022年，在宋庄镇党委、镇政府的支持与指导下，在公司全体伙伴不断的努力下，"大运河礼物"持续发展壮大，也有了新的创意。创始人冯继革在与宋庄镇各相关部门的沟通下，开始运营一个关于"运茶"的品牌，就是将大运河文化融入进奶茶中，融入进年轻消费群体，主打吉祥文化和非遗活化，将大运河文化渗透进年轻群体，让大运河文化得到更好的传承。"运茶"品牌的落实，不仅丰富了宋庄镇的文创产品形式，更是打破了传统的文创模式，将运河文化更深层次地与餐饮行业结合。未来，运河文化还有可能融入进各行各业，对于传承运河文化、弘扬运河文化、践行运河文化都有着非常重要的推进作用。

如今，通州正在全力打造"运河文明典范地区"。通州区"十四五"规划明确提出打造彰显运河文化的文化休闲旅游带以加强大运河历史文化遗产挖掘展示，打造大运河文旅商融合发展高地，建设大运河沿线文化旅游综合体，精心打造大运河文化旅游品牌。

"大运河礼物"这个品牌也正是在副中心、在宋庄镇的支持与指导下茁壮成长，并且"大运河礼物"品牌也正在与运河周边城市的相关景区开展加盟，复制运营模式，创新文创产品。目前"大运河礼物"正在以实际成果促进副中心文化旅游与消费，在未来运河周边城市的加盟发展，也将促进运河周边城市的文化旅游与消费不断发展。

在宋庄，"大运河礼物"品牌无疑是一个非常成功的文创品牌，它用一件件精巧的文创产品不断传承着中华文化、运河文化。除此之外，宋庄也有像"小鸡磕技"这样可爱的文创公司，将宋庄艺术家的创意融入进文创产品中，促进宋庄文化艺术产业的发展，带动了文化艺术产品的消费；宋庄更有像倪东侃这样的非物质文化遗产传承人，在宋庄建立了东韵丝绸文化艺术体验馆，将来自江南水乡的缂丝与宋庄艺术家的艺术作品相结合，创造了非常多的丝绸文创产品，让缂丝这一非物质文化遗产在宋庄得以发展和传播。在宋庄，这样的文化创意公司数不胜数，宋庄镇政府也将在保护以珐琅、空竹、缂丝等为代表的非物质文化遗产传承和发展的同时，支持新兴文化创意企业在宋庄生根发芽，不断创新，用更年轻、更有活力的形式，发展宋庄文化、中华文化。建设独特小镇、精致小镇、美丽小镇，拥有更加强大的艺术基因。

（王菲，乡村振兴协理员）

四家博物馆拱卫宋庄"画家村"

■ 陈 强

从城里驱车前往通州宋庄，一下高速就能看到"中国宋庄"四个大字。这颗大运河畔的"文化明珠"，已是国内最大的艺术家聚落。辖区内生活着近万名艺术家，有100多家民营美术馆和艺术机构，其中3000平方米以上的美术馆就多达35家。

成名已久的宋庄，如今不仅仅是艺术家们的梦工厂，更是民办博物馆、类博物馆的"孵化器"。抗日战场上用过的电话、国内仅1台的马型电影放映机、1915年远东运动会上中国足球队获得的金牌、冰川融化的声音……这些私家珍藏，在宋庄通过博物馆或类博物馆的形式，走向了全民共享，同时也为这里的艺术创作者们提供了别样灵感。

截至目前，在宋庄镇已经有至少4家小而特、小而精、小而美民办博物馆和类博物馆。大厦之成，非一木之材也；大海之阔，非一流之归也。首都北京正在建设"博物馆之城"，作为城市副中心的艺术创意小镇的宋庄，在用自己独特的方式贡献着微光。

"到宋庄，我不打算再搬家了"。

为何选择宋庄？已故著名画家黄永玉先生说，源自一个梦。黄老先生当年坐车经过宋庄，酣睡之中，梦到自己在这里有一座四合院，于是就有了位于宋庄小堡村旁的四合院。

不过，对于绝大多数艺术家们来说，选择栖身宋庄，背后的缘由可能并没有那么浪漫。比如在小堡画家村有间竹笛工作室的孙文福说，这里远离市区，毗邻潮白河，可以满足自己内心对宁静的追求，有一种"松弛感"。

从交通来看，宋庄和城区的距离并没有很多人想象中的那么远：驱车 15 分钟可以抵达通州城区、1 小时就能到东三环国贸地区。通燕高速、六环路也在宋庄交汇，更能让这里辐射大兴、顺义甚至河北廊坊北三县。

便利的交通、浓厚的艺术氛围让宋庄成了一块巨大的"磁石"，吸引着爱好艺术的人们。这其中，有相当大一部分对老物件感兴趣，愿意逛博物馆找灵感。随着城市副中心的建设，宋庄"艺术创意小镇"这张金名片也愈发闪亮。

这是社会资本来到宋庄开办博物馆的重要原因。"我看到了这个苗头。"百年世界老电话博物馆馆长车志红经过考察，2020 年决定把博物馆迁到了宋庄潞邑东路，"私人博物馆要想提高影响力，需要的是趁势而上，巧借东风。"

这家其貌不扬的博物馆，面积虽然不大，却有 10 万多件与电话有关的藏品，都是车志红过去 17 年的私人收藏。它们跟着车志红，这些年在西城、海淀、朝阳、顺义都停留过。"但之前都是租场地开博物馆，这次到宋庄不同，房子是买的，我不打算再搬家了。"

特色展陈好逛又好玩儿

做博物馆是不赚钱的，即便收取每人几十元的门票，也难以覆盖日常运营成本。这就需要通过开发更多的业务、用全新的参观体验来弥补。

车志红的做法是利用博物馆一层、展柜之间的"方寸天地"，营造中国传统玩具体验专区。这样一来，老电话和传统玩具都能吸引来一定数量的参观者、体验者，这对客流量是个补充。

已经 60 多岁的车志红，实际上还有更多思考。"看着老电话，我

宋庄艺术创意小镇大戚收音机电影机博物馆，固定式电影放映机展区。（资料图）
记者 党维婷 / 摄

们会有一种科技飞速发展的焦虑感，而玩七巧板、九连环这类传统玩具，能让人静下心来，好好思考中国古人的智慧。"车志红说，一位来自辽宁的 6 岁孩子，因为对老电话、传统玩具都感兴趣，还被聘为了"研究员"。

与我们传统认知里收藏老物件的博物馆不同，2023 年 2 月才在小堡村开业的声音艺术博物馆，收藏的是那些即将消失的声音。"磨剪子嘞——戗菜刀——"步入主展厅，老北京吆喝声流入耳畔。接着是驼铃声、拨浪鼓声……伴随着眼前一幕幕插画，加上展厅里的文物、老物件以及上百款鸽哨，整个展厅升腾着老北京四季浓浓的"烟火气"。

记者发现，这里的每个展区都特色鲜明，观众可以闭上眼睛倾听冰川移动的声音、阿德利企鹅的叫声和威德尔海豹在水下歌唱的声音，更可以通过昆特管声学实验装置，看到不同音频产生的不同波形。在运营上，这家博物馆还与周边的艺术餐厅、精品民宿联动发展，就餐、住宿游客都能享受博物馆的票价优惠。

为收藏家提供更多优质空间

坐落在宋庄艺术区中国艺术品交易中心一层的北京祥体育博物馆，与声音艺术博物馆同一天启动试营业。这家博物馆由收藏家李祥创办，15 个展区收藏和展示古今中国体育及奥运会藏品、各体育运动项目藏品 2 万余件。"镇馆之宝"是 1915 年远东运动会第一名的金质奖牌。在那次运动会上，中国足球队荣获冠军，之后连续获得九届冠军，称雄亚洲二十余年。

小堡村环岛以东 1 公里的位置，是建成开放已有 12 年的大戚收音机电影机博物馆。3000 多件藏品中，也有不少"镇馆之宝"，比如马型固定式电影放映机，至今已有上百岁，世界上总共 2 台，国内仅这一台。

打开宋庄地图，我们会惊喜地发现，大戚收音机电影机博物馆、祥体育博物馆、百年世界老电话博物馆、声音艺术博物馆，恰巧分布在小堡村的东、南、西、北四个方向，以"众星拱月"的方式衬托起蜚声海内外的"画家村"。

在小堡村内部，随着印象街艺术区的改造更新，还将为民办博物馆提供更多可利用的优质空间。这不仅能保护住小堡村多年形成的艺术根脉，而且非常有利于形成激发艺术创作的良好环境，营造留住艺术家的浓厚氛围。

记者了解到，未来的印象街艺术区，将打造艺术画廊、醍醐音乐会堂、青依艺术酒店等场所，为艺术家和收藏家提供多样化展示和拍卖空间，帮助艺术品、藏品更好流通。

（陈强，北京日报记者）

艺术家与艺术精彩的集合
——写给宋庄画家村

■ 孙朝成

这是怎样一座村庄啊
美术馆排列着一座又一座

这是怎样的一群村民啊
彩笔与彩笔画出世间的景色

这是怎样的一道大门啊
日日迎接着八方的访客

这是怎样的一种魔力啊
目光牵引着缤纷的画作

这是怎样的一种震撼啊
迎面而来的，是雕塑的巍峨

这是怎样一种欢舞啊
美丽眼眸的，是书法的洒脱

你的惊喜，我的惊喜，大家的惊喜
——在这样一个村庄里翻波

你的发现，我的发现，大家的发现
——在这样一个村庄里触摸

几千名艺术家居住一村
这是世界上最庞大的艺术家部落

无数的探访者涌进一村
这是全中国素质最高的游客

是生活里诞生的艺术激荡着灵感
才会有五彩缤纷的奇幻与婀娜

是艺术家呈现的生活提高了鉴赏
才会有耕耘与收获联袂在吟哦

是交流的契机，是彼此的照射
这里的碰撞与渗透推动了取舍

是灵感的追寻，是真谛的参破
这里的探索与创新改变了生活

艺术的提升在多元中丰富
艺术的感知在鉴赏中深刻

只要艺术深深地扎根生活
艺术家的灵感就不会干涸

是北京的博大让东西艺术在这里扎根
是通州的包容让南北鸿雁在这里筑窝

是大运河的波光与水影滋润了成长
是副中心的蓝图与远景加重了寄托

还有码头文化的侠义送出了关爱
还有通州百姓的好客接纳了祥和

艺术馆与艺术馆携手在街头站立
传统与创新衔接在那难忘的时刻

高山与流水的神韵溶化了陌生
凝重与庄严的威武提升了磅礴

人杰与地灵的氛围堆积出成功
妩媚与挺拔的对比映美了清澈

宋庄的名片就是中国的名片
经济的发展依赖于文化的开拓

宋庄的魅力就是中国的魅力
艺术的成长耐得住岁月的消磨

你来宋庄，我来宋庄，我们一起来宋庄
你来探索，我来探索，我们一起来探索

来宋庄接受艺术的熏染
来宋庄探索创造的快乐

寻觅的是厚重，收获的是满足
提升的是境界，扩展的是辽阔

有这样一个村庄在生活中存在
——就有艺术家每日的功课

有这样一个村庄在生命中增重
——就有追求者每日的抉择

今天，我写一首诗，写宋庄的奇迹
——奇迹在怎样一段时光中飘落

今天，我唱一曲歌，唱宋庄的繁荣
——繁荣在怎样一块土地上鲜活

珍惜宋庄吧，珍惜机遇与需求完美的运作
热爱宋庄吧，热爱艺术家与艺术精彩的集合

（孙朝成，通州区政协特邀文史委员）

民生琐记

四十年的老水塔

■ 王宝川 任德永

自来水对于现在的人讲，没有什么稀奇的，它已融入千家万户，是生活的一部分。但这事在几十年前的农村，如果用上了自来水那可是件天大的引以为自豪的，非常幸福的一件大事呀！

儿时我们生活的农村叫大庞村。

在隋炀帝开凿大运河以后，带来南北经济的融合发展。及至明代，大运河水上漂来了北京城，同时也漂来了通州古镇的繁荣与发展。

大庞村，也是随着运河人口的迁徙，唐代已经形成一个大的村落。60年代，在村东出土的一合墓志铭上，则清楚地记载着"潞县高义乡庞村"，后来部分居民移居村北，称小庞村，本村则成为大庞村了。记载着村子历史的这合墓志铭，现收藏于首都博物馆。所以，大庞村历史已有千年，真是名不虚传。

20世纪60年代，大庞村是附近村庄里，数一数二的大村。当时大庞村大队，有七个生产小队一千五百多户3000多人口。在那抓革命促生产大干社会主义的年代，社员听着那洪亮的敲钟声，到生产队固定大空场集合，队长先派工，指导员提要求，有时还组织学习当前的政治形势，读读报纸文章。然后小组长再带领各组的人，去下地干活。

那时农业生产机械化低，主要靠人力和牲口。人的劳动强度非常大，收工以后还要干好多家务活，尤其是烧火做饭用水，还要男人到村里水井里挑水。当时，路远不说，人多还要等着。我是在上小学四年级时大概 12 岁，就用小水桶学着大人到井里挑水了，这不但要有力气，还要有胆量，并且还要有打水的技术。小肩膀压红了，地滑摔倒时有发生。要是有像书本上写的，以后农村和城里的人一样，家家户户能用上那甜甜的自来水，这该是多美的事呀。

现水塔外貌

　　终于，从 1977 年村里开始筹备申请，人们翘首企盼的那一天终于来到了。1978 年的春天，县里的打井队来了，拉来了机器。在选好井位的地方，村小学操场的东南角，竖起了高高的塔架，塔尖儿上的红旗迎风飘动，太有气势。村热闹起来了，人们奔走相告，就像家里大办喜事一样，连邻近村的人都来看新鲜、看热闹。开工打井的那一天，县里的、公社的干部来了，讲：村里打井建自来水（塔），是党的关怀，是毛泽东思想的指引，社会主义大家庭的温暖，给村里的家家户户带来的幸福。村小学校的鼓号队、村秧歌队来表演，锣鼓喧天，操场街道都是人，那场面真是群情激奋、斗志昂扬。

　　说实在的打井可不是一件容易的事。井架有 30

多米高，工人用卷扬机把一根有 10 米长的尖型圆铁柱高高拉起，再急速放下，这样一下一下往地下镦，并有水泵向里加水。到一定的深度，就会把铁柱卸下来，换上同样大小的铁桶把井里的泥浆提出来倒掉。就这样反复一点一点地往地下打。工人们夜以继日加班加点，歇人不歇机器，工程连轴转。打井喷出的泥浆，溅了工人满身都是，但这都不算什么，大家都干劲十足的。经过三个月的苦干，一眼 120 多米深的民用吃水井打好了，出水量非常好。下一步就是下管子，先把用水泥制成的井眼放到井底，然后把四根竹片绑在用水泥铸成的管子上，把井管下到井底。就是要随着管子往下走，一边接竹片一边续管子，靠重力往下走。这看似简单，但不能出现管子破碎和卡住的事情，不然会带来堵井的后果，影响井的出水，甚至井会报废，这技术要求很高，协调好步调一致不能马虎。把井管竖好后，再把深水泵和连接好的抽水管放到井底，接上电源就可以抽水了。抽水的那一天，村里又热闹了好一阵子，心里别提多美了。

水井打好——可以讲，也就刚完成工程的一半。

在打井的同时，村里就把建水塔的砖、水泥、沙子等准备好了。按图纸先搭支架，然后打地基、砌圆柱墙。砌到 20 多米高后，在上面支合子板、铸成圆形的水池。水池是外面一个大的之间 50 厘米宽的空隙，再往里是盛水的池子，中间的空隙装上锯末保温用，防止水冬天冻冰。池子外径有 7 米，高有 5 米，能盛 50 多吨水，塔总高 30 米，提升水 2 根管，供水 3 根管。

在水塔的西侧地下，建立了一个容积 200 立方的过滤水池，这是为把从地下抽上来的水，先进过滤池，再二次提到水塔里供饮用。过滤水池分两部分，先设有一道过滤墙，水先从过滤墙通过，这样把杂质挡在外面的池内。墙是采用细孔法建立，利用的是物理除污法，这在当时是高科技生物环保技术。

与此同时，大队安排社员挖村里的主管道，动员各家各户挖家院内的管道。村五保户由生产队负责挖。请专业技术人员安装管道，把走人过车的地方管子先填上回土，其他地方先不填回土，为了在通水时有压力崩管子时好修理，全部通水不漏后再全部把管子埋上。

辛勤的汗水终于换来盼望已久的甘甜。1979年10月的一天下午，大队广播通知家里留人，建好的自来水就要试水了。那时我们正上中学、学校放大秋假在家里，大家都赶紧把家里的水桶和能盛水的东西，全都摆在自来水旁惊喜地等着。大约有1小时开始水管里有声音，一会大一会小，水龙头有时急促的喷气，有时缓慢的吐气，有时还带有水珠。这样反复有20分钟，突然龙头喷出了水。开始水是土黄色的，这是安装管子时里面的脏东西，给喷带出来了。大约过了10多分钟，水清了也亮了，水流也稳定了。白花花的水，我们都迫不及待地用双手接了一捧先洗脸、再喝下，那个清爽劲儿、那个高兴劲，别提啦！到现在想起来……一辈子都不能释怀。大家都极度兴奋与喜悦，急切不停地，把接到桶里的自来水，一桶一桶地一扭一扭地单臂提到水缸里。

七十年代设备现正常运转

没过多久，在村的水塔上，专业人员用红漆在精致的铁叶子上，描写了九个大字"建于1979年10月"，远远地从几里地以外都能看见。后来听说，字是教我小学音乐和写大字的本村的孔老师写的。

现在虽物是人非，当年建的水塔，村民们还在使用着。虽然，那战天斗地一往直前、战无不胜的年代已是昨天。但在人们心目中的，那不可磨灭的社会主义梦想，却永远激励着我们。

通州区首家建立现代企业制度的乡镇企业
——宋庄铸造总厂

■ 崔洪生

改革开放大潮中建立和成长的乡镇企业，在市场经济体制建立的过程中，由于市场竞争日益激烈，草创时期的先发优势和特点，逐渐弱化，有的能够勉强支撑，有的由于种种原因逐渐式微以至于停产倒闭。然而，也有一些实力较强的乡镇企业，凭借自身的优势和领导者的远见卓识，很快适应市场竞争环境，不惧风浪，迎难而上，成为新一轮企业改革、建立现代企业制度的引领者。宋庄铸造总厂就是在通州区乡镇企业实行重组转制中的先进典型。

一

宋庄乡铸造厂的前身是一个乡办综合厂，由于设备技术落后，经营管理不善，惨淡经营了十几年，生产常常是停停打打、举步维艰，厂房设备依旧是破烂不堪，经济效益不佳，有时连职工的工资也难以维系。1984 年 7 月，由铸造车间模型工贾少铸接任厂长，他凭着十几年干铸造的经验和技术，下决心要治理改造铸造厂，带领全体职工走出困境，闯出一条企业发展壮大的新路子。

还是贾少铸在铸造车间做模型工的时候，就提出过改造冲天炉、加强企业内部管理等合理化建议，由于种种原因未能实现。当上厂长后，负责厂里全面工作，虽然以前他在改造设备，提高技术水平上想得很多很多，但如何救活这样一个濒临倒闭的乡镇小厂，对这位新上任的企业管理者来说，还是一个不小的考验。

经过一番调查走访，将各种问题进行分类排队，缜密思考后，贾少铸初步形成一套切实可行的治厂方案，那就是：必须尽快改造冲天炉，保证产品质量，才能尽快打开生产的新局面。在他亲自带领下，关键环节亲手操作，用最短的时间将风眼堵住，提高了炉温，使产品质量有了明显的提高。又经过两个月的昼夜奋战，原定合同任务全部按质量完成。

冲天炉改造的成功，解决了长期困扰生产的关键技术难题，也为企业今后发展创造了有利条件，然而，如果没有长期、稳定的业务渠道，活源不足，则成了铸造厂面临的当务之急。新上任的贾少铸早已不满足眼下的小打小闹式的短期业务，他通过读书看报，打开眼界，外出找门路，同外经外贸部门联合，干出口活儿，挣外国人的钱。他东奔西走，多方联系，1984 年 8 月，他找到中国五金矿产进出口公司北京分公司，在这里，贾少铸了解到正好有一批加工灰铁异形压力管件的业务。这批活原是几个月前中国五金矿产进出口公司保定分公司交给保定市两家铸造厂的一家美商业务，因未能按期完成，美商按合同将其业务转让出来。当时，虽然论设备条件和技术力量，宋庄铸造厂还达不到那两家铸造厂的实力，但贾少铸认准这批活源是宋庄铸造厂拓展业务，打开国际市场的极好机会。通过几轮谈判，凭借信心和勇气，贾少铸终于和中国五金矿产进出口公司、北京市分公司和美商三方达成协议，到年底四个月时间，完成 380 吨的铸件任务。

决心已下，合同已签，这对于一个设备陈旧，技术力量薄弱的乡办小厂来说，要完成这批铸件，确实面临一次严峻的考验。如果不能如期完成任务，不仅影响本厂的经济收益，而且关系到中国在国际上的声誉。按照美商对这批活儿的要求，依本厂现有的设备条件，当务之急是必须彻底改造冲天炉。本厂技术力量不足，他们请来科研部门的专家，加上本厂的技术人员，组成攻关小组，仅用一周时间就完成了新炉的设计和安装。为简化工序，节省时间，他们在工艺流程上实行大胆革新。通常情况下，大口径管件都是采用干模、干芯，如果采用潮模、潮芯，同样时间可提高产量，可是本厂技术上没有先例，不敢贸然行事。贾少铸带领攻关小组严格从选料、配料、炉火控制等工艺入手，大胆试验，反复修正，将成品率从60%提高到80%以上，而且还节省了一道烘干的工序。全厂干部职工昼夜奋战120天，到年底不仅如期完成380吨铸件的合同任务，而且还超额20吨。这一年下半年共完成产值80万元，获利润21.4万元，宋庄铸造厂打了一个漂亮的翻身仗，一举成名。

企业要继续发展，向着更高的目标迈进，人才是关键。当时的宋庄铸造厂技术人才、管理人才都很缺乏，这是企业进入国际市场，立于不败之地的最大制约因素。贾少铸求贤若渴，不拘一格，多方招揽人才，先是聘请了三名工程师，招聘了一批技术个人。从长远发展的角度，立足于自主培养人才，一方面在厂内办起技术培训班，一方面选送一批工人到县中专学校、北京齿轮厂、北京水泵厂等单位脱产学习，厂里的技术力量得到加强，人员素质普遍提高，拥有一批业务技术骨干。

1985年5月，贾少铸从中国五金矿产进出口公司得知，美国开始以球墨铸铁压力管件代替灰铁压力管件的信息，但这是一门先进技术，耐压力强，节省原材料，产品价格贵，技术难度大。贾少铸看准这个机会，立即组织技术攻关，利用三个月的时间，反复试验，终获成功。这种新产品，经过美国"UL"检测机构和中国国家商检局及其他部门严格、近乎十分苛刻的检测，通过对产品的物理性质到化学成分，从尺寸要求到表面光洁度，最后到水压试验，一路过关斩将，完全符合技术质量标准，而且比美国国家标准还高出一级，美商终于认可了宋庄铸造厂使用"UL"标志。

二

宋庄铸造厂通过技术革新，生产能力迅速提高，但由于企业规模太小，总产量一时得不到提高，满足不了日益扩大的市场需求。当时全县乡镇企业正处于一个新的发展阶段，县委、县政府出台一系列政策办法，鼓励乡镇企业在原有规模基础上，扩大再生产。宋庄铸造厂看准这个机会，在资金紧张的情况下，厂里自筹资金 45 万元，又通过有关部门争取贷款 167 万元，从 1986 年 7 月份开始进行新厂房筹建，到 1987 年，新厂房建成，年底共生产铸件 1.13 万吨，创汇 400 多万元。接着，又相继发展了翟里、六合等几家联营厂，形成以宋庄铸造总厂为龙头，八家联营厂组成的宋庄乡铸造企业联合体。同时，为适应国际市场需要，增强企业竞争能力，研制成功封闭式冲天炉，稳定了炉温，于 1988 年 8 月，实现"充压实型造型生产线"安装调试成功并投产。

1989 年底，殷宝海出任宋庄铸造厂厂长，当时正值企业发展的关键时期。经过十几年的发展，宋庄铸造厂已经成为一个具有较大规模、较高技术水平和一定市场竞争能力的先进企业。为使企业再上一个新台阶，殷宝海对铸造厂管理体制进行大胆的改革，他选贤任能，唯才是举，提拔一批精通业务、善于管理的人才，调整厂级领导班子和各部门负责人，建立一支适应现代企业运行和管理的领导体制。逐步改进管理方法，建立健全科学规范的管理体系；实行责权分明，分工负责的工作机制，树立"爱厂、拼搏、兴利、报国"的企业精神。根据铸造业市场的变化，殷宝海调整经营战略，提出"以经济效益为中心，全方位多渠道拓展国际市场，不失时机地开辟国内市场"的发展思路。通过市场调查分析，邀外商来厂考察，在产品打入美国市场的基础上，又相继开拓了美洲和欧洲市场，并陆续同十几个国家建立贸易关系。自 1993 年，宋庄铸造厂就被国家外经贸部赋予自营出口权，其产品在美国市场上为免检产品，年创汇达 1000 多万美元。

从 1999 年起，根据通州区乡镇企业发展现状和国家市场经济建立的新形势，区委、区政府在全区推进实施工业企业二次创业发展战略。所谓二次创业，要改变过去那种靠贷款铺摊子式的发展企业的做法，通过深化改革走科技发展的新路子，按照市场经济要求，把企业全面推向市场，坚持高质量重组和高质量引进，实现产业和产品的更新换代。在这一思路的指导下，宋庄铸造厂在殷宝海的带领下，始终关注国内外市场变化，在五年时间里投资近 2000 万元，全面进行技术改造，引进先进技术、工艺设备，生产能力由原来每年 5000 吨提高到 2 万吨。在新产品开发上，殷宝海采取"你无我有，你有我新，你新我优"的营销策略，每年投资上百万元用于新产品开发，不断更新优化产品结构，满足日益变化的市场需求。自 1995 年至 2000 年，他们开发研制的新产品就有 85 个部类，450 多个规格。2000 年，宋庄铸造总厂年产值达 9000 多万元，实现利润 1428 万元，创税 1000 多万元，一直保持通州区先进乡镇企业称号。

三

1998 年，区委、区政府落实党的十五大精神，按照市委、市政府的统一部署，结合通州区实际，以提高经济效益和企业发展再上新台阶为目标，推进乡镇企业第一轮重组转制。为此，区委、区政府制定了《推进重组转制工作有关政策的暂行规定》。主要内容是：允许集体企业资产全部或部分向社会法人、自然人、外商出售；允许企业经营者、管理者和技术骨干占大股；集体企业资产全部或部分转让给本企业经营者和劳动者；作为本企业经营者和劳动者的劳动积累，可给予不超过 20% 的净资产收益权等等。

为探索乡镇企业重组转制的经验，保证企业重组转制工作的顺利进行，从 1996 年开始，区政府在宋庄铸造总厂进行重组转制试点。到 1998 年，经过一年多的探索和实践，取得阶段性的成果。

宋庄铸造总厂属于集体所有制企业，始建于 1971 年，1986 年扩建后成为全国最大的管件专业铸造厂。之所以选择这家企业作为乡镇企业重组转制工作的试点，主要是考虑到该企业市场化程度较高，技术设备先进，管理制度健全。而且资金实力雄厚，转制工作操作起来具有一定的指导意义。

对于宋庄铸造总厂重组转制试点工作，区、镇两级党政领导给予正确的引导和大力支持：成立领导小组，研究制定改制方案，按照国家有关规定清产核资，界定产权，清理债权债务，重新评估资产，核定资本金。全厂评估存量资本金共计 1168 万元，由本厂职工一次性全额买断，实行资产重新组合，企业性质由原镇办集体所有制企业转变为股东共有的股份合作制企业。按照职工自愿入股和经营者占大股的原则，厂内共有 186 名职工入股，占职工总数的 20%，入股金占全部股金的 10%，厂长入股金占 51%，其他 22 名干部入股金占 39%。转制进行中，宋庄铸造总厂与宋庄镇政府签订了四项具有法律效力的文件（协议），即资产转让协议、土地使用和租赁合同、债权债务承担协议、上缴管理费协议。

改制后的宋庄铸造总厂成为名副其实的独立法人实体，厂内股东购买了企业的全部资产，产权主体由虚变实，产权关系由模糊变得清晰；乡镇主体退出所有者和管理者的位置，企业真正成为法人主体和市场竞争主体。资产重组后的企业增强了发展活力，职工对企业的关心程度明显提高，调动了各方面的积极性，为企业的发展创造了广阔的空间。厂领导既是经营者又是投资者，企业的权、责、利关系一致，管理机制得到相应的转变，企业运行充满活力，经济效益显著提高。1998 年底，宋庄铸造总厂各项经济指标均比转制前有大幅度提高。当年，产品产量 13263 万吨，产值 7350 万元，实现利润 358 万元，上缴税收 559 万元，创汇 880 万美元，分别比 1995 年同类指标增长 35.7%，47.15%，20.55，81.7% 和 54.2%。

宋庄铸造总厂重组转制的做法和经验，为全区企业转制树立了样板和典型，对工作起到了一定的指导作用。2000 年 3 月，区委、区政府举办有各乡镇及委、办、局主要领导参加的乡镇企业产权制度改革动员大会暨产权制度改革培训班，期间，在宋庄镇召开企业产权制度改革现场会，宋庄铸造厂总厂等单位介绍了经验。市领导参加会议并讲话，指出：乡镇企业产权制度改革的目的是推进企业重组转制深化发展，是推动企业转型升级的一项重大举措，乡镇企业产权制度改革必须要与建立新型企业制度相结合，将企业全面推向市场。

这次会议后，区委、区政府采取分类指导，实行一厂一策，全面推进的做法，加快了乡镇企业重组转制的步伐，全区坚持规范操作，严把清产核资、资产评估、产权界定、民主决策、股权设置、债权债务落实及注册变更登记关，乡镇企业产权制度改革工作收到显著效果，企业重组转制工作逐步深化。通过实行重组转制，全区工业企业的产业结构、产品结构、投资结构初步得到改善，企业在走向市场的过程中显示了生机和活力。

记殷宝海和通州区宋庄铸造厂

■ 张 建

2005 年 6 月 28 日，我走访了北京市通州区宋庄镇铸造厂。走进京哈旧路路北宋庄镇西的厂门，看到的是花园式的管理服务区，管理服务区后面是成排整齐规整的厂房车间，厂内井然有序，鲜花盛开，茂盛的爬山虎把办公楼缠成一座绿色的山峦，给人的感觉是一种和谐内在的勃勃生气。在二楼的小会议室我见到了宋庄铸造厂的创建者，第一代掌门人殷宝海董事长，他礼貌谦和地接待了我和摄影记者。

企业灵魂

见到一个企业的员工，就知道了企业管理者，而见到一个企业的带头人也就基本了解了这个企业。在写殷宝海董事长之前，我想罗列一组殷董事长所获奖励的数字：1989 年通县县委县政府授予"优秀经营者"称号；1990 年被宋庄镇党委评为"优秀党员"；1994 年北京市人民政府农业办公室授予"北京市乡镇企业家"称号；1998 年中华人民共和国农业部评为"全国优秀乡镇企业厂长"；2004 年北京市统战部，北京市人事局，北京市工商业联合会给予"优秀中国特色社会主义事业建设者"称号；同年，被经济日报，经济日报新闻发展中心，《中国经济信息》杂志社，中国经济人物征评活动组委会评为"中国经济优秀人物"2005 年被中国管理科学研究院评为"2004 年十大卓越管理人物"；五月又被中国未来研究院聘为终身研究员。自 1989 年始至今，殷宝海共获各种奖励称号先进名誉四十二项。听起来是神话，天方夜谭一般，殷宝海真有三头六臂吗？

其实殷宝海只是一个普通的农家子弟，出生在京郊宋庄一个普通的农民家庭，世代务农辛勤本分地春种秋收，过着脸朝黄土背朝天，猫腰撅翅几十年的农村生活，单调、乏味、清贫、无奈、挣扎始终伴随他的青少年时代。但殷宝海始终没有停止探索改变现状的希望之路。1971 年他到原来的宋庄农机修造厂的铸造车间，当了一名工人。70 年代初是中国经济临于崩溃的年代，农村还把农业土地以外的所有营生称为副业，还没有乡镇企业这个词，可以想见工作条件、工作环境、技术能力、经济效益是什么样子最终结局如何。但这段艰苦的工作经历锻炼了他的意志，伸展了他的思维长度。1976 年农机修造厂的铸造车间扩为宋庄铸造厂，颇有些头脑的殷宝海被推上领导岗位，而这家铸造厂也成了通州铸造行业的第一家——龙头老大。他的精力首先用在了自身的技术能力上，每天泡在车间和工人比产量，比质量，他成了家庭的"野人"。工厂有了点发展他又把目光放在人才培训规范管理上，步履艰难地迎来了十一届三中全会的召开，确立了发展农村经济的指导思想，预示中国乡镇企业大发展时代的到来。到了 1984 年殷宝海领导的宋庄铸造厂硬是一步迈上了外贸出口的台阶，宋庄铸造厂的产品从此走向国际市场。

1984 年以后，殷宝海又先后被上级领导调到宋庄乡潮白印刷厂和光明灯具厂，挽救了两个亏损企业，体现了他服从党的领导顾全大局的磊落胸怀。

1989 年的冬天，殷宝海戏剧性地重新执掌宋庄铸造厂，而此时的铸造厂并不景气，殷宝海等于是受命于危难之中，望着积压的几千吨成品，面对财务拮据无法购近材料，他陷入了深思。他的阔斧挥向一切陈腐的观念一切紧箍一般的教条。整顿领导班子，提高干部水平，实行干部例会制，找问题想办法，谁的责任谁负。面对市场重新调整营销战略，积极拓展国际市场，不仅扩大了在美国的市场份额，同时杀入欧洲市场和周边国家地区，终于使宋庄铸造厂成为通州区的重点企业和纳税大户。这成绩的取得与殷宝海对技术质量的严格要求仔细把关有不可分割的联系：一天工作十几个小时，工作之余自学英语，计算机和科学技术知识，他用自己学到的东西对产品出厂建立了完整的质量保障体系，层层把关道道设卡，不允许一件次品废品出厂。"质量是市场，质量是效益，质量是生命"这是他口头禅式的座右铭，正是他下大力气，花大心血对技术对质量生命般的重视，宋庄铸造厂的产品不仅得到国际市场的信任，在美国也成为免检产品。

挣外国人的钱

殷宝海对铸造业市场有一个清醒的认识，他对国内外市场做了一番细致入微的调查，随着全国乡镇企业的不断发展，铸造业的利润空间越来越小，大家都单一地挤在国内有限的市场上，那就难免谁都不景气谁都吃不饱。一个全方位多渠道不失时机地拓展国际市场的战略思想在他脑海中逐渐形成。"要挣钱就挣外国人的钱"这句话他说的轻巧，做起来谈何容易，这无异于战场上的豪言壮语，怀的是一颗大无畏的雄心。在殷宝海的努力下，宋庄铸造厂的技术标准、计量、理化、机械性能、打压、理化控制手段全部精良可靠。具有世界先进水平的负压实型铸造生产线，树脂砂生产线和砂处理线，这一切技术指标都保证了出口产品的质量。

殷宝海把宋庄铸造厂打造出了企业文化品位，曾被北京市人民政府命名为"首都绿化美化花园式单位"这块花园的牌子可不是一说了事的，他需要企业掌门人的智慧，更需要金钱买树买花，雇人养花种草，而这些对宋庄铸造厂来说不过是小事一桩，从 1994 年的资产总额一千七百三十万元，产量三千六百吨，产值九百五十六万元，税金总额三十五万元，创汇二百六十万元，基本收支平衡。到 2002 年，资产总额达到一点二亿元，产量一万八百七十六吨，产值一千零三百六十四万元，纳税金额一千二百四十五万元，创汇一千一百九十五万美元，利润总额一千五百八十三万元。如此骄人的数字改造一个花园式工厂就是很自然的事了。

殷宝海和他的宋庄铸造厂是见过大世面的。2004 年 2 月，因为管铸件的营销问题，殷宝海与美国人打了第二次官司（之前的第一次打输了）最终胜出打赢了这场官司，因此获得美国颁发的"生产认可许可证"为他的产品打开一条笔直的通道。

殷宝海始终把职工的切身利益放在心上，尤其企业转制以后，他对职工更加关怀，每年拿出一部分资金，照顾困难职工。他还亲自制定了《职工养老保险的规定》解除了职工的后顾之忧，按自愿原则，企业职工各出资金一半，为职工办养老保险，到 2002 年为止，企业共出资四十三万二千六百元为职工入保，从根本上解决了职工老有所养的问题，为防止职工大病致贫现象的发生，他还主持制定了《职工医疗保健的规定》，从企业拿大头，职工拿小头，最低报销额为百分之八十，最高百分之九十五，截止 2002 年累计报销十五万七千六百元，解决了职工因病致贫的大问题。所有这些都激发着职工的工作热情，为企业的团队意识打下了坚实基础，无形中形成了企业的文化品牌。

因果自然

宋庄铸造厂已经发展成为初具规模的中型企业。资产总额一亿二千万元。职工一千一百人，工程技术人员五十六人。大中型机电设备四十二台，年生产能力三万五千吨，是目前华北地区最大的专业铸造厂、全国最大的管件专业铸造厂家。生产球墨铸铁，灰铸铁各类连接管件、阀门、汽车配件及机械配件，共三百五十多个品种。三千六百多个规格，产品百分百销往国际市场。面对这些辉煌成绩，谈到宋庄铸造厂的未来发展，殷宝海只是淡淡地说一句：因果自然。四个字充满玄机，又似乎颇有感慨。作为企业的掌门人，要面对方方面面的现实来不得半点虚伪，生产与利润是硬指标。他还需要在网上给自己充电，继续学习那些未知的东西，晚上是电脑的学生，白天是职工的老师，风光背后的失眠只有自己知道。前因是即有的辉煌，不争的事实存在，那么后果呢？

　　企业有了积累他想进行三大改造"基础改造、技术改造、环境改造"，提高工人的生活水平，为乡亲多做点好事，但企业转制时的债务刚刚还完，目前最大的困难仍是资金问题，没有资金无法扩大生产，这是他急需要解决的问题。对于铸造行业的发展前景，他有自己的见解，他认为中国的制造业或说工业在设备和技术上比不上美国和欧洲发达国家，中国最大的优势是劳动力资源，最缺的是资金和技术，其次是发达国家的低成本低投入低消耗高收益，中国的高成本高投入高消耗低收益，今后要在这方面下下功夫。目前只能依靠低廉的劳动力成本在铸造行业用手工的精细与美国的先进设备抗衡。不做最行的，要做最突出的，在招揽人才的同时，自己提高自己的素质，外行永远不行。

　　在企业管理上他同样在思考：关于干部年薪制问题，职工的奖励制度问题等等，他的大脑似乎在不停地转，有时是加速度运转，有时是沉思的智者，有时是欲飞般的激昂，有时也有稍许的无奈与寂寞，这就是因果自然的含义吗？高处不胜寒，一个事业的成功者站得越高，他的身心越觉疲乏，又不得不命令自己继续攀登。他认为中国需要铸造业，铸造业支撑着中国的工业，比如汽车的生产总有一天要以国产为主，没有铸造业的发展与进步就造不出好的国产汽车，也就没有资格与进口车比拼较量，所以铸造业是工业的根本。

　　殷宝海是一个农民的儿子，一个顶着高粱花走向世界的农民企业家，以他的智慧胆略魄力靠改革开放的政策实践实现了他的人生梦想，付出了比常人百倍的努力使宋庄铸造厂走向辉煌，宋庄铸造厂也铸造了他辉煌而传奇的人生历程。因果自然，有点哲理的味道。

（张建，北京市作家协会会员，通州区政协特邀文史委员）

我所经历的徐辛庄林场的知青生活

■ 刘姝平

我是 1976 年到徐辛庄林场插队落户的。作为当年的知识青年（后面简称知青），在那里有我们这代人一生中都值得回味的一段生活经历，有记录了我们人生履历中的一串重要脚印。这正是今天之所以回忆这段历史的原因所在。

林场的概况

林场的始末。徐辛庄林场成立于 1958 年，是原通县徐辛庄公社的一个直属单位，所处位置在草寺村南。成立这个单位的初衷是，把它建成培育苗木的基地，为发展全公社的林业服务。从 1963 年起，林场为了增加收入，开始种植果树。

但是，到了 20 世纪 70 年代中期，林场却成为知识青年上山下乡，到广阔天地接受再教育的重要接收点。成批接收知青是从 1975 年开始的，到 1979 年共接收了 4 批知青，大约有 250 人左右。林场最辉煌的时期始于此，林场因修路占地和调整产业结构等原因使其衰落也始于此。现在这个地方已面目全非，被各个不同的乡镇企业所分割。徐辛庄林场这个名字已于 1982 年左右彻底消失。

主要种植物。林场土地面积大约300亩，其中果树面积200多亩，农田面积80亩。果树以苹果为主，兼有梨树、桃树及少量李子树和一片葡萄园。农作物主要是小麦、玉米，间作一些豆子，在一些空闲小片地上还种过棉花、花生和油沙豆。1970年，作为来林场的第二名知青刘作普（现为通州区建筑集团公司技安科科长、工程师），用科学方法种植的棉花，创造过亩产165.5斤的好成绩（当时一般亩产在100斤左右），成为当时全公社参观学习的典型。

收入的来源。林场当时是公社的一个基本核算单位。每年的主要收入靠水果，农作物的收成主要保障自身食用。1975年，林场纯收入只有7000多元。1976年下半年，成立了一个手绢车间。1977年，成立了一个糕点车间。这样一来，就为林场增加收入打下了基础。

设备的状况。1976年以前，林场的基本设备很简单。除了为迎接新知青盖的4排红砖瓦房外，其余均为较破旧的平房，共有20多间，作为食堂、库房、管理人员用房等。当时还有3排猪舍，养了20多头猪。林场的生产工具也很简单，只有一台手扶拖拉机，一些较为落后的农业生产工具和一些为果树打药的器具等。

人员的组成。林场初建时，人员是由各大队抽调的，共约40人左右，组成了公社的一个直属单位。从1963年到1965年，先后接待过3名知青，其中两名知青一直到1972年招工时才分别离开。

随着大批知青的到来，当地农民的成分越来越少，只保留一些管理和技术人员。1976年，我们这批知青到来时，当地的管理人员也就10人左右。一名书记，一名队长，两名生产队长，两名技术员，还有会计、司机、兼职团支部书记等。后来，公社又派来副书记一名。1977年，由于手绢车间扩建，又招来一部分当地的农民工。当时林场的书记是李永杰，队长是周福刚（我们都叫他周大爷），生产队长是张宝华、杨淑芳。张宝华负责管理男知青，杨淑芳负责管理女知青。技术员是张振华、马立民。后派来的副书记是万才，其他人员后来变化较大。

来到了林场

1975 年，林场接收了第一批 50 名知青。我们是林场接收的第二批知青。

记得 1976 年 3 月 18 日，通县新华大街上几十辆大轿车一字长龙排开，从县委门口一直到闸桥附近。全县应届插队的毕业生都集中在这里，各自带着行李寻找自己的编号车辆。当时在整个新华大街上，到处都是父母或兄弟姐妹用自行车驮着行李送自家知青的场面。上午 9 点多钟，在县知青办的统一指挥下，车辆分别出发，奔向全县各个公社。

我们乘坐的汽车奔向了徐辛庄公社。来到公社的大门口，院里来接我们的各大队负责人早已等候多时。这时，我们下车集合，听候分配。公社知青办的同志站在院内，宣读了分配给各大队的人员名单。念到去林场的人员时，一共有 50 人。于是，我们这 50 人，被迅速召集在一起，整队步行走到林场。行李由一辆手扶拖拉机拉到驻地。

到了林场，管理人员先给我们分配住宿。我们的宿舍是新盖的红色砖瓦房，一个院落 3 间房，每间房能住 15 人左右，全是大通铺，而且新老知青混住。因为有老知青指点，我们很快熟悉了环境。

当晚，林场领导班子成员和全体老知青出席，为我们开了欢迎会。林场的领导分别介绍了生产和生活情况，然后新老知青代表分别演出了文艺节目。记得老知青表演了一首自编的小合唱，题目是《林场之歌》，采取的是老歌新词的办法。我们新知青的代表是于瑞（他是一中宣传队成员，演过话剧《风华正茂》）。他朗诵了一首诗，题目是《谢赠刀》。诗朗诵得很有激情，大家报以热烈的掌声。我们都觉得在这种场合，给我们新知青很是提气。联欢会结束时，已是晚上 10 点钟。

闯过劳动关

第二天，我们便开始了真正的知青生活。记得第一次劳动是去玉米地里打梗，发给我们的工具都是没开过刃的新铁锹。大多数人只会一个方向拿锹干活，一天下来，手打了泡，腰酸背疼，两条腿都不听使唤了，真有拉了胯的感觉。就这样每个人都咬牙坚持着，争取早日闯过劳动关。

那时，每天早晨吃过早饭，我们就站在宿舍门口听队长派活儿。日复一日，我们便一天天接近了农民的生活。过了一段时间，我们感觉劳动过程中也有很多乐趣。比如那次盖食堂时砸地基的劳动。当年，林场没有电动打夯机。食堂的地基全部是用一块中心有孔的大铁块，拴上若干根绳子，由很多人拉着举起、放下、喊着号子砸出来的。当时是老知青带着新知青干，按说干这活儿应该唱夯歌才能叫齐劲儿。但是开始时，一方面老知青有点儿不好意思，一方面根本也不会唱。于是，只能枯燥地喊着："一、二，一、二！"后来才发现，活儿越干越累。这时，一名叫李社会（现为通州区邮政局信报箱公司经理）的老知青便自告奋勇，带着唱起了夯歌。最初，他得绞尽脑汁地想词儿，后来，越唱越放松，越唱越来神儿，居然能见什么唱什么了。当他把现场知青的百态都唱出来时，气氛顿时活跃起来。令人惊奇的是，在男知青的感染下，女知青也不示弱。一名叫李莉（她是恢复高考后通县第一位考取上海复旦大学的）的新知青站了出来，她领唱的夯歌别有韵味，十分精彩。当实在想不出词儿来时，就瞎编一句，逗得大家前仰后合。就这样，我们越干越有精神，很快完成了任务。随着一阵阵笑声，仿佛带走了一天的疲劳。

三年下来，应该说大多数农活儿我们都干过：推小车送粪，给果树施肥、打药，挑水浇地，掰玉米，扛玉米秸，脱粒、扬场、拔豆子等等。不过，有几样农活儿是让我们至今都不能忘记的。

锄草灭荒。这项活儿大概是在7月份左右。当时的要求是地里不能有草，路边沟坎的地方更要锄得干净，以备上级领导检查。因此，我们林场这些地的草大约得锄一个多星期。开始，我们还认为这是一项轻松的活儿，有说有笑像玩儿似的就干了。可哪知道，两天下来，大家就吃不消了。腿蹲得发麻，手也打出了血泡。为了赶任务，晚上还要加班加点。记得一天晚上，电视台要播放空政歌舞团刚刚复排的歌剧《江姐》，大家都要求看。当时，带着我们干活的一位领导说："什么江姐、何姐的，干完活儿再说。"后来，晚上8点多钟了才收工。吃过晚饭，电视节目《江姐》已接近尾声了。接下来的几天里，很多女知青只能跪在地上锄草了，有的甚至连滚带爬地干。虽然人人挥汗如雨，浑身泥土，但是我们咬着牙，坚持了下来。现在想起这个活儿来仍很恐惧。

起粪坑。一天队长派活儿，让我们几个女知青去起粪。大粪坑在果树地边，紧挨着公路。由于大粪倒进去时间短，大粪和其他物质还没发酵好，那味道和起粪的难度就可想而知了。大家正发着牢骚，从路边过来几个徐辛庄兵营的小战士，捂着鼻子说真臭。我们几个女知青正没地方发火儿，便不依不饶地指责小战士不应该这样说。挤兑得小战士直向我们承认错误。这样大家好像打了一个胜仗一样，一边说一边笑地完成了任务。

摘苹果。刚到林场，我们这些从学校刚出门的学生，头脑中理想化的东西很多。一说摘苹果，就想起朝鲜电影《摘苹果的时候》中的场景，感到很诗意、很浪漫。但是，真正接触了，却有另一番滋味在心头。当时，林场有一部分苹果树的品种是国光，它属于晚熟品种，要到10月份才能摘。深秋季节，早晨是很凉的。多数苹果要爬到树上才能摘到，为了便于操作，一个人在上面摘，一个人在下面接。在上面摘的人全身紧张，往往脖子一会儿就累得受不了。在下面接的人，苹果砸在本来就冰凉的手上生疼，摘满一筐还要自己扛到地头儿去。开始一筐扛不了，就扛半筐。由于扛半筐费时间，跑路多，所以就练着多扛。最终，我们女知青大概也能扛到多半筐（六七十斤左右）了。这时，才真正感觉到摘苹果不是一件浪漫的事情。

剪枝。冬天到来时，别的生产队属于冬闲季节，很多知青就放假回家了。可林场不一样，要给果树剪枝，还挺忙活。当时在林场干活，我记得往往不分男女。女知青照样要在冬天上树剪枝。林场的树不很大，特别是梨树，枝杈不像苹果树那样平缓，略有点直上直下。所以站在树上被西北风一刮，整棵树都在摇晃，别说剪枝，就是抱着树站住了，对我们女知青来说，也是一道很难过的关。然而，作为一个从那个时候走过来的人，我真切地体会到"环境能改造人"这句话的内涵，人的潜力确实太大了。后来，我们不仅能稳稳地站在树干上，而且也能完成剪枝的任务了。干这些活儿时，我们的装备是一顶皮帽子，一件小棉袄，外面再穿一件大棉袄，腰里扎一根绳子。如果来个生人，肯定他远看近看都分不出男女。

盖房当小工。当时在林场不分男女的活儿，还有这当小工。为了迎接新知青和扩建手绢车间，有相当一段时间，我们几个女知青被分配去盖房当小工，给瓦匠供泥、供砖，给砌好的墙勾缝儿。供砖对我们来说，难就难在墙砌到高处要搭脚手架，把砖想办法递上去。作为男知青，他们会两人配合，一人把砖放在铁锨上往上扔，一个人站在脚手架上接，看着还挺轻松。可是轮到我们干这活儿就不灵了，说什么也没那个胆儿。但是在任务的逼迫下，没办法，有个女知青就自觉地练，直到找到窍门，一一传授给我们，才过了这道关。当地的瓦匠后来都称赞我们说："这几个女知青真能干！"将近三年的劳动生活，我们的身心都得到了锻炼，虽然苦点累点，但是那段时光对我们一生都很有益处。

再过思想关

我们不仅要接受体力劳动的再教育，而且要接受思想的再教育。当年的情景至今还记忆犹新。

新知青到来后，林场加强了管理，各项制度较完善，各项纪律很严明。在管理上实行了学校加连队式的方法，做到了四集中，即：集中吃，集中住，集中干活，集中学习开会。

当时，我们经常在晚饭后聚集到食堂开会，听书记、队长讲话。这种思想教育，往往是以农民式的思想、语言出现的一种教育形式。开始，我们感到很新鲜。例如：队长教育我们，人要有点精神，干活要有点冲劲儿，不能一年到头总是"春困秋乏夏打盹儿，睡不醒的冬仨月"，没有好时候。教育我们应该有道德时说：你不能整天当一个"骑墙骂鞑子，南北不顺"的人。强调组织纪律时说：你不能"叫你往东你往西，叫你打狗你骂鸡"。他们用中国农民最朴素的语言说出了千百年来传承下来的中华民族的传统美德，我们这些知识青年在新奇的笑声之后传承下去。

林场的党、团活动也是对知青进行思想教育的重要形式。活动中，经常组织学习一些时事政治，还定期发展党、团员。每当举行这些仪式时场面都很严肃正规。

现在，我们深切地感到，这些思想教育连同那个时期的体力劳动锻炼，对我们这代人走好人生之路产生了深刻影响。

辉煌的时期

1976 年至 1978 年，是林场最辉煌的时期。我们这批知青的到来给林场注入了生机和活力。原因有两方面：一是这批以一中毕业生为主的知青，大多是学校的优秀分子、班干部，在生产生活中发挥了先锋模范作用。二是新老知青中多才多艺的人较多，这些人共同营造了当时的林场文化，使得林场在全公社乃至全县的知青点中知名度都很高。主要表现在三个方面。

生产收入增加。过去由于人员少，在果树面积没变的情况下，技术管理就显得不够。所以水果的产量和质量都受到影响。我们来后，增加了果树的管理投入，做到了按时剪枝、疏果、打药。果熟时期，看护的力量也加强了，所以丢失水果的现象也少了很多。于是产量得到增长，质量也有所提高。另外 1976 年下半年，林场与北京手绢厂联营成立了手绢车间，这时绝大多数女知青都到手绢车间上班，大田只留下 10 名女知青。手绢车间的生产，为增加林场收入也发挥了很大作用。当年，林场的纯收入就达到三万多块。我们的分值就达到了七毛七分钱，比前一年增加了两毛多。年底，我们每人都能拿回家一百多块钱。第二年分值又达到了八毛五分钱，这在全公社也是比较高的。

食宿生活得到了改善。刚来林场时，我们每月的生活费是十块钱。

每天中午能吃一顿细粮，一般是馒头、米饭、包子。早晚吃粗粮，基本是窝头、粥。记得有一天，忘了是什么原因食堂改善伙食，吃的是韭菜馅饼，大家喜出望外。我和王军每人吃了9两，创了女生饭量最高水平。随着林场收入的增加，我们的生活也得到了根本改善。我们自己种的玉米全部换成稻子和小麦，在院子里我们还种了一些蔬菜，早晚的饭菜也做了很大调整，以细粮为主。这样一来，我们的伙食可以说在全公社知青中是最好的。

同时，我们的住宿条件也得到了改善。原来15人的大联铺，变成了10人一间的单人铺板床。两床之间能放上自己的行李箱，箱子上面还可以放一些自己的生活用品，每个房间看上去，干净整洁多了。整个生活区也建起了砖砌围墙，修建了水塔，把原来低矮的食堂改造成宽敞明亮的食堂兼礼堂。我们既可以在那里吃饭，也可以在那里学习、开会、联欢，有时这里还被公社用作办班、开会的场所。

业余文化生活丰富多彩。当时林场活跃着一支文艺宣传队，经常排演一些诗歌联唱、小合唱、诗朗诵、小话剧等文艺节目。主要任务是参加县里的知青会演，公社挖河工地的慰问演出以及活跃林场知青的自身生活。主要队员是大田劳动的10个女知青，还有几个男知青。所有节目都是知青自己编排的，需要音乐时，就用笨重的盘式录音机录一些带子在现场放；需要伴奏时，就用一架手风琴。因为这些知青中很多是学校的文艺骨干，所以节目的质量并不低，每次演出大家都挺爱看。记得当时歌剧《江姐》复演后，知青对其中的唱段非常感兴趣，想排演一个女声表演唱《绣红旗》，可手头儿没有资料。抱着试一试的心情，76届女知青万露霞斗胆给作曲家羊鸣同志写了一封热情洋溢的信，介绍了知青的生活，表达了急需《江姐》曲谱的愿望。没想到，羊鸣同志接到信后非常高兴，马上复信，并寄来了许多相关资料。从而，我们很快排练了出来，演出时受到林场知青的热烈欢迎。这支文艺宣传队对活跃林场的业余文化生活起到了重要作用。1977年五四青年节，我们还代表徐辛庄公社团委，参加了团县委组织的文艺会演活动。

　　由于知青中有文采的人不少，所以业余生活中自觉读书、写诗、抄诗的风气很盛行。当时郭小川的诗，天安门诗抄等都是大家争相抄录的内容。有些人不仅抄诗，朗诵诗，还写诗。75届一名男知青叫常邢宪（现为西藏自治区交通厅厅长），他写的一首赞美知识青年的诗在林场就很有影响。一天中午，我当时作为林场的广播员，发现了稿件中的这首诗，于是倾注了全部激情来朗读。当我走出广播室时，75届的女知青李莉迎面跑过来，热烈地抱住我说："朗诵得太好了，我都激动得坐不住了！"这首诗现在我还记得几句："白墙红瓦，明亮的窗户阳光洒，知识青年到农村，广阔天地安新家。栽一排扎根树向阳长，播一片革命种开红花……"。

　　当时，林场的广播也很有特点。每天中午有一两个人先不去吃饭，义务进行这项工作，大约广播15分钟左右，结束后再去吃饭。稿件是知青自己写的。这种形式不仅活跃了林场的生活气氛，也为那些愿意动动笔的知青提供了一个展示的舞台。

　　林场的知青与在其他村插队的知青相比，业余文化生活应该是最丰富的。当年很多晚上，我们是在食堂度过的。每逢各种节日、纪念日，知青们在各宿舍纷纷排演一些小节目进行全林场会演。那种融洽、热烈的气氛使我常常记起。

环境的改变

　　我们知青在林场的整个生活过程，在很大程度上也是对当地农民产生潜移默化影响的过程：3年多的时间里，我们用智慧、知识和双手，改变了那里的环境，并且成为全公社方方面面的骨干力量，发挥了应有的作用。

　　改造用厕环境。记得我们刚到林场，使用的是破旧的厕所，条件很差，居住地也没有围墙，院内污水横流，压水机压出的水到处都是，生活环境和人们的生活行为很不规范。我们到来后，自己施工，拆掉旧厕所，盖起了又高又大的新厕所，用厕环境得到极大的改善。

改造用水环境。随后，我们知青自己组成设计小组，对原有破旧的水包进行了重新设计。用土办法施工，加班加点，盖起了一座在全公社都首屈一指的新水塔，从此大家喝上了真正意义的自来水。

改造用电环境。知青中还自发地成立了一个电工小组，对林场用电进行科学设计，他们不仅管理了自己的用电环境，还为当地培养了电工。

改造生活环境。随着新房舍和新厂房的不断崛起，林场形成了一个规范、科学有着很强文化氛围的生活区域。房舍两侧的山墙上都是定期更换的板报，路边的自来水都是带水池的，干净整洁的甬道都有路灯直通食堂，食堂的墙壁上也都是知青自己布置的墙报，知青和当地农民出来进去衣着整洁，精神面貌都焕然一新。当时许多知青有种感觉，在生活习惯上农民被知青同化了。

知青成为农村的骨干力量。这时的林场，不仅在各个领域形成了知青自己管理自己的格局，而且知青作为公社的骨干力量经常被派往各村及工地承担各种中心任务。比如：三夏工作队，林场有4名知青曾是工作队员，在工作队中他们充当办展览、出战报等许多重要角色。平家疃治沙工作队，林场曾有两批次8名知青参加。尹各庄挖河工程，林场出一名知青任宣传员。公社搞人口普查，林场一名知青帮助工作。公社广播站由林场抽调一名知青承担全公社的广播宣传任务。公社十年规划图的设计制作有林场两名知青参与。当时公社团委副书记也是由林场知青中选拔的。公社的文艺会演多是以林场知青的文艺节目为主。可以说，当时在全公社的所有中心工作中都有林场知青的身影。

生活的感受

徐辛庄林场作为知青的接收点，在全国知识青年上山下乡运动中，只不过是沧海一粟。但是，它也折射出了这场运动的弊端。作为知青，感触最深一点就是，多少青年耽误了学业。我们林场的几批知青应该算得上是"幸运儿"了。1977年，国家恢复了高考制度，上大学的机会重新到来。然而，对已经荒废了几年学业的知青来说，不是每个人都保持着上学时的状态。因此，恢复高考后，林场只有十几人上了大学，很多人没能一试身手。最后，林场的其他知青除5人上了公安学校外，多数去了工厂，个别到了机关。

如今，这些知青现已人到中年，在很多岗位上仍然是骨干。回想当年林场的知青生活，至今他们感慨万千。

于瑞（现为中国医学基金会新药发展基金管理委员会副主任）：25年过去了，似乎已十分遥远，但又好像就在昨天。当年，我们风华正茂，天真烂漫，但仍然笑对一切，谈地说天。当年，我在伙房干活。5个人做150人的饭，在大缸里和面，还要抡圆了干。在这片土地上，我们流过血，也洒过汗。我们把一生中最美好的年华，在这里做了奉献。现在，我们人到中年，业已知天。回首往事，不无感叹。可以说，我们无愧于这段历史，我们更要过好现在的每一天。

王军（现为中共中央对外联络部财务处副处长）：20年后，我们又回到了林场。当年的李永杰书记接待了我们，每个人都用一件难忘的往事追忆了风华正茂的岁月。我印象最深的是盖新房。从挖地基到"闷土""和泥"，从递砖、递瓦到红砖墁地，从上房柁、钉檩条儿到白浆挂墙、绿油门窗，每道工序我们都亲身经历。第一次住上自己盖的房子，感觉就是不一样。3年林场的知青生活，让我从中学到了课本上学不到的东西。体魄的健壮，吃苦的精神，耐劳的韧劲，使我至今受益。

刘书慈（现为通州天安警视公司副经理）：离开林场整整25个年头了。每当想起了农村插队的日子，我确实感触很多。刚到林场时，由于不习惯，方方面面都感觉辛苦和劳累。可我始终抱定一种信心，好好表现，争取早日回城。所以劳动起来特别卖力，同时也赢得了领导的认可，在同届知青中我的分值最高。一年后，一个偶然机会，书记找我谈话，让我开手扶拖拉机，给我乐坏了。那时农村的交通工具极少，对于一个机手的"尊重"，不亚于现在开"奔驰600"的。因此，我特别上心，仅有的一点儿聪明才智都用上了。我好像天生就是开车的料儿，很快就胜任了。白天拉货、接送领导开会，晚上还经常去发电。虽然累，倒挺充实。如果说我现在还有不怕吃苦受累的精神，那肯定是受益于林场的知青生活。

张国图（现为通州公安分局台湖派出所政委）：在林场时，每逢三夏大秋、挖河治沙等中心工作，公社都要从林场抽调知青充实到工作队之中。在学校出过黑板报的资历成全了我，使我有机会充当这种角色，也使我有幸从另一个角度来认识林场。虽然每次都能按质按量地完成任务，但每次到外面时，就更珍惜林场的温馨与纯净。25 年前，我离开林场时，兴奋多于留恋，因为来时就没把它当作长久的家。25 年后，我闻听林场已无踪，沉重的失落袭上心头，才发现林场从来没离开过我。25 年中，每当我在困难面前彷徨，在错误面前懊悔，在成绩面前喜悦时，总有林场的影子。它告诉我，人应该怎样做，路应该怎样行⋯⋯

选自《文史选刊》2003 年第 22 期

记忆中的双埠头村

■ 张 源

开篇首先阐述"埠"的含义，"埠"为停船的码头，多指有码头的城镇、商埠，旧时与外国通商的城镇。该村的先民们以古文脉颂之冠名：双埠头。

从设计的主导思维来讲，就可知先民们超凡的智慧，技高一筹。立足倾注文化营养的力度，寄托吉祥如意，高尚的追求，期盼风调雨顺。为此运用本村那个时代自然地域环境优势的特点，建设成了难得的风水宝地。村北部为上岗高地，是难以找到的黄金地段，得天独厚的天赐自然屏障，护围着这一方富有灵气之地。这也使得村北部建有多座古墓，如岗子窑村西遗留的古代石雕、清代西太后小叔子——五爷坟墓，草寺村前的侯爵墓地等等，这种讲究风水迷信的习俗，直到新中国成立前还保留着，富有人家还要挖土堆成这种人为的屏障，俗称"坟地圈子"。众所周知，水是宝贵的生命之源，丰富的水系，促进了以农耕为主导的农业，天赐的自然优质田园，形成了旱涝保收之乡，富民之乡。双埠头村西有小中河，村南、村东有潮白河，形成环水之乡，风水中称"月合"，其古意已是数千年之久，自然形成的宝地，古潮白河是运河上游，水灌入运河主道，是保障从京杭大运河水量充足需要之河，为扩大水力运输畅通发挥了作用。从多层次，多领域所辐射出的文化，其价值是无法估算的，只能留下史篇，予以回味了。

文 教

我村有史以来，先辈们极力重视文教，深知文化对各行各业的促进是不可忽视的一环，遗留不少不能淡忘的文库，为育人兴邦构成沉雄厚重的文化基础而发展富足。

我村有位一辈子执教私塾教师吴怀山先生，他出生书香门第，祖父在清代曾教育出"文举"（现同博士生）而驰名。悠久的孔孟理论，在我村根深蒂固，回顾传播之势有代代之风，相传不断。故有从事教育工作及继承旧学私塾的资深前辈名师，如吴庆隆、吴庆旭、王振铎、白振东、吴振德等。

再看我村如何坚持、继承孔孟之道。在20世纪20年代，国家要求以新学为主，规定学生必须读新书，限制教孔孟之书。但是我村为不断传承孔孟之道，就采取对策，要求学生备两套书，一套是官方出版的国文等，另一套是孔孟启蒙丛书，包括百家姓、三字经、千字文、孝经、弟子规、明贤集等有针对性的适宜之书。为推行新书教学，国家还设置督查人员，检查学校是否学官方规定之书。为防备查学的检查惩办，学校往往在其到来之前，就将孔孟之书藏起，把官方课本放在书桌上蒙混过关。

为了传承儒家之道，采取多种办学方式：一是举办"庄管"，俗称私办家庭学堂。旧时治学是富有大户人家以家庭学堂为主，家长邀请有实践教学经验的教师执教，此种形式已形成治学习俗。

又因我村道教传承悠久，需要有相适应的儒家文化充盈。遂在药王庙选址，举办私塾课堂，培养一批有文化基础的童子道徒。为持续加强儒学的普及，直到新中国成立前的战乱时期，晚年的吴怀山先师仍坚持不懈地普及儒学的心态志愿，在儒学征途中，他常形象地叙说讲解一些有趣的内容。清朝灭亡后，要求把辫子剪掉，吴老师为表示对儒学传承有持久的信念便选择继续保留，顽皮的学生总称他是吴小辫老师。吴怀山先师以对儒学传承不衰的责任，在艰苦的环境下，仍竭尽有生之力，接纳数十名娃娃攻读儒学，这种治学精神应永远铭记。

孔孟之学还有不同形式传播，如"风水"先生李成庆，他多才多艺，晓知天文地理，富有传统文化的储备。而他的另一项才能是绘画人像技艺，他画的关公生动威武入神、栩栩如生，广受村民称赞。每年过年时，他都要将旧的关公像换成新的关公像以表对神的敬重。由于工作量很大，我曾去当过助手，除了画偶像外，还能绘画庭院装饰画、糊顶棚等，通过他的多重艺能体现出了孔孟文化的辐射魅力。

又如评书艺人刘才，他家境贫寒，房无一间，地无一垄，平日靠打工与说评书为生。他不识字未读过书，但他记忆天赋出奇，聪明而有心术，用心用功。他的才艺是我村富有文化历史知识的先辈们授予他的，尤以《三国演义》和武侠小说等内容为妙。由于他对内容感悟快，渲染夸张适度，口齿清脆音色洪亮，有说有唱越听越有味，加之盲人吴庆秋用弹弦给他伴奏别具一格。不仅在本村表演，还到通州城内万寿宫（今新华大街），摆上评书桌说唱起来。如今很难想象当时从艺人数之多，竞争激烈的程度，加上地头蛇干扰敲竹杠，钱是相当难挣的，为此刘才必须拥有技高一筹的艺术才能，才得站住脚。由于他说评书的才华出众，打动了天天来听他说评书的一位上海籍富有少妇，时间长了产生了爱慕之情，两人就结成伴侣。可一个穷汉子，难一时富起来，贫寒的境地，经常饥一顿饱一顿，两口子争吵起来，妇人讲"嫁汉嫁汉穿衣吃饭"刘才脑子一动，回答"娶妻娶妻挨饿忍饥"。后来成了村民常说的话把儿，顺口溜了。

又如从事碐磨合卜卦为生的吕先生，碐磨是将磨白面的石磨齿孔加深，便于多出面的工作，是一项体力技术活，较苦的行当。如今磨面已经机械化了，碐磨这行当已失传，有些民俗物收藏家，将遗留下的少量磨盘作为文物收藏还能保存下这种农民所用的农具。卜卦俗称算命，是中国古代用象征各种自然现象的八种符号占卜的，相传是伏羲氏所留。别看不起这个行当，现虽构不成大业，只能在偏僻农村的庙会上出现，在电视剧、电影中寻找镜头了，可是在旧时代，它起的作用可不小。

庙 宇

新中国成立前双埠头村的寺庙有 12 家，这在全国都是少见的，可见当时的文化、宗教、商业等高度繁荣。谈到宗教信仰，道教传承悠久，从明代开始直到新中国成立前，村中保持着不同形式的活动，如"在家道"，以公益慈善为宗旨，施善于慈，可娶妻生子，传承经久不衰。辩证来看，"在家道"有迷信成分，但大部分内容以从善为主，潜藏着多元文化内涵，故有追随的门徒，从而有增强育人的作用。其主力有数十人之多，可作大小不同形式和内容的道场。群众称"大老道、小老道，吹打都热闹"，人员充足，可举办大小不同的丧事祭奠仪式，大到如"观灯""宴口""渡桥""破狱"等，小到穷苦人家只举行"超渡"，形式丰富，内容多彩。举办大型仪式，讲究复杂设备，服装道具，配合仪式所需的道具彩妆，百花等排场。如今还有些内容丰富的遗物，如手抄本墨迹经文乐谱，曲名有"小花言""三纲赞""柳青年"等等。短曲有引子和正主曲，用长管模仿鹅的叫声，十分动听。富有人家讲排场需要点唱吹奏数十个曲子，吹奏时间达两三个小时，这么多唱奏内容，可想而知需要的配套道具也是相当庞杂的。

由于我村的道教传承悠久，技艺水平高超，加之做道场时所用的不同道具和物品，早已驰名各地，不仅周围的几个村熟悉，远到北京广渠门外邱庄和顺义区的四营都有所知。在邱庄的纪念形式活动，邀请的有和尚、道士、尼姑，加上地方的民乐队，大家各显神通，类似演堂会，非常隆重。因为我们是童子道徒，负责吹奏乐曲，人们纷纷来欣赏这别具一格的道教音乐，获得众多赞赏。活动是在春天，事先用大马车两辆，一车坐人，一车装载道具。

在邱庄参加演奏，因人数表演之多，无形中潜藏着竞争，各表演团体都在施展自己的独到绝活。我村童子道团，事先略知此项活动的规模，觉得必须要施展彩装，为此就将先前制作的彩装带上。彩装制作相当考究，是设计袈裟双层布料或绘制做成的彩衣，两面画着不同内容，不同色彩，格外醒目，闪亮超群。为什么这样设计，因为要到大街表演，不需换装的地方，节约时间，一瞬间将彩装翻过来，两套彩装，四种颜色，四种内容，观感丰富多变，如同四川变脸一样，动人视野，也可见技师们的高超技艺和创造构思。

宗教的传承，使之悠久，为营造施教的环境，非常注重庙宇的建设。以此传承下来多种庙宇。有大庙三座，中小庙六七座，村中心大寺庙，村西药王庙，村东关帝庙。双埠头村分成东西，西双埠头村有一座七贤庙，有正殿和小型配殿，加之庙门，该庙前有阅台和两棵古槐，庙中型，建筑考究，有严谨庄重的特点。村北部有东西方向一条街，西头十字路北是老爷庙，庙的左边墙外有百岁以上树龄的古槐。东边路北李家墙外有一盘石碾，左边高台处修建一座五道庙（阎王庙），前面有长方形阅台，较为宽敞。庙内有阎王爷坐像，下边左右塑有的两个小鬼。形象怪得让人吃惊，叫"招魂鬼"，一个手中举"追魂索命"四个字招牌，另一个举着"正要拿你"四字招牌，制造一种恐怖环境。为什么要建这种庙宇呢？因为此庙是为各家有过世死者准备的。孝子们要及时报告阎王爷，为了有个好归宿，俗称"报庙"。为此，人们不到神庙前休息、聊天、晒太阳。再到村中，南北方向大街北部，有一座坐北朝南的龙王庙，庙前有一眼水井，此地方比较宽敞，适合人群聚会。这里也称作"工夫市"劳务市场，一些农民带着不同工具等着，需者前来雇工。再往南前行，大道的十字路口东北角有一座土地庙，在东双埠头南大道中部，"油房张"门店前有一座龙王庙，庙前有一眼水井。庙前比较宽敞，每年正月十五灯节，有搭棚挂纸彩灯的灯会。旧时在农村点放烟火是很少有的，因此引来观灯看烟火的人很多，非常热闹。

村中的药王庙坐落在村西南角，坐北朝南，有两层大殿，配殿加耳房，山门简单，不能称为前殿，重修该庙时未能按常规建设前殿，是由于资金不到位简化了。此庙因年久失修无人管理，已成为一座荒芜杂草丛生的破庙了。新中国成立前十年左右，村中善男信女发愿重修此庙，由富户王子义（王尚仁）带头集资，开始动工。由于太荒芜了，破墙下有洞成了蛇的集结地，冬眠，施工人员发现成堆的大小蛇怎么办，又由于人们迷信，认为蛇有神气，就采取妥善的转移，在庙外耕田中挖深坑，铺上麦秸等物，将无数的冬眠蛇送进坑中埋掉了。

此庙正大殿宏伟庄严，正中塑有三尊佛像，中间为神农氏，左右为药王和药圣，东西两侧塑有十几位历代名医，如华佗、李时珍等。壁画内容丰富，彩绘高雅脱俗，富有个性，紧密围绕医学题材创作，回味无穷。壁画创作是我国建庙的巧匠技师都擅长的绝活，在此庙神像后的屏风壁画中，画有一叠药书，其中有一本竖式的书，中间的一页打开着，此壁画立体感极强，质感，动感，立体感逼真。风吹书页颤，人见欲来翻，活灵活现，这些珍贵的技艺能看到的不多了。

后殿大殿两侧建有各三间耳殿，正殿正中三尊塑像为道教太上老君，左右两尊为元始天尊和通天教主。东耳殿为济公殿，西耳殿为鲁班殿，此殿建造时我父亲捐献了全部的木料，以表对鲁班爷的敬重。

东西配殿各有耳房连接，耳房为道徒学习的教室，后来成为初级小学的教室，我在此读过私塾。

此庙重修后在每年的农历三月份举办庙会，香客众多，可见热闹的景象。

不知何时，此庙建成移民的住房，庙的踪影完全消失，为此我村的庙宇文化之景，找不到一点痕迹了。

技　艺

我村从事厨艺行业人数众多，以吴家、张家为代表。他们的厨艺水平，超出一般跑大棚的厨师，技高一筹。张家可做烤肉，吴家制作的八碟五碗四九寸大桌席，别具一格，富有风味，受到称赞。在抗美援朝时，我志愿军换防回国，有一位将军和一队官兵住在我村，我村领导派出水平最高的吴家厨师去烹调做饭，所做饭菜非常可口，为此军长感叹我村的厨艺水平高超，味道非凡，后军长将我村部分厨师推荐到北京小汤山高级疗养院，至今仍有吴家后代——吴庆宝留在那里服务。张家所做菜肴，有不同特点，都是群众喜欢的酒席。这些说明乡村的发展必须要依靠文化的支柱，我村文化的营养也蕴藏到以餐饮文化为代表的各种行业之中。

木行，张起是代表，他善于修造古典亭子，在北京有很多亭子由他修建。吴氏农具制作的犁杖，有特别的绝招，受到农民的称赞，成为修农具的专业户。编织行有冯氏为代表，编席子、绑扫帚等。兰家还会漆雕，雕漆工艺是我国独有的艺术品，在北京做特色雕漆工艺品也很出名，还送给过我父亲一把精雕细刻的小茶壶。"茶房"，就是为供应开水的工作，那时一切用土办法多，用土坯砌炉，垒成长约两三米的长灶台，烧煤或木柴，技巧在于将火苗集中上来，形成一条火龙。茶壶用白铁皮焊制，底部大上边小，三四十只水壶，烧开后送到需要之处。抻面，是制作面食的行业，过去都是手工，在举办红白事时，席上要吃面条，量是很大的，为此以王海为代表组织学员六七人参与，满足席间需要；还有以养老为主的糕点制作，他们打月饼都是能手，每逢中秋节前就开始制作满足全村人的需要，质地好，味道可口，价钱便宜的月饼，提起他无人不晓。他还有另一手好戏，就是吹唢呐。技艺超群，旋律动听，音律音色规范，甚至到北京前门大街去表演，不仅用嘴吹，还能用鼻孔吹，尤见水平之高，群众看了听了都叫好。王通是修无线电的能手，他自学成才，那时有矿石收音机，要在高树上绑紧木杆，把天线拉到房前进屋，便可听到广播，这在当时是很先进的事了，家家都喜欢，王通修收音机的手艺成为村中的一绝。

糊烧活是为了纪念故去前辈的一项活动，内容有很多，主要是前辈生前喜欢的物件如动物、建筑物等。在我们村做这行业的有两家最有声望。一是我村此项行业代表刘万库的祖父刘三爷，他一生钻研裱糊，绑架子彩绘都有独到之处，能达到以假乱真的效果，而且不断创新，别具一格。如他糊的狮子，是吸收古代石刻狮子的形象，为了达到具象，他就到草寺前的古墓，墓前有一对石刻的狮子。他将狮子的每一个部位，一一用尺子量准，认真琢磨研究狮子的神情和动态，因此糊出来的狮子栩栩如生。裱糊最大的是喷钱兽，相当一辆面包车，安装有轱辘，前边有马拉着，里面有人从喷钱兽嘴里往外撒白纸钱，在当时受到人民群众的喜欢，刘三爷也成为这个古老行业的领军人物。第二位是李成庆，他是一位全才的农民，他不仅会看风水，拿着自己的罗盘帮人选址盖房或是选墓地；还会彩画裱糊，画年画，庭院装锦画，糊顶棚等。每年年前都是最忙的阶段，为各行各业各家各户画关公像，并乐于将此行手艺传授给青年人，为民间艺术的传承服务大放异彩。

为了群众需要，还有几处杂货铺，货种齐全。由此说明双埠头的富足繁茂。

纵观我村几项行业之发展，充分说明人是作为主导地位的，只有人才汇集才能创造历史，才能推动社会发展，使我村成为具有多元文化，文化兴旺的古老村庄。

原生态种植园区
——记北京金宏帝怡园蓝湖庄园

■ 张曼璐

　　北京市通州区宋庄镇，是一片土壤肥沃的土地，在这片土地上，一直延续着农业生产，按照创新、协调、绿色、开放、共享的新发展理念，结合农业产业特色、宋庄艺术区的人文底蕴及大运河畔的生态禀赋，坐落于宋庄镇北寺村的金宏帝怡园打造了宋庄特色品牌"蓝湖庄园"，园区占地1200亩，注册资金3666万元，现投资1.8亿元。蓝湖庄园自成立以来，一直坚持生态农业、可持续农业的发展道路。

　　园区注重绿化及环境保护，在快节奏、高压力的城市生活环境下，为宋庄市民及都市人群提供亲近自然、体验生态农业的休闲之所。园区坚持以人为本，走生态农业、可持续发展农

庄园智能设施

业、净水农业的发展道路，为宋庄地区及北京市民提供高品质、无公害的优质安全农产品。

园区农产品生产种植过程中以"坚决杜绝化学肥料、农药的使用，坚持原生态安全生产"为基本原则，采用粘虫板、生物防治等技术，减少药剂使用，无农药残留无污染环境，并且不断改进种植技术，经过多年发展形成园区独具特色的"精品"农产品。

从元旦持续到五月份，有很多以红颜、章姬、白草莓为主要品种的无公害草莓可供采摘，利用蜜蜂授粉，自然成熟、安全健康。以保证草莓营养丰富、香甜可口；草莓大棚里还有另一个成员——大蒜，每隔一两米就有一棵，与大蒜间种驱虫防病减少药剂使用；粉红果实系列的西红柿品种，果实皮薄汁液丰富、沙瓤，具有浓浓的"柿子味儿"。

更值得一品的，还有蓝湖原生态米，这是 1972 年后京东地区第一次种植。由取自地下百米深处未经任何污染且富含多种矿物质的深井水灌溉长成，整个生长季保持活水、低温，人工收割、手工脱粒、精心碾制，保留大部分胚芽。营养丰富，入口香糯弹牙。

园区杜绝化学农药和肥料的使用，生产健康高品质果蔬。"可问题出现在，所有的标准化和有机操作，只能是自己知道，只能是通过说自己怎么好，告诉大家我们做了认证，但是，该怎样让大家直观地看到"，园区的工作人员如是说，"现在我们找到了合适的解决办法"。就是产品包装上的二维码，它记录了从种苗、定植再到采收的全部生产过程及农事操作。那么，这些信息又是如何传输到二维码上的？这个秘密就藏在蔬菜大棚里。

走进蓝湖庄园的种植区，一排排蔬菜大棚外观看起来很普通，然而棚中的一个"小盒子"却蕴含着高科技，那就是热传感器的显示系统。除了可以精确测试棚中的空气温湿度、土壤温度、光照强度，它还有更科技的应用，用传感器上报农事记录，就可以直接在平台上显示所有的操作，比如，该浇水时就刷浇水的卡，落秧就按落秧的卡刷。每一种农作物从种苗、定植到采收，实现全程无缝跟踪。

　　园区设有种植体验项目将农事活动与农业知识科普相结合，通过农事体验，展现农业生产劳动热烈场面：如犁地插苗、蔬菜育苗移栽、花卉盆景造型等活动；养殖体验项目：如饲养小白兔、水池摸鱼、拾鸡蛋等活动；生产体验项目：如天敌植保、蔬菜捉虫、蔬菜施肥等活动；加工体验项目：如蔬菜创意果盘、磨豆浆、五谷贴画等。

　　园区依据国家教育发展方针并结合自身种植优势，打造蓝湖中医药文化实践基地，于 2015 年成功申报通州区中小学生社会大课堂资源单位，于 2017 年至 2020 年成功申报北京市中小学生社会大课堂资源单位，曾接待中小学生 5 万余人次；基地建设有中草药种植区、学生种植体验区、中医药课程体验区、农产品质量安全检测实验，在这里可以体验中草药种植、中草药应用、中医传统文化、食品安全检测、现代农业体验、艺术手工等项目，是一个集中医药文化体验、青少年教育、农事体验、观光旅游为一体的综合性实践教育基地。

　　最近几年，在宋庄镇政府的大力支持下，宋庄镇特色农业产业规模壮大，已形成多家具有特色的生态农业体验片区，如位于翟里村的农艺农集体农场，南马庄村的名仕农庄，小邓村的大运祥和科技种植园区，内军庄村的本然农场等等，在宋庄落地生花，相信这些现代农业种植园区也将带给宋庄不一样的明天。

宋庄驾校——独具特色的村办企业

■ 张 正

　　20 世纪 80 年代通县宋庄镇宋庄村诞生了一家另类的村办企业，这就是宋庄村摩托车驾驶学校，也是北京市首家村办机动车驾校。

　　1985 年 12 月，位于现通怀路宋庄村段路西侧的宋庄村摩托车驾驶学校经过一年多的筹备顺利开业了，学校占地三十余亩，分别为办公区和练习区，办公区为一栋四百平方米的二层小楼，内设报名室、预约室、培训室、交通规则、机械常识考试教室，还有驾校自己的办公室等。办公楼的西侧一封闭大院内为教练场，场地内设有坡道、涉水、沙坑、8字、单边桥等练习设施，当年也是北京市三家摩托车教练场设施最全的一家。驾校成立初期备有各类摩托车近二十辆，即有 250 型两轮摩托车十辆、750 侧三轮一辆、轻骑一辆，后又添置后三轮五辆，有培训教员十余人。驾校自成立后每年都有约五千人报名学习，由于学校管理到位、安全有序、学习效果好，自 1989 年开始至 1992 年驾校连续三年被北京市车辆管理所评为先进单位，从而也获得了北京市第一家机动车计时培训的驾驶学校，这又极大地提升了培训效率。由于驾校各项工作开展的好，还引来了北京老山摩托车驾驶学校等多家机动车驾校前来宋庄观摩学习。

　　由于优质的服务产生了较好的收益，加之社会上对机动车学习需求的增加，1992 年宋庄村又决定成立汽车驾驶学校，经一年的努力筹建，于 1993 年正式营业，学校建在现艺术工厂路北侧，占地四十余亩，学校最北侧是一排近四百平方米的平房，作为办公、报名、电教室、笔试培训、考试区域，房前大院则为培训场地，同样的是各种练习设施齐全。建校初期引进的教练车为 1031 型共三十辆，后期又进了 1041 型 22 辆，还有一辆 212 吉普车，教员近五十人，每年招收学员约六千人。

宋庄村机动车驾驶学校作为村办企业可谓独树一帜，这应归功于村委会集体正确决策，学校办的有声有色更离不开校长史秀琴，史校长作为一名党员，时刻以事业为重，接手摩托车驾校时已 35 岁，从两个学校的筹备的事无巨细，到培训业务从生到熟，还是各管理层面的方方面面都离不开这位好校长。为了提高自己的文化水平和管理能力，还于 1987 年报考了成人教育，取得了大专证书，为了村里的这个企业真正做到了不计名利、尽心竭力。

2001 年通州区成立了联合机动车驾驶学校，宋庄村的汽车、摩托车驾驶学校也并入其中，从而结束了宋庄村办机动车驾驶学校企业的历史，但十五年时间的驾校也为宋庄村带来了可观的经济收入，为村子的发展做出了重要贡献。

（张 正，通州区民间文艺家协会会长，通州区政协特邀文史委员）

闲话 "富河"

■ 丁兆博

笔者所在单位地理坐落称之为"北京市通州区富河大街",曾经还用过"北京市通州区西富河园"。这是依据"富河"来进行命名的吗?富河在哪里?带着对"富河"的这些疑问,笔者翻开了通州地方志书,终于有所收获:在北京通州宋庄镇西北部,曾经的确有一条名为"富河"的河流通过,它承载着悠久的历史。

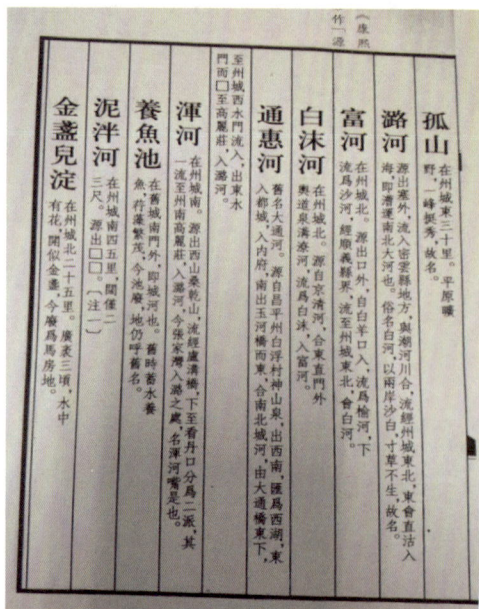

文献资料

一、地方志钩沉

先后查阅明嘉靖《通州志略》、清光绪《通州志》后,发现以下情况:

明嘉靖《通州志略》记载:"富河,在州城北。源出口外,自白羊口入,流为榆河,下流为沙河,

《通州志》内文

经顺义县界，流至州城东北，会白河。"[1] 而在此志书出版整理过程中此处添加了一个批注：《康熙通州志》作"源无考"。

　　此处记载过于简略，根据此处记载推测的话，富河可能是"榆河"下游。据此作进一步查考的话，《康熙通州志》已无必要。向下再查，只有清光绪《通州志》记载较为详细，且具有考证依据。

　　清光绪《通州志》中记载的富河，又有了个不一样的来源，即"古沽水"。另外引用了《水经注》《读史方舆纪要》《长安客话》等记载

1　明嘉靖《通州志略》卷一

进行佐证。

由此我们可以初步弄清楚，"榆河"（亦即今日之温榆河）是"古湿余水"，其汇入"古沽水"后成为"富河"。

二、史书探寻

想要彻底清楚"古沽水""古湿余水"的情况，则须循着清光绪《通州志》作者们的足迹继续探考北魏·郦道元《水经注》卷十四的相关记载：

湿余水出上谷居庸关东，关在沮阳城东南六十里居庸界……南流历故关下。溪之东岸有石室三层，其户牖扇扉，悉石也，盖故关之候台矣。……其水历山南径军都县界，又谓之军都关。《续汉书》曰：尚书卢植隐上谷军都山是也。其水南流出关，谓之下口，水流潜伏十许里也。

东流过军都县南，又东流过蓟县北，湿余水故渎东径军都县故城南，又东，重源潜发，积而为潭，谓之湿余潭。又东流，易荆水注之，其水导源西北千蓼泉，亦曰丁蓼水，东南流径郁山西，谓之易荆水。……易荆水又东，左合虎眼泉水，出平川，东南流入易荆水。又东南与孤山之水合，水发川左，导源孤山，东南流入易荆水，谓之塔界水。又东径蓟城，又东经昌平县故城南，又谓之昌平水。《魏土地记》曰：蓟城东北百四十里有昌平城，城西有昌平河，又东流注湿余水。湿余水又东南流，左合芹城水，水出北山，南径芹城，东南流注湿余水。湿余水又东南流经安乐故城西……又北屈东南至狐奴县[2]西，入于沽河。……湿余水于县西南东入沽河。故《地理志》曰：湿余水自军都县东至潞南入沽是也。

沽河从塞外来，沽河出御夷镇西北九十里丹花岭下，东南流，大谷水注之，水发镇北大谷溪，西南流，径独石北界，石孤生，不因阿而自恃。又南，九源水注之，水导北川，左右翼注。八川共成一水，故有九源之称，其水南流，至独石注大谷水。大谷水又南径独石西，又南径御夷镇城西。魏太和中，置以捍北狄也。又东南，尖谷水注之，水源出镇城东北尖溪，西南流径镇城东，西南流注大谷水，乱流南注沽水。……沽水又南，左合

---

2 今北京市顺义区

乾溪水，引北川西南径一故亭东，又西南注沽水。沽水又酒南径赤城[3]东……。沽水又东南与鹊谷水合，……又东南径一故亭，又东，左与候卤水合，……又东南径温泉东……又径赤城西，屈径其城南，……沽水又西南流出山，径渔阳县[4]故城西，而南合七度水……沽水又南，渔水注之，水出县东南平地泉流，西径渔阳县故城南。……秦发闾左戍渔阳。即是城也。渔水又西南入沽水。沽水又南与螺山之水合，水出渔阳城南小山。……沽水又南径安乐县故城东。《晋书地道记》曰：晋封刘禅为公国。俗谓之西潞水也。南过渔阳狐奴县北，西南与湿余水合，为潞河；沽水西南流径狐奴山西，又南径狐奴县故城西。……沽水又南，阳重沟水注之……沽水又南，湿余水注之。沽水又南，左会鲍丘水，世所谓东潞也。沽水又南径潞县[5]为潞河。……

又东南至雍奴县西，为笥沟；漂水入焉，俗谓之合口也。又东，鲍丘水于县西北而东出。又东南至泉州县[6]，与清河合，东入于海。……

不难发现，在北魏以及更早的时期，曾经有一条叫作"沽水"的河流北起张家口赤城县北（今沽源县），一路汇集若干大小支流，向东南直达天津入海。而今天北起沽源县南到密云水库的白河河道，就是沽水故道。而"湿余水"源自居庸关，在狐奴县（今顺义区）西南作为一个较大的支流注入沽水。

三、沽水与富河

自春秋起，沽水流域所在的地理区域就是战争密集地。北魏之后，隋唐、两宋的大战都波及此地。长时间的地理变化、战争、防御工程、城防建设以及金中都、元大都兴建等因素对这一带的自然环境影响极大。沽水"河性悍，迁徙无常，俗称自在河"。在张家口至密云段，其河道屈曲、随山转向，受两岸山地挟制，不能泛滥。然而山地"束水"作用

---

3 今河北省张家口市赤城县

4 今北京市密云区

5 今北京市通州区

6 今属天津市武清区

蓄积的巨大能量，随着河流冲出密云山区，就如同猛兽下山一般不可控。于是在顺义的平原地区漫漶开来，造成常年水患。这种情况下，不会有明显的主要河道。

随着发生在长城一线的南北冲突在历史中逐渐平息，密云、顺义一带也不再是战场与前线，百姓有安居的理想与要求。这种影响百姓生活的局部水患也逐步得到治理。从《通州志略》的简要记载和发生的谬误可以推测，到明朝嘉靖之前，沽水中游就可能被人为并流。并流的措施，可能是对自然形成的小河道进行拓宽、加深。这也就是"富壕"的来历，"壕"带有明显的人工干预色彩。虽然如此，可能沽水还是有一大部分不能进入富河河道，仍然对周边构成威胁。于是"潮白并流"的构想与实践也就开始了。

直至新中国成立后，作为首都重点水利工程兴建的密云水库则彻底驯服了这条凶悍的河流，废掉其从密云到通州的下游河道，潮白两河并流，同时向东侧开阔地区平移、拓宽河道，使水流趋缓。古沽水（白河）从此被潮河接纳，密云、顺义不再遭受水患，潮白河两岸成为了良田。

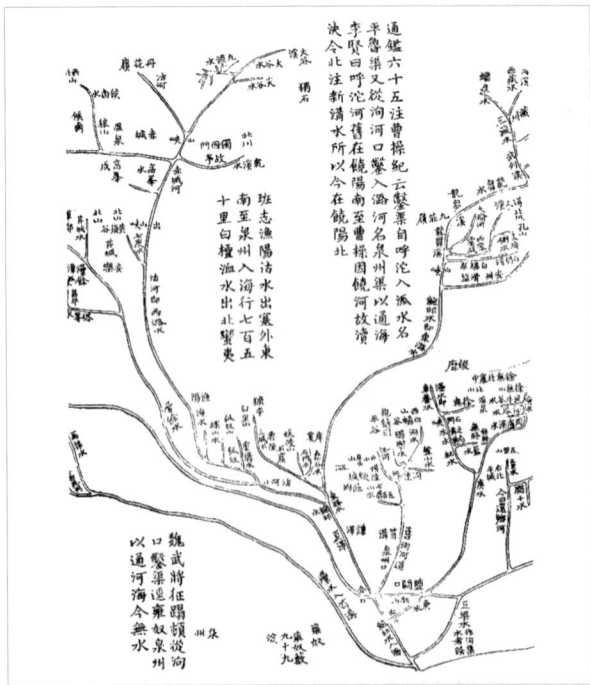

河流地图

湿余水（即榆河，今温榆河）处于居庸关防守线内侧，受到战争影响较小，水量还能保持充沛，后来逐渐成为富河的主要水源。因此导致史书记载认为富河就是"榆河"下游，也在情理之中。几百年来，经过多次人工干预，富河由沽水而来的水量逐渐变小甚至消失。温榆河与沽水曾经并流的河道现在只有温榆河水流淌。因此富河在通州境内的一段河道也就直接统一名称为温榆河了。

四、"富河"的财富

光绪《通州志》也有记载漕粮由富河分运的情况，而且可以将军粮经清河直接送达北京北部的军营，可见富河河道也是北运河转运物资的重要分运渠道。因而，富河曾经也是物资聚集的财富通道。"沽"有买卖之意，"富"则寄托了流水生财的愿望，改"富壕"为"富豪"则寄托了美好的致富愿望。这富河的确承载了财富积累之寓意。然而，对于通州来说，富河之畔最大的财富可能是一笔精神上的无价之宝。

就在温榆河与富河交汇的不远处，四百年前曾埋葬了一位伟大的思想家、教育家，他就是明朝泰州学派的一代宗师李贽。他秉承王阳明心学又不拘泥于心学，守孔子"仁"之初心，敢于思辨和质疑，坚决反对假借孔夫子之名的理学、道学和黑暗礼教，同时又借佛学力量，将"仁爱"推向了新的高度。他关注人内心力量的成长。他的思想和实践，处处体现着令人惊叹的超前性、创新性和革命性，其思想精髓甚至可以跨越五百多年与今天的"不忘初心"新思想共鸣。

李贽生活在假道学最为猖狂的时代，他在礼教束缚思想最为黑暗的环境下用尽全部生命与之斗争。其《焚书》《续焚书》都旗帜鲜明地表明自己反对假道学的观点，在《藏书》中对明朝以前的全部有文字的历史进行了重新点评。以广博且扎实的学识、发展的眼光、创新的思维对许多历史人物、历史事件做出新的评判。其思想闪耀着人性的光芒，在暗夜中燃起一盏足以光照后世的明灯，为后人点燃冲破黑暗的希望。

李贽在 75 岁的时候被捕入狱，罪名是万历皇帝亲自给他罗织的，最终不堪受辱自尽而亡。其遗体由曾任御史的通州名仕马经纶安葬于"马厂村西迎福寺"（即北京胸科医院家属区西侧、富河西南岸、京承铁路线的位置）。而马经纶甘愿陪同李贽入狱的勇气及维护真理的风骨，也足以让人仰望。李贽的遗骨几经周折，在叶恭绰、章士钊、柳亚子、李根源、陈垣等文化大家的呼吁下、在周恩来总理的关注下得到了有效保护，现迁移到通州区西海子公园内。

2006 年以来，通州区对境内温榆河河道进行大力治理和绿化，在河两岸建成了湿地公园，生态得到恢复和发展。昔日的富河作为漕运辅助渠道，储运繁忙、商业发达，是财富积累的富裕之河。今日的富河两岸，鸟鸣虫唱、生机勃勃。李贽先生留下的巨大思想宝库则是今天建设北京城市副中心的精神财富。人与自然和谐共生、思想的今古呼应，这才是今天留给富河两岸最大的财富。

参考文献

1.[明] 杨行中纂辑 刘宗永校点 . 嘉靖 通州志略 [M]. 北京：中国书店，2007

2.[北魏] 郦道元原著 [清] 汪士铎 图 陈桥驿 校释 水经注图 [M]. 山东：山东画报出版社，2003

3.[北魏] 郦道元撰 [清] 王先谦校 . 水经注 [M]. 武英殿聚珍版，思贤讲舍刊印，光绪十八年（1892）

4.[清] 王维珍纂 . 通州志 [M]. 光绪五年（1879）

流经宋庄镇域几条河流的治理

■ 崔洪生

通州区境内共有北运河、潮白河、温榆河三大河流，每条河流又有数条支流，共计有大小十余条河流，形成区域河流水系网络。在三大河流水系中，潮白河和温榆河流经宋庄镇，加上支流小中河、中坝河、运潮减，共有五条大小河流，构成宋庄镇域内丰富的水资源。新中国成立后，党和政府高度重视水利事业，在市、区（县）统一领导和组织下，相继实施了一系列治水工程，疏浚整治河道，治理水患灾害，复堤筑堤绿化，构建农田水网，实行灌区改造。进入工业化和城市化发展阶段，进一步转变治水思路，在河道上修建闸坝桥涵等水利工程设施，开发保护水资源，大力治理水污染，统筹城乡水务，实现水的循环利用，为北京城市副中心建设营造清澈优美的水环境。

温榆河治理

温榆河属北运河水系，与北运河起点相连，发源于燕山山脉南麓、北京昌平、延庆、海淀山区及丘陵地带，温榆河干流起自昌平区沙河水库，流经昌平区、朝阳区和顺义区，先后纳蔺沟河、清河、坝河、小中河、中坝河等支流，于宋庄镇（原徐辛庄镇）管头村入境，至永顺镇北关闸处入北运河。通州区境内左岸长 14.5 千米，右岸长 3.4 千米，堤防长 18 千米，河床均宽 168 米，河底宽 86 ～ 124 米，流域面积 25.23 平方千米，流经宋庄镇和永顺镇 12 个村，防洪除涝面积 2 万亩。

新中国成立后，通县对温榆河进行数次较大规模的治理，提高河道防洪能力和两岸农田的排涝标准。1951 年温榆河在汛期决口，汛期后即组织民工进行堵口复堤工程，同年组织民工数千人对温榆河进行疏挖治理。1955 年，组织民工对温榆河进行复堤工程，修筑堤防长 2052 米。1957 年 10 月至 11 月，组织 170 名民工修筑温榆河尹各庄至皮村段左堤。

为了根治温榆河的水涝灾害，1970 年秋，北京市东南郊治涝工程指挥部组织沿河的通县、顺义、朝阳、昌平、海淀等 5 个区县治理温榆河。工程分两期进行。一期工程于 1970 年 10 月中旬至 12 月中旬和 1971 年 3 月中旬至 5 月中旬进行。疏挖通县北关至顺义县龙道河口，全长 21 千米。通县境内河宽由北关铁路桥起往上 0+040 至 0+059 为 124 米，0+059 至 20+200 为 100 米，12+200 至 15+405 为 86 米。左堤顶宽 7.5 米，右堤顶宽 5.5 米，两堤相距 300 米。葛渠至尹各庄段，将温榆河裁弯取直。在一期工程中，通县从 15 个公社（农场）抽调 1.29 万名民工，组成通县支队参加疏浚工程。二期工程于 1971 年冬至 1972 年春进行。疏挖顺义龙道河口至昌平县沙河闸 25.4 千米的河段。

温榆河两期疏浚工程，完成疏挖河道长 46.4 千米，两岸筑堤 66 千米。温榆河整治后，大大提高了温榆河防洪能力和两岸农田排涝配套标准。

1987 年春，通县对温榆河范庄段闸涵处及 175 米大堤进行加固工程。

1994 年 12 月，为解决温饱榆河右堤堤顶路面坑洼不平、雨天泥泞、防汛车辆难以通行问题，在温榆河右堤由小场沟出口至通顺公路桥段修长 2000 米 7 米宽柏油路面。1998 年 2 月 12 日，落实通州区林业工作会议精神，通州区水利局实施温榆河绿化工程，树种为雄株毛白杨，堤顶内外各种 1 行，堤脚内外各种 2 行，共植树 3 万余株。

2001年11月至12月，为落实市委市政府关于温榆河建设生态平衡、具有天然风光的人居工程等有关指示精神，兼顾防洪排水、污水处理、水资源综合利用、生态平衡、人居环境，扩大水面绿地，恢复天然风光，建成最适合人居的三环绿水绕京城中

2001年温榆河通州段治理工程

最美的地段，通州区实施温榆河通州区段综合整治主要包括主河道疏挖、两侧筑堤、河道绿化、滨河路以及沿河建筑物新建、改建等工程。工程起点左岸为顺义分界点，右岸为朝阳区分界点，终点为北关拦河闸，左侧河道全长14.5千米；右侧河道长3.4千米。堤顶宽9米，完成挖河、筑堤土方310万立方米。

2002年1月10日，市长刘淇等市领导到通州区对温榆河治理工程进行调研，刘淇强调，要按照以水为魂，以绿为体，以人为本的原则，把温榆河建成京郊重要的生态公园，这对提升北京城市形象，提高百姓生活质量都有重要意义。同年春，对温榆河沿线进行绿化，面积4.6万亩，绿化植树1.5万株，初步构成通州区段绿色走廊。2003年6月，通州区对温榆河京承铁路桥以上5000米河道进行生态治理，堤内以微地形改造为主，种植草地、水生植物等微型景观，种植草坪23万平方米，树木1000株，花灌木2万多株，由香港球皇集团投资4000万元。

小中河治理

小中河属北运河水系，温榆河支流，位于通州区北部。发源于怀柔区莱坞乡，流经顺义区，于宋庄镇葛渠村北入通州区境，向南流经富豪村东南，于永顺镇北关入温榆河。小中河主河道全长55千米，流域面积201平方千米，通州区境内河道长13.5千米，堤防长27千米，河床均宽35米，河底均宽15米，流域面积181.4平方千米，最大排洪能力为58立方米每秒。流经宋庄、永顺镇11个村庄，其中宋庄镇9个村庄，防洪除涝面积近2万亩，堤防绿化植树2万株，是宋庄、永顺两镇一条重要排灌河道。

1951年和1965年，对小中河进行两次治理。1974年，对小中河进行复堤。

经过20多年的运用，小中河河床淤积严重。岗子桥和寨辛庄桥等建筑物在汛期严重积水，河道泄洪能力降至30～40立方米每秒。汛期仅顺义县排洪就达50～60立方米每秒，加上温榆河水顶托，河道行洪不畅，当北关闸前水位大19.4米时，徐辛庄草寺村及顺义县张辛庄一带两岸农田积水，不能及时排出，使小中河及潮白河故道西岸的4000余亩农田形成沥涝。

1990年3月11日至19日，通县实施小中河疏挖工程，全县16个乡镇、1个农场和县机关各局、公司参加施工。完成清淤土方18.4万立方米，复堤4300米，河口—富豪铁路桥大堤按50年一遇标准，建筑物按20年一遇标准校核，改建了刘庄桥。期间，县领导和机关干部到工地参加劳动。市领导先后两次检查小中河工程，并对通县进行了表扬。

经过多次疏挖整治，小中河防洪标准达到5年一遇洪水。由于1994年"7·12"大雨，徐辛庄镇和城关镇受淹，同年10月实施小中河疏挖治理工程。按10年一遇行洪标准治理，最大行洪能力100立方米每秒，由岗子桥至富豪桥疏挖河道，河底宽在原15米基础上加宽5米，达到20米，边坡1：2，纵坡1/10000，部分河段裁弯取直，完成土方 33 万立方米。富豪桥至出水口修筑右堤，加高培厚，堤顶宽 4 米，出水口处堤顶高程 22.5 米。

1995 年 2 月 1 至 5 月，实施小中河草寺橡胶坝工程，该坝为斜坡式，底宽 20 米，坝袋长 33 米，坝底高程 18.65 米，坝顶高程 21.15 米，坝袋高 2.5 米。工程完成后可蓄水量 100 万立方米，改善农田灌溉面积 1.5 万亩。

1997 年，北京市水利局分三段对小中河进行治理，整个工程分上、中、下三段（上段和中段由顺义区水利局在 1997—1998 年完成）。下段（通州区段）小中河治理工程起点在顺义、通州两区交界，终点在北关分洪闸上游温榆河入口处，1998 年 11 月开工。河底加宽：区界—潮白河故道（中坝河）口 40 米，潮白河故道（中坝河）口—北关分洪闸 50 米；河道采用单式断面，堤顶宽 5 米，主要建筑物均按四级建筑设计，堤防工程级别为四级。防洪标准 10 年一遇洪水排涝，20 年一遇洪水排洪，同时考虑温榆河 50 年一遇洪水回水的影响。至 2000 年 6 月，小中河治理完工，改建穿堤闸涵 43 座，改建桥梁 4 座，拆闸改橡胶坝 1 座。

1999 年 9 月至 11 月，通州区对小中河草寺桥进行改建。原桥为 3 跨 10 米 T 型梁结构，长 30 米，宽 7 米，小中河拓宽后，旧桥往西接 2 孔；新桥长 50 米，宽 7 米，改建标准汽—10。同期，通州区实施小中河寨辛庄桥拆旧建新工程。原桥为 6 跨槽型板桥，桥长 42 米，桥宽 5 米，设计标准低。小中河河道拓宽后，旧桥拆除，原址建新桥，桥长 60 米，宽 6.4 米，为四孔 15 米 T 型梁桥，设计标准汽—15、挂—80。同时，实施小中河刘庄桥改、扩建工程。原桥建于 20 世纪 90 年代初，设计标准比较高，小中河 1998 年河道治理中拓宽后，旧桥向西顺接 1 孔 15 米。扩建后桥梁长 60 米，为四孔 15 米预应力 T 型梁结构，设计标准汽—15、挂—80。1999 年 10 月至 2000 年 4 月，实施小中河窑上桥扩建工程。旧桥为 4 跨 10 米 T 型梁桥，长 40 米，宽 7.5 米。小中河拓宽后，扩建新桥长 60 米，宽 8 米，为四孔 15 米 T 型梁桥，设计标准汽—15、挂—80。

2000 年 3 月下旬至 7 月底，通州区实施刘庄闸改橡胶坝工程。因 1998 年小中河治理工程中河道加宽，刘庄橡胶坝已失去调节水位的作用，经市水利局、区水利局商定，拆除旧闸改建橡胶坝。新建橡胶坝为 1 孔斜坡式充水橡胶坝，坝底高程为 17.5 米，坝顶高程为 20 米，坝长 55 米，坝高 2.5 米。坝下游在海墁位置修建 1 座人行便桥，桥长 64 米，宽 2 米，桥柱为单柱式，桥梁为 7 孔"兀"型梁。橡胶坝运行后，增加蓄水量 100 万立方米，年回补地下水 150 万立方米，改善农田灌排面积 3 万亩。

中坝河治理

中坝河又称潮白河故道，属北运河水系、温榆河支流，位于通州区北部。北起顺义区界，接潮白引水渠后，南流经宋庄镇大庞村，于永顺镇刘庄闸北汇入小中河。河道全长 9 千米，流域面积 20 平方千米。流经宋庄永顺地区的 8 个村庄，防洪除涝面积近 1 万亩。

2007 年中坝河改线工程

1939 年，洪水暴涨。潮白河水于顺义县苏庄大闸处决口，大闸被冲毁，潮白河夺箭杆河南下，苏庄闸以下原潮白河道（今中坝河）废除，中坝河因无水源而终年干涸。1964 年，通县组织民工开挖潮白河引水渠，将潮白河水引入中坝河，灌溉农田。1975 年秋，通县组织民工对平家疃至小中河长 4000 米的河道疏挖。1976 年 3 月，通县在小中河刘庄西修建刘庄闸，建成后，每年到灌溉期蓄水，可回水中坝河至平家疃。1982 年顺义县在潮白河上修建向阳闸，非汛期通县境内潮白河水干涸，潮白引水无水可引，中坝河断流。

1996 年 3 月中旬至 6 月中旬，实施中坝河大庞村橡胶坝工程。该工程位于徐辛庄镇大庞村东中坝河上，坝为斜坡式，坝长 25 米，坝高 2.5 米，坝底高程 19.0 米，蓄水高程 21.5 米；蓄水量 40 万立方米，可改善灌溉面积 2.5 万亩。

1997 年 3 月 12 日至 23 日，针对河道运行多年排水不畅，通县实施治理中坝河一期工程。工程北起通顺边界 1500 米处，南至刘庄闸，河底宽 10 ~ 15 米，上口宽 30 ~ 35 米。同年 10 月 1 至 11 月，实施中坝河二期治理工程（通顺边界—中坝河一期治理起点），全长 1500 米，上口宽 32 米，河底宽 12 米，两岸筑堤，堤顶宽 4 米。工程完成后，解决上游地区和徐辛庄镇、宋庄镇、永顺镇 8 个村约 1 万亩农田排水问题。

1998 年春季，实施中坝河绿化工程，共植树 1.5 万株，树种为毛白杨。

2007 年 1 月，通州区实施潞苑北大街工程。该工程需在宋庄镇东环西侧两次横穿中坝河，根据整体规划需要及减少道路穿越河道桥梁数量，对中坝河 865 米老河道进行改线，主河道向北改移。改线后河道左岸上口距离潞苑北大街北红线 30 米。改线工程新挖河道长度 610 米，上、下游河道顺接长度 470 米，新 2007 年中坝河改线工程挖河道河底宽 15 米，上口宽 33 米，高 4.5 米。工程新建、改建闸涵 6 处，新建雨水管线 610 米，混凝土方砖护砌 9000 平方米。

潮白河治理

历史上，潮白河河床极不稳定，堤防年久失修，每当汛期水涨即泛滥成灾。新中国成立后，北京市和通县组织对潮白河进行数次治理，人工开挖了运潮减河，建成一座拦河坝。

河道治理 潮白河系海河北系四大河流之一，是通州区东部一条边界河，上源为潮河和白河两大支流，两河在密云县城西南河槽村东汇合，以下河道称潮白河。干流于通州区东北部港北村入境，沿通州区与河北省三河市、大厂回族自治县和香河县边界南流，在西集镇大沙务村出境。通州区境内河道长 41.7 千米，堤防长 36.6 千米，河床均宽 350 米，河底均宽 200 米，流域面积 69.6 平方千米，流经宋庄镇、潞城镇和西集镇 3 个镇，防洪除涝面积 21.4 万亩。通州区境内其支流是人工开挖的运潮减河。

历史上，潮白河害大于利，由于潮、白二河汇入平原后，河道变宽且浅，河床地质结构由粗变细，中泓在两岸沙滩间迂曲摆动，河床极不稳定。左右堤修筑时间不一，多为 1939 年后修筑，顶宽 2 ~ 4 米，年久失修，残破不全，每当汛期水涨便泛滥成灾。

1949 年汛期，潮白河全线多处溃堤漫流，水淹京东各县。1950 年春对潮白河进行大规模治理，组织民工对潮白河通县段右堤进行复堤工程，完成土方 100 万立方米，投资 10 元。随后，参加了香河县境内的开挖潮白新河，通县牛牧屯段分洪等工程。1958 年至 1960 年，河北省与北京市为了根治潮白河水害和更好地利用潮白河水资源，在潮白河上游修建了怀柔、密云等大型水库，从而控制了潮白河 80% 的流域面积。50 年代至 60 年代初，通县先后参加了小杨各庄、港北、后榆林庄、燕山营、于辛庄、大沙务等险工险段等工程。

1978 年 10 月，按照统一规划，对自顺义县河南村至通县大沙务潮白河右堤，全线加高培厚，通县负责本县界港北至大沙务右堤段工程，全长 36 千米，设计顶宽 8 米。工期分为二期进行，采用民办公助形式。一期复堤工程于 1978 年 10 月至 9 月，对港北闸至运潮减河口 14.4 千米的右堤进行复堤。工程中翻建进水闸 6 座，穿堤涵管 23 处。由于冬季施工，回填的是冻土，碾压不实，开春后造成部分堤段发生沉陷、开裂问题，随后进行了返工。潮白河二期复堤工程 1979 年 10 月至 11 月，由减河口至大沙务全长 22.2 千米，完全采用筑堤方式进行，分层取样，不合格的部位立即进行返工。

2006 年潮白河小杨各庄段整治工程

以上工程共完成土方 307.94 万立方米，用工 325.82 万个，投资 375 万元。在复堤工程中，统筹兼顾地安排了大堤绿化，并按潮白河管段建立了潮白河管理所，为加强堤防管理创造了条件。

潮白河在通县境内有险工 17 处，新中国成立后多次护砌，其中在宋庄镇段内有港北、郝各庄、小杨各庄、白庙、摇不动。境内有桥 3 座。在宋庄镇白庙村东，1963 年由市公路局修建的混凝土公路桥，桥长 266.4 米，宽 7 米。因该桥不适应交通需要，1990 年，在该南侧又重修建一座新桥。

1991 年 3 月至 4 月，北京市组织实施潮白河开发利用复右堤工程。通县段北起港北闸北 136 米处县界，南至运潮减河口，长 14.1 千米，堤面修 9 米宽 2 级柏油路。改建、扩建闸涵穿堤工程 16 处。1995 年 11 月至 12 月，为解决白庙村和 3000 亩农田保护问题，实施潮白河西套堤及坝以上主河道清淤工程，筑堤标准为 20 年一遇，堤长 1450 米，堤顶宽 8 米。

2006 年 6 月至 8 月，为遏制因盗采砂石对河道环境造成的破坏，保护通州区水源地安全，恢复河道生态功能，实施潮白河综合整治工程。期间，共组织联合执法94次，拆除堤内违章建筑22处计1410平方米，取缔堤外非法砂石场23家，切断非法运砂引路9条，动用土方量7万立方米；完成5千米滩地平整恢复、5千米河道护坡及绿化平台建设，回填土方165万立方米，修筑白庙段防浪墙150米。

2006年10月25日至11月底，通州区实施潮白河港北至师姑庄段河道绿化工程。沿潮白河港北村至师姑庄村14千米河滩地，白庙至小杨各庄5千米新筑巡河堤两侧堤防，共计19千米。整个工程新打浇树机井70眼，绿化植树2.7万株，新增潮白河沿岸绿化带560亩。2007年春季，实施潮白河河道二期绿化工程。在师姑庄至港北段堤内荒滩进行绿化，全长20余千米，总面积690亩，共栽植树木5万余株。潮白河右堤建景点12处，分别栽植杨树、柳树、洋槐等高乔树木，种植连翘等花卉植物。工程有效地巩固了打击盗采砂石工作成果，改善了潮白河沿岸的水系环境。

2007年4月20日至9月30日，通州区水务局潮白河管理所组织实施潮白河水源地保护工程。工程地点是潮白河与运潮减河交汇口上游地段，覆盖面积70万平方米，对河道滩地内采沙坑、洼地和不规则地形进行修整形成蓄水塘，将余土修整成微地形，符合湿地绿化条件，并对工程范围内堤顶水毁路面进行修复。通过人工修整，区域内沟渠连接，水面蜿蜒循环，湿地范围内形成约40万平方米水面，最大蓄水量60万立方米。工程有效改善潮白河周边生态水环境，消除安全隐患，为建设"滨水宜居"新城创造景观亮点，同时消除因盗采砂石留下的隐患，确保城市自来水厂水源地安全。

2007年10月，实施潮白河港北至白庙橡胶坝段河道整治工程。完成该区域河道平整和河岸修复4.6千米，平整河床38.4万平方米，回填土方20.48万立方米，切断非法开采砂石入河引道9条。通过整治，恢复河道功能，改善生态环境，遏制了盗采砂石现象。

闸坝建设 90年代初，因连续多年干旱，出现罕见旱情，地下水位大幅度下降。为补充和回灌地下水，同时扩大水面，改善生态环境，1994年3月，通县在潮白河上实施兴各庄橡胶坝工程，该橡胶坝是潮白河开发治理工程的重要组成部分，为潮白河通州区境内第一座橡胶坝。兴各庄橡胶坝总长304.4米，坝底高程14.8米，坝高3.2米，蓄水高程18.0米。是年7月20日坝袋安装，正式充坝蓄水，蓄水量1200万立方米，年回补地下水1500万立方米，改善农田灌溉面积10万亩。该橡胶坝拦蓄调节上游的基流，涵养潮白河通县段地下水，改善这一带生态环境。2006年11月，对潮白河兴各庄橡胶坝坝袋进行更新，恢复1200万立方米的蓄水能力。

潮白河通州段沿右岸为通县自来水厂水源地，由于连年干旱、超量开采，致使地下水位大幅度下降，漏斗区不断扩大。为涵养水源地，1996年3月至5月，通县修建潮白河白庙橡胶坝。该坝位于潮白河白庙桥上游49米处，西临通县宋庄镇白庙村，东临河北省三河市燕郊镇。橡胶坝长256.4米，坝高3.0米，坝底高程18.00米，顶高程21.00米。是年6月3日投入运行后，共形成300万平方米（**4500亩**）水面，回水到顺义境内1000米，蓄水量800万立方米，年回补地下水1500万立方米，改善农田灌溉面积10万亩.

兴各庄橡胶坝和白庙橡胶坝建成后，一次蓄水2000万立方米，年回补地下水3000万立方米，为缓解通县东部地区水源紧张状况起到很大的作用。为保护有限的水资源，实现"阶梯建坝、分段蓄水"的建设方案，1997年3月至6月，建成潮白河于辛庄橡胶坝，系潮白河通州区境内第三座橡胶坝。橡胶坝投入使用后，坝前蓄水量350万立方米，并与上游兴各庄橡胶坝、白庙橡胶坝形成梯级蓄水，年计划回补地下水800万立方米，改善农田灌溉面积5.5万亩。

由于潮白河左岸河北省部分村庄河道非法采砂，于辛庄橡胶坝下游左侧河道坍塌严重，对该橡胶坝造成很大威胁。2009年10月至2010年1月，对于辛庄橡胶坝进行了加固。至2010年，潮白河通州区干支流上共建有 4 座橡胶坝、1 处分洪枢纽工程、两条堤防绿化带和多处水生态景区。

运潮减河治理

潮白河支流是运潮减河，位于通州区东北部，西起通州北关，东至潞城镇东堡村北入潮白河。河道长 11.5 千米，堤防长 20 千米，河床均宽 128 米，河底均宽 80 米，深 5 ~ 6 米。流域面积 20 平方千米，流经永顺镇、宋庄镇、潞城镇 3 个镇，河道沿线建有龙旺庄、召里和师姑庄 3 座跨河桥梁，防洪除涝面积 3 万余亩，堤防绿化植树 8 万株。

运潮减河是通州区境内一条大型人工分洪河道，于 1963 年汛前完工，建成后对削减北运河的洪峰流量，减轻北运河对下游各河道河水的顶托，以及沿河灌溉排涝发挥了重要作用。

1995 年 5 月至 11 月，实施运潮减河龙旺庄桥改建工程，桥长 125 米，为钢筋混凝土 T 型梁结构。2000 年 2 月至 9 月 20 日，实施六环路跨运潮减河桥工程。该桥位于龙旺庄村南，为北京市外二环路的重要组成部分，桥长 324 米，桥宽 26 米，为 25 米跨 T 型梁钢筋混凝土结构，防洪标准百年一遇，地震设防裂度 8 度。2003 年，实施运潮减河召里桥工程，该工程地处胡各庄村北，为钢筋混凝土预应力结构，桥长 149.6 米，桥宽 18 米，防震烈度 8 度。2009 年 9 月 10 日至 2010 年 10 月，在运潮减河下游建成师姑庄橡胶坝。至 2010 年，运潮减河上共建有京哈高速桥、芙蓉桥、外六环桥、京秦铁路桥、召里桥、师姑庄桥梁 6 座桥梁。

参考文献

《通县水利志》《通州区水务志》

乡村盛开文明之花
——记宋庄镇文明村镇创建活动

■ 崔洪生

　　党的十一届三中全会后，通县工作重点不失时机地转移到以经济建设为中心的轨道上来，全县经济迅速发展，各项工作出现崭新局面。但是，在新的形势下，重视物质文明而忽视精神文明的思想倾向开始出现并有所发展，社会上不讲文明、不讲礼貌的现象比较普遍；环境卫生、绿化美化进展缓慢，社会风气和社会治安没有明显好转。经济的发展和社会进步，迫切需要加强社会主义精神文明建设。

　　1986 年 9 月，党的十二届六中全会作出了《关于社会主义精神文明建设的指导方针的决议》。《决议》阐述了社会主义精神文明建设的战略地位和根本任务。1986 年 12 月 22 日，县委扩大会议讨论通过《通县"七五"期间加强社会主义精神文明建设的规划和措施》。以此为指导，全县社会主义精神文明建设不断加强，并取得丰硕成果。

　　宋庄镇围绕全镇改革、发展、稳定的大局，立足于新时期发展的变化，在大力推进经济建设的同时，大胆进行思想道德建设的探索与实践，通过"文明十星户"的评选活动，把建设社会主义现代化新农村的目标与农民群众的愿望结合起来，把党的政策、集体经济发展转化为农民群众的自觉行动，全方位提高农民的文明程度，使现代文明在广大农村沃土中生根开花。

一

宋庄镇位于北京市通州区东北部，东与河北省三河市相邻。京哈高速公路、京秦铁路、北京市外二环路穿境而过，北运河、潮白河斜倚两侧，交通条件便利。合并乡镇以前，宋庄镇土地面积 56 平方公里，有 29 个行政村，9200 多户，29000 多口人。该地区历史文化资源深厚，具有光荣的革命传统，为中国人民的解放和新中国建立做出过较大贡献。在社会主义革命和社会主义建设时期，特别是党的十一届三中全会后，宋庄镇认真贯彻落实党的改革开放的方针政策，大胆解放思想，开拓创新，在加快农村经济发展、扶持农民致富的同时，积极探索新形势下农村思想整治工作的新途径，实现两个文明相互促进、协调发展，成为北京市精神文明建设先进乡镇。

1997 年，宋庄镇在稳定农业、巩固粮食生产的基础上，面向首都市场，充分利用自然禀赋，发挥本地区优势，对现有的农业结构进行调整，大力发展种养殖业，引导农民进入市场经济领域。1998 年，宋庄镇被确立为国家科委工厂化高效农业通州示范区和市属蔬菜生产专业镇，并达到北京市规定的"无粮镇"标准。1999 年，贯彻落实北京市扶持农民致富的"九项"优惠政策，全镇基本形成以蔬菜、林果、花卉、药材、草皮等经济作物为主的种植业和以肉鸡、乌鸡、北京鸭等市场适销对路的养殖业共进的农业产业格局。镇党委制定奖励办法，鼓励和支持农民创建种养业小区，先后建立起新世纪农场、辛店中青高科技示范区、翟里梨园、师姑庄反季节桃园、喇嘛庄益民养殖小区等一批新示范区，初步形成种养、加工、储运、销售一条龙式生产经营模式。1999 年，全镇实现农业总产值 2.2 亿元，附加值 1.15 亿元。

工业企业通过二次创业，招商引资成效显著，工业从原来的靠规模数量向重高质量发展转变。1999 年，经过重组转制，全镇企业初步形成铸造、建筑、装订、食品、饲料、汽车配件等六大行业。依靠"北京市农村小城镇建设试点乡镇"及国家级"综合改革试点镇"相关政策，先后有一批符合功能定位的都市型现代企业入住。宋庄铸造厂生产的高压管件制品远销欧、亚、美及大洋洲等地区 10 余个国家，在国际上享有较高声誉。宋庄建筑集团多次荣获中国集体企业建筑协会和北京市集体企业建筑协会颁发的银屋奖和金屋奖。1999 年，两家企业创产值分别达到 9000 万元和 2 亿元，成为通州区纳税突破千万元的企业。

农业由于全面实行联产承包责任制，农村出现大量的富余劳动力，在政策引导下，宋庄镇农村劳动力形成向二、三产业转移的趋势。经过几年的努力，至 1999 年，白庙村被通州区政府列为全区二、三产业专业村。以白庙橡胶坝为中心的运河苑度假村、桃花山庄、潮白河沙滩浴场、潞潮郊野公园、中兴农业观光区及大运河高尔夫球场等一批乡村观光旅游项目相继落成。

1999 年，宋庄镇实现社会生产总值 12 亿元国内生产总值 4.15 亿元，完成国家和地方税收共计 4500 万元，全镇农民人均收入 6616 万元，分别比 1998 年增长 17.6%，22.1%，60.7% 和 10%。

1996 年，宋庄镇成为北京市京郊"十强乡镇"之一。1998 年，被评为全国文明乡镇。1999 年，宋庄镇被国务院体改办批准为全国小城镇建设试点，同时被评为全国创建文明村镇工作先进单位。2000 年，被市政府确定为全市 22 个小城镇建设试点镇中 5 个重点乡镇之一。2001 年，被评为北京市第一产业先进镇，京郊小城镇建设先进单位，京郊税收超亿元乡镇。至 2005 年，宋庄镇连续 6 年被评为首都文明乡镇。

二

在加快发展经济、引导广大农民致富的实践中，宋庄镇党委通过广泛深入的政策宣传、典型宣传和科技知识传播，促使农民转变思想观念，增强了信心，看到今后农村发展的前景。同时，将建设社会主义现代化新农村的目标与农民致富奔小康的愿望结合起来，把党的政策转化为干部群众的自觉行动，充分发挥群众中蕴藏的积极性和创造力，将群众性思想政治工作落到实处。

按照全县农村基层精神文明创建活动的安排，从 1992 年开始，宋庄镇在 29 个村全面开展"文明十星户"的评选活动。所谓"文明十星户"，其实就是在以前"五好家庭"基础上改进和发展起来的，根据时代进步和社会生活多样化，扩展丰富，确定新的标准和条件，形成一套既定的工作机制。"文明十星户"的具体内容是通过十颗星来体现的。包括：五爱星，即爱党，爱国，爱社会主义，爱集体，爱人民，能够坚持党的基本路线，执行国家政策，正确处理国家、集体和个人三者之间的关系；"致富星"，即家庭经济收入达到本村平均水平以上，并做到致富不忘他人，先富带后富；"守法星"，即学法，守法，用法，自觉遵守《村民自治章程》，无打架斗殴和违法、违纪行为发生；"文明星"，即自觉遵守《首都市民文明公约》和《首都市民文明守则》，全家讲文明，懂礼貌，行为美，仪表朴素大方；"文化星"，即积极参加群众性文体活动，生活方式健康、文明，拒绝不健康的思想文化；"科教星"，即认真学习科技文化知识，教育子女好学上进，子女无中途退学；"计生星"，即自觉实行计划生育和优生优育；"团结星"，即尊老爱幼，家庭和睦，邻里团结，助人为乐；"新风星"，即移风易俗，不信邪，不搞封建迷信活动，婚丧事新办、简办；"卫生星"，即讲求卫生，防疫保健，家庭整洁，积极参与村镇环境整治行动。这些用星表示的农村文明新风尚，基本涵盖了经济、文化、社会和人们交往等方面的规定，反映了在改革开放和建立市场经济条件下，人们日常生活的行为规范和一定程度的精神文化追求。

在农村广泛开展以"文明十星户"为主题的文明户评选活动，是基层广大干部群众的创举，也是新的历史条件下我党传统思想政治工作的改进和加强。这是由于，改革开放后，农村工作所面临的客观形势发生了重大变化。随着改革的深入，农村社会经济成分和利益格局呈现了多元化，传统的公有制（集体所有制）出现了不同的实现形式，个体和私营经济发展较快，在全镇经济总量中占比重越来越大。宋庄镇 70 多家镇村企业完成重组转制，绝大部分集体企业成为股份合作制企业；通过农业结构调整和落实土地延长承包期（延包）政策，农民家庭逐渐成为投资主体和经营主体。经济成分的多元化导致人们的就业岗位和就业形式日渐多样化，相应地，农村群众的生活方式较之以前也发生了很大变化，生活节奏加快，生活态度更加务实开放，业余生活丰富多彩，选择机会更多，眼界更加开阔。

农民群众的思想观念也出现了一些新的特点。改革开放后，一部分人先富起来了，但是相当一部分人由于受传统观念的影响和自身因素的制约，生活条件未发生什么改变。家庭联产承包制的实行，一家一户成为相对独立的生产经营单位，农民有了更多的自主权，主体意识增强。由于对集体的依赖有所减少，有些人对集体产生了离心倾向，偏重于个人和家庭利益，集体观念淡薄。物质生活条件的改善，社会交往面的扩展，使农民力图摆脱传统的生活方式，对精神文化生活有了新的追求，但同时也极易受不良文化和错误思想的误导。

宋庄镇党委之所以把"文明十星户"的评选活动作为农民思想道德建设的切入点，主要是因为这项活动内容上能够体现农村两个文明建设的基本内涵，把多方面的教育融合为一体，变单项教育为综合教育，变笼统的内容为量化指标，使农村精神文明建设的内容由虚变实；在活动方式上，把各项内容总结为十个方面的竞赛条件，直观性强，易于为农民群众接受。十星牌既是荣誉牌，又是监督牌，在人们眼中，门上有无牌，牌上几颗星，就是自家的脸面。小小的十星牌把农村精神文明的内容、要求与农民的心理需求紧密地结合起来，以达到农民群众自我教育，自我管理，自我提高的目的。

三

在群众性精神文明建设中，文明村镇、文明单位、文明社区的评选是全区精神文明建设的重要载体，是为人民群众认可和操作性强的有效形式。而"文明十星户"的评选，关系到各家各户综合素质的展现，带有很强的直观性，评选过程本身就是对群众的教育过程。

为了使"文明十星户"的评选达到预期的教育和示范作用，在具体的实施中做到有章可循，宋庄镇党委在实际工作中制定和完善了一套切实可行的工作机制。即：领导重视形成责任机制。宋庄镇精神文明建设委员会每年都下发《关于开展"文明十星户"评选复评工作的意见》，成立评选、复评工作领导小组，党委书记任组长，党政主要领导为成员。各村也都成立文明十星户评选领导小组，由党支部书记任组长，村委会主任为副组长，成员有团支部书记、民兵连长、治保主任、妇联主任、老党员和村里德高望重的老人组成，按村民居住区划片、分组，领导到各片指导、监督评选工作，以保证评选的公正性。

完善程序形成教育机制。每年评选、复评之前，镇精神文明建设委员会都要向各户发放宣传材料，评选时采取无记名投票方式进行，每次评选均由组织者对有星户和无星户进行一次讲评，公布增星和降星的原因，让群众在参与评选中受到教育。

动态管理形成激励机制。不论是有星户还是无星户，每年都要参加评选和复评，根据一年来的表现，有星户可能增星或降星，无星户可能成为有星户，不搞一评定终身。如发生严重问题，随时诈降星处理。如辛店村一户因婆媳发生几次争吵，就被降下一颗团结星。婆媳关系融合后，年底复评时又补上这颗星。

严格标准形成约束机制。"文明十星户"的评选规定了"五不评"的一票否决制，即：参与赌博的不评，不履行公民义务的不评，违反计划生育政策的不评，拖欠集体款项的不评，家中有触犯刑律的不评。在1996年度评星工作中，有两个村个别农户因违反计划生育政策，被一票否决，受到摘牌处理。1999年又规定：家庭成员有习练"法轮功"的，即使其他条件都达标，也不能参加评选。

扩大影响形成导向机制。每年镇村两级主要领导都到村、到户为十星级文明户钉挂新光荣牌，场面隆重热烈，增强了十星户的荣誉感。镇里为每个十星户家庭免费订阅一份《通州时讯》，各村团支部还组织团员、青年给十星户送报到家。为体现示范效应，各村委会还把评选出的七星以上的文明户名单和十星户的全家福照片张贴在村政事务公开栏中，并建立了"文明十星户"档案，有的村还利用广播宣传"文明十星户"的事迹。

四

提高农民素质、致富奔小康进而建设社会主义新农村，是创建文明村镇的根本任务。在实现这一目标的过程中，"文明十星户"的评选活动始终发挥着有效载体的作用。通过这种形式的教育、激励、约束、导向的深刻内涵，农民不断接受现代文明的熏陶，思想观念和精神面貌发生了新的变化。

争当"文明十星户"的过程，是人们不断更新观念、富而思进的过程。"文明十星户"的评选，促进了农民传统观念的转变，破除小富即安的思想，树立富而思进的观念。全镇农民群众抓住农业结构调整的有利时机，在党的富民政策的鼓舞下，纷纷加入投资主体和经营主体的行列中。翟里村养鸡专业户贾淑明夫妇一直在自家庭院养鸡，因场地限制，每年只能出售商品鸡 1.2 万只。看到《致富信息》的典型经验后，1999 年 4 月筹资 7 万元，他们购置村里闲置房屋，扩大了养殖规模。2000 年，全镇第一批经市、区有关部门验收合格了 12 个养殖小区，全部以农民投资为主，共投入资金 660 万元（其中固定资金 510 元）。

在农民致富的过程中，科技因素发挥着十分重要的作用。农民群众对"科技星"的热情越来越高。从事种养殖的专业户中，文化程度中专以上的有 500 多人。镇广播站每周自办一期"科技天地"节目。镇文化站、科协常年开展科普电影下乡、录像放映、科普画廊、科普巡回展等活动。从 1993 年起，镇里还根据农民群众的需求，办起 8 所农民科技（文化）夜校，传授种养科学知识。从 1999 年起，镇科协举办为期 9 个月的中等果树技术培训班，聘请专家讲课。白庙村种桃专业户武志海把所学知识用于实际，果品产量比上年提高了 15%。师姑庄村党支部还组织本村 30 多个种桃专业户到平谷县学习种桃技术，提高了桃的产量和品质。

宋庄镇在开展"文明十星户"的评选活动中，始终注意引导农民正确处理个人和集体、个人和国家的关系，并把这方面的要求定为"五爱星"。随着村级民主制度建设的加强，村民关心集体事业发展的多了，参政议政热情高了，主人翁意识增强。1996 年，小堡村根据集体经济实力，准备进一步规划村里的发展方向，但在有限资金的投向上发生争执，年轻人主张建楼房，中年人主张投资农业和道路改造，老年人则要求发放养老金。三方各执一端，各有各的理。针对这一情况，村党支部召开村民代表大会，把家底合盘交给群众，让大家做主。经过激烈的讨论，大多数人认为，发展农业和修路是当务之急。发展方向经过村民代表决策定了下来，村干部心里有了底，干劲更足了。集体意识的增强，保证了小堡村的稳定和发展。

通过开展"文明十星户"的评选，宋庄人民民主法制观念不断增强。在村级民主政治建设中，宋庄镇实行村政事务公开化，村委会党支部选举民主化，群众监督制度化。从1992年起，各村常年坚持民主报告会制度，确定每年3月6日和8月6日为民主报告日，镇党委对报告内容和形式做统一规定。每次全镇民主报告会之前，镇党委都要选择一个村举行示范活动，要求各村党支部书记和村委会主任参加。在开好民主报告会的基础上，全镇29个村均建立村务公开栏，对村里财务收支状况、村干部报酬、集体资产情况、农民负担情况、扶贫款的发放等内容一一予以公布。

开展"文明十星户"的评选，社会主义先进文化逐渐深入人心，激发了人们对高尚精神文化生活的追求。通过开展健康向上的精神文化活动，人们接收了更丰富、有益的文化熏陶，提高了审美情趣，陶冶了情操，对人们的思想感情，行为起着潜移默化的影响，进一步提高了农民群众的综合素质。宋庄人对追求生活品位，提高生活质量，摘取"文化星"倾注了极大热情。全镇有3000多个家庭建起了图书角，翟里村藏书状元贾秀芳自家藏书2000多册。多数村级图书室藏书量在1500册以上，人们的读书热情高涨。1999年6月，小堡村与首都图书馆联手建成首都图书馆小堡图书室，总藏书量达7000多册，阅览室可同时供150多人阅读。镇大中读书会有会员850多人，每年投资4万多元为群众购买图书。

从宋庄镇"文明十星户"身上，可以真切地感受到中华民族传统美德的恒久生命力。每个家庭，每个人都在为挂满十颗星而加倍努力，为争取某颗星而改变自己的生活，也为巩固十颗星而不懈进一步开拓进取，各项精神文明建设开展得丰富多彩，扎扎实实，群众参与文明户、文明村镇创建活动的积极性日益高涨。在宋庄镇，每个"文明十星户"背后都蕴藏着一种奋发向上的精神力量，都可以讲出一段生动感人的故事。有的"文明十星户"投资创业获得成功，致富不忘众乡亲，出资为集体和他人办实事而甘于默默无闻；有的家庭难免因一些琐事而抬杠拌嘴，家庭不和睦，为争取团结星而变得团结和睦；还有，重视教育的传统在宋庄人身上也形成一种良好的风气，最明显的是环境卫生面貌。自开展"文明十星户"的评选后，镇域环境面貌发生了彻底的改观，宋庄镇农民普遍注重家庭卫生状况的改变，养成良好的卫生习惯，他们深知卫生星是自家的脸面。

评选"文明十星户"活动，是宋庄镇进行思想道德建设和实现富民强镇的有效措施，在这项工作中，宋庄镇党委、政府注重从自身做起，牢固树立公仆意识，转变政府职能，树立领导就是服务的观念。全镇人们争当"文明十星户"的过程，也是党委、政府加强思想政治工作，服务群众，改进作风，带领全镇人民建设社会主义新农村的过程，使人民群众在实惠中受到教育。1997年至2000年，镇党委、政府累计投资7280万元，相继建成宋庄镇卫生院大楼、教师宿舍楼、宋庄中学教学楼、疃里11万KV变电站及大型群众文化广场等一系列重大惠民工程。这些工作与农民群众争星、创星的愿望形成合力，推动宋庄镇两个文明建设的深入开展。

宋庄镇在文明村镇创建活动中，把两个文明建设的内容有机地结合起来，让群众在思想道德教育中得到实惠。在广大农民群众眼里，"文明十星户"已成为广大农民认可的道德评价标准，用这些标准规范和约束自己的行为，评选活动即是社会对家庭的总体评价。"十星牌"就是展示每个家庭综合素质的一个窗口，以"文明十星户"为亮点的两个文明建设，经过阳光雨露的滋养，在农家小院里深深地之下根来，已经结出丰硕的果实。

参考文献

《文明落农家》《通州区建设史》《通州区志》

鸽子哨

■ 任德永 王宝川

　　说起这鸽子哨来，不得不提及誉满咱京城的大收藏家王世襄先生。他在《京华忆往》中，对老北京四合院上空流动着的鸽子哨，是这样描写的："（你看它——尾系哨子的鸽子）从空中传来央央琅琅之音，它时宏时细，忽远忽近，亦低亦昂，倏疾倏徐，悠扬迴荡，恍若钧天妙乐，使人心旷神怡……不知道底细的人可能想不到这空中音乐，竟来自系佩在鸽子尾巴上的鸽哨。"

鸽子哨

　　鸽子哨，确实是咱老北京城四合院里的标配——大多数人可能还停留在："天棚鱼缸石榴树，先生肥狗胖丫头"之类的老言古语上。若介之于"琴棋书画"为大雅的话，则鸽子哨可称之为大俗，或者它最介于大俗与大雅之间，负载着京剧大师们的京腔京韵与演艺情怀，也是最富有诗意与远方的味道。它不单是咱老北京四九城里的独有，其实在咱们宋庄艺术小镇，也有这么一位老爷子，他还就专喜好这么一口，他就是家住宋庄镇小营村的陆宗泽。

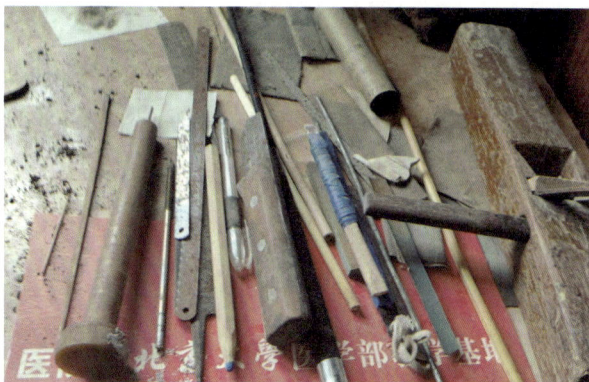
鸽子哨制作工具

陆宗泽的师父，是老通州城西南复兴庄人，叫邢士斌。在行内他是"斌"字辈的，陆宗泽的师爷，是北京城一个庙里的道士。在他追随邢师父学习鸽子哨制作时，正赶在20世纪80年。那年，在通县东关大桥附近的早市上，在邢师父的鸽子哨（摊位）上他们见了面。从此，陆宗泽步入了剜（wān）鸽子哨的行业，一晃至今已是四十年之前的事了。

今天，在村里他有自己的工作室。步入期间，仿佛鸽子哨的世界。比如，使用的家伙事——刀子、锯和锉等盛了一箩筐的工具，摆放得整整齐齐。他的成品什么众星捧月啦，也摆的整整齐齐，一般是定制，随做随售出，也赠送给亲朋好友。他边回忆，边对我说："早年自己骑车闯过北京的大鸽子市场，场面很壮观，对我影响很大。当时只想着学好手艺来养家糊口，没想到这还是咱老北京城的记忆。""我从小见到鸽子哨就喜欢，前几年还养过点子、风头白等一群群鸽子。现在年龄大了，笼子里还养着几只"。

其实，对于鸽子和鸽子哨，咱老北京人早就情有独钟。

在清代，满人富察敦崇的《燕京岁时记》中，对北京花市的鸽子市有如下的记述："花市之外亦有鸽市……其寻常者有点子、玉翅、凤头白、两头乌、小灰、皂儿、紫酱、雪花、银尾子、四块玉、喜鹊花、跟头花、脖子……其珍贵者，有短嘴、白鹭鸶、白乌牛、铁牛青毛、鹤秀、蟾眼灰、七星、凫背……"

这是对于各种鸽子细致地描写，而对于鸽子哨又有记载："凡放鸽之时，必以竹哨缀于尾上，渭之壶卢，又谓之哨子。壶卢有大小之分，哨子有三联、五联、十三星、十一眼、双筒、截口、众星捧月之别。"

据陆宗泽讲，鸽子哨虽是咱老北京城的独门绝技，其制作精良，取材广泛，主要有竹子、葫芦等，但是象核桃、菊子等也可以。我现在使用的材料，是骆驼骨代替了传统的象牙骨，这样使得鸽子哨绑在鸽子尾上时，更显得灵动，音色更为清脆，也更为环保。

自小喜欢"吹拉弹唱"的陆宗泽，对于传统乐器了然于心，也应合了鸽子哨制作中对于五行、五音与五色的要求。所以，在剜鸽子哨尤其是校音时，他的乐理知识自然也派上了用场。传统的五行有："金、木、水、火、土。"而配之以五音则有："宫、商、角、徵、羽。"

鸽子哨制作人

其对应的五色则是"黄、红、本、黑、紫"。手艺高的人剜出来的哨子，会把传统五行在鸽子的哨制作上表现得淋漓尽致。

陆宗泽讲："剜（wān）鸽子哨的流程就那么几个部分，但制作起来需要天分和勤奋，心灵手巧才行。新中国成立后，我由于出身好，自己又争先，1957年被推荐参加人民解放军，1957年复员转业回到村里，当过民兵连长和治保主任。由于在部队有过8年文工团演出并受到过军委领导接见的经历，喜好吹拉弹唱，所以业余时间在乡里组织了业余唢呐吹鼓队，远近四乡八里也都很有名，还有许多不记名的徒弟。我还参加过通县的宣传队，进过一段文化馆。我与马桥的储学晶是好友，他进文化馆时我当过评委。后来离家太远，我又回到了村子里。农闲时间又操起了我的唢呐。其实我最钟情的还是我的鸽子哨"。

想起二十年之前初次与老人见面时，他告诉我们：咱们不单是同乡，而且还是同村人呢。这到也奇怪了，我们两个村庄虽是邻村，一南（大庞村）一北（小营），怎么还会是一个村子人呢？据他说，早年他爷爷那辈就搬到小营村来居住了，那时候户籍可以流动，但是与小营南面的大庞村自始至终都有联系。他是1939年出生的，当还在襁褓中的某一天，家里来了土匪，全家人都被绑票了，生生把他一个人撇在了家中。这事惊动了我们大庞村子任茂奎——武功高强，远近又名，就连当时驻守张辛铁路车站的日本兵都惧怕。当任茂奎知道陆宗泽一家受难后，二话不说，立马就找到河东（潮白河故道）土匪，撂下很话：限你们三天之内把人给放了，记住不许伤一根毫毛。就这么着，在襁褓中的陆宗泽，又回到了父母的怀抱。但由于惊吓母亲就此断了奶水，后被过继给本村的周家，他是自小吃周妈妈的奶水长大的。

无论哪一次，我们与这位属兔今年整84岁的老爷子见面时，他都一身绿色的制服打扮，给人以精神矍铄的样子。老人参过军入过伍，身子板很是硬朗，在部队算是一名老文艺兵了。站定了，也总会给我们吊一两嗓子《武松打虎》或者《赶庙会》什么的。真是唱腔精到，底气十足。可以说至今他依然还在"吹拉弹唱"，但在这诸般家伙事中，他最为拿手的，还是他的吹唢呐，那可是方圆几个村子都有名气的。前几年，实行过一阵子白事上吹鼓手，也都会邀请他们一帮子人过去捧场。他说咱们不在乎那几个辛苦钱，倒是又给我们重新搭了一个返场舞台的机会，仿佛又回到了兵营，又在为咱们海防战士慰问演出来了。乐得一帮老爷子，那高兴劲就别提了。现代音响替代了人工的吹鼓手，现如今老爷子又拾起了他多年前的另一个喜好——剜（wān）鸽子哨。

后 记

自编辑出版《文化通州》系列丛书以来，得到了北京市政协、通州区委区政府、区政协党组、各乡镇街道及区政协特邀文史委员和关心关注通州文史资料的社会各界友人的鼓励与支持。

《耘耕宋庄》是《文化通州》系列丛书的第十七期，也是以通州乡镇行政区划为编辑主题的收官之作。这十七期丛书，无不倾注众多研究通州人文、历史、风俗的专家学者，及广大文史工作爱好者的支持与帮助。进一步发挥了文史资料在巩固爱国统一战线和构建和谐社会中"存史、资政、团结、育人"的作用，通过搜集、整理的"三亲"（亲闻、亲历、亲见）史料，系统地展现出厚重的通州历史、多彩的运河文化。未来，我们也将持续挖掘、整理"三亲"史料，以更加多元的角度、丰富的题材来展现靓丽多姿的通州风采。

在此，感谢苏士澍先生为本书题写书名；感谢所有参与本书文史资料搜集、文稿编校等工作的同仁们。

由于专业所限，书中难免会有纰漏，热忱希望广大读者和专家、学者予以批评指正。

《耘耕宋庄》编委会

2023 年 11 月

图书在版编目（CIP）数据

耘耕宋庄 / 北京市通州区政协教文卫体委员会，北京市通州区宋庄镇人民政府编 . -- 北京：团结出版社，2023.10

ISBN 978-7-5234-0260-3

Ⅰ.①耘… Ⅱ.①北…②北… Ⅲ.①社会发展－研究－通州区 Ⅳ.① D671.3

中国国家版本馆 CIP 数据核字（2023）第 127441 号

出　　版：团结出版社
　　　　　（北京市东城区东皇城根南街 84 号　邮编：100006）
电　　话：（010）65228880　65244790
网　　址：http://www.tjpress.com
E-mail：65244790@163.com
经　　销：全国新华书店
印　　装：北京博海升彩色印刷有限公司

开　　本：170mm×240mm　1/16
印　　张：30
字　　数：280 千字
版　　次：2023 年 11 月　第 1 版
印　　次：2023 年 11 月　第 1 次印刷

书　　号：978-7-5234-0260-3
定　　价：86.00 元